A-Z BRIS

Key to Map Pages
Large Scale Bristol City Centre
Large Scale Bath City Centre
Map Pages   8

RE

Motorway	**M5**	Car Park (selected)	**P**
A Road	A36	Church or Chapel	†
B Road	B4055	Cycleway (selected)	🚲
Dual Carriageway		Bristol Ferry Waterbus Stop	**F**
		Fire Station	■
One-way Street		Hospital	**H**
Traffic flow on A Roads is also indicated by a heavy line on the driver's left.		House Numbers (selected roads)	13 8 3
Road Under Construction		Information Centre	**i**
Opening dates are correct at time of publication.		National Grid Reference	³60
Proposed Road		Park & Ride	Ashton Vale **P+R**
Restricted Access		Police Station	▲
Pedestrianized Road		Post Office	★
City Centre Loop		Safety Camera with Speed Limit	**(30)**
Track / Footpath		Fixed cameras and long term road works cameras. Symbols do not indicate camera direction.	
Residential Walkway		Toilet:	
		without facilities for the Disabled	▽
Railway		with facilities for the Disabled	▽
		Disabled use only	▼
		Viewpoint	🔆 🔆
Built-up Area		Educational Establishment	▢
		Hospital or Healthcare Building	▢
Local Authority Boundary		Industrial Building	▢
Posttown Boundary		Leisure or Recreational Facility	▢
Postcode Boundary (within Posttown)		Place of Interest	▢
Map Continuation	40	Place of Interest	
Large Scale City Centre	4	Public Building	▢
		Shopping Centre or Market	▢
		Other Selected Buildings	▢

Railway: Level Crossing — Station — Heritage Sta. — Tunnel

Built-up Area: SMALL ST.

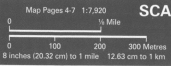

SCALE

Map Pages 4-7 1:7,920
0 ⅛ Mile
0 100 200 300 Metres
8 inches (20.32 cm) to 1 mile   12.63 cm to 1 km

Map Pages 8-111 1:15,840
0 ¼ Mile
0 250 500 Metres
4 inches (10.16 cm) to 1 mile.   6.31 cm to 1 km

EDITION 6 2015
Copyright © Geographers' A-Z Map Co. Ltd.
Telephone: 01732 781000 (Enquiries & Trade Sales)
01732 783422 (Retail Sales)

© Crown copyright and database rights 2014
Ordnance Survey 100017302.

Safety camera information supplied by www.PocketGPSWorld.com
Speed Camera Location Database Copyright 2014 © PocketGPSWorld.com

A-Z AZ AtoZ
registered trade marks of
Geographers' A-Z Map Company Ltd

www./az.co.uk

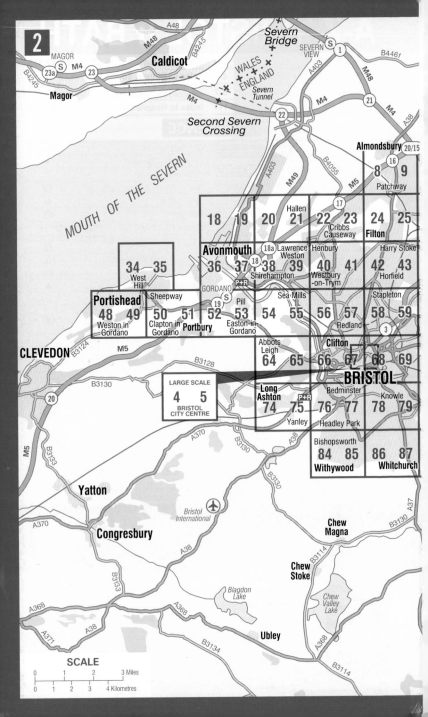

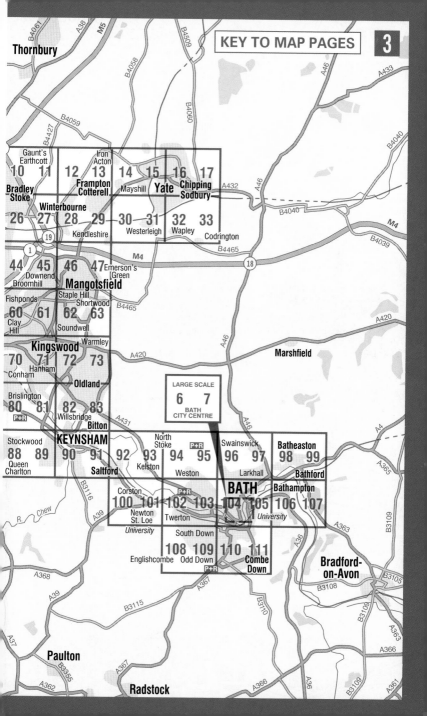

Thornbury

Gaunt's Earthcott
10 **11**
Iron Acton
12 **13** **14** **15** **16** **17**
Bradley Stoke
Winterbourne
Frampton Cotterell
Mayshill
Yate
Chipping Sodbury
26 **27** **28** **29** **30** **31** **32** **33**
Kendleshire
Westerleigh
Wapley
Codrington
44 **45** **46** **47** Emerson's Green
Downend
Broomhill
Mangotsfield
Fishponds
Staple Hill
Shortwood
60 **61** **62** **63**
Clay Hill
Soundwell
Kingswood
Warmley
70 **71** **72** **73**
Hanham
Conham
Oldland
Brislington
80 **81** **82** **83**
Willsbridge
P+R
Bitton

LARGE SCALE
6 **7**
BATH CITY CENTRE

Marshfield

Stockwood
KEYNSHAM
North Stoke
P+R
Swainswick
Batheaston
88 **89** **90** **91** **92** **93** **94** **95** **96** **97** **98** **99**
Queen Charlton
Saltford
Kelston
Weston
Larkhall
Bathford
Corston
P+R
BATH
Bathampton
100 **101** **102** **103** **104** **105** **106** **107**
Newton St. Loe
Twerton
University
University
South Down
108 **109** **110** **111**
Englishcombe
Odd Down
Combe Down
P+R

Bradford-on-Avon

R. Chew

Paulton

Radstock

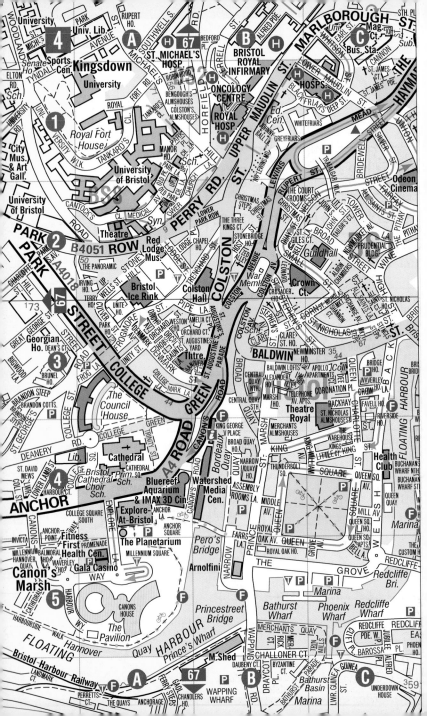

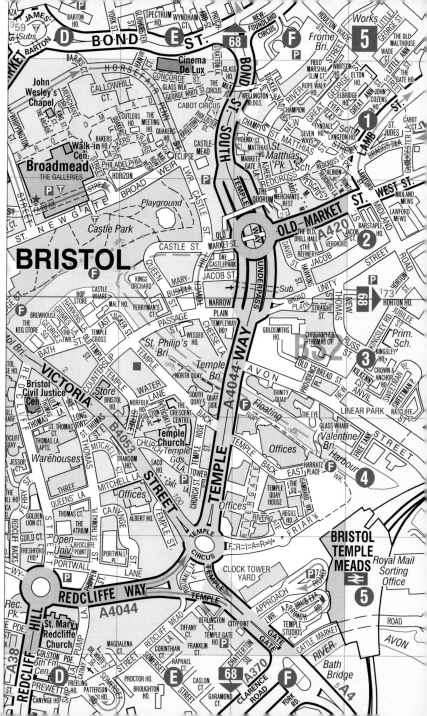

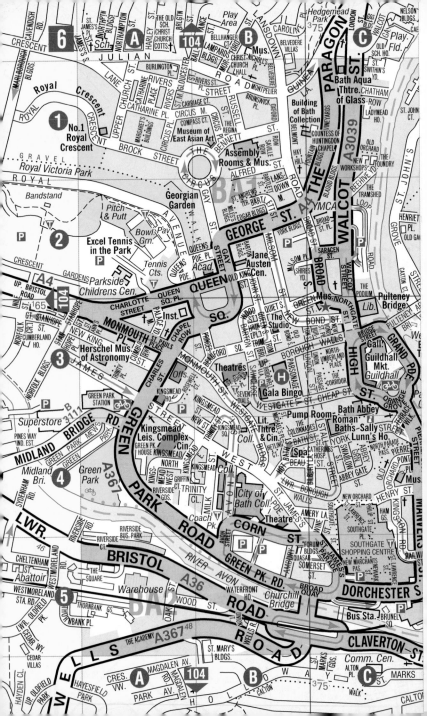

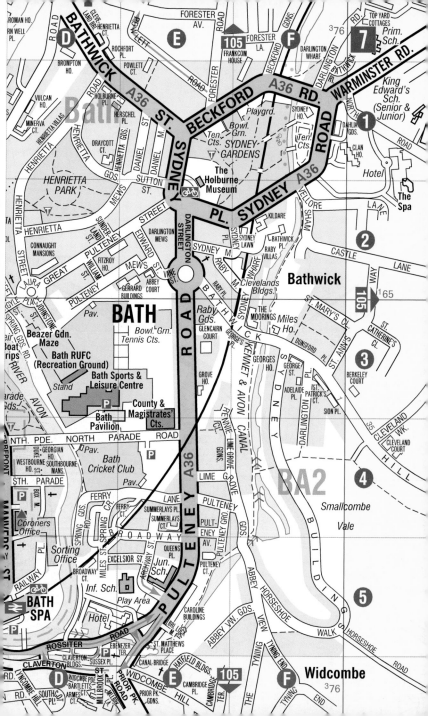

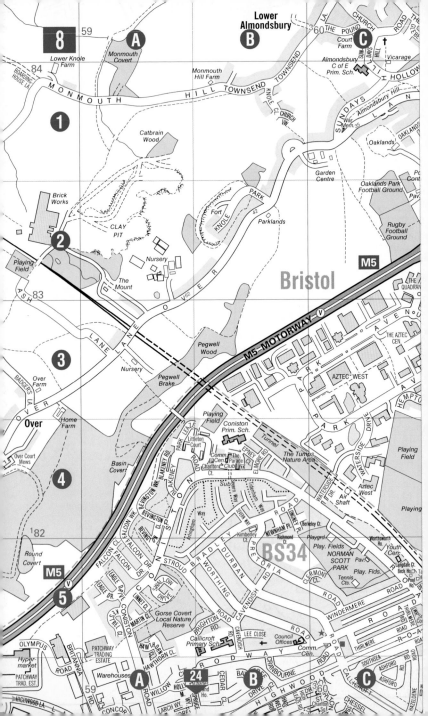

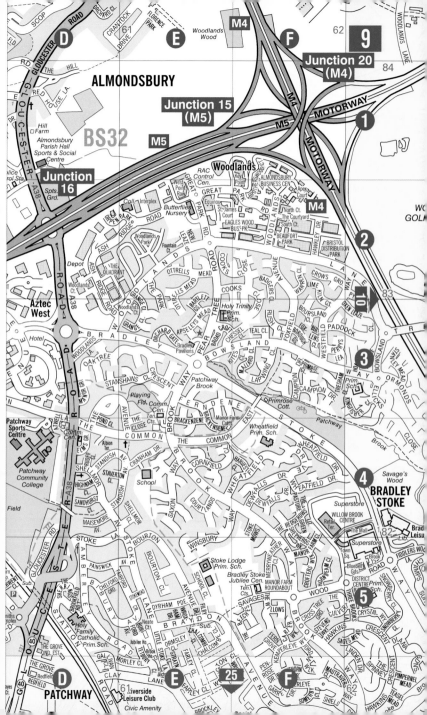

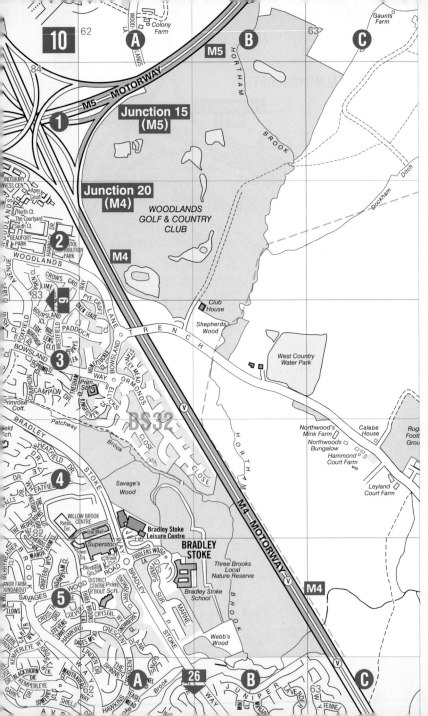

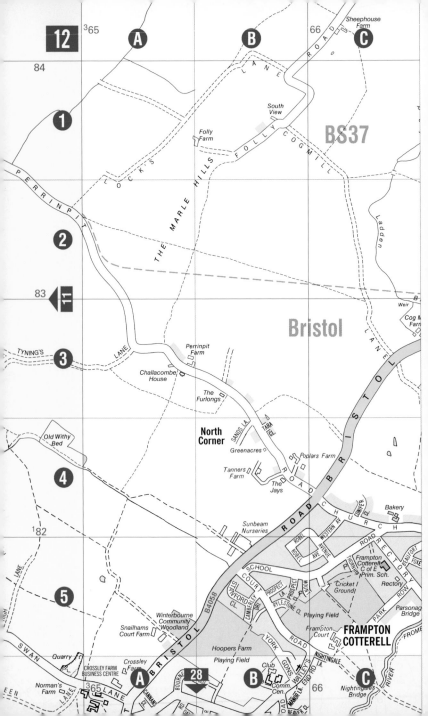

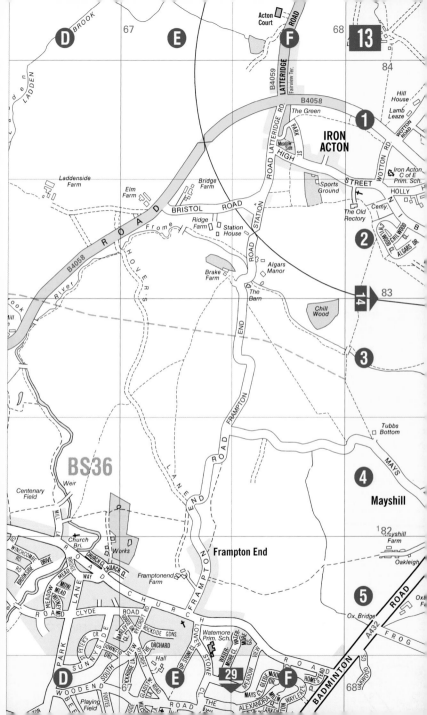

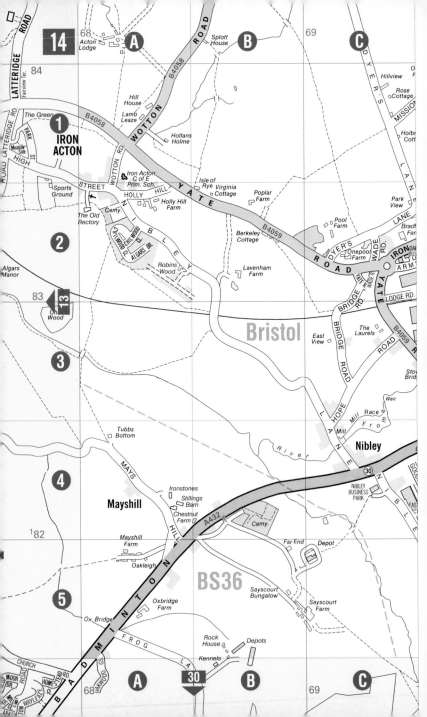

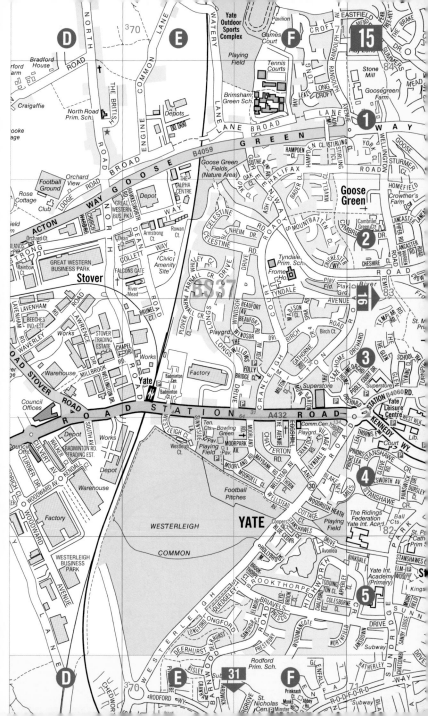

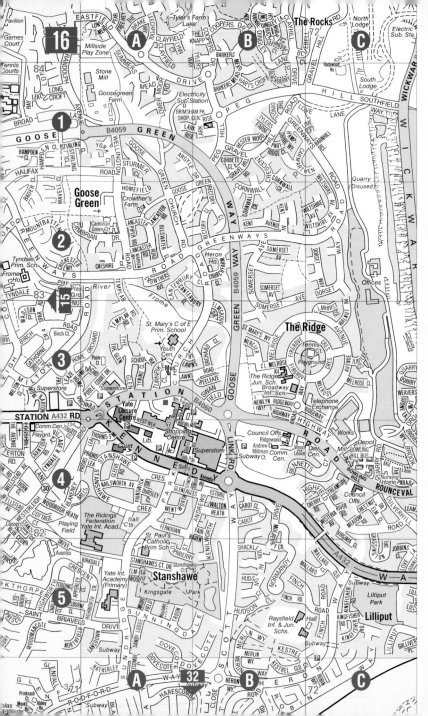

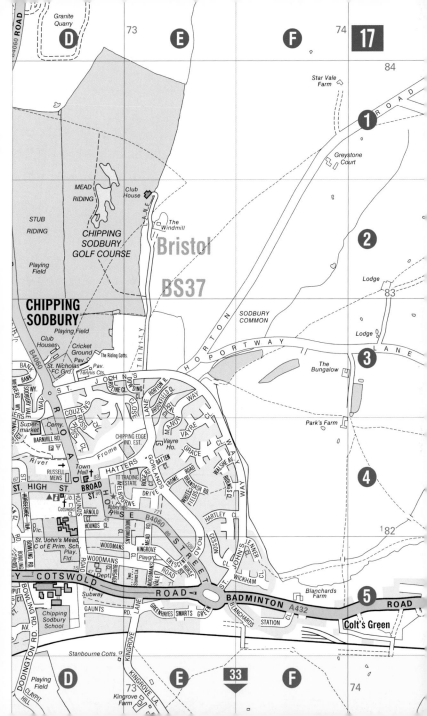

GRANITE QUARRY
Granite Quarry

ROAD

73

84

Star Vale Farm

ROAD

Greystone Court

MEAD RIDING

Club House

STUB RIDING

The Windmill

CHIPPING SODBURY GOLF COURSE

Bristol

Playing Field

BS37

Lodge

CHIPPING SODBURY

SODBURY COMMON

Lodge

Playing Field

Club Houses

Cricket Ground

The Riding Cotts.

Pav.

Pav.

The Bungalow

St. Nicholas FC Grd.

Tennis Cts.

BANK

SODBURY VALE

WEAVERS WY.

BANK

WY.

HORTON R.

BROMHILLS CL.

HORTON LANE

CLOSE

ST. JOHN'S

J. OSH N'S

INE CL.

COUZENS

Super-market

Cemy.

BARNHILL RD.

CROSS

CL.

CHIPPING EDGE IND. EST.

Vayre Ho.

MANOR WAY

VATRE

GRACE

CL.

Park's Farm

ROAD

River

Frome

HATTERS

MELBOURNE DRIVE

ROGERS CL.

GORLANDS

BATTEN CT.

FROME ROAD

WAY

WALSHE AV.

RIDINGS WAY

WAY

Town Hall

RUSSELL MEWS

ST.

HIGH ST.

BROAD

ST.

HOUNDS

L.

HOUSE

ARNOLD CL.

Cotswold Cl.

Vic.

B4060

Abbeyfield Ho.

SINWOOD

HOUNDS CL.

WOODMANS

ST. JOHN'S MEAD C of E Prim. Sch. Play. Fld.

KINGROVE

MEAD

BRAYDASH RD.

WHITE FIELDS

HARTLEY CL.

JENNER CL.

LESSON

ST. JOHN'S

STREET

CRESCENT

82

WOODMANS

BRIDGROVE

Dept.

WOODMANS VALE

KINGROVE ROAD

CHASE

WICKHAM

Blanchards Farm

Chipping Sodbury School

COTSWOLD

ROAD

BADMINTON

A432

ROAD

Colt's Green

GAUNTS RD.

Subway

GREENHAYES

SMARTS GREEN

BLANCHARDS

STATION

CL.

BOWLING RD.

DODINGTON RD.

CLAYPIT HILL

Playing Field

Stanbourne Cotts.

KINGROVE LANE

KINGROVE LA.

Kingrove Farm

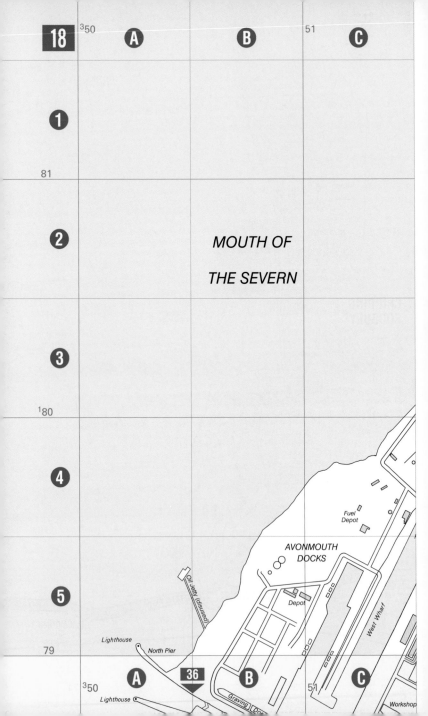

³50

A

B

51

C

1

81

2

MOUTH OF

THE SEVERN

3

¹80

4

Fuel
Depot

AVONMOUTH
DOCKS

Depot

West Wharf

5

Lighthouse

North Pier

79

³50

A

Lighthouse

36

B

Graving Dock

51

C

Workshop

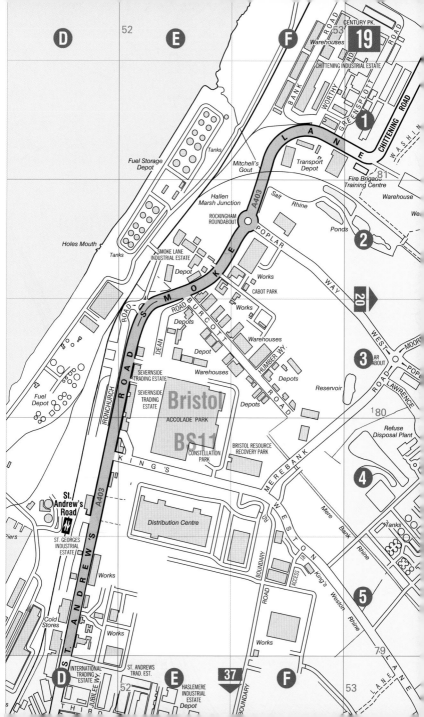

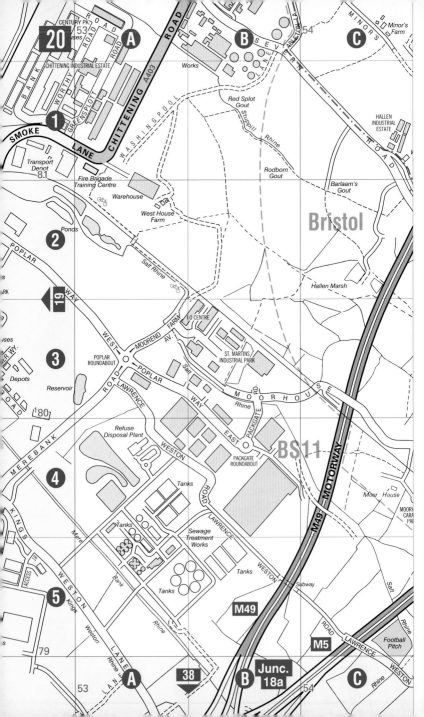

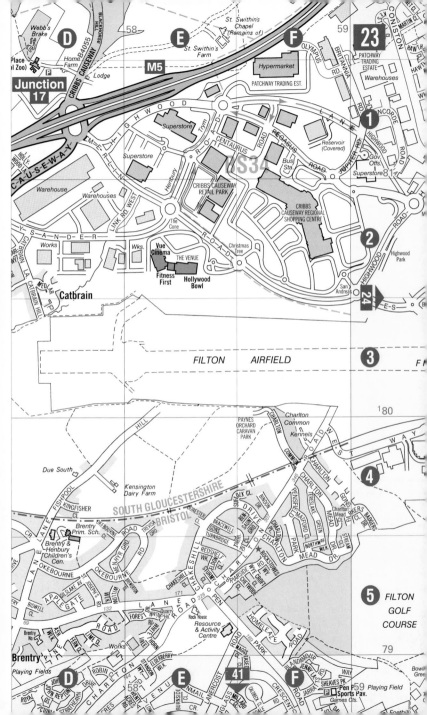

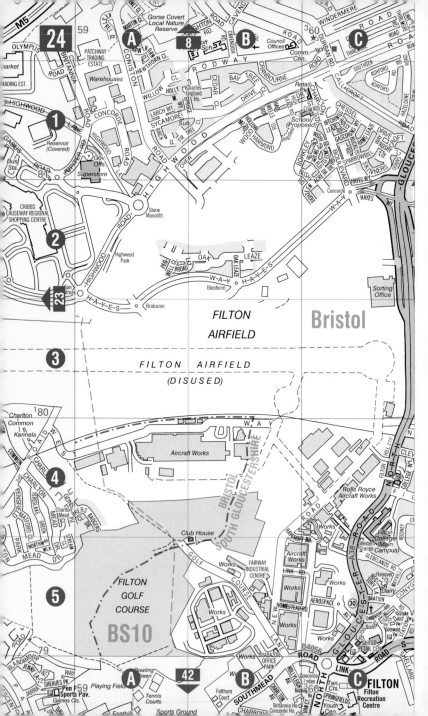

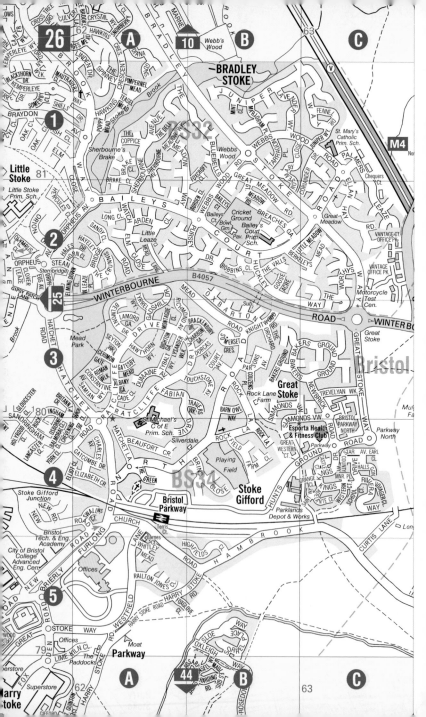

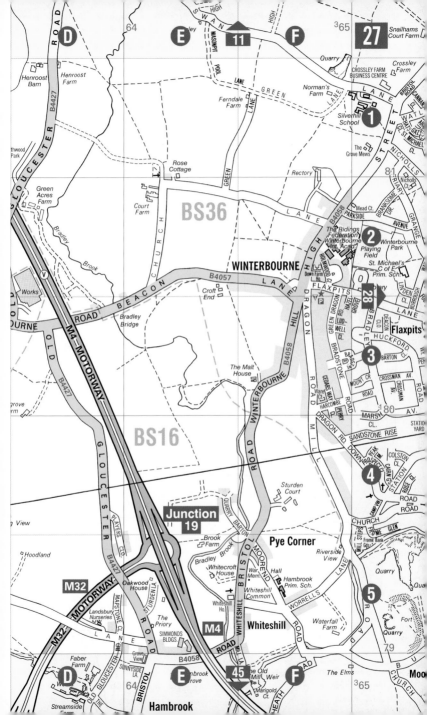

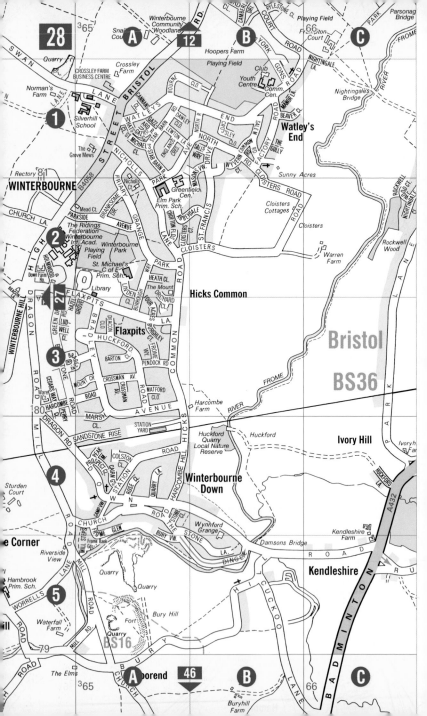

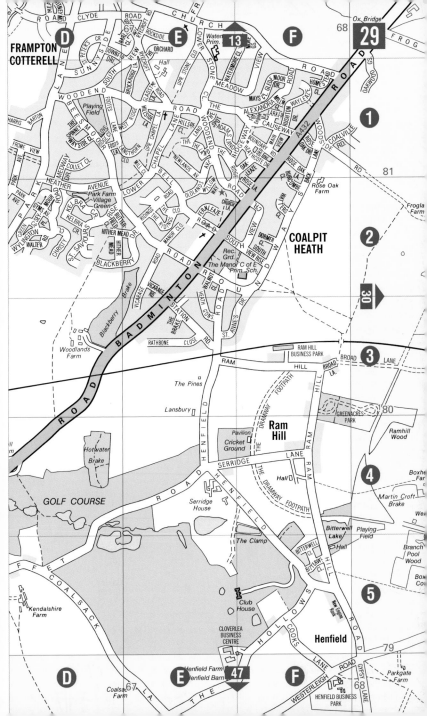

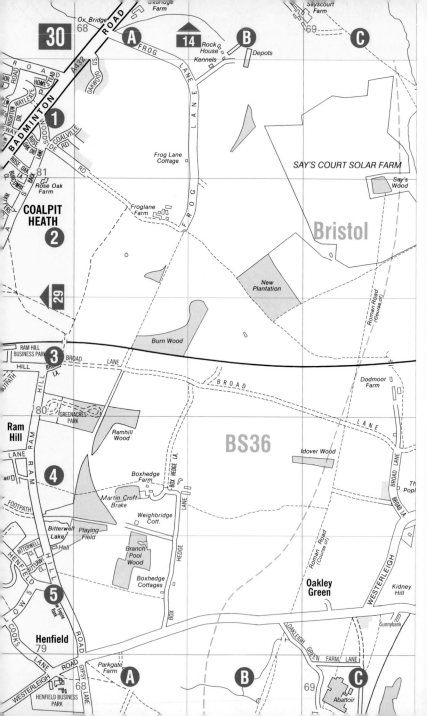

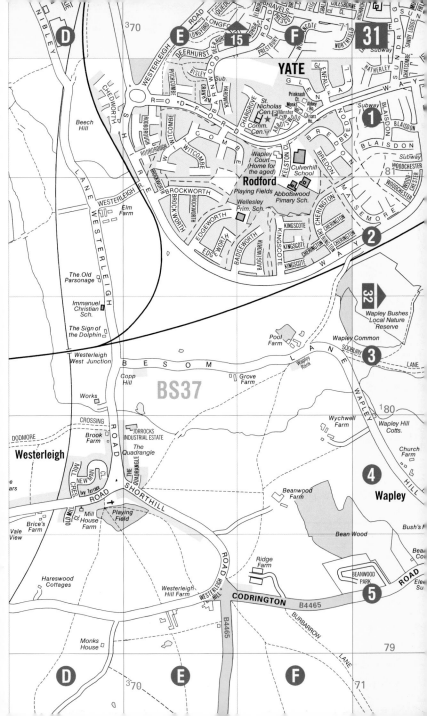

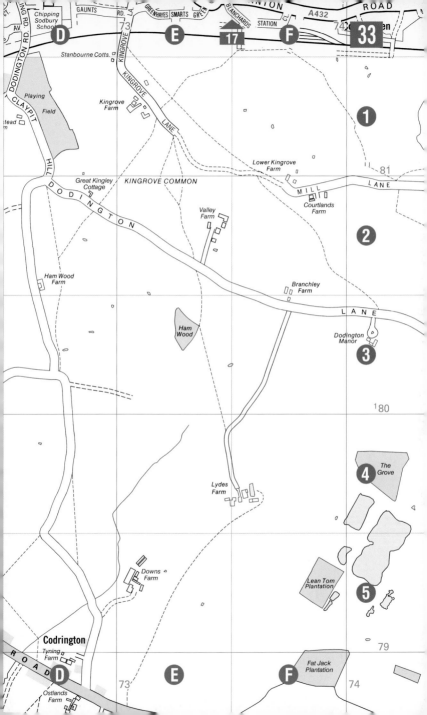

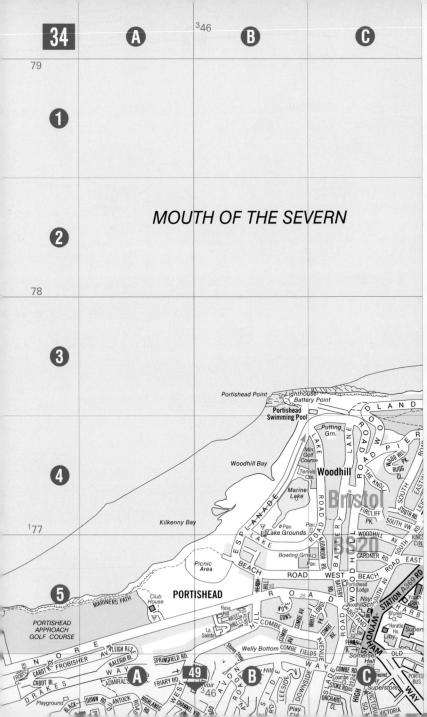

79

1

MOUTH OF THE SEVERN

2

78

3

Portishead Point Lighthouse
Battery Point
Portishead
Swimming Pool

Putting
Grn.

Min.
Golf
Course

Woodhill Bay

Tennis
Cts.

Woodhill

Marine
Lake

4

Bristol

BS20

WOOD HILL
PK.
RUGG
CL.

THE KNOLL

SOUTH
PK.

EASTLA

FIRCLIFF
PK.

SOUTH RD.

Kilkenny Bay

Pav.
Lake Grounds.

WOODHILL
AV.

SOUTH VW.

KINGS
CVN.

¹77

Bowling Grns.

Pav.

GARDNER RD.

SOUTH

Picnic
Area

BEACH

ROAD

WEST

Portishead
Nsy
WoodhillSch.

BEACH
WOODHILL

ROAD
SOUTH AV.

ROAD

EAST

STATION A369

HARB

Youth
Cen.

PORTISHEAD

MARINERS PATH

Club
House

ROAD

Rose
Hill
GDNS.

25

COMBE AV.

WHITE LODGE

Portishead

BATTERY

BANDSTAND

AV.

SLADE

Brunel
Ct.
Horatio
Ho.
Liby.

Supers

*PORTISHEAD
APPROACH
GOLF COURSE*

La
Sainte

COMBE
HILL

COMBE
GDNS.

COMBE
AV.

COMBE

ROAD

Somerset
Hall

FERNBA

ROAD

OLD

Precinct

PO.
Superstore

RIS BUS.

CABOT RISE
FROBISHER

RALEIGH RI.

Welly Bottom

COMBE FIELDS

WAY

COMBE RD.

A369
B3124

HIGH

SOUTH SQ.

PO.

WAY

FROBISHER

LEIGH RI.

SPRINGFIELD RD.

HILL

SIDE
ROAD

AVON

ROAD

LEESIDE

DOWNSIDE

STOKE RD.

ORCHARD
CL.

VICTORIA

CABOT RI.

WAY

ADMIRAL'S

A

FRIARY RD.

WEST

CHANNEL VW.

49

voir
³46

B

Hill

SLAD

C

D R A K E S

Playground

BLACK

DOWN RD.

QUANTOCK
ROAD

HIGHLANDS
RD.

Play.

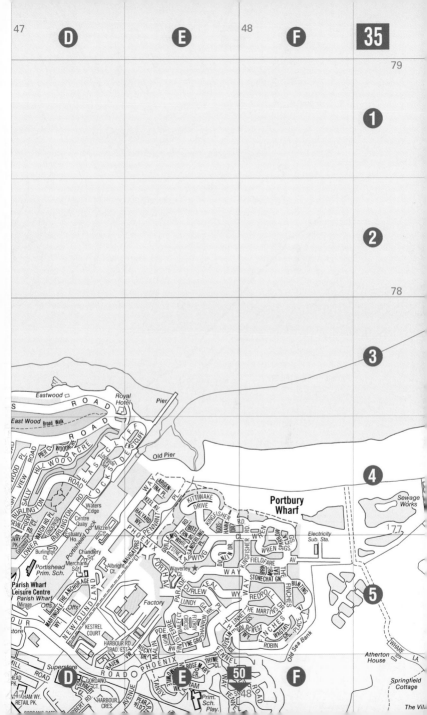

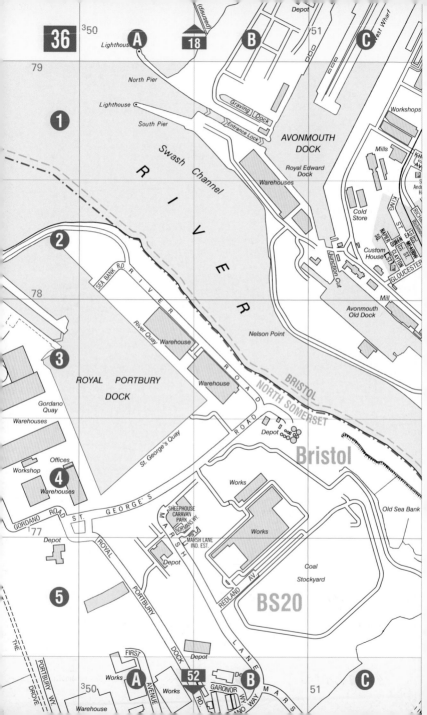

A

18

B

C est Wharf

79

Lighthouse

North Pier

1

Lighthouse

South Pier

Swash Channel

R I V E R

Graving Dock

Entrance Lock

Depot

51

Workshops

AVONMOUTH
DOCK

Royal Edward
Dock

Warehouses

Mills

Cold
Store

Custom
House

Auction Cut

ST.
NAPIER
SO

EAST ST
CLAYTON
MEADOW

RICHM
KINGS

St.
Andr
H

P

GLOUCESTER

2

SEA BANK RD.

R I V E R

R O A D

Nelson Point

Avonmouth
Old Dock

Mill

78

River Quay Warehouse

BRISTOL

NORTH SOMERSET

3

ROYAL   PORTBURY

DOCK

Warehouse

Depot

Gordano
Quay

Warehouses

Offices

4

Workshop

Warehouses

GORDANO   ROAD

ST.

St. George's Quay

GEORGE'S

Depot

Bristol

Works

SHEEPHOUSE
CARAVAN
PARK

NORMAN'S WY.

MARSH LANE
IND. EST.

MARSH

Works

Works

Old Sea Bank

77

Depot

REDLAND AV.

Coal
Stockyard

5

ROYAL   PORTBURY

LANE

BS20

THE

PORTBURY WY.

DRIVE

FIRST

DOCK

Depot

Works

A

AVENUE

Works

Warehouse

52

GARONOR

GARONOR WY.

ANO WY.

B

De

RD.

M   A   R   S   H

350

51

C

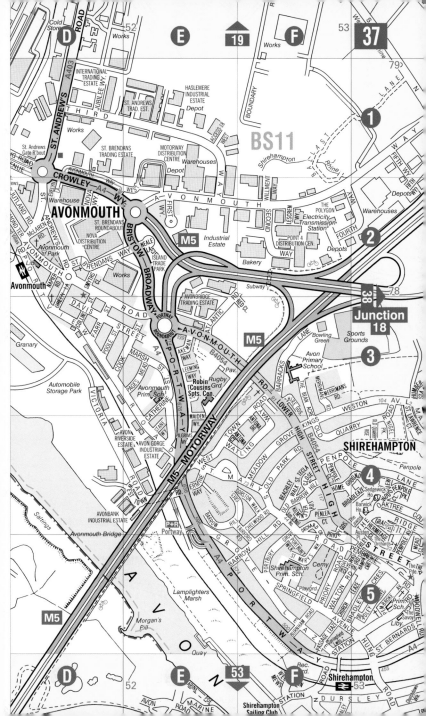

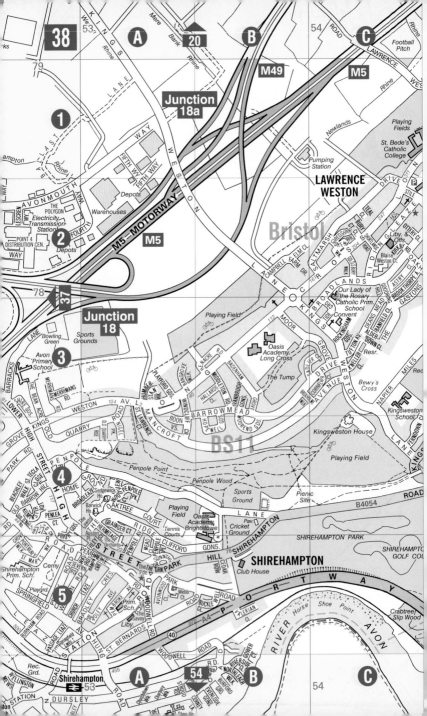

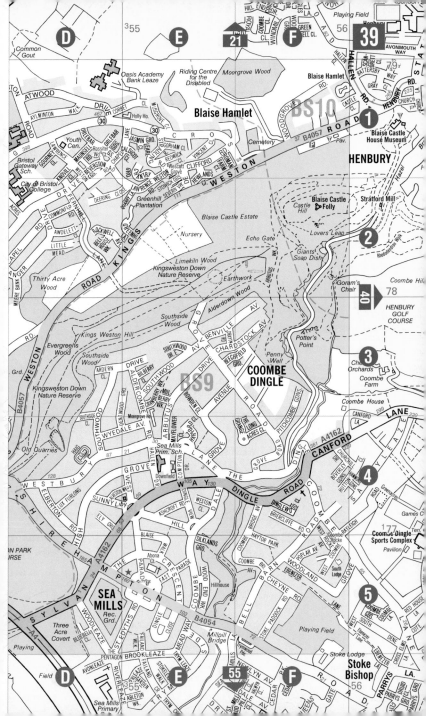

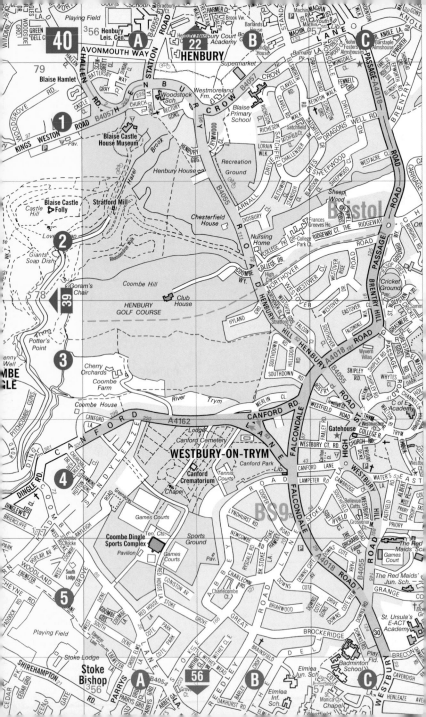

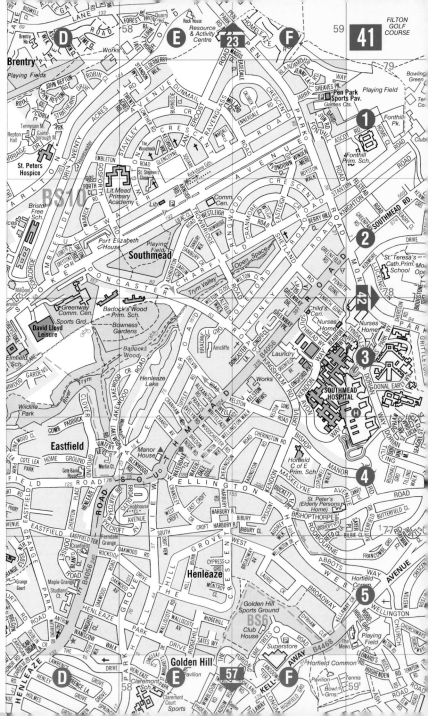

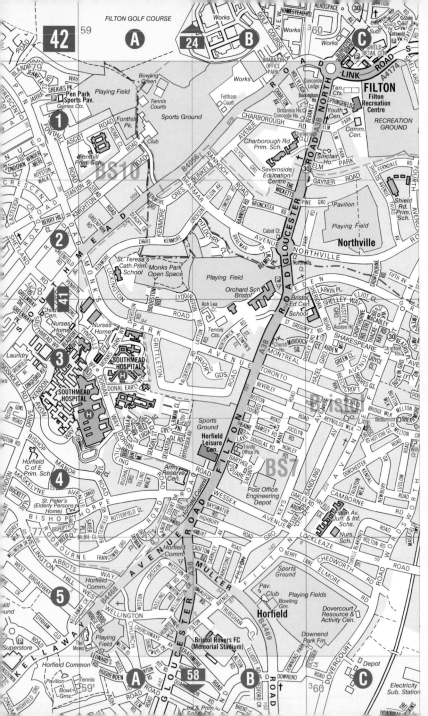

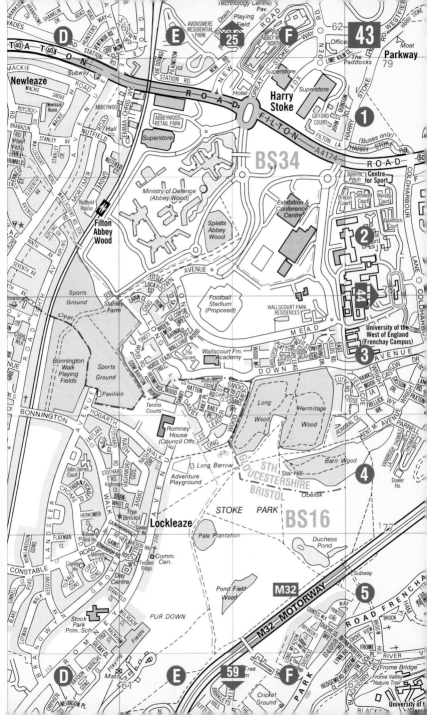

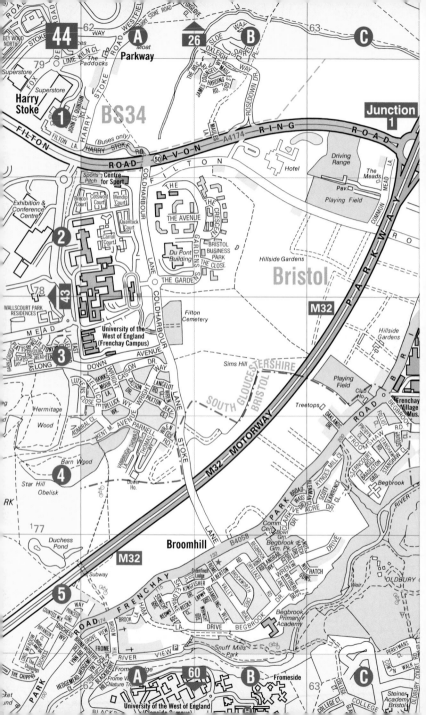

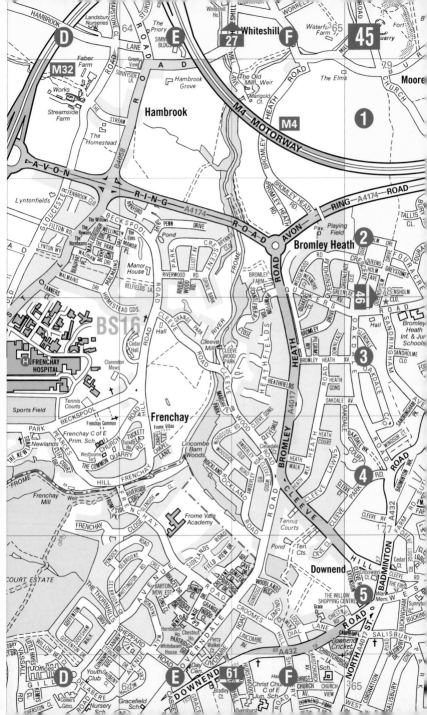

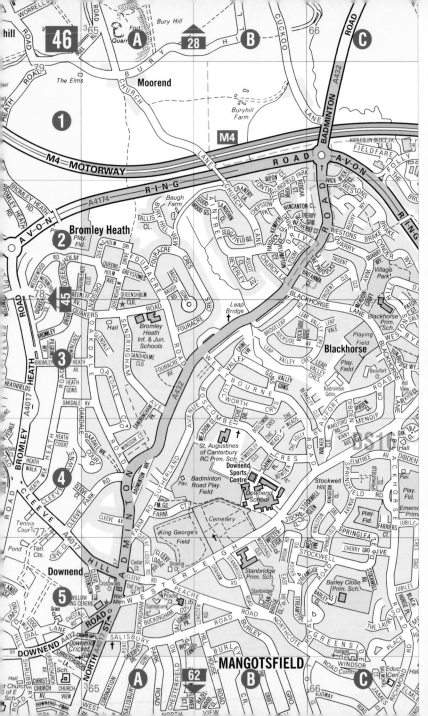

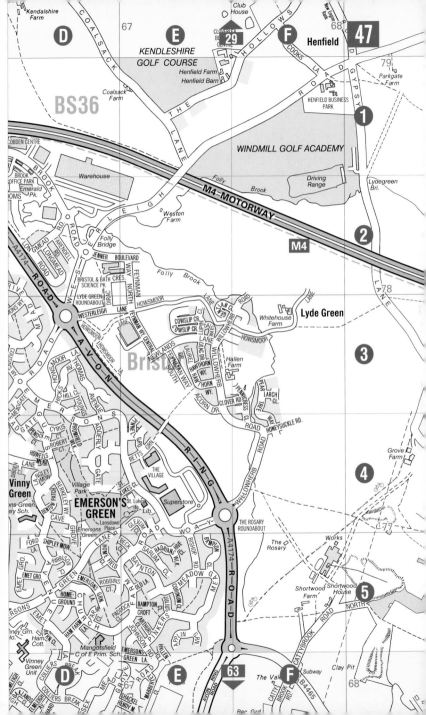

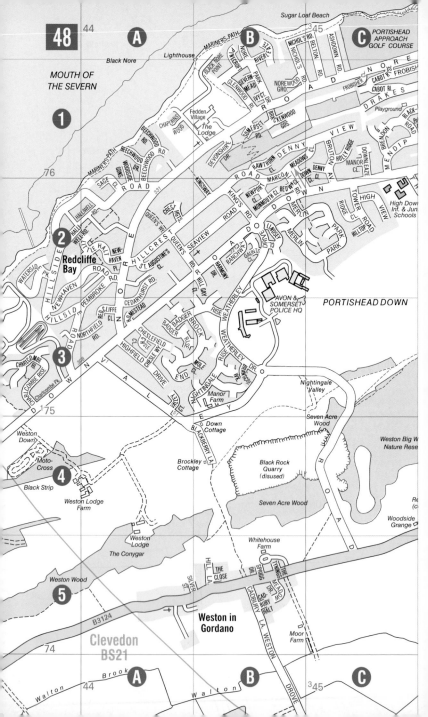

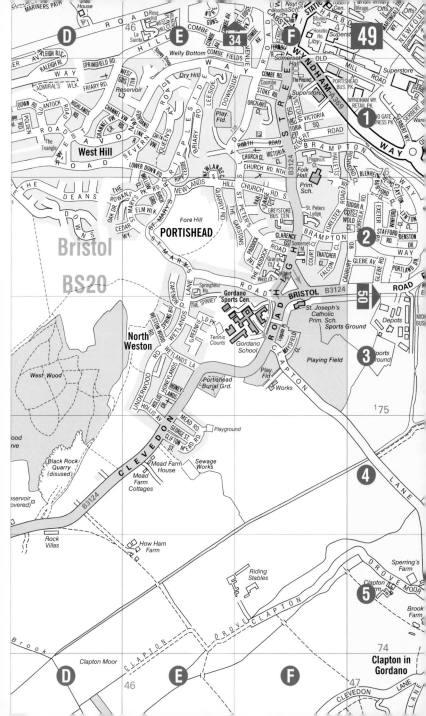

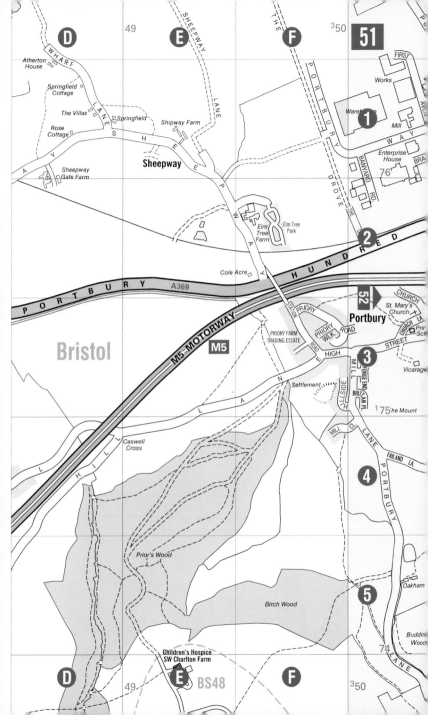

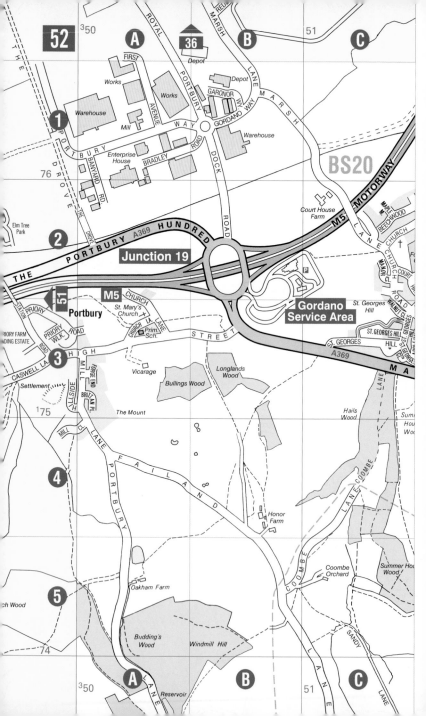

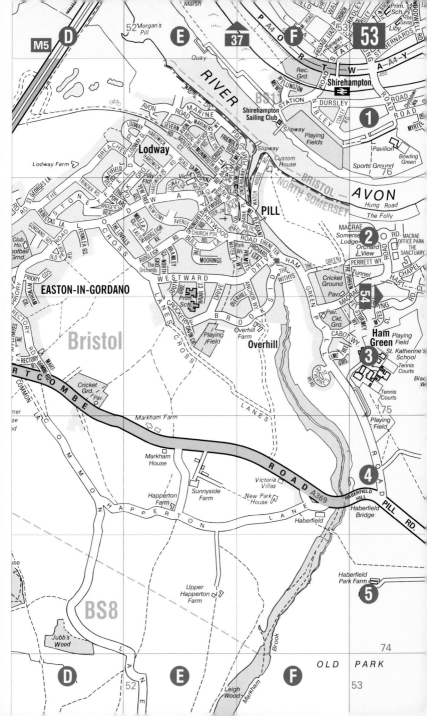

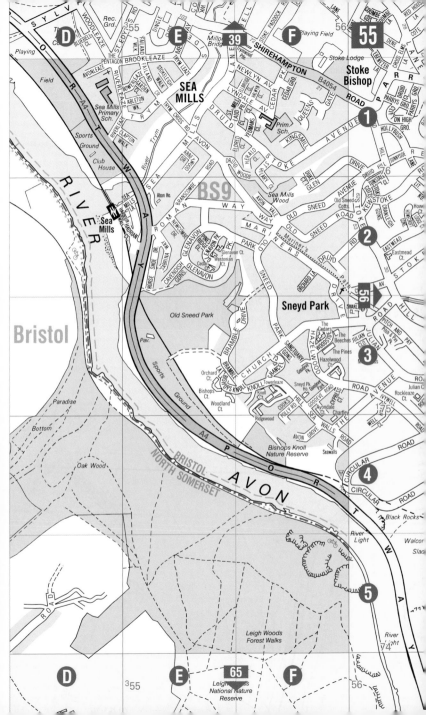

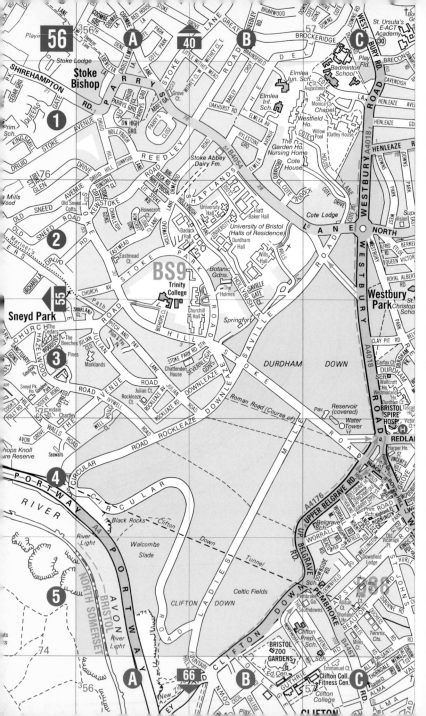

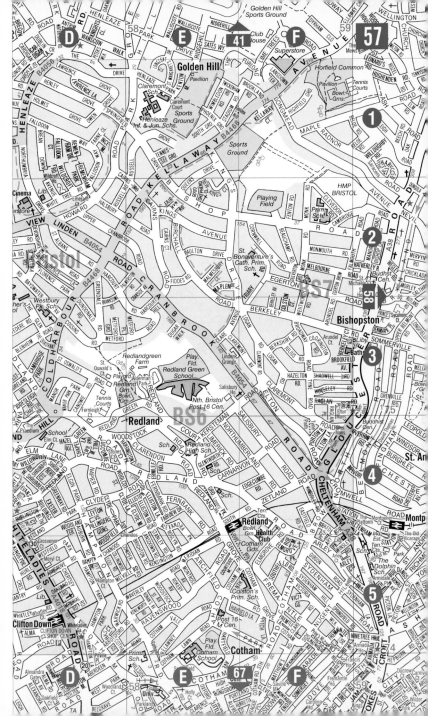

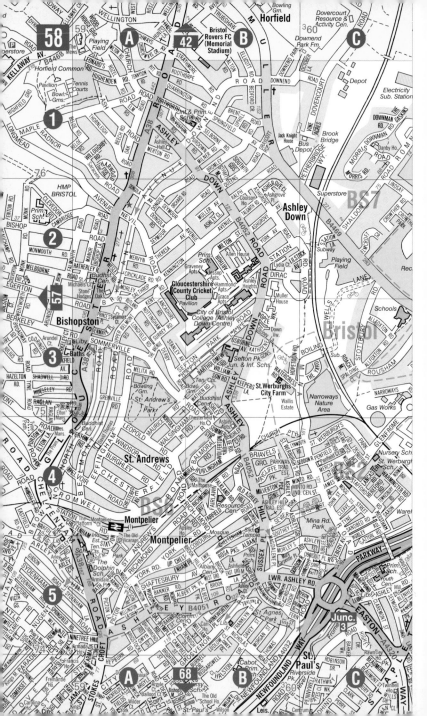

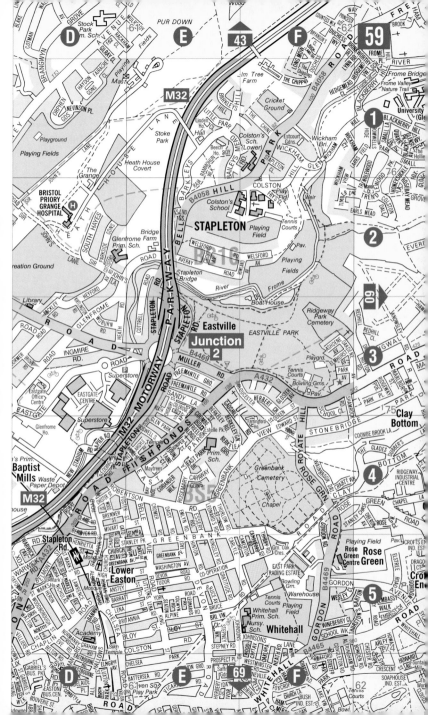

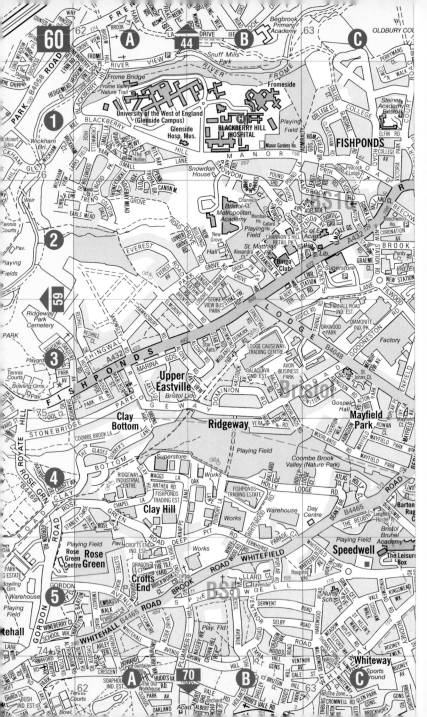

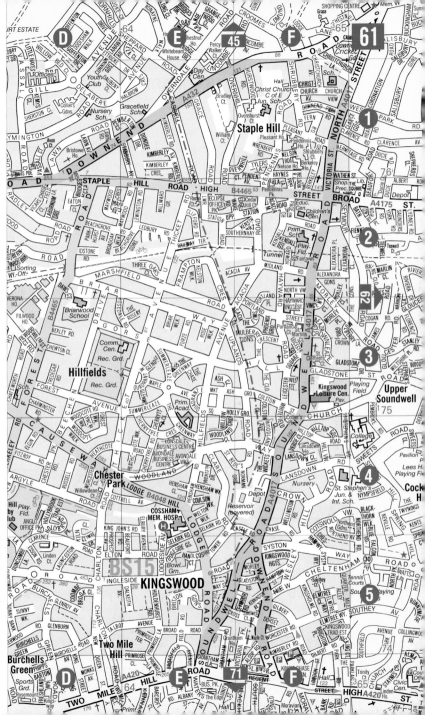

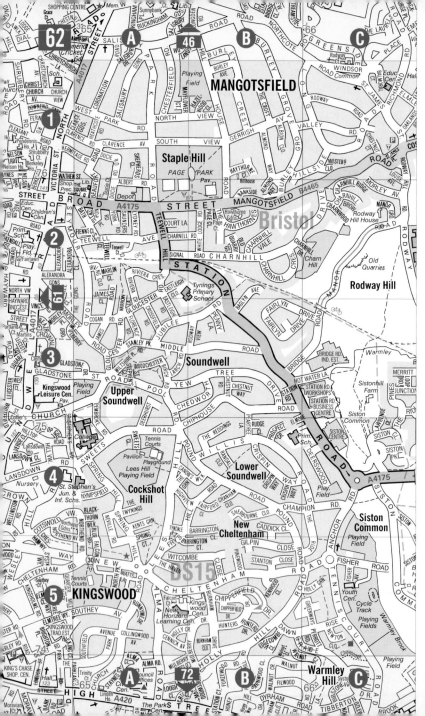

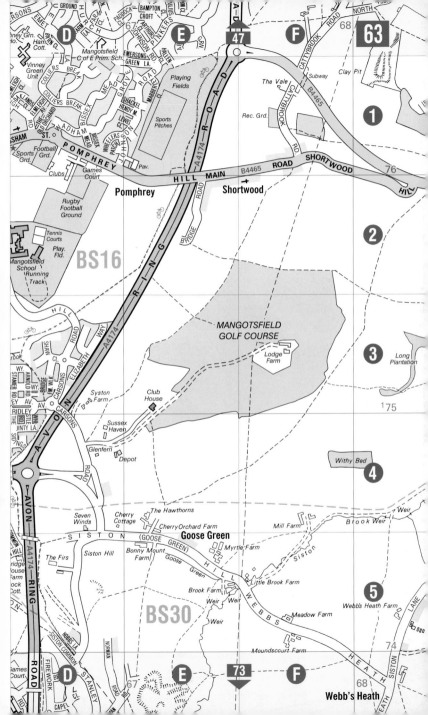

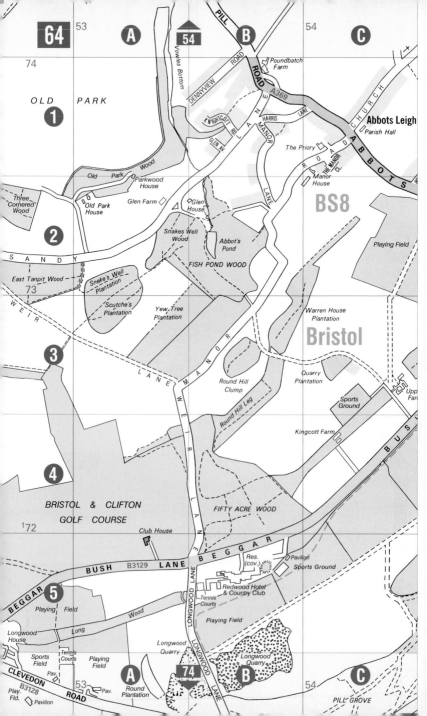

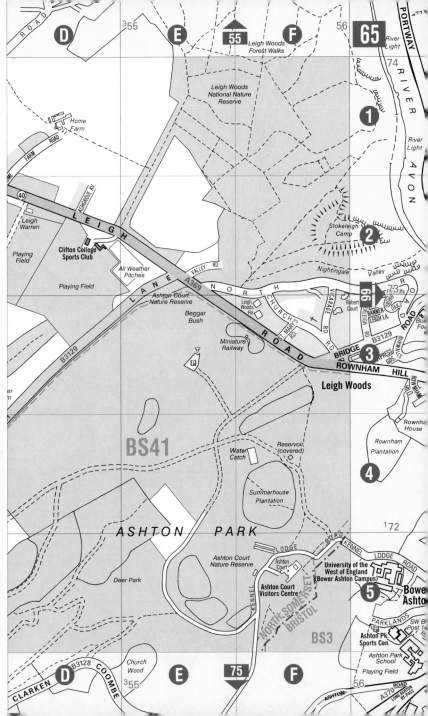

D 355 **E** 55 Leigh Woods Forest Walks **F** 56 **65** River Light 74

PORTWAY

RIVER AVON

River Light

1

Leigh Woods National Nature Reserve

Home Farm

FARM ROAD

LEIGH

ASHGROVE AV.

Leigh Warren

Playing Field

Clifton College Sports Club

All Weather Pitches

Playing Field

LANE

VALLEY RD.

A369

NORTH

Stokeleigh Camp

2

Nightingale Valley

Cliffe

Robert Court

66 73

BANNER LEIGH LA.

OXFORD OAKS

ROAD

Bull Fou

Ashton Court Nature Reserve

Beggar Bush

Leigh Woods Ho.

CHURCH'S

ST. MARY'S RD.

VICARAGE RD.

RD.

B3129

BRIDGE

CYPRESS GDS.

STILLHOUSE

LEIGH RD.

3

Rownham House

B3129

Miniature Railway

ROAD

ROWNHAM HILL

Rownham

Leigh Woods

Rownham Plantation

BS41

Water Catch

Reservoir (covered)

4

Summerhouse Plantation

172

ASHTON PARK

Ashton Court Nature Reserve

LODGE

ROAD

KENNEL

LODGE ROAD

University of the West of England (Bower Ashton Campus)

Bowe Ashto

Deer Park

Ashton Court

Ashton Court Visitors Centre

KENNEL

NORTH SOMERSET

BRISTOL

5

PARKLANDS

SW B Post 1

Ashton Pk Sports Cen.

BS3

Ashton Park School Playing Field

D B3128 COOMBE 355

CLARKEN

Church Wood

E **75** **F**

ASHTON

A370 ROAD LONG ASHTON BY PASS

56

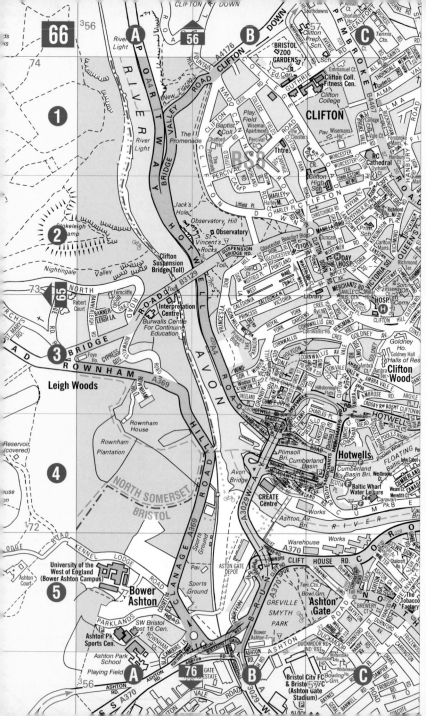

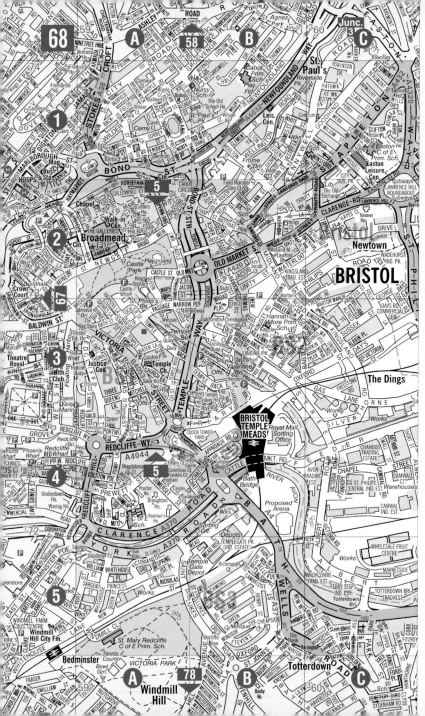

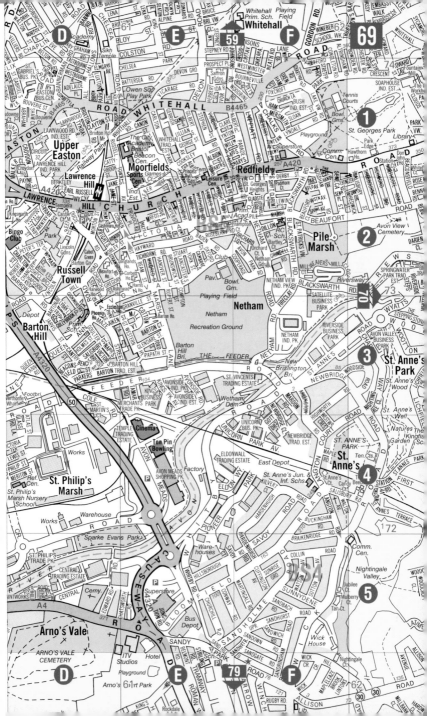

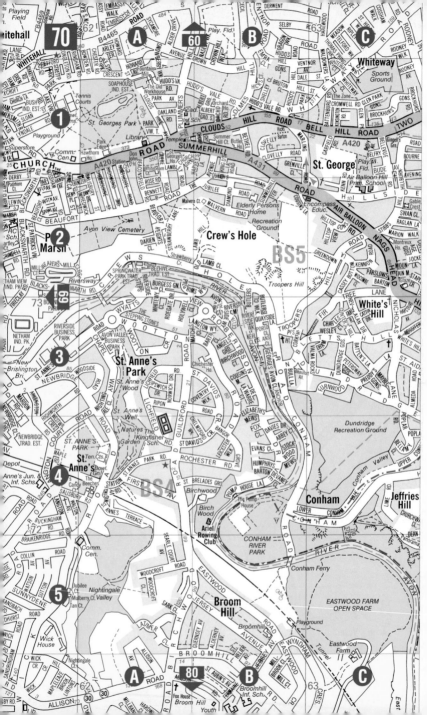

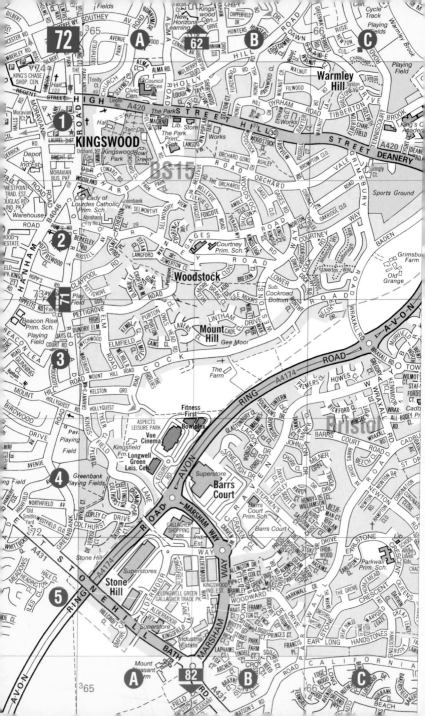

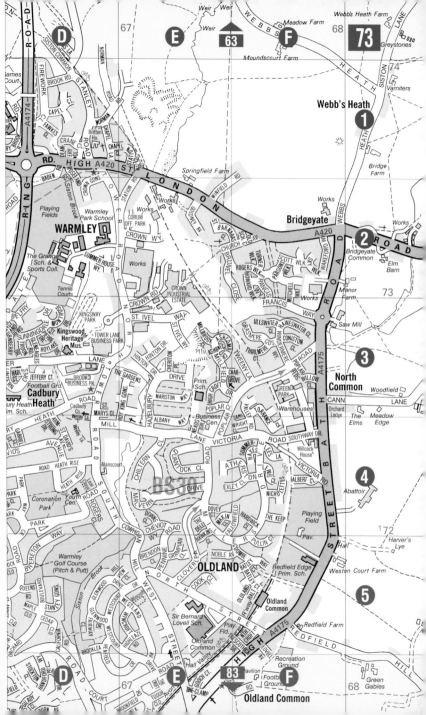

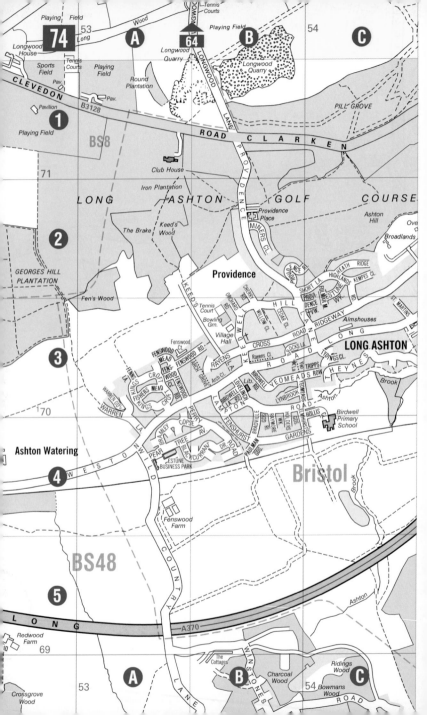

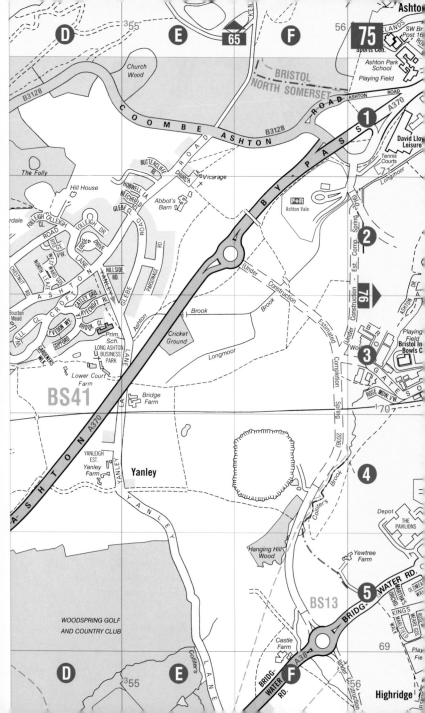

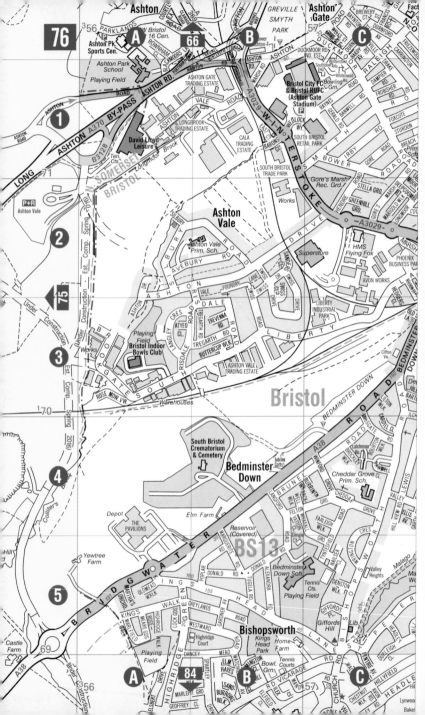

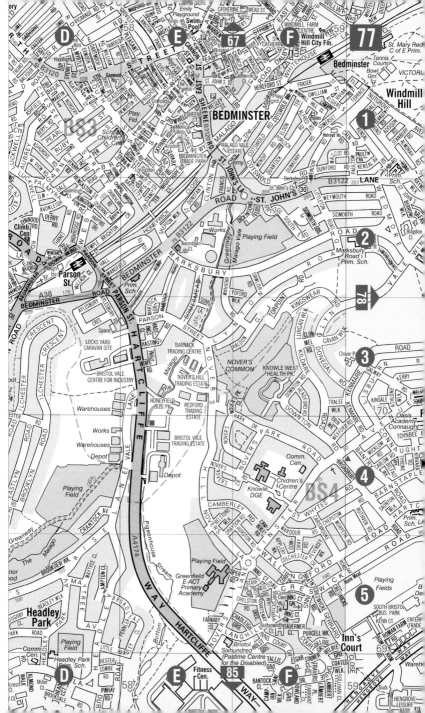

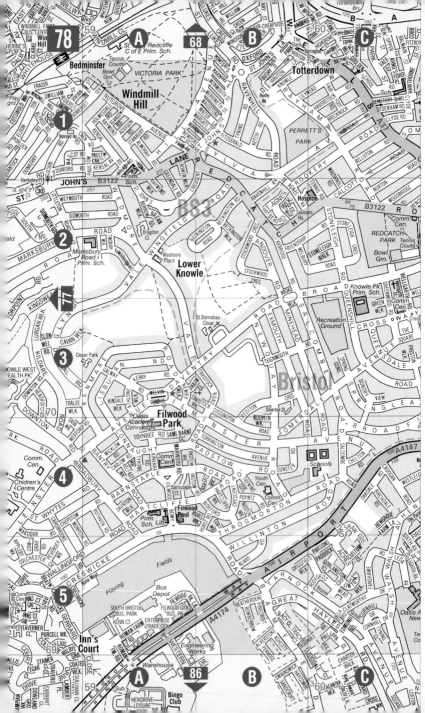

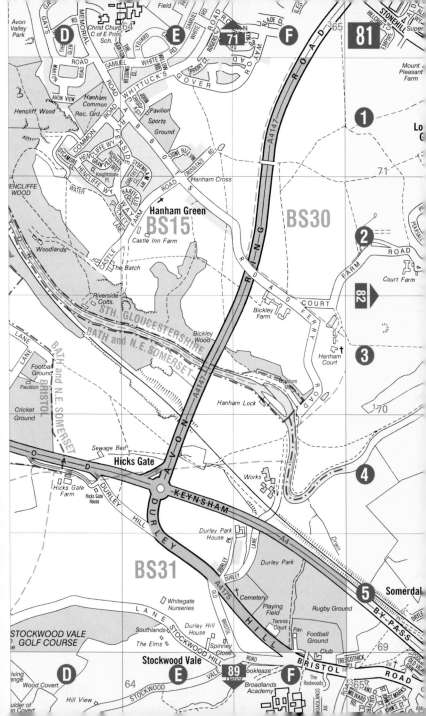

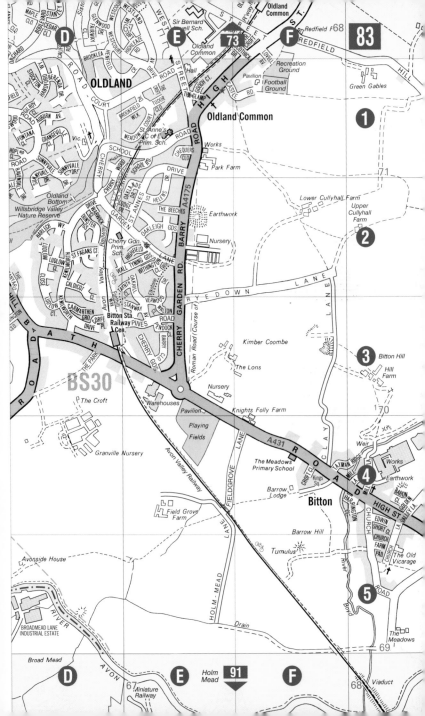

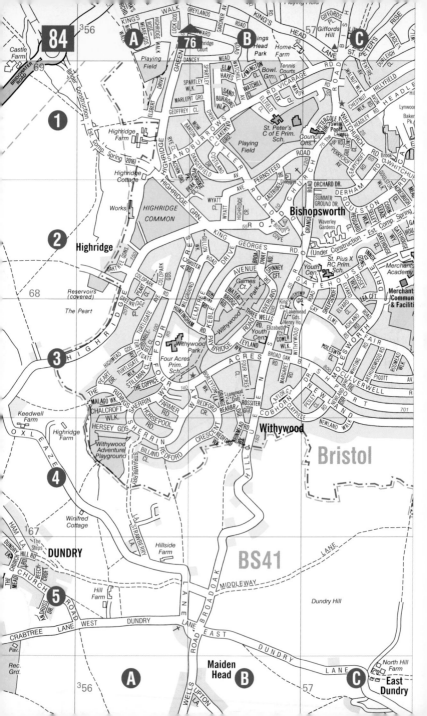

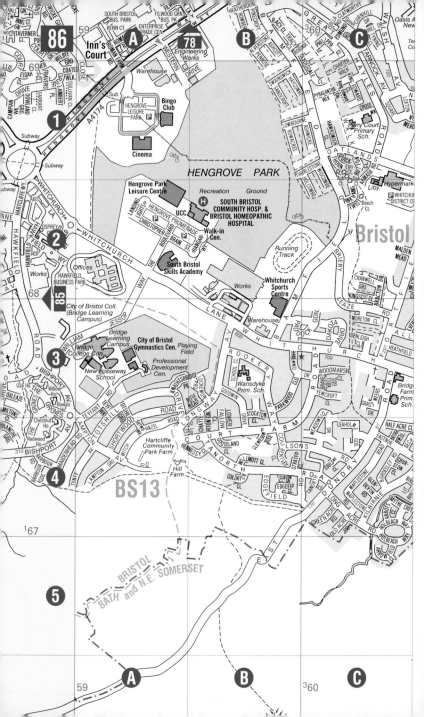

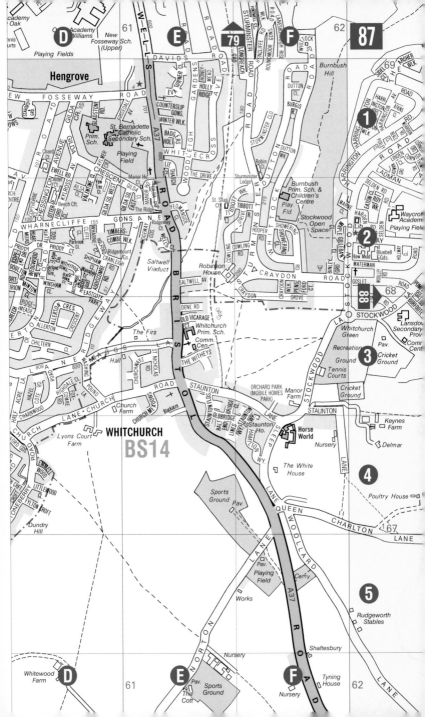

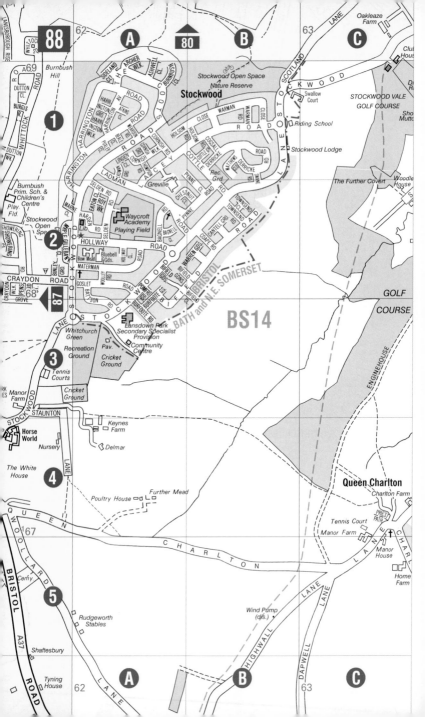

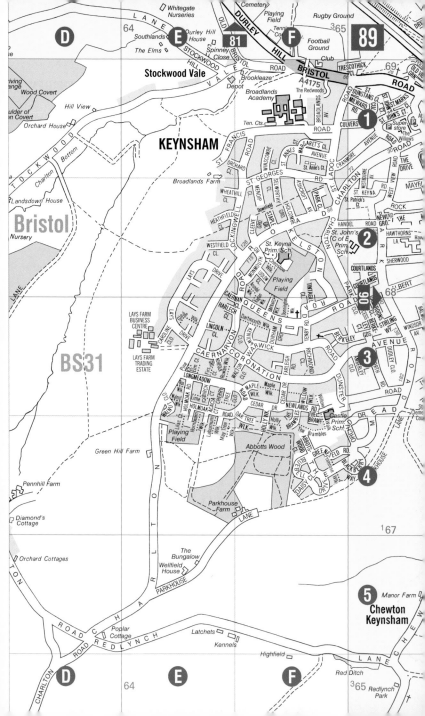

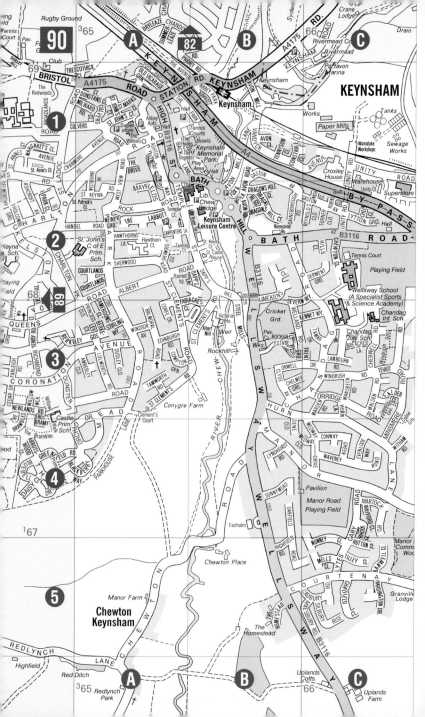

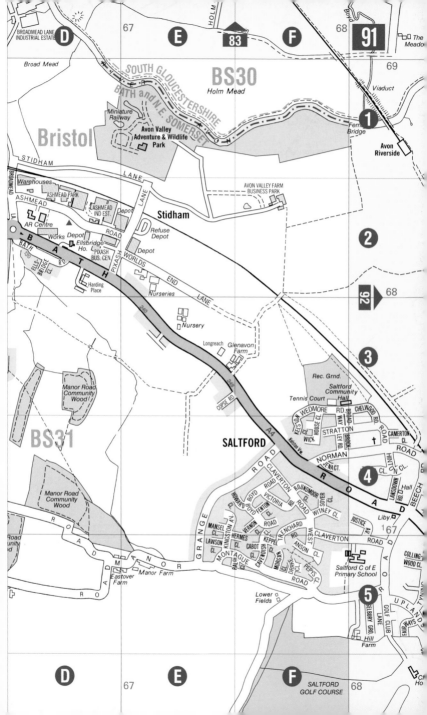

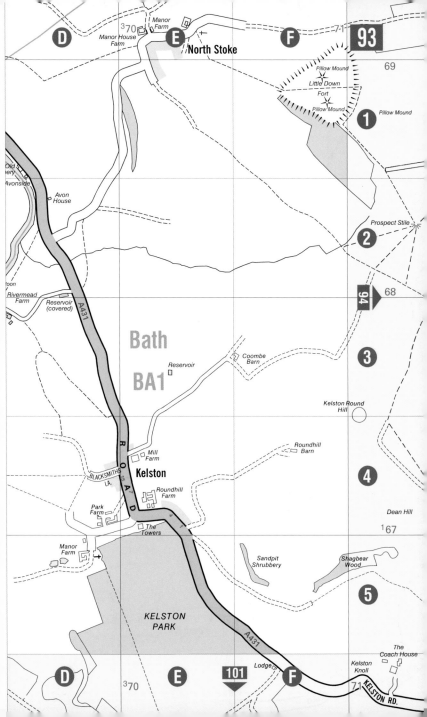

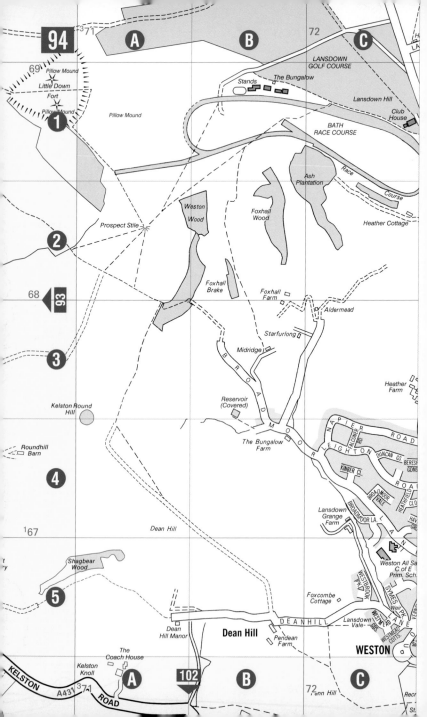

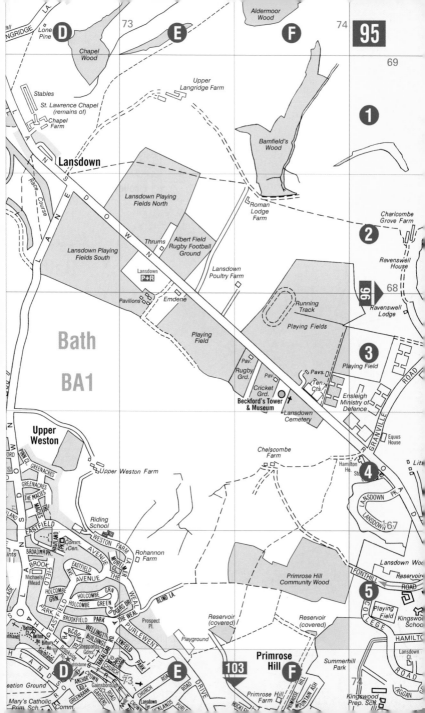

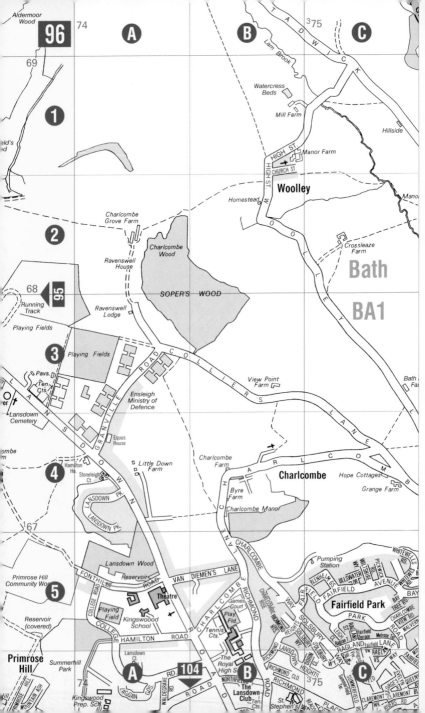

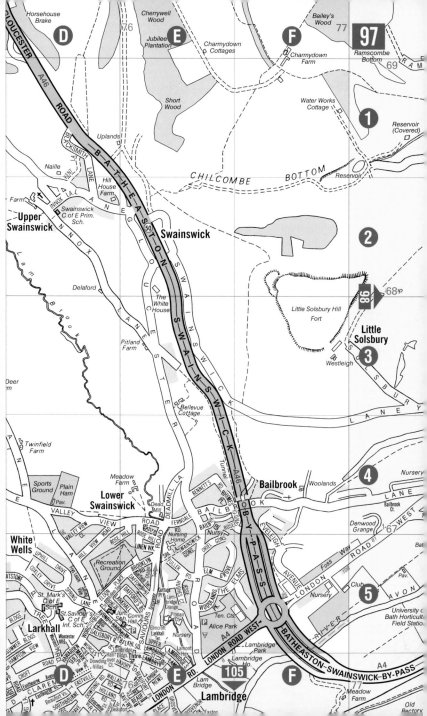

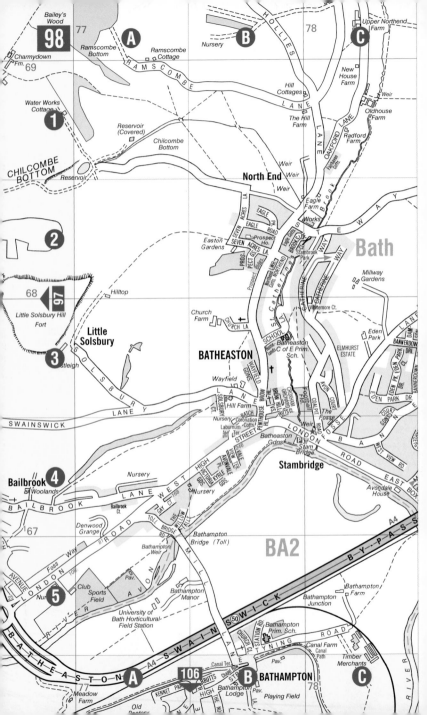

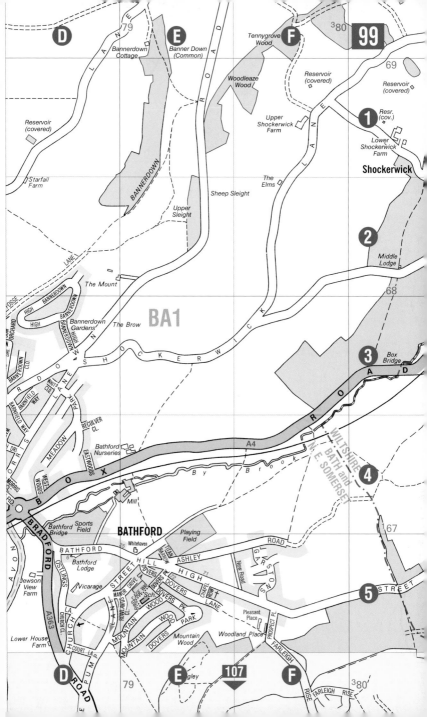

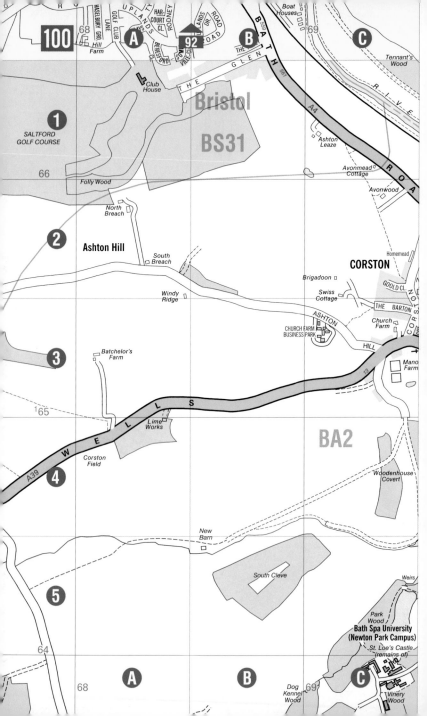

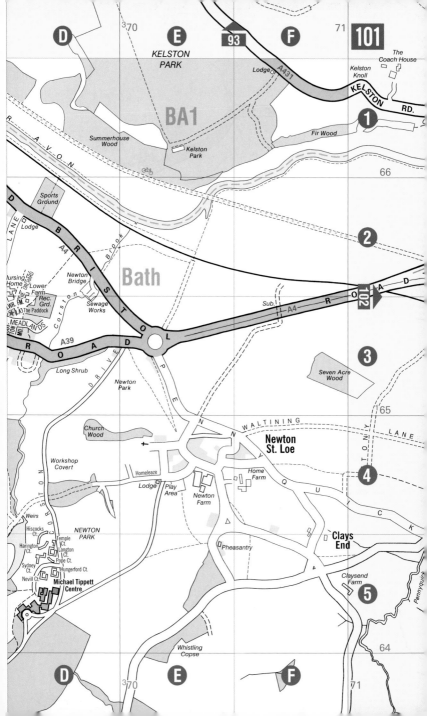

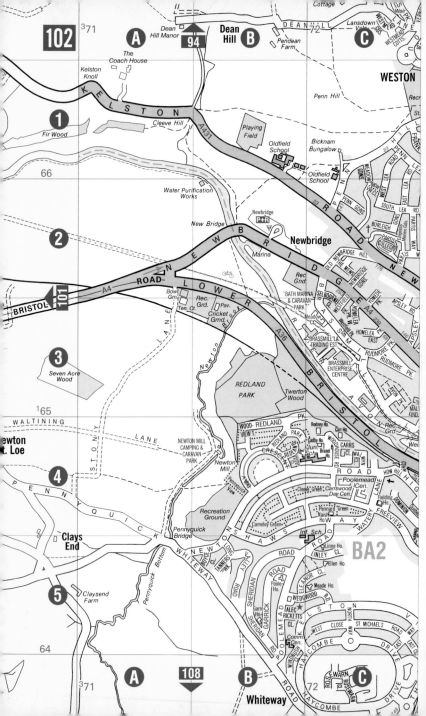

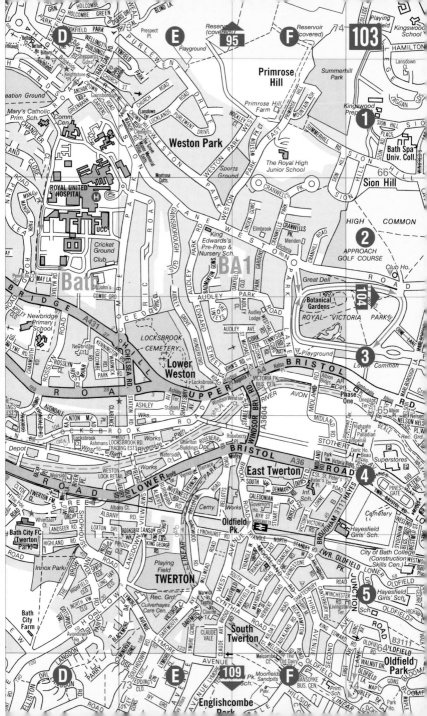

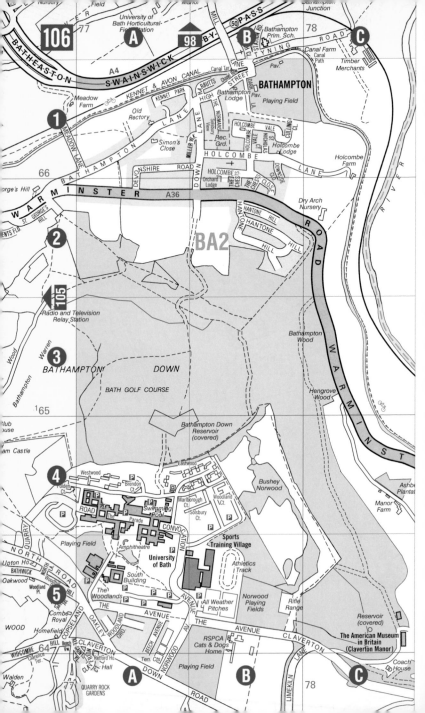

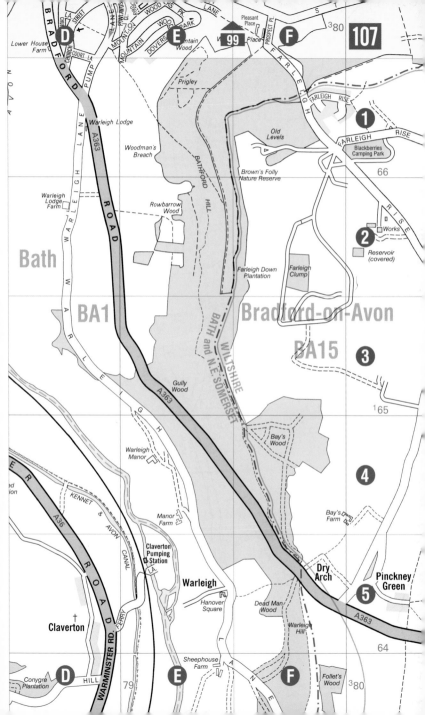

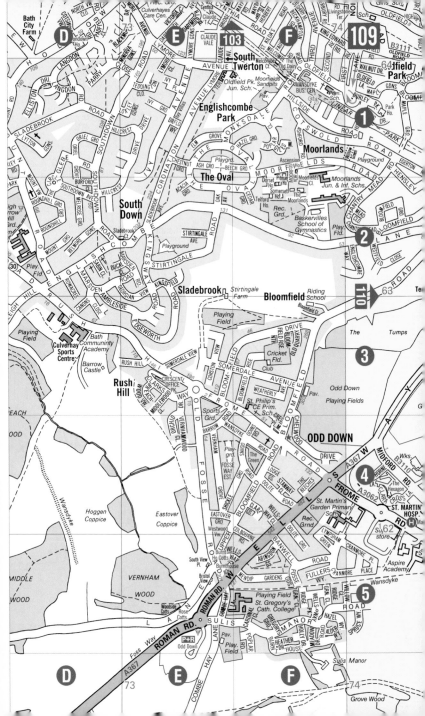

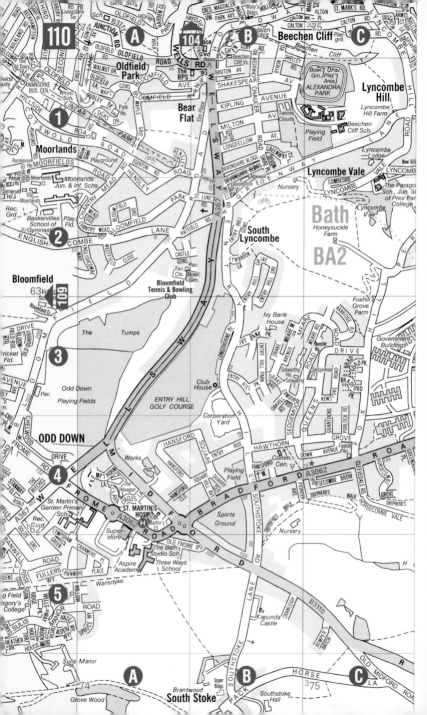

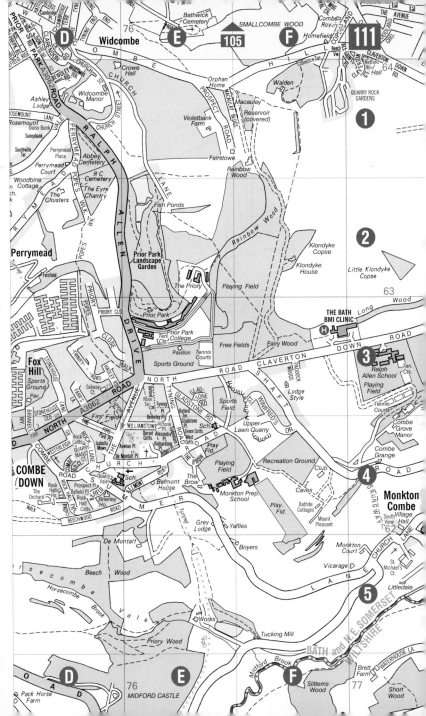

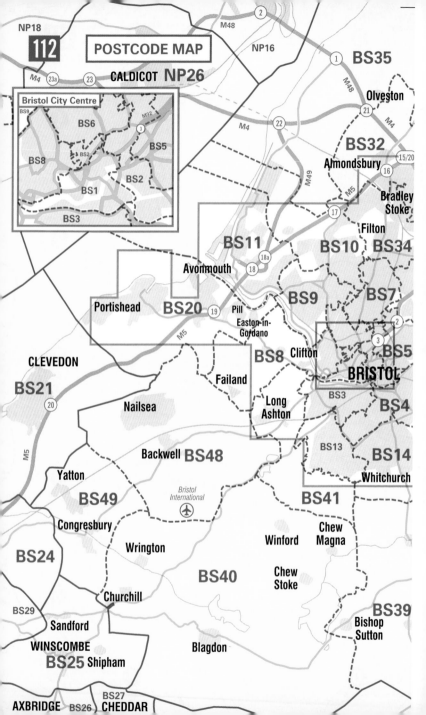

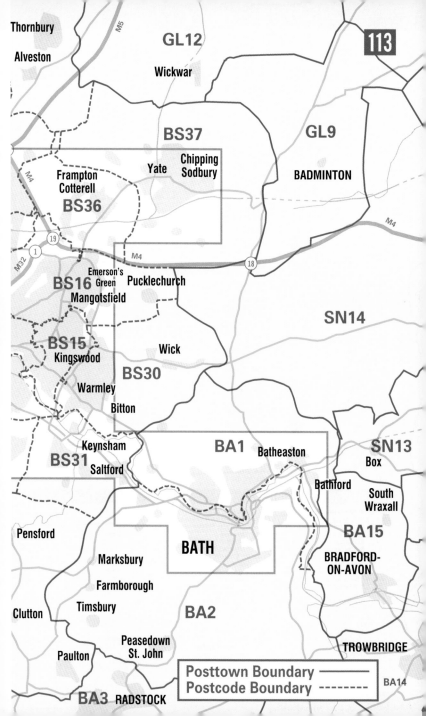

INDEX

Including Streets, Places & Areas, Industrial Estates, Selected Flats & Walkways, Service Areas, Stations and Selected Places of Interest.

HOW TO USE THIS INDEX

1. Each street name is followed by its Postcode District, then by its Locality abbreviation(s) and then by its map reference;
   e.g. **Abbey Rd.** BS9: W Trym . . . .**5B 40** is in the BS9 Postcode District and the Westbury-on-Trym Locality and is to be found in square 5B on page **40**. The page number is shown in bold type.

2. A strict alphabetical order is followed in which Av., Rd., St., etc. (though abbreviated) are read in full and as part of the street name; e.g. **Ash Ct.** appears after **Ashcott** but before **Ashcroft Av.**

3. Streets and a selection of flats and walkways that cannot be shown on the mapping, appear in the index with the thoroughfare to which they are connected shown in brackets; e.g. **21 West** BS3: Bedm . . . .1E **77** (off Skypark Rd.)

4. Addresses that are in more than one part are referred to as not continuous.

5. Places and areas are shown in the index in BLUE TYPE and the map reference is to the actual map square in which the town centre or area is located and not to the place name shown on the map; e.g. KEYNSHAM 1A **90**

6. An example of a selected place of interest is **City Mus. & Art Gallery** 1A **4** (2E **67**)

7. Examples of stations are:
   Avonmouth Station (Rail) . . . .2D **37**; **Bath Bus Station** . . . .5C **6**; **Bath Road (Park & Ride)** 4B **80**

8. Junction names and Service Areas are shown in the index in BOLD CAPITAL TYPE; e.g. **GORDANO SERVICE AREA** 2B **52**

9. Map references for entries that appear on the large scale pages **4-7** are shown first, with small scale map references shown in brackets; e.g. **Abbey Ga. St.** BA1: Bath 4C **6** (4C **104**)

GENERAL ABBREVIATIONS

All. : Alley	**Est.** : Estate	**No.** : Number
App. : Approach	**Fld.** : Field	**Pde.** : Parade
Arc. : Arcade	**Flds.** : Fields	**Pk.** : Park
Av. : Avenue	**Gdn.** : Garden	**Pas.** : Passage
Bk. : Back	**Gdns.** : Gardens	**Pl.** : Place
Blvd. : Boulevard	**Ga.** : Gate	**Pct.** : Precinct
Bri. : Bridge	**Gt.** : Great	**Prom.** : Promenade
B'way. : Broadway	**Grn.** : Green	**Res.** : Residential
Bldg. : Building	**Gro.** : Grove	**Ri.** : Rise
Bldgs. : Buildings	**Hgts.** : Heights	**Rd.** : Road
Bus. : Business	**Ho.** : House	**Rdbt.** : Roundabout
Cvn. : Caravan	**Ho's.** : Houses	**Shop.** : Shopping
C'way. : Causeway	**Ind.** : Industrial	**Sth.** : South
Cen. : Centre	**Info.** : Information	**Sq.** : Square
Chu. : Church	**La.** : Lane	**Sta.** : Station
Cir. : Circus	**Lit.** : Little	**St.** : Street
Cl. : Close	**Lwr.** : Lower	**Ter.** : Terrace
Comn. : Common	**Mnr.** : Manor	**Twr.** : Tower
Cnr. : Corner	**Mans.** : Mansions	**Trad.** : Trading
Cotts. : Cottages	**Mkt.** : Market	**Up.** : Upper
Ct. : Court	**Mdw.** : Meadow	**Va.** : Vale
Cres. : Crescent	**Mdws.** : Meadows	**Vw.** : View
Cft. : Croft	**M.** : Mews	**Vs.** : Villas
Dr. : Drive	**Mt.** : Mount	**Vis.** : Visitors
E. : East	**Mus.** : Museum	**Wlk.** : Walk
Ent. : Enterprise	**Nth.** : North	**W.** : West
		Yd. : Yard

LOCALITY ABBREVIATIONS

Abb L : **Abbots Leigh**	C Hth : **Cadbury Heath**	Eng : **Englishcombe**
Alm : **Almondsbury**	Charl : **Charlcombe**	Fail : **Failand**
Ash G : **Ashton Gate**	Chip S : **Chipping Sodbury**	Fil : **Filton**
Ash V : **Ashton Vale**	Chit : **Chittening**	Fish : **Fishponds**
A'mth : **Avonmouth**	Glap G : **Clapton-in-Gordano**	Flax B : **Flax Bourton**
Bar G : **Barrow Gurney**	C'ton : **Claverton**	Fram C : **Frampton Cotterell**
Bar C : **Barrs Court**	C'ton D : **Claverton Down**	Fren : **Frenchay**
Bar H : **Barton Hill**	Clif : **Clifton**	Gau E : **Gaunt's Earthcott**
Bath : **Bath**	Coal H : **Coalpit Heath**	H'len : **Hallen**
Batham : **Bathampton**	Cod : **Codrington**	Ham : **Hambrook**
Bathe : **Batheaston**	C Down : **Combe Down**	Han : **Hanham**
Bathf : **Bathford**	C Hay : **Combe Hay**	Hart : **Hartcliffe**
Bedm : **Bedminster**	C Din : **Coombe Dingle**	Hen : **Henbury**
B'stn : **Bishopston**	Cor : **Corston**	H'fld : **Henfield**
Bis : **Bishopsworth**	Cot : **Cotham**	H'gro : **Hengrove**
Bit : **Bitton**	Dod : **Dodington**	Henle : **Henleaze**
Bwr A : **Bower Ashton**	Down : **Downend**	Hor : **Horfield**
Brad S : **Bradley Stoke**	Dun : **Dundry**	Hort : **Horton**
Bren : **Brentry**	E Comp : **Easter Compton**	Ing : **Inglesbatch**
B'yte : **Bridgeyate**	E'tn : **Easton**	Iron A : **Iron Acton**
Brisl : **Brislington**	Eas : **Easton-in-Gordano**	Kel : **Kelston**
Bris : **Bristol**	Eastv : **Eastville**	Key : **Keynsham**
B'hll : **Broomhill**	Emer G : **Emersons Green**	K'wd : **Kingswood**

Know : **Knowle**
L'rdge : **Langridge**
L'dwn : **Lansdown**
Law W : **Lawrence Weston**
L Wds : **Leigh Woods**
Lim S : **Limpley Stoke**
Lit S : **Little Stoke**
L'lze : **Lockleaze**
L Ash : **Long Ashton**
L Grn : **Longwell Green**
Mang : **Mangotsfield**
Mid : **Midford**
Mon C : **Monkton Combe**
Mon F : **Monkton Farleigh**
New L : **Newton St Loe**
Odd D : **Odd Down**
Old C : **Oldland Common**
Old S : **Old Sodbury**
Pat : **Patchway**
Pill : **Pill**
P'bry : **Portbury**

P'head : **Portishead**
Puck : **Pucklechurch**
Q Char : **Queen Charlton**
Redf : **Redfield**
Redl : **Redland**
St Ap : **St Annes Park**
St G : **St George**
Salt : **Saltford**
Sea M : **Sea Mills**
Shire : **Shirehampton**
Sho : **Shockerwick**
Short : **Shortwood**
Sis : **Siston**
Soun : **Soundwell**
S'mead : **Southmead**
S'ske : **Southstoke**
S'wll : **Speedwell**
Stap H : **Staple Hill**
Stap : **Stapleton**
Stoc : **Stockwood**
Stok B : **Stoke Bishop**

Stok G : **Stoke Gifford**
Swa : **Swainswick**
S'frd : **Swineford**
Up Swa : **Upper Swainswick**
Warl : **Warleigh**
Warm : **Warmley**
W Hth : **Webbs Heath**
W Trym : **Westbury-on-Trym**
W'lgh : **Westerleigh**
W'ton : **Weston**
W'ton G : **Weston-in-Gordano**
Whit : **Whitchurch**
W'hall : **Whitehall**
Will : **Willsbridge**
Wind H : **Windmill Hill**
Wint : **Winterbourne**
Wint D : **Winterbourne Down**
Withy : **Withywood**
W'ly : **Woolley**
Yate : **Yate**

---

21 West BS3: Bedm 1E **77**
(off Skypark Rd.)
51.02 BS1: Bris 1A **68**
100 Steps BS15: Han 4C **70**

A

Abbey Apartments BS31: Key 1A **90**
Abbey Chambers BA1: Bath 4C **6**
(off York St.)
Abbey Chu. Ho. BA1: Bath 4B **6**
(off Westgate Bldgs.)
Abbey Chu. Yd. BA1: Bath 4C **6**
(off Stall St.)
Abbey Cl. BS31: Key 1B **90**
Abbey Ct. BA2: Bath 2E **7** (3D **105**)
BS4: St Ap 4B **70**
Abbeydale BS36: Wint 2A **28**
Abbeyfield Ho. BS37: Chip S 4D **17**
Abbey Ga. BS9: Stok B 1A **56**
Abbey Ga. St. BA1: Bath 4C **6** (4C **104**)
Abbey Grn. BA1: Bath 4C **6** (4C **104**)
Abbey Ho. BS37: Yate 1F **31**
Abbey Retail Pk. BS34: Fil 1E **43**
Abbey Rd. BS9: W Trym 5B **40**
Abbey St. BA1: Bath 4C **6**
(off York St.)
Abbey Vw. BA2: Bath 5F **7** (5D **105**)
Abbey Vw. Gdns.
BA2: Bath 5E **7** (5D **105**)
Abbeywood BS34: Fil 1D **43**
Abbeywood Dr. BS9: Stok B 1E **55**
Abbey Wood Nth. BS34: Stok G 5F **25**
Abbots Av. BS15: Han 5E **71**
Abbots Cl. BS14: Whit 4C **86**
Abbotsford Rd. BS6: Cot 5D **57**
ABBOTS LEIGH 1C **64**
Abbots Leigh Rd.
BS8: Abb L, L Wds 1C **64**
Abbots Rd. BS15: Han 1E **81**
Abbots Way BS9: Henle 5F **41**
Abbotswood BS15: K'wd 2F **71**
BS37: Yate 1F **31**
Abbotswood Cl. BS31: Key 4F **89**
Aberdeen Rd. BS6: Cot 1D **67**
Abi Clay Ct. BS2: Bris 4B **58**
(off Sevier St.)
Abingdon Gdns. BA2: Odd D 5F **109**
Abingdon Rd. BS16: Fish 3C **60**
Ableton La. BS10: H'len 1B **20**
Ableton Wlk. BS9: Sea M 1E **55**
Abona Ct. BS9: Sea M 5E **39**
Abon Ho. BS9: Sea M 2E **55**
Abraham Cl. BS5: E'tn 1D **69**
Abraham Fry Ho. BS15: K'wd 2A **72**
Acacia Av. BS16: Stap H 2E **61**
Acacia Cl. BS16: Stap H 3F **61**
Acacia Ct. BS31: Key 3E **89**

Acacia Gro. BA2: Bath 2E **109**
Acacia M. BS16: Stap H 2F **61**
Acacia Rd. BS16: Stap H 2F **61**
Academy, The
BA2: Bath 5A **6** (5B **104**)
Access 18 BS11: A'mth 5F **19**
Access 18 West BS11: A'mth 1E **37**
Accolade Pk. BS11: A'mth 4E **19**
Acer Village BS14: H'gro 5E **79**
Acorn Dr. BS16: Emer G 3E **47**
Acorn Gro. BS13: Bis 1A **84**
Acraman's Rd. BS3: Bedm 5E **67**
Acresbush Cl. BS13: Bis 2C **84**
Acton Court 1F **13**
Acton Rd. BS16: Fish 3C **60**
Adams Ct. BS8: Clif 3B **66**
(off Cumberland Pl.)
Adams Hay BS4: Brisl 3F **79**
Adams Land BS36: Coal H 1E **29**
Adderly Ga. BS16: Emer G 4D **47**
Addiscombe Rd. BS14: Whit 2D **87**
Addison Rd. BS3: Wind H 1A **78**
Adelaide Pl. BA2: Bath 3F **7** (4D **105**)
BS5: E'tn 1D **69**
BS16: Fish 2B **60**
Adelaide Ter. BS16: Fish 2C **60**
Admiral Cl. BS16: Stap 4F **43**
Admirals Wlk. BS20: P'head 1D **49**
Admirals Yd. BS34: Lit S 2E **25**
Admiralty Gdns. BS16: Fish 1C **60**
Aerospace Av. BS34: Fil 5C **24**
Agate St. BS3: Bedm 1D **77**
Aiken St. BS5: Bar H 3D **69**
Ainslie's Belvedere BA1: Bath 1B **6**
(off Caroline Pl.)
Aintree Dr. BS16: Down 2B **46**
Air Balloon Rd. BS5: St G 2C **70**
Airpoint BS3: Bedm 1E **77**
Airport Rd. BS14: H'gro 5B **78**
Akeman Way BS11: Shire 3E **37**
Alanscourt BS30: C Hth 4D **73**
Alard Rd. BS4: Know 5B **78**
Albany Bldgs. BS3: Bedm 5E **67**
Albany Ct. BA2: Bath 4D **103**
Albany Ga. BS34: Stok G 3A **26**
Albany Rd. BA2: Bath 4D **103**
BS6: Bris 5B **58**
Albany St. BS15: K'wd 1E **71**
Albany Way BS30: Old C 4E **73**
Albemarle Row BS8: Clif 3B **66**
Albemarle Ter. BS8: Clif 3B **66**
(off Cumberland Pl.)
Albert Cl. BS30: Old C 4F **73**
Albert Cres. BS2: Bris 4C **68**
Albert Gro. BS5: St G 1B **70**
Albert Gro. Sth. BS5: St G 1B **70**
Albert Mill BS31: Key 3B **90**
Alberton Rd. BS16: B'hll 5B **44**
Albert Pde. BS5: Redf 1F **69**
Albert Pk. BS6: Bris 5B **58**

Albert Pk. Pl. BS6: Bris 5A **58**
Albert Pl. BA2: C Down 4E **111**
BS3: Bedm 1E **77**
BS9: W Trym 4C **40**
BS20: P'head 2F **49**
Albert Rd. BS2: Bris 5C **68**
BS15: Han 4F **71**
BS16: Stap H 2A **62**
BS20: P'head 1F **49**
BS31: Key 2A **90**
Albert St. BS5: Redf 1E **69**
Albert Ter. BA2: Bath 4E **103**
BS16: Fish 2B **60**
Albion Bldgs. BA1: Bath 3F **103**
Albion Chambers BS1: Bris 2C **4**
Albion Cl. BS16: Mang 1B **62**
Albion Dockside Est. BS1: Bris 4D **67**
Albion Pl. BA1: Bath 3A **104**
BS2: Bris 2F **5**
(Kingsland Rd.)
BS2: Bris 1F **5**
(Lawford St.)
Albion Rd. BS5: E'tn 5D **59**
Albion St. BS5: Redf 1E **69**
Albion Ter. BA1: Bath 3A **104**
BS34: Pat 4D **9**
Albright Ct. BS20: P'head 5D **35**
Alcove Rd. BS16: Fish 3A **60**
Aldercombe Rd. BS9: C Din 3E **39**
Alder Cl. BS14: H'gro 2D **87**
Alderdown Cl. BS11: Law W 3C **38**
Alderley Rd. BA2: Bath 1C **108**
Alderman Twr. BS6: Redl 3E **57**
(off Redland Ct. Rd.)
Aldermoor Way BS30: L Grn 5A **72**
(not continuous)
Alderney Av. BS4: Brisl 5B **70**
Alders, The BS16: Fren 2D **45**
(off Marlborough Dr.)
Alderton Rd. BS7: Hor 3A **42**
Alder Way BA2: Odd D 5F **109**
Aldwick Av. BS13: Hart 4E **85**
Alec Ricketts Cl. BA2: Bath 5B **102**
Alexander Bldgs. BA1: Bath 1D **105**
Alexander Ho. BS1: Bris 3B **4**
Alexandra Apartments BS6: Redl 3E **57**
(off Redland Ct. Rd.)
Alexandra Cl. BS16: Stap H 2F **61**
Alexandra Ct. BS16: Fish 2B **60**
Alexandra Gdns. BS16: Stap H 2F **61**
Alexandra Ga. BS8: Clif 1D **67**
Alexandra Pk. BS6: Redl 4E **57**
BS16: Fish 2B **60**
Alexandra Pl. BA2: C Down 4E **111**
BS16: Stap H 2F **61**
Alexandra Rd. BA2: Bath 5C **104**
BS8: Clif 1D **67**
BS10: W Trym 3E **41**
BS13: Bis 5B **76**
BS15: Han 4F **71**
BS36: Coal H 1F **29**
Alford Rd. BS4: Brisl 2E **79**

Alfred Hill. BS2: Bris 1F 67
Alfred Lovell Gdns. BS30: C Hth . . .5C 72
Alfred Pde. BS2: Bris 1B 4 (1F 67)
Alfred Pl. BS1: Bris 5C 4 (4F 67)
　BS2: Bris .1F 67
Alfred Rd. BS3: Wind H 1F 79
　BS6: Henle 2C 56
Alfred St. BA1: Bath 1B 6 (3B 104)
　BS2: Bris 3C 68
　BS5: Redf 1E 69
Algars Dr. BS37: Iron A 2A 14
Algiers St. BS3: Wind H 1F 77
Allanmead Rd. BS14: H'gro 4D 79
Allen Ho. BS7: B'stn 2B 58
Allerton Cres. BS14: Whit 3D 87
Allerton Gdns. BS14: H'gro 2D 87
Allerton Rd. BS14: Whit 3C 86
Allfoxton Rd. BS7: Eastv 3C 58
All Hallows Rd. BS5: E'tn 1D 69
Allington Dr. BS30: Bar C 5B 72
Allington Rd. BS3: Bris 4E 67
Allison Av. BS4: Brisl 1A 80
Allison Ct. BS8: Clif 5C 56
Allison Rd. BS4: Brisl 1F 79
All Saints Cl. BS30: L Grn 1C 82
All Saints Ct. BS1: Bris 2C 4 (3F 67)
All Saints Gdns. BS8: Clif 1C 66
All Saints Ho. BS2: Bris 1A 68
　　　　　　　　　　　　　(off Up. York St.)
All Saints La. BS1: Bris 2C 4 (2F 67)
All Saints Pl. BA2: C'ton D 5F 105
All Saints Rd. BA1: Bath 2B 104
　BS8: Clif 1C 66
All Saints St. BS1: Bris 2C 4 (2F 67)
Alma Cl. BS15: K'wd 1A 72
Alma Ct. BS8: Clif 5D 57
Alma Rd. BS8: Clif 1C 66
　BS15: K'wd 5A 62
Alma Rd. Av. BS8: Clif 1D 67
Alma Va. Rd. BS8: Clif 1C 66
Almeda Rd. BS5: St G 3C 70
ALMONDSBURY 1C 8
Almondsbury Bus. Cen.
　BS32: Brad S 1F 9
Almond Wlk. BS13: Bis 1D 85
Almond Way BS16: Mang 1B 62
Almorah Rd. BS3: Wind H 1A 78
Alpha Centre, The BS37: Yate 2E 15
Alpha Rd. BS3: Bedm 5F 67
Alpine Gdns. BA1: Bath 2C 104
Alpine Rd. BS5: E'tn 5E 59
Alsop Rd. BS15: K'wd 1F 71
Alton Pl. BA2: Bath 5C 6 (5C 104)
Alton Rd. BS7: Hor 1B 58
Altringham Rd. BS5: W'hall 5F 59
Alverstoke BS14: H'gro 5B 78
Alveston Wlk. BS9: Sea M 4D 39
Alwins Ct. BS30: Bar C 5B 72
Amberley Cl. BS16: Down 4F 45
　BS31: Key 3A 90
Amberley Rd. BS16: Down 4F 45
　BS34: Pat 5D 9
Amble Cl. BS15: K'wd 2B 72
Ambleside Av. BS10: S'mead 2D 41
Ambleside Rd. BA2: Bath 3D 109
Ambra Ct. BS8: Clif 3C 66
Ambra Ter. BS8: Clif 3C 66
Ambra Va. BS8: Clif 3C 66
Ambra Va. E. BS8: Clif 3C 66
Ambra Va. Sth. BS8: Clif 3C 66
Ambra Va. W. BS8: Clif 3C 66
Ambrose Rd. BS8: Clif 3C 66
Ambury BA1: Bath 5B 6 (5B 104)
Amelia Ct. BS1: Bris 3B 4 (3F 67)
Amercombe Wlk. BS14: Stoc 5F 79
American Museum in Britain, The
　(Claverton Manor) 5C 106
Amery La. BA1: Bath 4B 6 (4C 104)
Amis Wlk. BS7: Hor 3C 42
Anchorage BS1: Bris 5A 4 (4E 67)
Anchorage, The BS20: P'head 5D 35
Anchor Cl. BS5: St G 3B 70
Anchor Ho. BS4: Know 2D 79
Anchor La. BS1: Bris 4A 4 (3E 67)
Anchor Point BS1: Bris 4A 4 (3E 67)
Anchor Rd. BA1: W'ton 1D 103
　BS1: Bris 4A 4 (3D 67)
　BS15: K'wd 5C 62

Anchor Sq. BS1: Bris 4A 4 (3E 67)
Anchor Way BS20: Pill 2F 53
Andereach Cl. BS14: H'gro 4D 79
Andover Rd. BS4: Know 2B 78
Andrew Millman Ct. BS37: Yate 4B 16
Andruss Dr. BA1: Dun 5A 84
Angels Ground BS4: St Ap 3B 70
Angers Rd. BS4: Wind H 5B 68
Anglesea Pl. BS8: Clif 4C 56
Anglo Office Pk. BS15: K'wd 4D 61
Anglo Ter. BA1: Bath 2C 104
　　　　　　　　　　　　　(off London Rd.)
Annie Scott Cl. BS16: Fish 2B 60
Anson Cl. BS31: Salt 5F 91
Ansteys Cl. BS15: Han 4D 71
Ansteys Rd. BS15: Han 4D 71
Anstey St. BS5: E'tn 5D 59
Anthea Rd. BS5: S'will 4A 60
Antona Cl. BS11: Shire 4F 37
Antona Dr. BS11: Shire 4F 37
Antrim Rd. BS9: Henle 5D 41
Anvil St. BS2: Bris 3F 5 (3B 68)
Apex Cl. BS32: Brad S 2F 9
Apollo Apartments BS1: Bris 3C 4
Apperley Cl. BS37: Yate 5F 15
Appleby Wlk. BS4: Know 5F 77
Appledore Cl. BS14: H'gro 4D 79
Applegate BS10: Bren 5D 23
Applehayes Ri. BS20: Eas 3D 53
Applin Grn. BS16: Emer G 5E 47
Approach Rd. BS1: Bris . . .5F 5 (4B 68)
Apseleys Mead BS32: Brad S 3E 9
Apsley Cl. BA1: Bath 3D 103
Apsley Ho. BS6: Henle 4A 58
Apsley Rd. BA1: Bath 3C 102
　BS8: Clif 5C 56
Apsley St. BS5: Eastv 4E 59
Apsley Vs. BS6: Bris 5F 57
Arbutus Dr. BS9: C Din 4E 39
Arbutus Wlk. BS9: C Din 2F 39
Arcade, The BS1: Bris 1D 5
Arch Cl. BS41: L Ash 3B 74
Archer Ct. BS30: L Grn 1B 82
Archer Wlk. BS14: Stoc 1A 88
Archfield Rd. BS6: Cot 5E 57
Arch Gro. BS41: L Ash 3B 74
Architectural Cen., The BS1: Bris . . .5B 4
　　　　　　　　　　　　　(off Narrow Quay)
Archway St. BA2: Bath 5E 7 (5D 105)
Ardagh Ct. BS7: Hor 4B 42
Arden Cl. BS32: Brad S 2A 26
Ardenton Wlk. BS10: Bren 5C 22
Ardern Cl. BS9: C Din 3D 39
Argentina Pl. BS20: P'head 4E 35
Argus Ct. BS3: Bedm 2E 77
Argus Rd. BS3: Bedm 1E 77
Argyle Av. BS5: Eastv 4E 59
Argyle Ct. BS2: Bris 1A 68
Argyle Dr. BS37: Yate 1A 16
Argyle Pl. BS8: Clif 3C 66
Argyle Rd. BS2: Bris 1A 68
　BS16: Fish 4D 61
Argyle St. BA2: Bath 3D 7 (4C 104)
　BS3: Bedm 5E 67
　BS5: Eastv 4E 59
Argyle Ter. BA2: Bath 4E 103
Ariel Rowing Club 4B 70
Arley Cotts. BS6: Cot 5F 57
Arley Ct. BS6: Cot 5F 57
Arley Hill BS6: Cot 5F 57
Arley Pk. BS6: Cot 5F 57
Arley Ter. BS5: W'hall 5A 60
Arlingham Way BS34: Pat 4A 8
Arlington Ho. BA1: Bath 4B 6
　　　　　　　　　　　　　(off Bath St.)
Arlington Mans. BS8: Clif 1D 67
　　　　　　　　　　　　(off Arlington Villas)
Arlington Rd. BA2: Bath 5F 103
　BS4: St Ap 3F 69
Arlington Vs. BS8: Clif 2D 67
Armada Ho. BS1: Bris 5A 58
Armada Pl. BS1: Bris 5A 58
Armada Rd. BS14: Whit 1C 86
Armes Ct. BA2: Bath 5D 7 (5C 104)
Armidale Av. BS6: Bris 5A 58
Armidale Pl. BS6: Bris 5A 58
Armoury Sq. BS5: E'tn 1C 68
Armstrong Ct. BS37: Yate 2E 15

Armstrong Dr. BS30: C Hth 4D 73
Armstrong Way BS37: Yate 2C 14
Arnall Dr. BS10: Hen 2B 40
Arncliffe BS10: S'mead 3E 41
Arnold Cl. BS37: Chip S 4D 17
Arnold Rd. BS16: Mang, Sis 3D 63
Arnolfini 5B 4 (4E 67)
Arno's St. BS4: Wind H 1C 78
ARNO'S VALE 5D 69
Arnside Rd. BS10: S'mead 2E 41
Arrowfield Cl. BS14: Whit 5C 86
Arthur Milton St. BS7: B'stn 2B 58
Arthurs Cl. BS16: Emer G 5E 47
Arthur Skemp Cl. BS5: Bar H 2D 69
Arthur St. BS2: Bris 4C 68
　BS5: Redf 1E 69
Arthurswood Rd. BS13: Withy 3C 84
Arundel Cl. BS13: Hart 2D 85
Arundel Ct. BS7: B'stn 3F 57
Arundel Rd. BA1: Bath 1C 104
　BS7: B'stn 3F 57
Arundel Wlk. BS31: Key 2F 89
Ascension Ho. BA2: Bath 1F 109
Ascot Cl. BS16: Down 2B 46
Ascot Rd. BS10: S'mead 1F 41
Ashbourne Cl. BS30: Old C 3E 73
Ashburton Rd. BS10: S'mead 2E 41
Ash Cl. BS16: Fish 3E 61
　BS34: Lit S 1F 25
　BS37: Yate 2F 15
Ashcombe Cres. BS30: Old C 3E 73
Ashcott BS14: H'gro 5B 78
Ashcroft BS14: Whit 1C 86
Ashcroft Av. BS31: Key 2F 89
Ashcroft Rd. BS9: Sea M 4E 39
Ashdene Av. BS5: Eastv 3F 59
Ashdown Ct. BS9: W Trym 3B 40
　　　　　　　　　　　　(off Northover Cl.)
Ashdown Rd. BS20: P'head 1C 48
Asher La. BS2: Bris 1F 5 (2B 68)
Ashfield M. BS6: Bris 5B 58
Ashfield Pl. BS6: Bris 5B 58
Ashfield Rd. BS3: Bedm 1D 77
Ashford Rd. BA2: Bath 1F 109
　BS34: Pat 1C 24
Ashford Way BS15: K'wd 2C 72
Ash Gro. BA2: Bath 1E 109
　BS16: Fish 3E 61
Ashgrove Av. BS7: B'stn 2B 58
　BS8: Abb L 2D 65
Ashgrove Cl. BS7: B'stn 2B 58
Ashgrove Pl. BS7: B'stn 2B 58
Ashgrove Rd. BS3: Bedm 1D 77
　BS6: Redl 5D 57
　BS7: B'stn 2B 58
Ash La. BS32: Alm 2A 8
Ash Lea Ct. BS7: Hor 3B 42
Ashley Av. BA1: Bath 3E 103
Ashley Ct. BS7: B'stn 2B 58
Ashley Ct. BS6: Bris 5B 58
Ashley Ct. Rd. BS7: Bris 4B 58
ASHLEY DOWN 2B 58
Ashley Down Rd.
　BS7: B'stn, Bris 3B 58
　BS7: B'stn, Hor 1A 58
Ashley Gro. Rd. BS2: Bris 4B 58
Ashley Hall BS7: Hor 1A 58
Ashley Hgts. BS7: B'stn 2B 58
Ashley Hill BS6: Bris 3B 58
　BS7: Bris 3B 58
Ashley Hill Trad. Est. BS2: Bris 4B 58
Ashley Pde. BS2: Bris 4B 58
Ashley Pk. BS6: Bris 3B 58
Ashley Rd. BA1: Bathf 5E 99
　　　　　　　　　　　　　(not continuous)
　BS6: Bris 5A 58
Ashley St. BS2: Bris 5C 58
Ashley Ter. BA1: Bath 3E 103
Ashman Cl. BS5: E'tn 1C 68
Ashman Ct. BS16: Fish 3A 60
　　　　　　　　　　　　(off Marina Gdns.)
Ashmans Yd. BA1: Bath 4D 103
Ashmead Ho. BS5: Bar H 2E 69
Ashmead Ind. Est. BS31: Key 2D 91
Ashmead Pk. BS31: Key 2D 91

Ashmead Rd. BS31: Key 2D 91
Ashmead Way BS1: Bris 4B 66
Ash Ridge Rd. BS32: Brad S 2D 9
Ash Rd. BS7: Hor 1A 58
Ashton BS16: Fren 2E 45
(off Harford Dr.)
Ashton Av. BS1: Bris 4C 66
Ashton Ct. BS41: L Ash 5F 65
Ashton Court Nature Reserve 5E 65
Ashton Court Vis. Cen. 5F 65
Ashton Dr. BS3: Ash V 3A 76
ASHTON GATE 5C 66
Ashton Ga. Rd. BS3: Bris 5C 66
Ashton Gate Stadium 1B 76
Ashton Ga. Ter. BS3: Bris 5C 66
Ashton Ga. Trad. Est.
BS3: Ash V 1A 76
Ashton Ga. Underpass
BS3: Ash V, Bwr A 5B 66
ASHTON HILL 2A 100
Ashton Hill BA2: Cor 3C 100
Ashton Pk. Sports Cen. 5A 66
Ashton Rd. BS3: Ash G 5B 66
BS3: Ash V 1B 76
BS41: L Ash 1E 75
ASHTON VALE 2B 76
Ashton Vale (Park & Ride) 2F 75
Ashton Va. Rd. BS3: Ash V 1A 76
Ashton Va. Trad. Est.
BS3: Ash V 3B 76
ASHTON WATERING 4A 74
Ashton Way BS31: Key 1A 90
Ashville Rd. BS3: Ash G 5C 66
Ash Wlk. BS10: Bren 5D 23
Ashwell Cl. BS14: Stoc 1A 88
Ashwicke BS14: H'gro 1C 86
Aspects Leisure Pk. 4A 72
Assembly Rooms & Fashion Mus.
. . . . .1B 6 (3B 104)
Assembly Rooms La.
BS1: Bris 4B 4 (3F 67)
Aston Ga. Depot BS3: Ash G 5B 66
Aston Ho. BS1: Bris 4A 68
(off Burton Cl.)
Astry Cl. BS11: Law W 2C 38
Atchley St. BS5: Bar H 2D 69
Atherston BS30: Old C 4F 73
Athlone Wlk. BS4: Know 3A 78
Atkins Cl. BS14: Stoc 1A 88
Atlantic Rd. BS11: Shire 3E 37
Atlas Cl. BS5: S'wll 4C 60
Atlas Rd. BS3: Wind H 1A 78
Atlas St. BS2: Bris 4D 69
Atrium, The BS1: Bris 4D 5
BS2: Bris 3B 68
(off Anvil St.)
Attewell Ct. BA2: Bath 1B 110
Atwell Cl. BS32: Alm 4D 9
Atwood Dr. BS11: Law W 1D 39
Atyeo Cl. BS3: Ash V 3A 76
Aubrey Rd. BS3: Bedm 1D 77
Auburn Av. BS30: L Grn 1D 83
Auburn Rd. BS6: Redl 4D 57
Auden Mead BS7: Hor 3C 42
Audley Av. BA1: Bath 3E 103
Audley Cl. BA1: Bath 3F 103
Audley Gro. BA1: Bath 3E 103
Audley Lodge BA1: Bath 3F 103
Audley Pk. Rd. BA1: Bath 2E 103
Audrey Wlk. BS9: Henle 4F 41
Augusta Pl. BA1: Bath 3F 103
Augustus Ho. BS5: St G 3D 71
Austen Gro. BS7: Hor 3C 42
Austen Ho. BS7: Hor 3C 42
Austen Pl. BS11: Shire 4A 38
Aust La. BS9: W Trym 3C 40
Avalon La. BS5: St G 3D 71
Avalon Rd. BS5: St G 4D 71
Avebury Rd. BS3: Ash V 2A 76
Avening Rd. BS15: K'wd 1C 70
Avenue, The BA2: C Down 4D 111
BA2: C'ton D 2A 106
(not continuous)
BS5: St G 2A 70
BS7: B'stn 3A 58
BS8: Clif 5B 56
BS9: Stok B 4F 55
BS16: Fren 2A 44

Avenue, The BS31: Key 1A 90
BS34: Lit S 2E 25
BS34: Pat 3D 9
BS37: Yate 4F 15
Avenue Pl. BA2: C Down 4D 111
Averay Rd. BS16: Stap 2E 59
Avonbank Ind. Est. BS11: A'mth . . .4D 37
Avonbridge Trad. Est.
BS11: Shire 3E 37
Avon Bus. Pk. BS16: Fish 3B 60
Avon Cl. BS5: St G 3B 70
BS31: Key 1B 90
Avon Ct. BA1: Bathe 3C 98
BS8: Clif 5C 56
BS16: Fish 1D 61
Avon Cres. BS1: Bris 4C 66
Avondale Bldgs. BA1: Bath 5D 97
Avondale Bus. Cen. BS15: K'wd . . .4E 61
Avondale Ct. BA1: Bath 3D 103
BS9: Stok B 3F 55
BS30: Lyr Grn 1B 82
Avondale Rd. BA1: Bath 3D 103
Avondale Works BS15: K'wd 4E 61
Avondown Cl. BS10: S'mead 1F 41
Avondown Ct. BS3: Bedm 2E 77
Avondown Ho. BA2: Bath 5D 103
Avon Gorge Ind. Est.
BS11: A'mth 4E 37
Avon Gro. BS9: Stok B 4F 55
Avon La. BS31: Salt 3B 92
Avonlea BS15: Han 4E 71
BS37: Yate 5F 15
Avonleaze BS9: Sea M 1D 55
Avonleigh Ct. BS3: Bedm 2D 77
Avonleigh Rd. BS3: Bedm 2D 77
Avonmead Ho. BS1: Bris 1A 68
(off Stokes Cft.)
Avon Meads BS2: Bris 4E 69
Avon Meads Shopping Pk.
BS2: Bris 4E 69
Avon Mill La. BS31: Key 1B 90
AVONMOUTH 2D 37
Avonmouth Dock 1B 36
Avonmouth Rd. BS11: A'mth 2D 37
BS11: Shire 3E 37
Avonmouth Station (Rail) 2D 37
Avonmouth Way BS10: Hen 5A 22
BS11: A'mth 1D 37
Avonmouth Way W. BS11: A'mth . .1D 37
Avon Pk. BA1: Bath 3C 102
BS5: Redf 2F 69
Avon Ring Rd. BS4: Key 4E 81
BS15: Han 4E 81
BS15: Warm, Sis 5D 63
BS16: Down 2F 45
BS16: Emer G, Mang, Sis 1C 46
BS16: Ham 1A 44
BS30: Bar C, Han 4E 81
BS30: Sis 4D 63
Avon Riverside Est. BS11: A'mth . . .4D 37
Avon Riverside Station
Avon Valley Railway 1A 92
Avon Rd. BS13: Bis 1C 84
BS20: Pill 1E 53
BS31: Key 2B 90
Avonside Ind. Est. BS2: Bris 3E 69
Avonside Ind. Pk. BS2: Bris 3E 69
Avonside Rd. BS2: Bris 3E 69
Avonside Way BS4: St Ap 3B 70
Avonsmere Res. Pk.
BS34: Stok G 5E 25
Avon St. BA1: Bath 5B 6 (4B 104)
BS2: Bris 3F 5 (3B 68)
Avon Trad. Est. BS2: Bris 4C 68
Avon Va. BS9: Stok B 2F 55
Avonvale Pl. BA1: Bathe 4B 98
Avonvale Rd. BS5: Bar H, Redf 3D 69
Avon Valley Adventure & Wildlife Pk.
. . . . .1E 91
Avon Valley Bus. Pk. BS4: St Ap . .3A 70
Avon Valley Farm Bus. Pk.
BS31: Key 2F 91
Avon Valley Pk. 5D 71
Avon Valley Railway
Avon Riverside Station 1A 92
Bitton Station 3D 83
Oldland Common Station 5F 73
Avon Vw. BS15: Han 1D 81

Avon Way BS9: Stok B 1E 55
BS10: S'mead 3F 41
BS20: P'head 1D 49
Avon Works BS3: Bedm 2C 76
Avonwood Cl. BS11: Shire 5A 38
Awdelett Cl. BS11: Law W 2D 39
Axbridge Rd. BA2: C Down 3C 110
BS4: Know 2B 78
Axis BS14: Hart 2F 85
Aylesbury Cres. BS3: Bedm 3D 77
Aylesbury Rd. BS3: Bedm 3D 77
Aylmer Cres. BS14: H'gro 1D 87
Aylminton Wlk. BS11: Law W 1D 39
Ayr St. BA2: Bath 4F 103
Azelin Av. BS13: Hart 2D 85
Azov Cl. BS7: Hor 4A 42
Aztec Cen., The BS32: Alm 3C 8
AZTEC WEST 3C 8
Aztec W. BS32: Alm 3C 8
Azure, The BS6: Bris 5A 58
(off Bath Bldgs.)

B

Backfields BS2: Bris 1A 68
Backfields Ct. BS2: Bris 1A 68
(off Backfields La.)
Backfields La. BS2: Bris 1A 68
Back La. BS20: Pill 1E 53
(not continuous)
BS31: Key 1A 90
BS36: Coal H 2F 29
Bk. of Kingsdown Pde. BS6: Bris . .1F 67
Back Rd. BS3: Bris 5C 66
Bk. Stoke La. BS9: W Trym 5B 40
Backwell Wlk. BS13: Bis 4B 76
Badenham Gro. BS11: Law W 3B 38
Baden Ho. BA1: Bath 2B 104
(off Gt. Bedford St.)
Baden Rd. BS5: Redf 2E 69
BS15: K'wd 2C 72
BS15: Warm 1D 73
Bader St. BS37: Yate 2F 15
Badger Cl. BS30: L Grn 1B 82
Badger Ri. BS20: P'head 3A 48
Badgers Cl. BS32: Brad S 2F 9
Badgers Dr. BS10: Bren 4A 24
Badger Sett BS5: St G 2D 71
Badgers Holt BS14: H'gro 1E 87
Badger's La. BS32: Alm 3A 8
Badger Wlk. BS4: Brisl 2F 79
Badger Wlk. BS20: Eas 2D 53
Badgeworth BS37: Yate 2F 31
Badminton BS16: Fren 2E 45
(off Penn Dr.)
Badminton Cen. BS37: Yate 3E 15
Badminton Ct. BS37: Yate 3E 15
Badminton Gdns. BA1: Bath 2E 103
BS16: Down 3C 46
Badminton Rd. BS2: Bris 5B 58
BS16: Down 5A 46
BS36: Coal H, Wint, Wint D . . .1C 46
BS36: Fram C 3E 29
BS37: Chip S 5F 17
BS37: Yate 3E 29
Badminton Rd. Trad. Est.
BS37: Yate 4D 15
Badminton Wlk. BS16: Down 4A 46
Badock Hall BS9: Stok B 2A 56
Baglyn Av. BS15: Soun 3B 62
Bagnell Cl. BS14: Stoc 2A 88
Bagnell Rd. BS14: Stoc 2A 88
Bagworth Dr. BS30: L Grn 1B 82
BAILBROOK 4F 97
Bailbrook Ct. BA1: Swa 4A 98
Bailbrook Gro. BA1: Swa 4E 97
Bailbrook La. BA1: Swa 4E 97
Bailey Cl. BS20: P'head 5E 35
Baileys Ct. BS32: Brad S 2B 26
Baileys Ct. Rd. BS32: Brad S 2A 26
Baileys Mead Rd. BS16: Stap 1E 59
Baily Pl. BS16: L'lze 3E 43
Bakersfield BS30: L Grn 1C 82
Bakers Ground BS34: Stok G 3B 26
Bakers Ho. BS1: Bris 1D 5
Bakers Pk. BS13: Bis 1C 84
Balaclava Ind. Est. BS16: Fish 3B 60

Balaclava Rd. BS16: Fish 3B **60**
Baldwin Chambers *BS1: Bris* *3B 4*
(off Baldwin St.)
Baldwin Lofts BS1: Bris 3B **4**
Baldwin St. BS1: Bris 3B **4** (3F **67**)
Balfour Rd. BS3: Ash G 1D **77**
Ballance St. BA1: Bath 1B **6** (2B **104**)
Ballance St. Nth. BA1: Bath 2B **104**
Ballard Cl. BS5: S'will 4B **60**
Ballast La. BS11: A'mth 1F **37**
Balloon Ct. BS2: Bris 1A **68**
Balmain St. BS4: Wind H 5C **68**
Balmoral Cl. BS34: Stok G 4F **25**
Balmoral Ct. BS16: Mang 1C **62**
Balmoral Ho. BS1: Bris 5A **4**
Balmoral Rd. BS7: Bris 4B **58**
  BS30: L Grn 2B **82**
  BS31: Key 3A **90**
Baltic Pl. BS20: Pill 2F **53**
Baltic Wharf Water Leisure Cen.
  . . . . .4C **66**
Balustrade *BA1: Bath* *1D 105*
(off London Rd.)
Bamfield BS14: H'gro, Whit 5B **78**
Bampton Cl. BS13: Bis 5D **77**
  BS16: Emer G 5E **47**
Bampton Cft. BS16: Emer G 5E **47**
Bampton Dr. BS16: Down 3F **45**
Banfield Cl. BS11: Law W 3C **38**
Bangor Gro. BS4: St Ap 4B **70**
Bangrove Wlk. BS11: Law W 3A **38**
Banister Gro. BS4: Know 5F **77**
Bank, The BS4: Wind H 5B **68**
Bank Pl. BS20: Pill 2F **53**
Bank Rd. BS11: Chit 1F **19**
  BS15: K'wd 1F **71**
Bankside BS16: Stap H 2B **62**
Bankside Ho. *BA1: Bath* *2B 104*
(off Harley St.)
Bankside Rd. BS4: Brisl 1F **79**
Bannatyne Health Club
  Bristol 4F **57**
Bannerdown Cl. BA1: Bathe 3D **99**
Bannerdown Dr. BA1: Bathe 3C **98**
Bannerdown Rd. BA1: Bathe 4C **98**
Bannerleigh La. BS8: L Wds 3A **66**
Bannerleigh Rd. BS8: L Wds 3A **66**
Bannerman Rd. BS5: E'tn 1D **69**
(not continuous)
Banner Rd. BS6: Bris 5A **58**
Bantock Cl. BS4: Know 1F **85**
Bantry Rd. BS4: Know 4A **78**
Banwell Cl. BS13: Bis 4C **76**
  BS31: Key 5C **90**
Banwell Rd. BA2: Odd D 5F **109**
  BS3: Ash G 1C **76**
Banyard Rd. BS20: P'bry 1A **52**
BAPTIST MILLS 4C **58**
Baptist Mills Ct. BS5: E'tn 5C **58**
Baptist St. BS5: E'tn 5C **58**
Barbour Gdns. BS13: Hart 4F **85**
Barbour Rd. BS13: Hart 4F **85**
Barcroft Cl. BS15: K'wd 1E **71**
Barkers Mead BS37: Yate 1B **16**
Barker Wlk. BS5: E'tn 5C **58**
Barlands Ho. BS10: Hen 5B **22**
Barley Cl. BS16: Mang 5C **46**
  BS36: Fram C 5E **13**
Barley Cft. BS9: W Trym 1B **56**
Barleyfields BS2: Bris 3B **68**
Barnabas St. BS2: Bris 5A **58**
Barnack Trad. Cen. BS3: Bedm 3E **77**
Barnard Wlk. BS31: Key 3F **89**
Barn Cl. BS16: Emer G 5D **47**
Barn Copsie BS16: Fren 3F **43**
Barnes Ct. BS34: Stok G 4A **26**
Barnes St. BS5: St G 1F **69**
Barnfield Way BA1: Bathe 3D **99**
Barnhill Cl. BS37: Yate 1C **16**
Barnhill Rd. BS37: Chip S 4D **17**
Barnhill Rd. BS37: Chip S 4D **17**
Barn Owl Way BS34: Stok G 3B **26**
Barnstaple Ct. BS4: Know 4A **78**
Barnstaple Rd. BS4: Know 4A **78**
Barnstaple Wlk. BS4: Know 4B **78**
Barnwell Cl. BS10: Bren 4C **22**
Barnwood BS16: L'lze 3E **43**

Barnwood Cl. BS15: K'wd 1B **72**
Baron Cl. BS30: Bit 4F **83**
Barons Cl. BS3: Ash V 1B **76**
Barossa Pl. BS1: Bris 5C **4** (4F **67**)
Barracks La. BS11: Shire 3F **37**
Barratt St. BS5: E'tn 5D **59**
Barrington Cl. BS15: Soun 4B **62**
Barrington Ct. BS4: Wind H 5B **68**
  BS15: Soun 5A **62**
Barrow Hill Cres. BS11: Shire 4E **37**
Barrow Hill Rd. BS11: Shire 5E **37**
Barrowmead Dr. BS11: Law W 3B **38**
Barrow Rd. BA2: Odd D 4E **109**
  BS5: Bar H 2D **69**
BARRS COURT 4B **72**
Barr's Ct. BS1: Bris 1D **5** (1A **68**)
Barrs Ct. Av. BS30: Bar C 4C **72**
Barrs Ct. Rd. BS30: Bar C 4C **72**
Barry Cl. BS30: Bit 3E **83**
Barry Rd. BS30: Old C 2E **83**
Barstable Almshouse
  BS10: Bren 5C **22**
Barstaple Ho. BS2: Bris 2F **5**
Barter Cl. BS15: K'wd 1F **71**
Bartholomews Sq. BS7: Hor 4B **42**
Bartletts Cl. BA2: Bath 5D **7**
Bartlett's Rd. BS3: Bedm 2E **77**
Bartlett St. BA1: Bath 2B **6** (3B **104**)
Bartley Ct. BS5: St G 2F **69**
Bartley St. BS3: Bedm 5F **67**
Barton, The BA2: Cor 3C **100**
  BS15: Han 5E **71**
Barton Bldgs.
  BA1: Bath 2B **6** (3B **104**)
Barton Cl. BS4: St Ap 3B **70**
  BS36: Wint 3A **28**
Barton Ct. *BA1: Bath* *3C 6*
(off Up. Borough Walls)
  BS5: Bar H 3E **69**
Barton Grn. BS5: Bar H 2D **69**
BARTON HILL 3D **69**
Barton Hill Rd. BS5: Bar H 3D **69**
Barton Hill Rugby Club 4C **60**
Barton Hill Trad. Est. BS5: Bar H . . .3D **69**
Barton Ho. BS1: Bris 1D **5** (1A **68**)
  BS5: Redf 3E **69**
Bartonia Gro. BS4: Brisl 3F **79**
Barton Mnr. BS2: Bris 3C **68**
Barton Mdw. Est. BS16: Fish 5E **45**
Barton Rd. BS2: Bris 3B **68**
Barton St. BA1: Bath 3B **6** (4B **104**)
  BS1: Bris 1F **67**
Barton Va. BS2: Bris 3C **68**
(not continuous)
Barwick Ho. BS11: Shire 4A **38**
Batch, The BA1: Bathe 4B **98**
  BS31: Salt 4B **92**
Batches, The BS3: Bedm 2D **77**
Bates Cl. BS5: E'tn 1C **68**
BATH 3C **6** (4C **104**)
Bath Abbey 3C **6** (4C **104**)
Bath Abbey Heritage Vaults *3C 6*
(within Bath Abbey)
BATHAMPTON 1B **106**
Bathampton La. BA2: Batham 1A **106**
Bath Approach Golf Course 2A **104**
Bath Aqua Theatre of Glass
  . . . . .1C **6** (3C **104**)
Bath Boating Station 2D **105**
Bath Bldgs. BS6: Bris 5A **58**
Bath Bus Station 5C **6** (5C **104**)
Bath City Farm 5D **103**
Bath City FC 4D **103**
BATHEASTON 3B **98**
Batheaston Swainswick By-Pass
  BA1: Bath, Swa, Up Swa 1D **97**
  BA2: Batham 1D **97**
BATHFORD 5E **99**
Bathford Hill BA1: Bathf 5D **99**
Bath Golf Course 4F **105**
Bath Hill BS31: Key 1B **90**
Bathite Cotts. BA2: Mon C 4F **111**
Bath Marina & Caravan Pk.
  BA1: Bath 2B **102**
Bath Pavilion 4D **7** (4D **105**)
Bath Postal Mus. 3C **6**
Bath Racecourse 1C **94**

Bath Rd. BA1: Kel, S'frd 1C **92**
  BA2: Cor 4A **92**
  BS4: Bris, Wind H 4B **68**
  BS4: Brisl 3A **80**
(Bonville Rd.)
  BS4: Brisl 2F **79**
(Eagle Rd.)
  BS30: Bit, Will 3D **83**
  BS30: B'yte, Old C 4F **73**
  BS30: L Grn 5A **72**
  BS31: Key, Salt 2B **90**
Bath Road (Park & Ride) 4B **80**
Bath Royal Literary
  & Scientific Institution
  . . . . .3A **6** (4B **104**)
Bath RUFC 3D **7** (4C **104**)
Bath's Original Theatre Royal
  & Masonic Mus. 4C **6**
Bath Spa Station (Rail) . . .5D **7** (5C **104**)
Bath Spa University
  Newton Pk. Campus 5C **100**
Bath Spa University College 1A **104**
Bath Sports & Leisure Cen.
  . . . . .3D **7** (4C **104**)
Bath St. BA1: Bath 4B **6** (4B **104**)
  BS1: Bris 3D **5** (3A **68**)
  BS3: Ash G 5C **66**
  BS16: Stap H 2A **62**
Bathurst Pde. BS1: Bris . . .5B **4** (4F **67**)
Bathurst Ter. *BS1: Bris* *4F 67*
(off Commercial Rd.)
Bathwell Rd. BS4: Wind H 1C **78**
BATHWICK 1E **7** (3D **105**)
Bathwick Hill
  BA2: Bath, C'ton D . . .2E **7** (4D **105**)
Bathwick Pl. BA2: Bath . . .2F **7** (3D **105**)
Bathwick Ri. BA2: Bath 1F **7** (2E **105**)
Bathwick St. BA2: Bath . . .1D **7** (2C **104**)
Bathwick Ter. *BA2: Bath* *3F 7*
(off Bathwick Hill)
Batley Ct. BS30: Old C 5F **73**
Batstone Cl. BA1: Bath 5D **97**
Battenburg Rd. BS5: St G 1C **70**
Batten Ct. BS37: Chip S 4E **17**
Batten Rd. BS5: St G 2D **71**
Batten's La. BS5: St G 3C **70**
Battersea Way BS10: Hen 1A **40**
Battersea Rd. BS5: E'tn 1E **69**
Battery La. BS20: P'head 5C **34**
Battery Rd. BS20: P'head 5C **34**
Battson Rd. BS14: Stoc 2A **88**
Baugh Gdns. BS16: Down 2A **46**
Baugh Rd. BS16: Down 2A **46**
Baxter Cl. BS15: K'wd 1B **72**
Bay Gdns. BS5: Eastv 4E **59**
Bayham Rd. BS4: Know, Wind H . . .1B **78**
Bayleys Dr. BS15: K'wd 3E **71**
Baynham Ct. *BS15: Han* *4D 71*
(off Henbury Rd.)
Baynton Ho. BS5: E'tn 2C **68**
Baynton Mdw. BS16: Emer G 5E **47**
Baynton Rd. BS3: Ash G 5C **66**
Bayswater Av. BS6: Henle 2D **57**
Bayswater Rd. BS7: Hor 4B **42**
Bay Tree Cl. BS34: Pat 1B **24**
Bay Tree Rd. BA1: Bath 5C **96**
Bay Willow Dr. BS6: Redl 4D **57**
Beachgrove Gdns. BS16: Fish 2E **61**
Beachgrove Rd. BS16: Fish 2D **61**
Beach Hill BS20: P'head 5B **34**
Beachley Wlk. BS11: Shire 4F **37**
Beach Rd. E. BS20: P'head 5C **34**
Beach Rd. W. BS20: P'head 5B **34**
BEACON HILL 1C **104**
Beacon Ho. *BS8: Clif* *2D 67*
(off Queens Av.)
Beacon La. BS36: Wint 3E **27**
Beaconlea BS15: K'wd 3C **71**
Beacon Rd. BA1: Bath 1C **104**
Beaconsfield Cl. BS5: Bar H 3D **69**
Beaconsfield Rd. BS8: Clif *5C 56*
(off Beaconsfield Rd.)
Beaconsfield Rd. BS4: Know 1D **79**
  BS5: St G 1A **70**
  BS8: Clif 5C **56**
Beale Cl. BS14: Stoc 1A **88**
Beale Wlk. BA2: Bath 4A **104**

Beam St. BS5: Redf 2E 69
Bean Acre, The BS11: Shire 3F 37
Beanwood Pk. BS37: W'lgh 5A 32
Bearbridge Rd. BS13: Withy 3B 84
BEAR FLAT 1A 110
Bear Yd. M. BS8: Clif 3C 66
(off Charles Pl.)
Beatrix Pl. BS7: Hor 3C 42
Beauchamp Rd. BS7: B'stn 2F 57
Beauford Sq. BA1: Bath . . .3B 6 (4B 104)
Beaufort BS16: Fren 2E 45
(off Harford Dr.)
Beaufort All. BS5: St G 3B 70
Beaufort Av. BS37: Yate 3F 15
Beaufort Bldgs. BS8: Clif 2B 66
Beaufort Cl. BS5: St G 2F 69
Beaufort Ct. BS16: Down 3C 46
Beaufort Cres. BS34: Stok G 4A 26
Beaufort E. BA1: Bath 1E 105
Beaufort Hgts. BS5: St G 2A 70
Beaufort Ho. BS5: Bar H 2D 69
Beaufort M. BA1: Bath 1E 105
BS8: Clif 2B 66
Beaufort Pk. BS32: Brad S 2F 9
Beaufort Pl. BA1: Bath 1E 105
BS5: E'tn 1C 68
BS16: Fren 2D 45
Beaufort Rd. BS5: St G 2F 69
BS7: Hor 5B 42
BS8: Clif 5C 56
BS15: K'wd 5E 61
BS16: Down 4C 46
BS16: Stap H 2A 62
BS36: Fram C 5C 12
BS37: Yate 3F 15
Beaufort St. BS3: Bedm 2E 77
BS5: E'tn 1C 68
Beaufort Vs. BA1: Bath 1D 105
Beaufort Way BS10: S'mead 3F 41
Beaufort W. BA1: Bath 1D 105
Beau Ho. BA2: Bath 4A 104
Beauley Rd. BS3: Bris 4D 67
Beaumont Cl. BS30: L Grn 1C 82
Beaumont Ct. BS7: Hor 4C 42
Beaumont St. BS5: E'tn 1C 68
Beaumont Ter. BS5: E'tn 1C 68
Beau St. BA1: Bath 4B 6 (4B 104)
Beaver Cl. BS36: Wint 1B 28
Beazer Cl. BS16: Soun 3F 61
Beazer Garden Maze 3D 7 (4C 104)
Beck Cl. BS16: Emer G 5E 47
Beckford Ct. BA2: Bath 1F 7
(off Darlington Rd.)
Beckford Gdns.
BA2: Bath 1F 7 (2D 105)
BS14: Whit 4C 86
Beckford Rd. BA2: Bath . . .1E 7 (3D 105)
Beckford's Tower & Museum 3F 95
Beckhampton Rd. BA2: Bath 5F 103
Beck Ho. BS34: Pat 5C 8
Beckington Rd. BS3: Know 2B 78
Beckington Wlk. BS3: Know 2B 78
Beckspool Rd. BS16: Fren 4D 45
Bedford Ct. BA1: Bath 2C 104
Bedford Cres. BS7: Hor 1B 58
Bedford Pl. BS2: Bris 1B 4 (1F 67)
Bedford St. BA1: Bath 2C 104
BEDMINSTER 1E 77
Bedminster Bri. BS1: Bris 4F 67
BS3: Bris 4F 67
BEDMINSTER DOWN 4C 76
Bedminster Down Rd.
BS13: Bedm, Bis 3C 76
Bedminster Pde. BS3: Bedm 5F 67
Bedminster Pl. BS3: Bedm 5F 67
Bedminster Rd. BS3: Bedm 3D 77
Bedminster Station (Rail) 5F 67
Bedminster Trade Pk.
BS3: Bedm 1E 77
Bedwin Cl. BS20: P'head 2B 48
Beech Av. BA2: C'ton D 5A 106
Beech Cl. BS30: Bar C 4C 72
Beech Ct. BS14: Whit 2C 86
Beech Cft. BS14: H'gro 2D 87
Beechcroft BS41: Dun 5A 84
Beechcroft Wlk. BS7: Hor 3C 42
BEECHEN CLIFF 5B 104
Beechen Cliff Rd. BA2: Bath 5B 104

Beechen Cliff Vs. BA2: Bath 5B 104
Beechen Dr. BS16: Fish 4D 61
Beeches, The BA2: Odd D 4F 109
BS4: St Ap 4A 70
BS9: Stok B 3F 55
BS30: Old C 2E 83
BS32: Brad S 5F 9
Beeches Gro. BS4: Brisl 2F 79
Beeches Ind. Est. BS37: Yate 3D 15
Beechfield Cl. BS41: L Ash 2E 75
Beechfield Gro. BS9: C Din 3E 39
Beech Gro. BA2: Bath 1E 109
Beech Ho. BS16: Stap 1E 59
Beechmount Ct. BS14: H'gro 4D 79
Beechmount Gro. BS14: H'gro 4D 79
Beech Rd. BS7: Hor 1A 58
BS31: Salt 4A 92
Beech Vw. BA2: C'ton D 5F 105
Beechwood Av. BS15: Han 4F 71
Beechwood Cl. BS14: Stoc 4E 79
Beechwood Dr. BS20: P'head 1A 48
Beechwood Ho. BS16: Fish 2C 60
Beechwood Rd. BA2: C Down 4D 111
BS16: Fish 2C 60
BS20: Eas 2C 52
BS20: P'head 1A 48
Beehive Trad. Est. BS5: St G 2A 70
Beehive Yd. BA1: Bath . . .2C 6 (3C 104)
Beesmoor Rd.
BS36: Coal H, Fram C 1D 29
Begbrook Dr. BS16: B'hll 5B 44
Begbrook La. BS16: B'hll 5B 44
Begbrook Pk. BS16: Fren 3C 44
Beggar Bush La.
BS8: Abb L, Fail 5A 64
Beggarswell Cl. BS2: Bris 1B 68
Belfast Wlk. BS4: Know 4A 78
Belfields La. BS16: Fren 2E 45
Belfry BS30: Warm 3D 73
Belfry All. BS5: St G 1C 70
Belfry Av. BS5: St G 1C 70
Belgrave Cres. BA1: Bath 2C 104
Belgrave Hill BS8: Clif 4C 56
Belgrave Ho. BS8: Clif 2C 66
(off Pembroke Gro.)
Belgrave Pl. BA1: Bath 1C 104
BS8: Clif 2C 66
Belgrave Rd. BA1: Bath 1D 105
BS8: Clif 1D 67
Belgrave Ter. BA1: Bath 1C 104
Bellamy Av. BS13: Hart 3E 85
Bellamy Cl. BS15: St G 4C 70
Belland Dr. BS14: Whit 3B 86
Bell Av. BS1: Bris 5C 4 (4F 67)
Bella Vista Rd. BA1: Bath 2B 104
Bell Barn Rd. BS9: Stok B 5F 39
Bell Cl. BS10: Hor 4A 42
Belle Ct. BS3: Wind H 5B 68
(off Bellevue Rd.)
Bellevue BS8: Clif 3D 67
Bellevue Cl. BS15: K'wd 2A 72
Bellevue Cotts. BS8: Clif 3D 67
BS9: W Trym 4C 40
Bellevue Ct. BS8: Clif 3D 67
Bellevue Cres. BS8: Clif 3D 67
Bellevue Pk. BS4: Brisl 2F 79
Belle Vue Rd. BS5: E'tn 4E 59
Bellevue Rd. BS4: Wind H 5B 68
BS5: St G 1C 70
BS15: K'wd 2B 72
Bellevue Ter. BS4: Brisl 2F 79
BS4: Wind H 5B 68
BS8: Clif 3D 67
Bellhanger Ct. BA1: Bath 1B 6
Bell Hill BS16: Stap 2E 59
Bell Hill Rd. BS5: St G 1C 70
Bellhouse Wlk. BS11: Law W 2D 39
Bell La. BS1: Bris 2B 4 (2F 67)
(not continuous)
Bellotts Rd. BA2: Bath 4E 103
Bell Rd. BS36: Coal H 1E 29
Belluton Rd. BS4: Know 1E 78
Belmont BA1: Bath 1B 6 (3B 104)
Belmont Dr. BS34: Stok G 3A 26
Belmont Pk. BS7: Fil 2B 42
Belmont Rd. BA2: C Down 4E 111
BS4: Brisl 2F 79
BS6: Bris 4A 58

Belmont St. BS5: E'tn 5D 59
Belmore Gdns. BA2: Bath 2D 109
Beloe Rd. BS7: Hor 1A 58
Belroyal Av. BS4: Brisl 1B 80
Belsher Dr. BS15: K'wd 3C 72
Belstone Wlk. BS4: Know 4E 77
Belton Ct. BA1: W'ton 5D 95
Belton Ho. BA1: W'ton 5D 95
Belton Rd. BS5: E'tn 5D 59
BS20: P'head 1C 48
Belvedere BA1: Bath 1B 6 (3B 104)
Belvedere Pl. BA1: Bath 1B 6
(off Morford St.)
Belvedere Rd. BS6: Redl 3C 56
Belvedere Vs.
BA1: Bath 1B 6 (2B 104)
Belvoir Rd. BA2: Bath 5F 103
BS6: Bris 4A 58
Bence Ct. BS15: Han 4D 71
(off Memorial Rd.)
Benford Cl. BS16: Fish 5E 45
Bengough's Almshouses
BS2: Bris 1A 4 (2E 67)
Bennett Rd. BS5: St G 2A 70
Bennetts Ct. BS37: Yate 4B 16
Bennett's La. BS15: Han 1C 104
Bennett's Rd. BA1: Swa 4E 97
Bennett St. BA1: Bath 1B 6 (3B 104)
Bennett Way BS8: Clif 4B 66
Bensaunt Gro. BS10: Bren 4F 23
Bentley Cl. BS14: Whit 4B 86
Benville Av. BS9: C Din 3E 39
Berchel Ho. BS3: Bedm 5E 67
Berenda Dr. BS30: L Grn 1D 83
Beresford Cl. BS31: Salt 5A 92
Beresford Gdns. BA1: W'ton 4C 94
Berkeley Av. BS1: Clif 2E 67
BS7: B'stn 3F 57
Berkeley Cl. BS16: Down 3B 46
Berkeley Ct. BA2: Bath . . .3F 7 (4E 105)
BS5: E'tn 2D 69
BS7: B'stn 3F 57
BS34: Pat 4B 8
Berkeley Cres. BS8: Clif 2D 67
Berkeley Gdns. BS31: Key 3F 89
Berkeley Grn. BS16: Fren 2D 45
Berkeley Grn. Rd. BS5: Eastv 4E 59
Berkeley Gro. BS5: Eastv 4E 59
Berkeley Ho. BA1: Bath 2C 104
BS1: Bris 3D 67
BS16: Stap H 1F 61
Berkeley Pl. BA1: Bath 2C 104
BA2: C Down 3E 111
BS3: Wind H 2F 77
BS8: Clif 2D 67
Berkeley Rd. BS6: Henle 2C 56
BS7: B'stn 3F 57
BS15: K'wd 2A 72
BS16: Fish 4C 60
BS16: Stap H 2F 61
Berkeleys Mead BS32: Brad S 2B 26
Berkeley Sq. BS8: Clif 2E 67
Berkeley St. BS5: Eastv 4E 59
(off Berkeley Grn. Rd.)
BS5: Eastv 3E 59
(Gadshill Rd.)
Berkeley Way BS16: Emer G 4D 47
Berkshire Rd. BS7: B'stn 3F 57
Berlington Ct. BS1: Bris . . .5E 5 (4A 68)
Bernards Brook BS16: Fish 2D 61
Berners Cl. BS4: Know 5F 77
Berrow Wlk. BS3: Wind H 2A 78
Berry Cft. BS3: Bedm 5F 67
Berry Hill Cl. BS10: S'mead 2F 41
Berry La. BS7: Hor 5B 42
BERWICK 2F 21
Berwick Cl. BS10: H'len 3D 21
Berwick Dr. BS10: Hen 3A 22
Berwick La. BS10: H'len 3E 21
BS35: E Comp 3E 21
Berwick Rd. BS5: Eastv 4D 59
Beryl Gro. BS14: H'gro 4E 79
Beryl Rd. BS3: Bedm 1D 77
Besom La. BS37: W'lgh 3E 31
Bethel Rd. BS5: St G 1B 70
Betjeman Ct. BS30: Bar C 4C 72
Betts Grn. BS16: Emer G 4E 47
Bevan Ct. BS34: Fil 1C 42

Beverley Av. BS16: Down 2B 46
Beverley Cl. BS5: St G 3D 71
Beverley Gdns. BS9: W Trym 4F 39
Beverley Rd. BS7: Hor 3B 42
Beverstone BS15: K'wd 1E 71
Beverston Gdns. BS11: Law W . . .1D 39
Bevington Cl. BS34: Pat 4A 8
Bevington Wlk. BS34: Pat 4A 8
Bewdley Rd. BA2: Bath 1D 111
Bexley Rd. BS16: Fish 3D 61
Bibstone BS15: K'wd 1C 72
Bibury Av. BS34: Pat 5D 9
Bibury Cl. BS9: Henle 4F 41
Bibury Cres. BS9: Henle 4F 41
    BS15: Han 4E 71
Bickerton Cl. BS10: Hen 5B 22
Bickford Cl. BS30: Bar C 3C 72
Bickley Cl. BS15: Han 2D 81
Biddestone Rd. BS7: Hor 3A 42
Bideford Cres. BS4: Know 4B 78
Bidwell Cl. BS10: Bren 5D 23
Bifield Cl. BS14: Stoc 2B 88
Bifield Gdns. BS14: Stoc 2A 88
    (not continuous)
Bifield Rd. BS14: Stoc 3A 88
Bigwood La. BS1: Bris 3A 4 (3E 67)
Bilberry Cl. BS9: C Din 3E 39
Bilbie Cl. BS10: Hor 4A 42
Bilbury Ho. BA1: W'ton 5D 95
Bilbury La. BA1: Bath 4C 6 (4C 104)
Billand Cl. BS13: Withy 4A 84
Bindon Dr. BS10: Bren 4F 23
Binley Gro. BS14: Stoc 2F 87
Binmead Gdns. BS13: Hart 3D 85
Birbeck Rd. BS9: Stok B 1A 56
Birchall Rd. BS6: Redl 2E 57
Birch Cl. BS34: Pat 1A 24
Birch Cl. BS31: Key 3E 89
    BS37: Yate 3F 15
Birch Cft. BS14: Whit 4C 86
Birchdale Rd. BS14: H'gro 4C 78
Birch Gro. BS20: P'head 2E 49
Birchills Trad. Est. BS4: Brisl 3B 80
Birch Rd. BS3: Bris 5D 67
    BS15: Soun 3A 62
    BS37: Yate 3F 15
Birchwood Ct. BS4: St Ap 3B 70
Birchwood Rd. BS4: Brisl, St Ap . . .1A 80
Birdale Cl. BS10: Hen 5A 22
Birdcage Wlk. BA1: Bathf 5E 99
Birdwell La. BS41: L Ash 3B 74
Birdwell Rd. BS41: L Ash 3B 74
Birdwood BS15: Han 3F 71
Birkdale BS30: Warm 3C 72
    BS37: Yate 5A 16
Birkin St. BS2: Bris 3C 68
Biscay Dr. BS20: P'head 5E 35
Bishop Edmund Ho. BS5: E'tn . . .5D 59
    (off Stapleton Rd.)
Bishop La. BS7: B'stn 2A 58
Bishop Mnr. Rd. BS10: Hor 4F 41
Bishop M. BS2: Bris 1A 68
Bishop Rd. BS7: B'stn 2E 57
    BS16: Emer G 5E 47
Bishops Cl. BS9: Stok B 3A 56
Bishops Ct. BS9: Stok B 3E 55
Bishops Cove BS13: Bis 2B 84
Bishops Knoll BS9: Stok B 3E 55
Bishops Knoll Nature Reserve . . .4F 55
BISHOPSTON 3F 57
Bishop St. BS2: Bris 1A 68
BISHOPSWORTH 1C 84
Bishopsworth Rd. BS13: Bis 5C 76
Bishopsworth Swimming Pool 1C 84
Bishop Ter. BS2: Bris 1B 68
Bishopthorpe La. BS10: Hor 4F 41
Bishopthorpe Rd. BS10: Hor 4F 41
Bishport Av. BS13: Hart, Withy 3C 84
Bishport Cl. BS13: Hart 3D 85
Bishport Grn. BS13: Hart 4E 85
Bisley BS37: Yate 1E 31
Bissex Mead BS16: Emer G 1D 63
Bittern Av. BS20: P'head 4E 35
Bitterwell Cl. BS36: H'fld 5F 29
Bittle Mead BS13: Hart 3B 86
BITTON .4F 83
Bitton Station
    Avon Valley Railway 3D 83

Bitton Station Railway Cen. 3D 83
Blackacre BS14: Whit 3E 87
Blackberries Camping Pk.
    BA15: Mon F 1F 107
Blackberry Av. BS16: Stap 1A 60
Blackberry Cl. BS37: Yate 1B 16
Blackberry Dr. BS36: Fram C 2D 29
Blackberry Hill BS16: Stap 1A 60
Blackberry La. BS20: P'head 4B 48
Blackberry Way BS31: Key 4F 89
Black Boy Hill BS8: Clif 4C 56
Blackcurrant Dr. BS41: L Ash 4A 74
Blackdown Cl. BS41: Whit 2D 87
Blackdown Rd. BS20: P'head 1C 48
    (not continuous)
Blackfriars BS1: Bris 1B 4 (2F 67)
BLACKHORSE 3C 46
Blackhorse Cl. BS16: Emer G 3C 46
Blackhorse Ct. BS15: K'wd 1E 71
Blackhorse Hill BS10: Pat 1D 23
Blackhorse La. BS16: Down 2B 46
Blackhorse Pl. BS16: Mang 5C 46
Blackhorse Rd. BS15: K'wd 1F 71
    BS16: Mang 4C 46
Blackmoor Rd. BS8: Abb L 5A 54
Blackmoors La. BS3: Bwr A 1A 76
Blackmore Dr. BA2: Bath 5D 103
Black Nore Point BS20: P'head 1B 48
Blacksmith La. BA1: Up Swa 1D 97
Blacksmiths La. BA1: Kel 4D 93
Blackswarth Ho. BS5: St G 2F 69
    (off Blackswarth Rd.)
Blackswarth Rd. BS5: St G 2F 69
Blackthorn Cl. BS13: Hart 2F 85
Blackthorn Dr. BS20: P'head 1A 50
    (not continuous)
    BS32: Brad S 1F 25
Blackthorn Rd. BS13: Hart 2F 85
Blackthorn Wlk. BS15: K'wd 4A 62
Bladen Cl. BS20: P'head 2A 50
Bladud Bldgs.
    BA1: Bath 2C 6 (3C 104)
Blagdon Cl. BS3: Wind H 2A 78
Blagdon Pk. BA2: Bath 1C 108
Blagrove Cl. BS13: Hart 4E 85
Blagrove Cres. BS13: Hart 4E 85
Blaisdon BS37: Yate 1A 32
Blaisdon Cl. BS10: Hen 2C 40
Blaise Castle Folly 2F 39
Blaise Castle House Mus. 1A 40
Blaisedell Vw. BS10: Hen 5F 21
BLAISE HAMLET 1E 39
Blaise Hamlet 1F 39
Blaise Wlk. BS9: Sea M 4E 39
Blaise Weston Ct. BS11: Law W . . .2C 38
Blakeney Mills BS37: Yate 4F 15
Blakeney Rd. BS7: Hor 5C 42
    BS34: Pat 4A 8
Blake Rd. BS7: L'lze 5D 43
Blanchards BS37: Chip S 5E 17
Blandamour Way BS10: S'mead . . .1F 41
Blandford Cl. BS9: W Trym 5D 41
BLENHEIM 2B 24
Blenheim Ct. BS1: Bris 1F 67
    (off Dighton St.)
Blenheim Dr. BS34: Fil 4D 25
    BS37: Yate 2E 15
Blenheim Gdns. BA1: Bath 5C 96
Blenheim Rd. BS6: Redl 3D 57
Blenheim St. BS5: E'tn 5C 58
Blenheim Way BS20: P'head 1A 50
Blenman Cl. BS16: B'hll 4C 44
Blethwin Cl. BS10: Hen 2B 40
Blind La. BA1: W'ton 5E 95
BLOOMFIELD 3F 109
Bloomfield Av. BA2: Bath 1A 110
Bloomfield Cres. BA2: Bath 3F 109
Bloomfield Dr. BA2: Odd D 3E 109
Bloomfield Gro. BA2: Bath 2A 110
Bloomfield Pk. BA2: Bath 2A 110
Bloomfield Ri. BA2: Odd D 3F 109
Bloomfield Ri. Nth. BA2: Odd D . . .3F 109
Bloomfield Rd.
    BA2: Bath, Odd D 3F 109
    BS4: Brisl 5E 69
    (not continuous)
Bloomfield Tennis & Bowling Club
    . . . . .2A 110

Bloy St. BS5: E'tn 5E 59
    (not continuous)
Bluebell Cl. BS9: Sea M 5D 39
    BS37: Yate 1B 16
Bluebell Dr. BS31: Key 4F 89
Bluebell Gdns. BS14: Stoc 2A 88
    BS32: Brad S 5A 10
Bluebells, The BS32: Brad S 1A 26
Blue Cedar Cl. BS37: Yate 4F 15
Blue Falcon Rd. BS15: K'wd 4A 62
Bluereef Aquarium
    Bristol 4A 4 (3E 67)
Blythe Sea Av. BS7: Hor 4A 42
Boarding Ho. La. BS32: Alm 1A 8
Boat Ho., The BS1: Bris 4D 67
    (off Gasworks La.)
Boat Stall La. BA2: Bath 3C 6
    (off Grand Pde.)
Boat Trips 3D 7
Bodey Cl. BS30: C Hth 3C 72
Bodmin Wlk. BS4: Know 4B 78
Boiling Wells La. BS2: Bris 3C 58
    BS7: Eastv 3C 58
Bolton Rd. BS7: B'stn 3A 58
Bond Ct. BA2: Bath 4B 102
    (off Day Cres.)
Bond St. BS1: Bris 1D 5 (1A 68)
    BS2: Bris 1D 5 (1A 68)
Bond St. Sth. BS1: Bris 1F 5 (2B 68)
Bonnington Wlk. BS7: L'lze 3D 43
Bonville Bus. Cen. BS4: Brisl 2B 80
Bonville Rd. BS4: Brisl 3A 80
Bonville Trad. Est. BS4: Brisl 2B 80
Boon Vs. BS11: Law W 4A 38
Booth Rd. BS3: Bedm 5E 67
Boot La. BS3: Bedm 5F 67
Bordesley Rd. BS14: Whit 4C 86
Borkley St. BS34: Pat 1B 24
Borleyton Wlk. BS13: Withy 3B 84
Borver Gro. BS13: Hart 3D 85
    (not continuous)
Boscombe Cres. BS16: Down 3B 46
Boston Rd. BS7: Hor 3B 42
Boswell St. BS5: Eastv 4E 59
Botanical Gdns.
    Bath .3F 103
BOTANY BAY 4B 22
Botham Dr. BS4: Brisl 3F 79
Boucher Pl. BS2: Bris 4C 58
Boulevard, The BS14: H'gro 2A 86
Boulters Rd. BS13: Hart 3E 85
Boultons La. BS15: K'wd 1F 71
Boultons Rd. BS15: K'wd 1F 71
Boundary Rd. BS11: A'mth 1F 37
    BS36: Coal H 1F 29
Bourchier Gdns. BS13: Hart 4D 85
Bourne Cl. BS15: K'wd 1D 71
    BS36: Wint 1A 28
Bourne La. BS5: Eastv 4D 59
Bourne Rd. BS15: K'wd 1C 70
Bourneville Rd. BS5: W'hall 1F 69
Boursland Cl. BS32: Brad S 3F 9
Bourton Av. BS34: Pat 5E 9
Bourton Cl. BS34: Pat 5E 9
Bourton Mead BS41: L Ash 3D 75
Bourton Wlk. BS13: Bis 4C 76
Bouverie Ct. BS5: E'tn 1D 69
Bouverie St. BS5: E'tn 1D 69
Boverton Rd. BS34: Fil 5D 25
Bow Cotts. BS20: Pill 2F 53
    (off Water La.)
Bowden Cl. BS9: C Din 3E 39
Bowden Pl. BS16: Down 4B 46
Bowden Rd. BS5: W'hall 5A 60
BOWER ASHTON 5A 66
Bower Ashton Ter.
    BS3: Ash G 5B 66
Bowerleaze BS9: Sea M 1E 55
Bower Rd. BS3: Bedm 1C 76
Bower Wlk. BS3: Wind H 1A 78
Bowling Hill BS37: Chip S 4C 16
Bowling Hill Bus. Pk.
    BS37: Chip S 4C 16
Bowling Rd. BS37: Chip S 5D 17
    (not continuous)
Bowlplex
    Kingswood 4A 72
Bow Mead BS14: Stoc 2A 88

Bowood BS16: Fren 2E **45**
(off Avon Ring Rd.)
Bowring Cl. BS13: Hart 4E **85**
Bowsland BS32: Brad S 3A **10**
Bowsland Way BS32: Brad S 3E **9**
Box Hedge La. BS36: H'fld 5A **30**
Box Rd. BA1: Bathf 4D **99**
Box Wlk. BS31: Key 3E **89**
Boyce Cl. BA2: Bath 5B **102**
Boyce Dr. BS2: Bris 4C **58**
Boyce's Av. BS8: Clif 2C **66**
Boyd Rd. BS31: Salt 4F **91**
BRABAZON 3A **24**
Brabazon Office Pk. BS34: Fil 5B **24**
Brabazon Rd. BS34: Fil 1D **43**
Bracewell Gdns. BS10: Bren 4E **23**
Bracey Dr. BS16: Fish 5E **45**
Brackenbury Dr. BS34: Stok G 3B **26**
Brackendene BS32: Brad S 4E **9**
Brackenwood Gdns.
BS20: P'head 1B **48**
Bracton Dr. BS14: Whit 3C **86**
Bradbury Ct. BS10: Hen 5A **22**
Bradeston Gro. BS16: B'hll 4C **44**
Bradford Pk. BA2: C Down 3C **110**
(not continuous)
Bradford Rd. BA1: Bathf, Warl 4D **99**
BA2: C Down 4B **110**
Bradhurst St. BS5: Bar H 3D **69**
Bradley Av. BS11: Shire 5A **38**
BS36: Wint 3A **28**
Bradley Ct. BS16: Down 1E **61**
Bradley Cres. BS11: Shire 5A **38**
Bradley Ho. BS1: Bris 3B **4**
(off St Stephen's Av.)
Bradley Pavilions BS32: Brad S . . .3E **9**
Bradley Rd. BS20: P'bry 1A **52**
BS34: Pat 5B **8**
BRADLEY STOKE 3E **9**
Bradley Stoke Leisure Cen. 4A **10**
Bradley Stoke Way BS32: Brad S . . .3D **9**
Bradstone Rd. BS36: Wint 3F **27**
Bradville Gdns. BS41: L Ash 4B **74**
Bradwell Gro. BS10: S'mead 3E **41**
Braemar Av. BS7: Fil 2A **42**
Braemar Cres. BS7: Fil 2B **42**
Bragg's La. BS2: Bris 1F **5** (2B **68**)
Braikenridge Rd. BS4: Brisl 5F **69**
Brainsfield BS9: W Trym 5B **40**
Brake, The BS36: Coal H 3E **29**
BS37: Yate 1A **16**
Brake Cl. BS15: K'wd 2B **72**
BS32: Brad S 1A **26**
Brakewell Gdns. BS14: Whit 3C **86**
Bramble Dr. BS9: Stok B 3E **55**
Bramble La. BS9: Stok B 3E **55**
Brambles, The BS13: Hart 3E **85**
BS31: Key 4F **89**
(not continuous)
Bramble Way BA2: C Down 3D **111**
Brambling La. BS20: P'head 5F **35**
Brambling Wlk. BS16: B'hll 5B **44**
(not continuous)
Bramley Cl. BS20: Pill 2E **53**
Bramley Copse BS41: L Ash 4A **74**
Bramley Ct. BS30: Bar C 5B **72**
Bramleys, The BS20: P'head 2B **50**
Brampton Way BS20: P'head 1F **49**
Branche Gro. BS13: Hart 4F **85**
Brandash Rd. BS37: Chip S 4E **17**
Brandon Cotts. BS1: Bris 3A **4**
Brandon Hill La. BS8: Clif 2D **67**
Brandon Hill Nature Pk. 3D **67**
Brandon Ho. BS1: Bris 3E **67**
(off Brandon Steep)
BS8: Clif 3D **67**
Brandon Steep BS1: Bris 3A **4** (3E **67**)
Brandon Steps BS1: Bris 3A **4** (3E **67**)
Brandon Vs. BS8: Clif 3D **67**
Brangwyn Gro. BS7: L'lze 1D **59**
Branksome Cres. BS34: Fil 5D **25**
Branksome Dr. BS34: Fil 5D **25**
BS36: Wint 2A **28**
Branksome Rd. BS6: Redl 3D **57**
Branscombe Rd. BS9: Stok B 2E **55**
Branscombe Wlk. BS20: P'head 3B **48**
Branwhite Cl. BS7: L'lze 4D **43**
Brassmill Ent. Cen. BA1: Bath 3C **102**

Brassmill La. BA1: Bath 2C **102**
Brassmill La. Trad. Est.
BA1: Bath 3C **102**
Bratchel Ct. BS15: Han 4D **71**
Bratton Rd. BS4: Know 5F **77**
Braunton Rd. BS3: Bedm 1E **77**
Braydon Av. BS34: Lit S 5E **9**
Brayne Ct. BS30: L Grn 1B **82**
Breaches, The BS20: Eas 2D **53**
Breaches Ga. BS32: Brad S 2B **26**
Breaches La. BS31: Key 3C **90**
Breachwood Vw. BA2: Odd D 3E **109**
Brean Down Av. BS9: Henle 1D **57**
(not continuous)
Brean Gdns. BS3: Wind H 2A **78**
Brecknock Rd. BS4: Wind H 1C **78**
Brecon Cl. BS9: Henle 5D **41**
Brecon Ct. BS16: Fren 2F **43**
Brecon Rd. BS9: Henle 5C **40**
Bredon BS37: Yate 1F **31**
Bredon Cl. BS15: K'wd 2B **72**
Bredon Nook Rd. BS10: W Trym . . .4E **41**
Brendon Cl. BS30: Old C 5E **73**
Brendon Ct. BA2: C'ton D 4A **106**
Brendon Rd. BS3: Wind H 1F **77**
BS20: P'head 1C **48**
Brenner St. BS5: E'tn 4D **59**
Brent Rd. BS7: Hor 1B **58**
BRENTRY 5D **23**
Brentry Av. BS5: Bar H 2D **69**
Brentry Hill BS9: W Trym 2C **40**
Brentry Ho. BS10: Bren 5D **23**
Brentry La. BS10: Bren 1C **40**
Brentry Rd. BS16: Fish 2A **60**
Brereton Way BS30: C Hth 5D **73**
Brewerton Cl. BS10: Bren 5E **23**
Brewery Ct. BS3: Ash G 5C **66**
Brewhouse BS1: Bris 3A **68**
(off Georges Sq.)
Briar Ct. BS20: Pill 3E **53**
Briarfield Av. BS15: Han 4D **71**
Briars Ct. BA2: Bath 1C **108**
Briarside Rd. BS10: Bren 5E **23**
Briar Wlk. BS16: Fish 3E **61**
Briar Way BS16: Fish 2D **61**
Briarwood BS9: W Trym 5B **40**
Briary Rd. BS20: P'head 1E **49**
Briavels Gro. BS6: Bris 4B **58**
Brick St. BS2: Bris 2B **68**
Brickworks Cl. BS5: S'wll 5A **60**
Bridewell La. BA1: Bath 3B **6** (4B **104**)
Bridewell St. BS1: Bris 1C **4** (2F **67**)
Bridge Cl. BS14: Whit 3E **87**
Bridge Farm Cl. BS14: Whit 4C **86**
Bridge Farm Wlk. BS16: Mang 3D **63**
Bridge Ho. BS1: Bris 3C **4**
Bridgeleap Rd. BS16: Down 3B **46**
Bridge Lock M. BA2: Bath 5E **7**
Bridge Rd. BA2: Bath 5E **103**
BS5: Eastv 3D **59**
BS8: L Wds 3F **65**
BS15: Soun 3B **62**
BS16: Short 2E **63**
BS37: Yate 3C **14**
Bridge Rd. Ind. Est. BS15: Soun . . .3C **62**
Bridges Ct. BS16: Fish 2D **61**
Bridges Dr. BS16: Fish 5E **45**
Bridge St. BA2: Bath 3C **6** (4C **104**)
BS1: Bris 3C **4** (3A **68**)
BS5: Eastv 4F **59**
Bridge Valley Rd. BS8: Clif 1A **66**
Bridge Vw. BS5: E'tn 5E **59**
Bridge Wlk. BS7: Hor 3C **42**
Bridge Way BS36: Fram C 5D **13**
BRIDGEYATE 2F **73**
Bridgman Gro. BS34: Fil 5D **25**
Bridgwater Rd. BS13: Bis 5F **75**
BS41: Dun 5F **75**
Briercliffe Rd. BS9: Stok B 4F **39**
Brierly Furlong BS34: Stok G 5F **25**
Briery Leaze Rd. BS14: Whit 2C **86**
Brighton Cres. BS3: Bedm 2D **77**
Brighton M. BS8: Clif 1D **67**
Brighton Pk. BS5: E'tn 1D **69**
Brighton Pl. BS15: K'wd 5F **61**
Brighton Rd. BS6: Redl 5E **57**
BS34: Pat 5B **8**

Brighton St. BS2: Bris 5A **58**
Brighton Ter. BS3: Bedm 2D **77**
Bright St. BS5: Bar H 2D **69**
BS15: K'wd 1F **71**
Brigstocke Rd. BS2: Bris 5A **58**
Brigstowe St. BS1: Bris 1E **5** (2A **68**)
Brimbles, The BS7: Hor 1D **43**
Brimsham Pk. Shop. Cen.
BS37: Yate 1A **16**
Brinkworthy Rd. BS16: Stap 5F **43**
Brinmead Wlk. BS13: Withy 4B **84**
Brins Cl. BS34: Stok G 4B **26**
Brinsmead Cres. BS20: Pill 2F **53**
(off Heywood Rd.)
Briscoes Av. BS13: Hart 3E **85**
BRISLINGTON 2A **80**
Brislington Hill BS4: Brisl 2A **80**
Brislington Retail Pk. BS4: Brisl . . .3A **80**
Brislington Trad. Est. BS4: Brisl . . .2B **80**
(not continuous)
BRISTOL 2C **4** (2F **67**)
Bristol & Anchor Ho. BS5: W'hall . . .1F **69**
(off Park Cres.)
Bristol & Bath Science Pk.
BS16: Emer G 2D **47**
Bristol & Exeter M.
BS1: Bris 5F **5** (4B **68**)
Bristol Bri. Ho. BS1: Bris . . .3C **4** (3A **68**)
Bristol Bus. Pk. BS16: Fren 2B **44**
Bristol Bus Station 1C **4** (1F **67**)
Bristol Cathedral 4A **4** (3E **67**)
Bristol City FC 1B **76**
Bristol Distribution Pk.
BS32: Brad S 2F **9**
Bristol Ga. BS8: Clif 4B **66**
Bristol Harbour Railway 5A **4** (4E **67**)
Bristol Hill BS4: Brisl 2F **79**
Bristol Hippodrome 3A **4** (3E **67**)
Bristol Ho. BS1: Bris 3D **5**
Bristol Ice Rink 2A **4** (2E **67**)
Bristol Indoor Bowls Club 3A **76**
Bristol North Baths 3F **57**
Bristol Parkway Nth.
BS34: Stok G 3C **26**
Bristol Parkway Station (Rail) 4A **26**
Bristol Resource Recovery Pk.
BS11: A'mth 4F **19**
Bristol Rd. BA2: Cor, New L 2D **101**
BS14: Whit 2E **87**
BS16: Fren, Ham 3C **44**
BS16: Ham 5F **27**
BS20: P'head 2F **49**
BS31: Key 1F **89**
BS36: Fram C, Wint 1A **28**
BS37: Iron A 4C **12**
Bristol Rovers FC 5B **42**
Bristol RUFC 1B **76**
Bristol Sth. End BS3: Wind H 2F **77**
Bristol South Swimming Pool 5E **67**
Bristol Sports Cen. 1E **69**
Bristol Temple Meads Station (Rail)
. . . . .5F **5** (4B **68**)
Bristol Va. Cen. for Industry
BS3: Bedm 3D **77**
Bristol Va. Trad. Est. BS3: Bedm . . .4E **77**
Bristol Zoo Gdns. 5B **56**
Bristow B'way. BS11: A'mth 2E **37**
Bristowe Ho. BS16: Fish 1D **61**
Britannia Cl. BS36: Down 2C **46**
Britannia Cres. BS34: Stok G 3F **25**
Britannia Ho. BS34: Fil 1B **42**
Britannia Rd. BS5: E'tn 5D **59**
BS15: K'wd 1E **71**
BS34: Pat 5A **8**
British, The BS37: Yate 1D **15**
British Rd. BS3: Bedm 1D **77**
Brittan Pl. BS20: P'bry 3A **52**
Britten Ct. BS30: L Grn 5B **72**
Britton Gdns. BS15: K'wd 5E **61**
Britton Ho. BS15: Warm 1D **73**
Brixham Rd. BS3: Wind H 2E **77**
Brixton Rd. BS5: E'tn 1D **69**
Brixton Rd. M. BS5: E'tn 1D **69**
Broadbury Rd. BS4: Know 4F **77**
Broad Cft. BS32: Brad S 3E **9**
BS34: Pat 2A **24**
Broadfield Av. BS15: K'wd 1E **71**

Broadfield Rd. BS4: Know 4C 78
Broadlands Av. BS31: Key 1F 89
Broadlands Dr. BS11: Law W 3C 38
Broad La. BS36: Coal H 3F 29
  BS37: W'lgh 4C 30
  BS37: Yate 1D 15
              (not continuous)
Broadleas BS13: Bis 5E 77
Broadleaze BS11: Shire 4F 37
Bradleys Av. BS9: Henle 4E 41
BROAD MEAD 4D 25
BROADMEAD 2D 5 (2A 68)
Broadmead BS1: Bris 1D 5 (2A 68)
Broadmead Gallery BS1: Bris 2D 5
          (off Galleries, The)
Broadmead La. BS31: Key 2D 91
Broadmead La. Ind. Est.
  BS31: Key 5D 83
Broadmoor La. BA1: W'ton 3B 94
Broadmoor Pk. BA1: W'ton 5D 95
Broadmoor Va. BA1: W'ton 4C 94
Broadoak Hill BS41: Dun 5B 84
Broad Oak Rd. BS13: Withy 3B 84
Broad Oaks BS8: L Wds 3A 66
Broadoak Wlk. BS16: Fish 2D 60
Broad Plain BS2: Bris 3F 5 (2B 68)
Broad Quay BA1: Bath 5B 6 (5B 104)
  BS1: Bris 3B 4 (3F 67)
Broad Quay Ho. BS1: Bris 4B 4
Broad Rd. BS15: K'wd 5E 61
Broadstone Wlk. BS13: Hart 2F 85
Broad St. BA1: Bath 2C 6 (3C 104)
  BS1: Bris 2C 4 (2F 67)
  BS16: Stap H 2F 61
  BS37: Chip S 4D 17
Broad St. Pl. BA1: Bath 2C 6 (3C 104)
Broad Wlk. BS4: Know 2B 78
  BS20: P'head 4D 35
Broadwalk Shop. Cen.
  BS4: Know 2D 79
Broadway BA2: Bath 4E 7 (4D 105)
  BS31: Salt 4F 91
             (not continuous)
  BS37: Yate 3B 16
Broadway Av. BS9: Henle 5F 41
Broadway Ct. BA2: Bath 5D 7 (5C 104)
Broadway Rd. BS7: B'stn 3F 57
  BS13: Withy 2B 84
Broadways Dr. BS16: B'hll 4B 44
Broad Weir BS1: Bris 2E 5 (2A 68)
Brock End BS20: P'head 3B 48
Brockhurst Gdns. BS15: K'wd 1C 70
Brockhurst Rd. BS15: K'wd 1C 70
Brockley Cl. BS4: Lit S 1E 25
Brockley Rd. BS31: Salt 4F 91
Brockridge La. BS36: Fram C 1E 29
Brocks La. BS41: L Ash 3B 74
Brocks Rd. BS13: Hart 4E 85
Brock St. BA1: Bath 1A 6 (3B 104)
Brockworth BS37: Yate 2E 31
Brockworth Cres. BS16: B'hll 5B 44
Bromfield Wlk. BS16: Emer G 4D 47
Bromley Dr. BS16: Down 2F 45
Bromley Farm BS16: Down 2F 45
BROMLEY HEATH 3A 46
Bromley Heath Av. BS16: Down 3F 45
Bromley Heath Rd. BS16: Down 4F 45
  BS16: Ham 1F 45
Bromley Rd. BS7: Hor 1B 58
Brompton Cl. BS15: K'wd 1B 72
Brompton Ho.
  BA2: Bath 1D 7 (3C 104)
Broncksea Rd. BS7: Fil 2B 42
Bronte Wlk. BS7: Hor 3C 42
Brook Bus. Pk. BS30: C Hth 3D 73
Brook Cl. BS41: L Ash 3D 75
Brookcote Dr. BS34: Lit S 2F 25
Brook Ct. BS13: Bis 1C 84
  BS32: Brad S 5A 10
Brookdale Rd. BS13: Bis 1D 85
Brookfield Av. BS7: B'stn 3F 57
Brookfield Cl. BS37: Chip S 3E 17
Brookfield La. BS6: Cot 4F 57
Brookfield Pk. BA1: W'ton 5D 95
Brookfield Rd. BS6: Cot 4F 57
  BS34: Pat 5D 9
Brookfield Wlk. BS30: Old C 1E 83

Brookgate BS3: Ash V 3A 76
Brook Hill BS6: Bris 5B 58
Brook Ho. BS34: Lit S 5E 9
Brookland Rd. BS6: Henle 1F 57
Brook La. BS6: Bris 5B 58
  BS16: B'hll 5A 44
Brooklea BS30: Old C 5D 73
Brookleaze BS9: Sea M 1E 55
Brookleaze Bldgs. BA1: Bath 5B 97
Brookleaze Pl. BA1: Bath 5D 97
Brook Lintons BS4: Brisl 1F 79
Brooklyn Rd. BA1: Bath 5B 97
  BS13: Bis 4D 77
Brook Office Pk. BS16: Emer G 1D 47
Brookridge Ho. BS10: Hen 5B 22
Brook Rd. BA2: Bath 4F 103
  BS3: Bedm 5F 67
  BS5: S'wll 5A 60
  BS6: Bris 5B 58
  BS15: K'wd, Warm 1C 72
             (not continuous)
  BS15: Warm 1D 73
  BS16: Fish 2C 60
             (not continuous)
  BS16: Mang 5B 46
Brookside BS20: Pill 3E 53
Brookside Cl. BA1: Bathe 2B 98
Brookside Dr. BS36: Fram C 5D 13
Brookside Rd. BA1: W'ton 1D 103
Brookside Rd. BS4: Brisl 2A 80
Brook St. BS5: Redf 2E 69
  BS37: Chip S 4C 16
Brookthorpe BS37: Yate 5F 15
Brookthorpe Av. BS11: Law W 2C 38
Brookthorpe Ct. BS37: Yate 5F 15
Brook Vw. BS10: Hen 5B 22
Brookview Wlk. BS13: Bis 5D 77
Brook Way BS32: Brad S 4E 9
BROOM HILL 5B 70
BROOMHILL 5B 44
Broom Hill BS16: B'hll 5A 44
Broomhill Rd. BS4: Brisl 1B 80
Brooms, The BS16: Emer G 1C 46
Brotherswood Ct. BS32: Brad S 2F 9
Brougham Hayes BA2: Bath 4F 103
Brougham Pl. BA1: Bath 5E 97
         (off St Saviours Rd.)
Broughton Ho. BS1: Bris . . .5E 5 (4A 68)
Brow, The BA2: Bath 5D 103
  BA2: C Down 4E 111
Brow Hill BA1: Bathe 3B 98
Brow Hill Vs. BA1: Bathe 3B 98
Browne Cl. BS8: Clif 3B 66
        (off Cumberland Pl.)
Browning Ct. BS7: Hor 3D 43
Brown's Folly Nature Reserve 1F 107
Broxholme Wlk. BS11: Law W 3B 38
Bruce Av. BS5: E'tn 5E 59
Bruce Rd. BS5: E'tn 5E 59
Brunel Cl. BS30: Warm 2E 73
Brunel Ct. BS20: P'head 5C 34
  BS37: Yate 3E 15
Brunel Gro. BS13: Hart 5C 78
Brunel Ho. BA2: Bath 4C 102
  BS1: Bris 3A 4 (3E 67)
Brunel Lock Rd. BS1: Bris 4B 66
Brunel Rd. BS13: Bis 4B 76
Brunel Sq. BA1: Bath 5C 6
  BS1: Bris 4D 67
Brunel's SS Great Britain 4D 67
Brunel Way BS1: Bris 5B 66
  BS3: Ash G, Bwr A 5B 66
Brunswick Ct. BS2: Bris 1A 68
         (off Brunswick Sq.)
Brunswick Pl. BA1: Bath 1B 6
  BS1: Bris 4B 66
Brunswick Sq. BS2: Bris 1A 68
Brunswick St. BA1: Bath 1D 105
  BS2: Bris 1A 68
  BS5: Redf 2E 69
Bruton Av. BA2: Bath 1B 110
  BS20: P'head 1C 48
Bruton Cl. BS5: St G 1B 70
Bruton Pl. BS8: Clif 2D 67
Bryanson's Cl. BS16: Stap 5F 43
Bryants Cl. BS16: Fren 2E 45
Bryants Hill BS5: St G 3D 71
Brynland Av. BS7: B'stn 2A 58

BS2 Lofts BS2: Bris 1A 68
        (off Lit. Bishop St.)
Buchanans Wharf Nth. BS1: Bris . . .4C 4
Buchanans Wharf Sth. BS1: Bris . . .4C 4
Buckingham Dr. BS34: Stok G 4F 25
Buckingham Gdns. BS16: Down . . .5A 46
Buckingham Ho. BS34: Fil 1B 42
Buckingham Pl. BS8: Clif 2C 66
  BS16: Down 5A 46
Buckingham Rd. BS4: Brisl 4F 69
Buckingham St. BS3: Bedm 2E 77
Buckingham Va. BS8: Clif 1C 66
Bucklewell Cl. BS11: Shire 5B 38
Buckleys Rd. BS34: Pat 1C 24
Buckthorn Cl. BS37: Yate 1B 16
Bude Av. BS5: St G 1C 70
Bude Rd. BS34: Fil 1C 42
Building of Bath Collection
             . . . . . . .1B 6 (3C 104)
Bullens Cl. BS32: Brad S 3F 9
Buller Rd. BS4: Know 2E 79
Bull La. BS5: St G 3B 70
  BS20: Pill 2E 53
Bull Wharf BS1: Bris 3D 5 (3F 67)
Bumblebee Cl. BS13: Withy 3A 84
Bumper's Batch BA2: S'ske 5C 110
Bunting La. BS20: P'head 5F 35
Burbank Cl. BS30: L Grn 1C 82
Burbarrow La. BS37: Cod, W'lgh . . .5F 31
Burchells Av. BS15: K'wd 5D 61
BURCHELLS GREEN 1D 71
Burchells Grn. Cl. BS15: K'wd 5D 61
Burchells Grn. Rd. BS15: K'wd 5D 61
Burcombe Cl. BS36: Coal H 1F 29
Burcott Rd. BS11: A'mth 3E 19
Burden Cl. BS32: Brad S 2B 26
Burfoote Gdns. BS14: Stoc 3A 88
Burfoote Rd. BS14: Stoc 3A 88
Burford Av. BS34: Pat 5E 9
Burford Cl. BA2: Bath 2D 109
  BS20: P'head 2A 50
Burford Gro. BS11: Shire 1B 54
Burgage Cl. BS37: Chip S 5D 17
Burgess Grn. Cl. BS4: St Ap 2A 70
Burghill Rd. BS10: W Trym 2C 40
Burghley Ct. BS36: Wint 3A 28
Burghley Rd. BS6: Bris 4A 58
Burgis Rd. BS14: Stoc 1F 87
Burleigh Gdns. BA1: Bath 2C 102
Burley Av. BS16: Mang 1B 62
Burley Crest BS16: Mang 5B 46
Burley Gro. BS16: Mang 5B 46
Burlington Ct. BS6: Redl 4D 57
  BS20: P'head 5D 35
Burlington Pl. BA1: Bath 1A 6
Burlington Rd. BS6: Redl 4D 57
  BS20: P'head 4D 35
Burlington St. BA1: Bath . . .1A 6 (2B 104)
Burnbush Cl. BS14: Stoc 1A 88
Burnell Dr. BS2: Bris 1B 68
Burney Way BS30: L Grn 1C 82
Burnham Cl. BS15: K'wd 5B 62
Burnham Dr. BS15: K'wd 5B 62
Burnham Rd. BA2: Bath 4E 103
  BS11: Shire 5F 37
Burnside Cl. BS10: S'mead 1E 41
Burnt Ho. Cotts. BA2: Odd D 5E 109
Burnthouse Ct. BA2: Odd D 5E 109
Burnt Ho. Rd. BA2: Odd D 5F 109
Burrington Wlk. BS13: Bis 4C 76
Burrough Way BS36: Wint 3A 28
Burton Cl. BS1: Bris 4A 68
Burton Ct. BS8: Clif 2D 67
  BS16: Fish 3A 60
          (off Marina Gdns.)
Burton St. BA1: Bath 3C 6 (4C 104)
Burwalls Rd. BS8: L Wds 3A 66
Bury Ct. Cl. BS11: Law W 2C 38
Bury Hill BS16: Ham 1A 46
  BS36: Wint D 1A 46
Bury Hill Vw. BS16: Down 2A 46
Bury Vw. BS36: Wint D 4A 28
Bush Av. BS34: Lit S 2E 25
Bush Ct. BS4: Wind H 1B 78
Bush Ind. Est. BS5: St G 1F 69
Bush La. BS5: Bris 5D 67
Bush Ho. BS4: Wind H 1B 78
Bushy Leas BS16: Fren 3F 43

Bushy Pk. BS4: Wind H 1B 78
Bushy Rd. BS34: Pat 1B 24
Butcombe Wlk. BS14: Whit 2D 87
Butler Ho. BS5: St G 1B 70
Butlers Cl. BS5: St G 3B 70
Butlers Wlk. BS5: St G 3B 70
Buttercliffe Ri. BS41: L Ash 1E 75
Buttercup Wlk. BS3: Ash V 3B 76
Butterfield Cl. BS10: Hor 4A 42
  BS36: Fram C 2D 29
Butterfield Rd. BS10: Hor 4A 42
Butterworth Ct. BS4: Know 5F 77
Button Cl. BS14: Whit 1C 86
Buxton Wlk. BS7: Hor 3C 42
Bye Mead BS16: Emer G 3C 46
Byfield BA2: C Down 4D 111
Byfield Bldgs. BA2: C Down 4D 111
  (off Byfield Pl.)
Byfield Pl. BA2: C Down 4D 111
  BS16: Stap H 2A 62
Byron Pl. BS8: Clif 2D 67
Byron Rd. BA2: Bath 1B 110
Byron St. BS2: Bris 5C 58
  BS5: Redf 2E 69
Byzantine Ct. BS1: Bris 5B 4

C

Cabot Cir. BS1: Bris 1E 5 (2A 68)
Cabot Cl. BS15: K'wd 2E 71
  BS31: Salt 5F 91
  BS37: Yate 4B 16
Cabot Ct. BS2: Bris 1F 5
  BS7: Fil 2B 42
Cabot Grn. BS5: Bar H 2D 69
Cabot M. BS2: Bris 2F 5 (2B 68)
Cabot Pk. BS11: A'mth 2F 19
Cabot Ri. BS20: P'head 1C 48
Cabot Tower 3D 67
Cabot Way BS8: Clif 4B 66
  BS20: Pill 3F 53
Cabstand BS20: P'head 5C 34
Cadbury Gdns. BS30: C Hth 3D 73
Cadbury Halt BS20: W'ton G 5B 48
CADBURY HEATH 3D 73
Cadbury Heath Rd. BS30: C Hth . .4C 72
Cadbury La. BS20: W'ton G 5B 48
Cadbury Rd. BS20: P'head 2F 49
  BS31: Key 5C 90
Cadby Ho. BA2: Bath 4C 102
Caddick Cl. BS15: K'wd 4B 62
Cade Cl. BS15: K'wd 3B 72
  BS34: Stok G 3A 26
Cadogan Rd. BS14: H'gro 4C 78
Caen Rd. BS3: Wind H 1F 77
Caernarvon Cl. BS31: Key 2E 89
Caernarvon Rd. BS31: Key 3E 89
Caern Well Pl. BA1: Bath 1C 6
Caine Rd. BS7: Hor 4B 42
Cains Cl. BS15: K'wd 3A 72
Cairn Gdns. BS36: Wint D 4A 28
Cairns Cl. BS6: Redl 2E 57
Cairns Cres. BS2: Bris 5B 58
Cairns Rd. BS6: Henle, Redl 1D 57
Cala Trad. Est. BS3: Ash V 1B 76
Calcott Rd. BS4: Know 2C 78
Caldbeck Cl. BS10: S'mead 1F 41
Calder Cl. BS31: Key 3C 90
Caldicot Cl. BS11: Law W 1E 39
  BS30: Will 2D 83
Caledonia M. BS8: Clif 3B 66
Caledonian Rd. BA2: Bath 4F 103
  BS1: Bris 4D 67
Caledonia Pl. BS8: Clif 3B 66
California Rd. BS30: L Grn 1C 82
Callard Ho. BS16: Fish 2B 60
Callicroft Rd. BS34: Pat 1C 24
Callington Rd. BS4: Brisl 3D 79
  BS14: H'gro 3D 79
Callington Road Nature Reserve . . .3E 79
Callowhill Ct. BS1: Bris . . .1D 5 (2A 68)
Calton Gdns. BA2: Bath 5B 104
Calton Rd. BA2: Bath 5C 6 (5C 104)
Calton Wlk. BA2: Bath 5B 6 (5B 104)
Camberley Dr. BS36: Fram C 5B 12
Camberley Rd. BS4: Know 4E 77
  (not continuous)

Camborne Rd. BS7: Hor 4C 42
Cambrian Dr. BS37: Yate 2F 15
Cambrian Green Ct. BS37: Yate . . .2A 16
Cambridge Cres. BS9: W Trym . . .4C 40
Cambridge Ho. BA1: Bath 4C 6
  (off Henry St.)
Cambridge Pk. BS6: Redl 3D 57
Cambridge Pl.
  BA2: Bath 5E 7 (5D 105)
Cambridge Rd. BS7: B'stn 2F 57
Cambridge St. BS3: Wind H 5B 68
  BS5: Redf 2E 69
Cambridge Ter.
  BA2: Bath 5E 7 (5D 105)
Camden Ct. BA1: Bath 2B 104
Camden Cres. BA1: Bath 2B 104
Camden Rd. BA1: Bath 2C 104
  BS3: Bris 4D 67
Camden Row BA1: Bath 2B 104
Camden Ter. BA1: Bath 2C 104
  (off Camden Rd.)
  BS8: Clif 3C 66
Cameley Grn. BA2: Bath 4B 102
Camelford Rd. BS5: E'tn 5F 59
Cameron Wlk. BS7: L'lze 5E 43
Cameroons Cl. BS31: Key 3A 90
Camerton Cl. BS31: Salt 4A 92
Camerton Rd. BS5: E'tn 5F 59
Camomile Wlk. BS20: P'head 1B 50
Campbell Farm Dr.
  BS11: Law W 2B 38
Campbell St. BS2: Bris 5A 58
Campian Wlk. BS4: Know 1F 85
Campion Dr. BS32: Brad S 3F 9
Camp Rd. BS8: Clif 2B 66
Camp Vw. BS36: Wint D 4A 28
Camwal Ct. BS2: Bris 4C 68
Camwal Ind. Est. BS2: Bris 4C 68
Camwal Rd. BS2: Bris 4C 68
Canada Way BS1: Bris 4C 66
Canal Bri. BA2: Bath 5E 7
Canal Path BA2: Batham 5C 98
Canal Ter. BA2: Batham 1B 106
Canberra Gro. BS34: Fil 4D 25
Candy Cl. BS4: St Ap 4F 69
Canford Crematorium
  BS9: W Trym 4A 40
Canford La. BS9: W Trym 4F 39
Canford Rd. BS9: W Trym 3B 40
Cann La. BS30: B'yte, Old C 3F 73
Cannon St. BS1: Bris 1C 4 (1F 67)
  BS3: Bedm 5E 67
Canons Cl. BA2: Bath 3D 109
Canons Ho. BS1: Bris 5A 4 (4E 67)
CANON'S MARSH 4A 4 (3E 67)
Canon's Rd. BS1: Bris 4A 4 (3E 67)
  (not continuous)
Canon St. BS5: Redf 1E 69
Canon's Wlk. BS15: Soun 4A 62
Canons Way BS1: Bris 4A 4 (3E 67)
Canowie Rd. BS6: Redl 3D 57
Cantell Gro. BS14: Stoc 2B 88
Canterbury Cl. BS37: Yate 2A 16
Canterbury Rd. BA2: Bath 5F 103
Canterbury St. BS5: Bar H 3D 69
Cantock's Cl. BS8: Clif 2A 4 (2E 67)
Canton Pl. BA1: Bath 2C 104
Canvey Cl. BS10: Hor 4A 42
Canynge Ho. BS1: Bris 5D 5 (4A 68)
Canynge Rd. BS8: Clif 1B 66
Canynge Sq. BS8: Clif 1B 66
Canynge St. BS1: Bris 4D 5 (3A 68)
Capel Cl. BS15: Warm 1D 73
Capel Rd. BS11: Law W 2D 39
Capenor Cl. BS20: P'head 2E 49
Capgrave Cl. BS4: Brisl 1C 80
Capgrave Cres. BS4: Brisl 1C 80
Capital Edge BS8: Clif 4D 67
Capricorn Pl. BS8: Clif 4D 67
Caraway Gdns. BS5: Eastv 4E 59
Cardigan La. BS9: Henle 5D 41
Cardigan M. BS9: Henle 1D 57
Cardigan Rd. BS9: Henle 5D 41
Cardill Cl. BS13: Bis 4C 76
Cardinal Cl. BA2: Odd D 5F 109
Carfax Ct. BS6: Redl 3C 56
Carisbrooke Rd. BS4: Know 4F 77

Carlow Rd. BS4: Know 4A 78
Carlton Chambers BS1: Bris 3B 4
  (off St Stephen's St.)
Carlton Ct. BS9: W Trym 4C 40
Carlton St. BS9: W Trym 4C 40
Carlton Mans. BS8: Clif 2C 66
Carlton Pk. BS5: Redf 1E 69
Carlyle Rd. BS5: E'tn 5E 59
Carmarthen Ct. BS37: Yate 1B 16
Carmarthen Gro. BS30: Will 3D 83
Carmarthen Rd. BS9: Henle 5C 40
Carnarvon Rd. BS6: Redl 4E 57
Carnival Ct. BS2: Bris 1A 68
Carolina Ho. BS2: Bris 1F 67
Caroline Bldgs. BA2: Bath 5E 7
Caroline Cl. BS31: Key 3E 89
Caroline Pl. BA1: Bath . . .1B 6 (2B 104)
Carpenters La. BS31: Key 2A 90
Carpenters Pl. BS4: Know 3A 78
  (off Leinster Av.)
Carpenters Shop La.
  BS16: Down 5A 46
Carr Ho. BA2: Bath 4C 102
  BS2: Bris 5B 58
Carriage Cl. BA1: Bath 1A 6
Carriage Dr. BS10: Bren 1D 41
Carrick Bus. Cen. BS4: Brisl 3A 80
Carrick Ho. BS8: Clif 3B 66
  (off Hotwell Rd.)
Carrington Rd. BS3: Ash G 5C 66
Carroll Cl. BS16: Fren 2A 44
Carrs Cl. BA2: Bath 4C 102
Carsons Rd. BS16: Mang, Sis 3D 63
Carter's Bldgs. BS8: Clif 2B 66
  (off Portland St.)
Carter Wlk. BS32: Brad S 5F 9
Cart La. BS1: Bris 4E 5 (3A 68)
Cartledge Rd. BS5: E'tn 5E 59
Cashmore Ho. BS5: Bar H 2D 69
Caslon Ct. BS1: Bris 5E 5 (4A 68)
Cassell Rd. BS16: Down, Fish 1E 61
Cassey Bottom La. BS5: St G 2C 70
Casson Dr. BS16: Stap 3A 44
Castle Cl. BS10: Hen 1F 39
Castle Farm Rd. BS15: Han 2D 81
Castle Gallery BS1: Bris 2D 5
  (off Galleries, The)
Castle Gdns. BA2: Bath 2A 110
Castlegate Ho. BS4: Brisl 2A 80
Castlemead BS1: Bris 1E 5
Castle Rd. BS15: K'wd 4F 61
  BS30: Old C 1E 83
Castle St. BS1: Bris 2E 5 (2A 68)
Castle Wharf BS1: Bris 2D 5 (2A 68)
Caswell Hill BS20: Glap G 5C 50
Caswell La. BS20: Glap G, P'bry . . .5B 50
CATBRAIN 2D 23
Catbrain Hill BS10: Pat 2D 23
Catbrain La. BS10: Pat 2D 23
Cater Bus. Pk. BS13: Bis 1D 85
Cater Rd. BS13: Bis 1C 84
Catharine Pl. BA1: Bath . . .1A 6 (3B 104)
Cathay BS1: Bris 5D 5
Cathcart Ho. BA1: Bath 1C 104
Cathedral, The BS8: Clif 2D 67
Cathedral Sq. BS1: Bris 4A 4 (3E 67)
Cathedral Wlk. BS1: Bris . . .5A 4 (4E 67)
Catherine Ct. BS6: Bris 5A 58
  (off Backfields La.)
Catherine Mead St. BS3: Bedm . . .5E 67
Catherine St. BS11: A'mth 3E 37
Catherine Way BS1: Bathe 3B 98
Catley Gro. BS41: L Ash 3D 75
Cato St. BS5: E'tn 4D 59
Catsley Pl. BA1: Swa 4E 97
Cattistock Dr. BS5: St G 3C 70
Cattle Mkt. Rd. BS1: Bris . . .5F 5 (4B 68)
Cattybrook Rd. BS16: Short 1F 63
Cattybrook Rd. Nth. BS16: Short . .1F 63
Cattybrook St. BS5: E'tn 1D 69
Causeway, The BS20: Glap G 5A 50
  BS36: Coal H 1E 29
Causley Dr. BS30: Bar C 4B 72
Cavan Wlk. BS4: Know 3F 77
Cave Cl. BS16: Down 5F 45
Cave Ct. BS2: Bris 1A 68

Cave Dr. BS16: Fish 5F **45**
Cave Gro. BS16: Emer G 4D **47**
Cavendish Cl. BS31: Salt 5F **91**
Cavendish Cres. BA1: Bath 2A **104**
Cavendish Gdns. BS9: Stok B 2E **55**
Cavendish Lodge BA1: Bath 2A **104**
Cavendish Pl. BA1: Bath 2A **104**
Cavendish Rd.
    BA1: Bath 1A **6** (2A **104**)
    BS9: Henle 1C **56**
    BS34: Pat 5B **8**
Cave St. BS2: Bris 1A **68**
Caxton Ct. BA2: Bath 2C **6** (3C **104**)
Cecil Av. BS5: S'wll 5B **60**
Cecil Rd. BS8: Clif 1B **66**
    BS15: K'wd 1F **71**
Cedar Cl. BS30: Old C 5D **73**
    BS34: Pat 1B **24**
    BS41: L Ash 3B **74**
Cedar Ct. BS9: Stok B 2E **55**
    BS16: Down 5A **46**
Cedar Dr. BS31: Key 3F **89**
Cedar Gro. BA2: Bath 2F **109**
    BS9: Stok B 1F **55**
Cedar Hall BS16: Fren 3E **45**
Cedar Hill Cl. BS16: Stap H 2F **61**
Cedarhurst Rd. BS20: P'head 3A **48**
Cedar Pk. BS9: Stok B 1F **55**
Cedar Row BS11: Shire 5B **38**
Cedars, The BS9: Stok B 3F **55**
Cedars Way BS36: Wint 3F **27**
Cedar Vs. BA2: Bath 5A **6** (5A **104**)
Cedar Wlk. BA2: Bath 5A **104**
Cedar Way BA2: Bath 5A **6** (5A **104**)
    BS20: P'head 2E **49**
Cedric Cl. BA1: Bath 3E **103**
Cedric Rd. BA1: Bath 3E **103**
Celandine Cl. BS37: Yate 1B **16**
Celestine Rd. BS37: Yate 2E **15**
Celia Ter. BS4: St Ap 3B **70**
Cemetery Rd. BS4: Wind H 1C **78**
Cennick Av. BS15: K'wd 5A **62**
Centaurus Rd. BS34: Pat 1E **23**
Central Av. BS15: Han 4E **71**
Central Hall BS2: Bris 2F **5**
                (off Redcross St.)
Central Pk. BS14: H'gro 4D **79**
Central Quay Nth. BS1: Bris 3B **4**
Central Quay Sth. BS1: Bris 3B **4**
Central Rd. BS4: Bris 5D **69**
Central Trad. Est. BS4: Bris 5D **69**
Centre, The BS31: Key 2A **90**
Centre for Sport 1A **44**
Centre for Sport, Exercise and Health
. . . . .1A **4** (1E **67**)
Centre Ga. BS1: Bris 2B **4**
                (off Colston Av.)
Centre Quay BS20: P'head 4D **35**
Centro BS1: Bris 1F **67**
                (off Charles St.)
Centrum BS5: E'tn 1B **68**
Century Pk. BS11: Chit 1F **19**
Ceres Cl. BS30: L Grn 2B **82**
Cerimon Ga. BS34: Stok G 3A **26**
Cerney La. BS11: Shire 1A **54**
Cesson Cl. BS37: Chip S 5E **17**
Chadleigh Gro. BS4: Know 5F **77**
Chakeshill Cl. BS10: Bren 5E **23**
Chakeshill Dr. BS10: Bren 5E **23**
Chalcombe Cl. BS34: Lit S 5E **9**
Chalcroft Ho. BS3: Bris 5C **66**
Chalcroft Wlk. BS13: Withy 3A **84**
Chalet, The BS16: Hen 5B **22**
Chalfield Cl. BS31: Key 5C **90**
Chalford St. BS37: Yate 5F **15**
Chalks Rd. BS5: St G 1F **69**
Challender Av. BS10: Hen 1B **40**
Challoner Ct. BS1: Bris 5B **4** (4F **67**)
Champion Ct. BS2: Bris 1F **5**
Champion Rd. BS15: K'wd 4B **62**
Champion Sq. BS2: Bris 1F **5** (2B **68**)
Champneys Av. BS10: Hen 5B **22**
Champs Sur Marne
    BS32: Brad S 5A **10**
Chancel Cl. BS9: Stok B 3F **55**
Chancery St. BS5: Bar H 2D **69**
Chandag Rd. BS31: Key 3B **90**
Chandler Cl. BA1: Bath 1D **103**

Chandlers Ho. BS1: Bris . . .5A **4** (4E **67**)
Chandlery Sq. BS20: P'head 5D **35**
Chandos BS6: Redl 4E **57**
Chandos Bldgs. BA1: Bath 4E **6**
                (off Westgate Bldgs.)
Chandos Rd. BS6: Redl 5D **57**
    BS31: Key 5A **82**
Chandos Trad. Est. BS2: Bris 4C **68**
Channells Hill BS9: W Trym 3C **40**
Channels Ct. BS16: Fish 2B **60**
Channel Vw. Cres. BS20: P'head . .1D **49**
Channel Vw. Rd. BS20: P'head . . .1D **49**
Channon's Hill BS16: Fish 2B **60**
Channon's Hill Retail Pk.
    BS16: Fish 2B **60**
Chantry Ct. BS1: Bris 3A **4**
                (off Denmark St.)
Chantry Gro. BS11: Law W 1E **39**
Chantry La. BS16: Down 2B **46**
Chantry Mead Rd. BA2: Bath 2A **110**
Chantry Rd. BS8: Clif 5D **57**
Chapel Barton BS3: Bedm 2D **77**
Chapel Cl. BS15: Warm 1D **73**
Chapel Ct. BA1: Bath 4B **6**
                (off Westgate Bldgs.)
    BS4: Brisl 2F **79**
Chapel Gdns. BS10: W Trym 2C **40**
Chapel Grn. La. BS6: Redl 4D **57**
Chapel Ho. BA1: Bath 4B **6**
                (off Westgate Bldgs.)
    BS1: Bris 2B **4**
Chapel La. BS5: S'wll 4A **60**
    BS11: Law W 1D **39**
    BS15: Warm 1D **73**
    BS16: Fren 4E **45**
Chapel Orchard BS37: Yate 3D **15**
Chapel Pill La. BS20: Pill 2A **54**
Chapel Rd. BS5: E'tn 5D **59**
    BS13: Bis 1C **84**
    BS15: Han 4E **71**
Chapel Row BA1: Bath 3A **6** (4B **104**)
    BA1: Bathf 5E **99**
    BA2: Batham 1B **106**
    BS20: Pill 2E **53**
Chapel St. BS2: Bris 4C **68**
Chapel Way BS4: St Ap 3A **70**
Chaplains Wood BS20: P'head 1A **48**
Chaplin Rd. BS5: E'tn 5D **59**
Chapter St. BS2: Bris 1A **68**
Chapter Wlk. BS6: Redl 5D **57**
Charbon Ga. BS34: Stok G 3B **26**
Charborough Ct. BS34: Fil 1B **42**
Charborough Rd. BS34: Fil 1B **42**
Charbury Wlk. BS11: Shire 1A **54**
Chard Cl. BS14: H'gro 1D **87**
Chardstock Av. BS9: C Din 3E **39**
Charfield BS15: K'wd 1C **72**
Charfield Rd. BS10: S'mead 2E **41**
Chargrove BS30: Old C 3F **73**
    BS37: Yate 1F **31**
Charis Av. BS10: W Trym 4E **41**
CHARLCOMBE 4B **96**
Charlcombe La. BA1: Bath, Charl . .5B **96**
Charlcombe Pk. BA20: P'head 3A **48**
Charlcombe Ri. BA1: Bath 5B **96**
    BS20: P'head 3A **48**
Charlcombe Vw. Rd. BA1: Bath . . .5C **96**
Charlcombe Way BA1: Bath 5B **96**
Charlecombe Ct. BS9: W Trym . . .5B **40**
Charlecombe Rd. BS9: W Trym . . .5B **40**
Charles Av. BS34: Stok G 4A **26**
Charles Ct. BS8: Clif 3C **66**
                (off Charles Pl.)
Charles England Ho. BS34: Pat . . .1B **24**
Charles Pl. BS8: Clif 3C **66**
Charles Rd. BS34: Fil 5D **25**
Charles St. BA1: Bath 3A **6** (4B **104**)
    BS1: Bris 1F **67**
Charles Wesley Ct. BS5: St G 3C **70**
Charleton Ho. BS2: Bris 1F **5**
                (off Gt. Ann St.)
Charlotte St. BA1: Bath 3A **6** (4B **104**)
    BS1: Bris 2A **4** (2E **67**)
Charlotte St. Sth. BS1: Bris 3E **67**
Charlton Av. BS34: Fil 1B **42**
Charlton Blvd. BS34: Pat 1C **24**
Charlton Bldgs. BA2: Bath 4E **103**
Charlton Comn. BS10: Bren 4F **23**

Charlton Ct. BS34: Pat 4B **8**
Charlton Gdns. BS10: Bren 4F **23**
Charlton La. BS10: Bren 5C **22**
Charlton Leaze BS10: Bren 2C **22**
Charlton Mead Ct. BS10: Bren 4F **23**
Charlton Mead Dr. BS10: Bren 4F **23**
Charlton Pk. BS31: Key 2F **89**
Charlton Pl. BS10: Bren 4F **23**
Charlton Rd. BS10: Bren 2C **40**
    BS15: K'wd 5D **61**
    BS31: Q Char, Key 5D **89**
Charlton Sq. BS34: Pat 1C **24**
Charlton St. BS5: Bar H 2D **69**
Charlton Vw. BS20: P'head 1E **49**
Charminster Rd. BS16: Fish 3D **61**
Charnell Rd. BS16: Stap H 2A **62**
Charnhill Brow BS16: Mang 2C **62**
Charnhill Cres. BS16: Mang 2B **62**
Charnhill Dr. BS16: Mang 2B **62**
Charnhill Ridge BS16: Mang 2C **62**
Charnhill Va. BS16: Mang 2B **62**
Charnwood BS16: Mang 2C **62**
Charnwood Rd. BS14: Whit 3D **87**
Charter Ho. BS1: Bris 3D **67**
                (off St George's Rd.)
Charterhouse Rd. BS5: St G 1F **69**
Charter Wlk. BS14: H'gro 1C **86**
Chartley BS9: Stok B 3F **55**
Chase, The BS16: Fish 3E **61**
Chasefield La. BS16: Fish 2D **61**
Chase Rd. BS15: K'wd 4F **61**
Chatcombe BS37: Yate 1A **32**
Chatford Ho. BS8: Clif 1B **66**
Chatham Pk. BA2: Bath 4E **105**
Chatham Row BA1: Bath . . .1C **6** (3C **104**)
Chatsworth Rd. BS4: Brisl 5E **69**
    BS16: Fish 3D **61**
Chattenden Ho. BS9: Stok B 3A **56**
Chatterton Grn. BS14: Whit 4B **86**
Chatterton Ho. BS1: Bris 4A **68**
                (off Ship La.)
Chatterton Rd. BS37: Yate 4F **15**
Chatterton Sq. BS1: Bris 5F **5** (4B **68**)
Chatterton St. BS1: Bris 4B **68**
Chaucer Rd. BA2: Bath 1B **110**
Chaundey Gro. BS13: Hart 2D **85**
Chavenage BS15: K'wd 5C **62**
Cheapside BS3: Wind H 5B **68**
Cheap St. BA1: Bath 3C **6** (4C **104**)
Cheddar Gro. BS13: Bis 4C **76**
Chedworth BS15: Soun 3A **62**
    BS37: Yate 1D **31**
Chedworth Rd. BS7: Hor 5C **42**
Cheese La. BS2: Bris 3E **5** (3A **68**)
Chelford Gro. BS34: Pat 5D **9**
Chelmer Gro. BS31: Key 3B **90**
Chelmsford Wlk. BS4: St Ap 4B **70**
Chelscombe BA1: W'ton 1D **103**
Chelsea Cl. BS31: Key 2C **90**
Chelsea Ho. BA1: Bath 2C **104**
                (off Snow Hill)
Chelsea Pk. BS5: E'tn 1E **69**
Chelsea Rd. BA1: Bath 3E **103**
    BS5: E'tn 5D **59**
Chelston Rd. BS4: Know 5F **77**
Cheltenham La. BS6: Bris 4F **57**
Cheltenham Rd. BS6: Bris 4F **57**
Cheltenham St.
    BA2: Bath 5A **6** (5A **104**)
Chelvey Cl. BS13: Hart 4F **85**
Chelwood Dr. BA2: Odd D 4F **109**
Chelwood Rd. BS11: Shire 4F **37**
    BS31: Salt 3A **92**
Chepstow Pk. BS16: Down 2B **46**
Chepstow Rd. BS4: Know 4F **77**
Chepstow Wlk. BS31: Key 2F **89**
Chequers Cl. BS30: Old C 1E **83**
Chequers Ct. BS32: Brad S 1C **26**
Cherington BS15: Han 4D **71**
    BS37: Yate 2F **31**
Cherington Rd. BS10: W Trym 4E **41**
Cheriton Pl. BS9: W Trym 4D **41**
    BS30: Old C 3E **73**
Cherry Ct. BS1: Bris 1A **68**
                (off Barton St.)
Cherry Gdn. La. BS30: Bit, Old C . .1D **83**
Cherry Gdn. Rd. BS30: Bit 3E **83**

Cherry Gdns. BS30: Bit 3E **83**
Cherry Gro. BS16: Mang 5C **46**
Cherry La. BS1: Bris 1A **68**
Cherry Orchard La. BS5: St G 1B **70**
Cherry Orchards BS5: St G 1A **70**
    (off Summerhill Rd.)
Cherry Rd. BS37: Chip S 4C **16**
  BS41: L Ash 2B **74**
Cherry Tree Cl. BS31: Key 3E **89**
Cherrytree Cl. BS16: Fish 4E **61**
Cherrytree Cres. BS16: Fish 4E **61**
Cherrytree Rd. BS16: Fish 4E **61**
Cherry Wood BS30: Old C 2D **83**
Chertsey Rd. BS6: Redl 5D **57**
Cherwell Rd. BS31: Key 3C **90**
Chesham Way BS15: K'wd 5F **61**
Cheshire Cl. BS37: Yate 2A **16**
Chesle Cl. BS20: P'head 3A **48**
Cheslefield BS20: P'head 3A **48**
Chesle Way BS20: P'head 3A **48**
Chessel Cl. BS32: Brad S 3E **9**
Chessel Dr. BS34: Pat 1C **24**
Chessel M. BS3: Bedm 1E **77**
    (off West St.)
Chessel St. BS3: Bedm 1D **77**
Chessington Av. BS14: H'gro 2D **87**
Chester Ct. BS5: Redf 2E **69**
Chesterfield Av. BS6: Bris 4A **58**
Chesterfield Ho. BS6: Bris 4B **58**
Chesterfield Rd. BS6: Bris 4A **58**
  BS16: Down 1A **62**
CHESTER PARK 4E **61**
Chester Pk. BS5: W'hall 1A **70**
Chester Pk. Rd. BS16: Fish 4D **61**
    (not continuous)
Chester Rd. BS5: W'hall 5A **60**
Chesters BS30: C Hth 5C **72**
Chester St. BS5: E'tn 4D **59**
Chestertons, The BA2: Batham . . .2B **106**
    (not continuous)
Chestnut Cl. BS14: Stoc 2A **88**
Chestnut Ct. BS16: Mang 1C **62**
Chestnut Dr. BS37: Chip S 4C **16**
Chestnut Gro. BA2: Bath 1E **109**
Chestnut Ho. BS13: Hart 4F **85**
  BS16: Fish 5E **45**
Chestnut Rd. BS15: Soun 3B **62**
  BS16: Down 5F **45**
  BS41: L Ash 2D **75**
Chestnut Wlk. BS13: Bis 1C **84**
  BS31: Salt 4A **92**
Chestnut Way BS15: Soun 3B **62**
Chetwode Cl. BS10: Bren 5F **23**
Chevening Cl. BS34: Stok G 4F **25**
Cheviot Mdw. BS20: P'head 2B **50**
Cheviot Way BS30: Old C 4E **73**
Chewton Cl. BS16: Fish 3D **61**
  BS31: Key 2C **90**
CHEWTON KEYNSHAM 5A **90**
Chewton Rd. BS31: Key 5A **90**
Cheyne Rd. BS9: Stok B 5F **39**
Chichester Ho. BS4: St Ap 3B **70**
Chichester Way BS37: Yate 2F **15**
Childrens Av. BA1: Bath 2A **104**
Chiltern Cl. BS14: Whit 3D **87**
  BS30: Old C 4E **73**
Chilton Rd. BA1: Bath 1D **105**
  BS4: Know 4C **78**
Chilwood Cl. BS37: Iron A 2A **14**
Chimney Steps BS2: Bris 3B **68**
Chine, The BS16: Stap 1F **59**
Chine Vw. BS16: Down 3B **46**
Chiphouse Rd. BS15: Soun 4B **62**
Chipperfield Dr. BS15: K'wd 5B **62**
Chipping Edge Ind. Est.
  BS37: Chip S 4D **17**
Chippings, The BS16: Stap 1F **59**
CHIPPING SODBURY 4D **17**
Chisbury St. BS5: Eastv 3E **59**
Chittening Ind. Est. BS11: Chit . . .1F **19**
Chittening Rd. BS11: Chit 1A **20**
Chock La. BS9: W Trym 4C **40**
Choke Wlk. BS4: Brisl 4A **80**
Christchurch Av. BS16: Down 1F **61**
Christ Chu. Cotts. BA1: Bath 1A **6**
Christchurch Hall BA1: Bath 1B **6**
Christchurch La. BS16: Down 5F **45**
Christchurch Rd. BS8: Clif 2C **66**

Christina Ter. BS8: Clif 4C **66**
Christmas Steps
  BS1: Bris 2B **4** (2F **67**)
Christmas St. BS1: Bris 2B **4** (2F **67**)
CHRISTMAS TREE 2E **53**
Christopher Brain St.
  BS14: H'gro 2A **86**
Christopher Thomas Ct.
  BS2: Bris 3F **5** (3B **68**)
Christy Cl. BS36: Fram C 2D **29**
Chubb Cl. BS30: Bar C 4B **72**
Church Av. BS5: E'tn 5D **59**
  BS9: Stok B 2A **56**
  BS30: Warm 2E **73**
Church Cl. BA1: Bathf 5D **99**
  BA2: Batham 5B **98**
  BS10: Hen 1A **40**
  BS20: P'head 1F **49**
  BS36: Fram C 5D **13**
Church Dr. BS5: St G 1A **70**
Church Farm Bus. Pk. BA2: Cor . .3B **100**
Churchfarm Cl. BS37: Yate 2B **16**
Church Farm Paddock BS30: Bit . .5F **83**
Church Farm Rd. BS16: Emer G . .5D **47**
Church Hill BS4: Brisl 2F **79**
Church Ho. BS7: Hor 3B **42**
Churchill Cl. BS30: Bar C 4C **72**
Churchill Dr. BS9: W Trym 4F **39**
Churchill Hall BS9: Stok B 3B **56**
Churchill Rd. BS4: Brisl 5E **69**
Church La. BA1: Bathe 3B **98**
  BA2: Bath 1D **111**
  BA2: Mon C 5F **111**
  BS1: Bris 4E **5** (3A **68**)
  BS3: Bedm 5F **67**
    (not continuous)
  BS5: St G 1F **69**
  BS8: Clif 3D **67**
  BS10: Hen 1A **40**
  BS14: Whit 4D **87**
  BS16: Down, Ham 1A **46**
    (not continuous)
  BS20: P'bry 2A **52**
  BS30: Bit 5F **83**
  BS36: Coal H 2E **29**
  BS36: Wint 2E **27**
  BS41: L Ash 1E **75**
Church Leaze BS11: Shire 5F **37**
Church Mdws. BS14: Whit 4E **87**
Church Pde. BS4: Brisl 2A **80**
Church Path BS2: Bris 4B **58**
  BS3: Bedm 1E **77**
  BS7: Bris 4B **58**
Church Path Rd. BS20: Pill 2E **53**
Church Path Steps BS8: Clif 4C **66**
Church Pl. BS20: Pill 2E **53**
Church Rd. BA1: W'ton 1E **103**
  BA2: C Down 4D **111**
  BS3: Bedm 5B **67**
  BS5: Redf, St G 2E **69**
  BS7: Hor 5A **42**
  BS8: Abb L 1C **64**
  BS8: L Wds 3F **65**
  BS9: Stok B 3F **55**
  BS9: W Trym 4C **40**
  BS13: Bis 2B **84**
  BS14: Whit 3D **87**
  BS15: Han 4D **71**
  BS15: K'wd 1A **72**
  BS16: Fren 4D **45**
  BS16: Soun 3F **61**
  BS20: Eas 2C **52**
  BS30: Bit 4F **83**
  BS32: Alm 1C **8**
  BS34: Fil 5C **24**
  BS34: Stok G 4A **26**
  BS36: Fram C 4C **12**
  BS36: Wint D 4A **28**
  BS37: Yate 2A **16**
    (not continuous)
  BS41: Dun 5A **84**
Church Rd. Nth. BS20: P'head 1F **49**
Church Rd. Sth. BS20: P'head 2F **49**
Church St. BA1: Bath 4C **6**
    (off York St.)
  BA1: Bathf 5D **99**

Church St. BA1: W'ly 1B **96**
  BA1: W'ton 1D **103**
  BA2: Bath 1D **111**
  BS1: Bris 4E **5** (3A **68**)
  BS5: Bar H 2D **69**
  BS5: E'tn 5D **59**
Church Vw. BS15: K'wd 1A **72**
    (off High St.)
  BS16: Down 1F **61**
  BS32: Alm 1B **8**
  BS34: Fil 5C **24**
Church Wlk. BS20: Pill 2E **53**
Churchward Cl. BS15: Han 4C **70**
Churchward Rd. BS37: Yate 2D **15**
Churchways BS14: Whit 3E **87**
Churchways Av. BS7: Hor 5A **42**
Churchways Cres. BS7: Hor 5A **42**
Churston Cl. BS14: Whit 4C **86**
Cinderford Cl. BS10: S'mead 3F **41**
Cinema De Lux
  Bristol 1E **5** (2A **68**)
Cineworld Cinema
  Whitchurch 1A **86**
Circle, The BA2: Bath 2D **109**
Circuit 32 BS5: E'tn 1D **69**
Circular Rd. BS9: Stok B 4F **55**
Circus, The BA1: Bath 1B **6** (3B **104**)
  BS1: Bris 1E **5**
Circus M. BA1: Bath 1A **6** (3B **104**)
Circus Pl. BA1: Bath 1A **6** (3B **104**)
    (not continuous)
City Academy, The 1E **69**
    (within Bristol Sports Cen.)
City Bus. Pk. BS2: E'tn 2C **68**
City Mus. & Art Gallery
  Bristol 1A **4** (2E **67**)
City of Bristol Gymnastics Cen. . . .3A **86**
Citypoint BS1: Bris 5F **5**
City Rd. BS2: Bris 1A **68**
City Space BS2: Bris 3B **68**
    (off Barton Va.)
City Vw. BA1: Bath 2C **104**
    (off Camden Rd.)
City Vw. Apartments BS5: Bar H . .2D **69**
    (off Chancery St.)
Civil Justice Cen.
  Bristol 3D **5** (3A **68**)
Clamp, The BS30: Old C 1E **83**
Clanage Rd. BS3: Bwr A 5A **66**
Clan Ho. BA2: Bath 1F **7** (3D **105**)
Clapton Drove BS20: Glap G 5E **49**
CLAPTON IN GORDANO 5A **50**
Clapton La.
  BS20: Glap G, P'head 3F **49**
Clapton Wlk. BS9: Sea M 1E **55**
Clara Cross La. BA2: Odd D 4A **110**
Clare Av. BS7: B'stn 3E **57**
Clare Gdns. BA2: Odd D 4F **109**
Claremont Av. BS7: B'stn 3E **57**
Claremont Bldgs. BA1: Bath 1C **104**
Claremont Ct. BS9: Henle 1E **57**
Claremont Rd. BA1: Bath 1D **105**
  BS7: B'stn 3F **57**
Claremont St. BS5: E'tn 5C **58**
Claremont Ter. BA1: Bath 1D **105**
    (off Camden Rd.)
  BS5: St G 2F **69**
Claremont Vs. BA1: Bath 1C **104**
    (off Camden Rd.)
Claremont Wlk. BA1: Bath 1C **104**
Clarence Av. BS16: Stap H 1A **62**
Clarence Ct. BS15: K'wd 5D **61**
    (off Clarence Rd.)
Clarence Gdns. BS16: Stap H 1A **62**
  BS20: P'head 2F **49**
Clarence Ho. BS15: K'wd 5D **61**
    (off Clarence Rd.)
Clarence Pl. BA1: Bath 3D **103**
  BS2: Bris 1E **67**
Clarence Rd. BS1: Bris 5F **5** (4A **68**)
  BS2: Bris 2C **68**
  BS15: K'wd 5D **61**
  BS16: Down 1F **61**
Clarence St. BA1: Bath 2C **104**
Clarence Ter. BA2: C'ton D 1F **111**
Clarendon M. BS16: Fren 3D **45**
Clarendon Rd. BA2: Bath 5D **105**
  BS6: Redl 4E **57**

Clarendon Vs. BA2: Bath 5D 105
Clare Rd. BS5: Eastv 4D 59
  BS6: Cot 5F 57
  BS15: K'wd 4E 61
Clare St. BS1: Bris 3B 4 (3F 67)
  BS5: Redf 1E 69
Clare St. Ho. BS1: Bris 3B 4
Clark Dr. BS16: B'hll 4B 44
Clarken Coombe BS41: L Ash 1B 74
Clarke St. BS3: Bedm 5F 67
Clarkson Ho. BA1: Bath 3A 6
Clark St. BS3: Bedm 5F 67
  BS5: E'tn 1C 68
Clarks Way BA2: Odd D 3E 109
Clatworthy Dr. BS14: H'gro 5C 78
Claude Av. BA2: Bath 5E 103
Claude Ter. BA2: Bath 5E 103
Claude Va. BA2: Bath 5E 103
Clavell Rd. BS10: Hen 1B 40
Claverham Rd. BS16: Fish 1C 60
CLAVERTON 5D 107
Claverton Bldgs. BA2: Bath 5D 7
Claverton Ct. BA2: C'ton D 5A 106
Claverton Down Rd.
  BA2: C'ton D, C Down
  ....5A 106 & 3F 111
Claverton Hill
  BA2: C'ton, C'ton D 5B 106
Claverton Pumping Station 5E 107
Claverton Rd. BS31: Salt 4F 91
Claverton Rd. W. BS31: Salt 4F 91
Claverton St. BA2: Bath ...5C 6 (5C 104)
CLAY BOTTOM 4F 59
Clay Bottom BS5: Eastv 4F 59
Claydon Grn. BS14: Whit 4B 86
Clayfield BS37: Yate 1A 16
Clayfield Rd. BS4: Brisl 1A 80
CLAY HILL 4A 60
Clay Hill BS5: S'wll 4A 60
Clayhill Dr. BS37: Yate 1B 16
Clay La. BS30: Bit 4F 83
  BS34: Lit S 1D 25
Claymore Cres. BS15: K'wd 5D 61
Claypiece Rd. BS13: Withy 3B 84
Claypit Hill BS37: Chip S 1D 33
Clay Pit Rd. BS6: Henle 3C 56
Claypool Rd. BS15: K'wd 2F 71
CLAYS END 5F 101
Clayton Cl. BS20: P'head 2A 50
Clayton St. BS5: E'tn 1D 69
  BS11: A'mth 2C 36
Cleave St. BS2: Bris 4C 58
Cleeve Av. BS16: Down 4A 46
Cleeve Ct. BS16: Down 4F 45
Cleevedale Rd. BA2: C Down 4C 110
Cleeve Gdns. BS16: Down 4F 45
Cleeve Grn. BA2: Bath 4B 102
Cleeve Gro. BS31: Key 2F 89
Cleeve Hill BS16: Down 4F 45
Cleeve Hill Extension
  BS16: Down 5A 46
Cleeve Lawns BS16: Down 4F 45
Cleeve Lodge Cl. BS16: Down 5A 46
Cleeve Lodge Rd. BS16: Down 4A 46
Cleeve Pk. Rd. BS16: Down 4F 45
Cleeve Rd. BS4: Know 1D 79
  BS16: Down 5A 46
  BS16: Fren 3E 45
  BS37: Yate 4A 16
Cleeves Ct. BS30: L Grn 2B 82
Cleeve Wood Pk. BS16: Down 3E 45
Cleeve Wood Rd. BS16: Down 3E 45
  (not continuous)
Clement St. BS2: Bris 1B 68
Clermont Cl. BS34: Pat 5B 8
Cleve Cl. BS8: Clif 3B 66
  (off Cumberland Pl.)
  BS34: Fil 4D 25
Clevedale BS16: Down 4F 45
Clevedale Cl. BS16: Down 4F 45
Clevedon La. BS20: Glap G 5A 50
Clevedon Rd. BS7: B'stn 2F 57
  BS8: Fail 1A 74
  BS20: P'head 1E 49
  BS41: L Ash 1A 74
Clevedon Ter. BS6: Bris 1F 67
Cleveland Bri. BA2: Bath 2C 104
  (off Bathwick St.)

Cleveland Cotts. BA1: Bath 2C 104
Cleveland Ct. BA2: Bath 4F 7 (4E 105)
Cleveland Pl. BA1: Bath 2C 104
Cleveland Pl. E. BA1: Bath 2C 104
  (off Cleveland Pl.)
Cleveland Pl. W. BA1: Bath 2C 104
  (off Cleveland Pl.)
Cleveland Pools 2D 105
Cleveland Reach BA1: Bath 2C 104
Cleveland Row BA1: Bath 2D 105
Cleveland Ter. BA1: Bath 2C 104
  (off London Rd.)
Cleveland Wlk.
  BA2: Bath 4F 7 (4E 105)
Cleve Rd. BS34: Fil 4C 24
Cleweson Ri. BS14: Whit 4B 86
Cliff Ct. Dr. BS16: Fren 4D 45
Clifford Gdns. BS11: Shire 5A 38
Clifford Rd. BS16: Fish 2E 61
Clift Ho. Rd. BS3: Ash G 5B 66
Clift Ho. Spur BS3: Ash G 5B 66
CLIFTON 1C 66
Clifton Arc. BS8: Clif 2C 66
  (off Boyce's Av.)
Clifton Cl. BS8: Clif 2B 66
Clifton College Fitness Cen. 1C 66
Clifton College Sports Club 2D 65
Clifton Down BS8: Clif 1B 66
Clifton Down Rd. BS8: Clif 2B 66
Clifton Down Shop. Cen.
  BS8: Clif 5D 57
Clifton Down Station (Rail) 5D 57
Clifton Hgts. BS8: Clif 2D 67
Clifton High Gro. BS9: Stok B ...1A 56
Clifton Hill BS8: Clif 3C 66
Clifton Hill Ho. BS8: Clif 3D 67
Clifton Observatory and Camera Obscura
  ....2B 66
Clifton Pk. BS8: Clif 2C 66
Clifton Pk. Rd. BS8: Clif 1B 66
Clifton Pl. BS5: E'tn 1C 68
Clifton Roman Catholic Cathedral
  ....1C 66
Clifton St. BS3: Bedm 1E 77
  BS20: P'head 4E 49
Clifton Suspension Bridge 2A 66
Clifton Suspension Bridge
  Interpretation Cen. 3A 66
Clifton Suspension Bridge (Toll) .2A 66
Clifton Va. BS8: Clif 3C 66
Clifton Va. Cl. BS8: Clif 3C 66
Clifton Vw. BS3: Wind H 5B 68
  BS13: Bis 3C 76
CLIFTON WOOD 3C 66
Clifton Wood Ct. BS8: Clif 3D 67
Cliftonwood Cres. BS8: Clif 3D 67
Clifton Wood Rd. BS8: Clif 3D 67
Cliftonwood Ter. BS8: Clif 3C 66
Clift Pl. BS1: Bris 5C 4 (4F 67)
Clift Rd. BS3: Ash G 5C 66
Clinton Rd. BS3: Bedm 2E 77
Clive Rd. BS14: H'gro 4E 79
Clockhouse M. BS20: P'head 5C 34
Clock Tower Yd. BS1: Bris ...5F 5 (4B 68)
Cloisters, The BS8: Clif 1B 66
Cloisters Ct. BS36: Wint 2A 28
Cloisters Rd. BS36: Wint 2B 28
Clonmel Rd. BS4: Know 3F 77
Close, The BS10: Hen 3B 22
  BS16: Fren 2B 44
  BS16: Soun 3F 61
  BS20: W'ton G 5B 48
  BS34: Lit S 2E 25
  BS34: Pat 4E 9
  BS36: Coal H 2E 29
Clothier Rd. BS4: Brisl 2B 80
Clouds Hill Av. BS5: St G 1A 70
Clouds Hill Rd. BS5: St G 1B 70
Clovelly Cl. BS5: St G 1B 70
Clovelly Rd. BS5: St G 1B 70
Cloverdale Dr. BS30: L Grn 1C 82
Clover Ground BS9: W Trym 3D 41
Clover Gro. BS48: Bar G 5C 74
  (off Winstones Rd.)
Cloverlea Bus. Cen. BS36: H'fld ...5E 29
Cloverlea Rd. BS30: Old C 5C 73
Clover Leaze BS32: Brad S 2F 25

Clover Pk. BS4: Know 3A 78
Clover Rd. BS16: Emer G 3E 47
Clyde Av. BS31: Key 3B 90
Clyde Gdns. BA2: Bath 4D 103
  BS5: St G 3D 71
Clyde Gro. BS34: Fil 1B 42
Clyde La. BS6: Redl 4D 57
Clyde M. BS6: Redl 4E 57
Clyde Pk. BS6: Redl 4D 57
Clyde Rd. BS4: Know 1C 78
  BS6: Redl 4D 57
  BS36: Fram C 5D 13
Clydesdale Cl. BS14: H'gro 1C 86
Clyde Ter. BS3: Bedm 1E 77
  BS4: Know 1C 78
Coach Ho., The BS2: Bris 1A 68
  (off Up. York St.)
Coach Ho. La. BS5: St G 1A 70
  (off Beaconsfield Rd.)
Coachworks, The BA1: Bath 2C 104
  (off Long Acre)
Coaley Rd. BS11: Shire 1F 53
COALPIT HEATH 2E 29
Coalpit Rd. BA1: Bathe 3C 98
Coalsack La. BS36: H'fld 5D 29
Coalville Rd. BS36: Coal H 1F 29
Coape Rd. BS14: Stoc 2B 88
Coates Wlk. BS4: Know 1F 85
Cobbler La. BS8: Clif 4C 56
Cobblestone M. BS8: Clif 2C 66
Cob Cl. BS34: Stok G 5E 25
Cobden Cen., The BS16: Emer G ...1C 46
Cobden St. BS5: Redf 2D 69
Coberley BS15: K'wd 3E 71
Cobhorn Dr. BS13: Withy 3B 84
Cobourg Rd. BS6: Bris 5B 58
Coburg Vs. BA1: Bath 1C 104
Cock Rd. BS15: K'wd 3A 72
COCKSHOT HILL 4A 62
CODRINGTON 5D 33
Codrington Pl. BS8: Clif 2C 66
Codrington Rd. BS7: B'stn 3F 57
  BS37: W'lgh 5F 31
Cody Ct. BS15: Han 4D 71
Cogan Rd. BS16: Soun 3A 62
Cogmill La. BS36: Fram C 1B 12
  BS37: Iron A 1B 12
Cogsall Rd. BS14: Stoc 1B 88
Colbourne Rd. BA2: Odd D 4F 109
Colchester Cres. BS4: Know 5F 77
Coldharbour La.
  BS16: Fren, Stap 2A 44
Coldharbour Rd. BS6: Redl 3D 57
Coldpark Gdns. BS13: Withy 2A 84
Coldpark Rd. BS13: Withy 2A 84
Coldrick Cl. BS14: Whit 4B 86
Colebrook Rd. BS15: K'wd 1E 71
Coleford Rd. BS10: S'mead 3F 41
Cole Mead BS13: Bis 2D 85
Coleridge Rd. BS5: Eastv 3E 59
Cole Rd. BS2: Bris 3D 69
Colesborne Cl. BS37: Yate 5F 15
Coleshill Dr. BS13: Hart 2D 85
College Av. BS16: Fish 1C 60
College Ct. BS8: Clif 1C 66
  BS16: Fish 1C 60
College Dr. BS10: Hen 2B 40
College Flds. BS8: Clif 1B 66
College Grn. BS1: Bris 3A 4 (3E 67)
College Ho. BS1: Bris 3A 4
  (off Orchard St.)
College La. BS1: Bris 3A 4
College Pk. Ct. BS10: Hen 2B 40
College Pk. Dr. BS10: Hen 2B 40
College Rd. BA1: L'down, Bath ...5A 96
  BS8: Clif 1B 66
  BS9: W Trym 4C 40
  BS16: Fish 1C 60
College Sq. BS1: Bris 4A 4 (3E 67)
College Sq. Sth BS1: Bris ...4A 4 (4E 67)
College St. BS1: Bris 4A 4 (3E 67)
College Vw. BA1: Bath 1C 104
College Way BS34: Fil 4C 24
Collett Cl. BS15: Han 4D 71
Collett Way BS37: Yate 2E 15
Colliers Break BS16: Emer G 1D 63
Colliers Gdns. BS16: Fish 1D 61
Collier's La. BA1: Charl 3A 96

Collier's Pl. BS16: Soun 4F 61
Collingwood Av. BS15: K'wd 5A 62
Collingwood Cl. BS31: Salt 5A 92
Collingwood Rd. BS6: Redl 5D 57
Collin Rd. BS4: Brisl 5F 69
Collins Av. BS34: Lit S 2E 25
Collins Bldgs. BS31: Salt 4A 92
Collinson Rd. BS13: Hart 2D 85
Collins St. BS11: A'mth 3D 37
Colliter Cres. BS3: Bedm 2C 76
Colne Grn. BS31: Key 3C 90
Colonnades, The BA1: Bath 4B 6
Colston Av. BS1: Bris 3B 4 (3F 67)
Colston Cen. BS1: Bris 2B 4
(off Colston St.)
Colston Cl. BS16: Soun 3F 61
BS36: Wint D 4A 28
Colston Ct. BS7: B'stn 3F 57
Colston Dale BS16: Stap 2A 60
Colstone Ct. BS16: Fish 3A 60
(off Marina Gdns.)
Colston Fort BS6: Bris 1F 67
(off Montague Pl.)
Colston Hall 2B 4 (2F 67)
Colston Hill BS16: Stap 2F 59
Colston M. BS6: Bris 5A 58
Colston Pde. BS1: Bris 5D 5 (4A 68)
Colston Pl. BS1: Bris 4E 5 (3A 68)
Colston Rd. BS5: E'tn 5E 59
Colston's Almshouses BS2: Bris 1A 4
Colston St. BS1: Bris 2B 4 (2F 67)
BS16: Soun 3F 61
Colston Twr. BS1: Bris 2B 4
Colston Yd. BS1: Bris 1B 4
(off Colston St.)
Colthurst Dr. BS15: Han 4A 72
COLT'S GREEN 5F 17
Colwyn Rd. BS5: E'tn 5E 59
Combe Av. BS20: P'head 5B 34
COMBE DOWN 4D 111
Combe Flds. BS20: P'head 5B 34
Combe Gro. BA1: Bath 2D 103
Combe Hay La.
BA2: C Hay, Odd D 5E 109
Combe Pk. BA1: Bath 3E 103
Combe Rd. BA2: C Down 4D 111
BS20: P'head 1F 49
Combe Rd. Cl. BA2: C Down 4D 111
Combe Royal Cres.
BA2: C'ton D 5F 105
Combeside BA2: Bath 2C 110
Combfactory La. BS5: E'tn 1D 69
Comb Paddock BS9: W Trym 4D 41
Comfortable Pl. BA1: Bath 3A 104
Commercial Rd. BS1: Bris 4F 67
Common, The BS16: Fren 4D 45
BS34: Pat 4D 9
Common E., The BS34: Brad S . . .4E 9
Commonfield Rd. BS11: Law W . . .2D 39
Common La. BS8: Fail 3D 53
BS20: Eas 3D 53
Common Mead La. BS16: Ham 2C 44
Common Rd. BS15: Han 1D 81
BS36: Wint 1B 28
Como Ct. BS20: P'head 5B 34
(off Kilkenny Pl.)
Compass Ct. BA1: Bath 1A 6
Compass Ho. BS3: Bedm 1E 77
Compton Dr. BS9: Sea M 4E 39
Compton Grn. BS31: Key 3A 90
Compton Lodge BS6: Redl 5D 57
(off Hampton Rd.)
Compton St. BS5: Redf 2E 69
Comyn Wlk. BS16: Fish 1C 60
CONCORDE 2C 24
Concorde Dr. BS10: S'mead 2D 41
Concorde Ho. BS34: Fil 1B 42
Concorde Lodge BS34: Fil 1C 42
Concorde Rd. BS34: Pat 1A 24
Concorde St. BS1: Bris 1E 5
Concourse, The BS4: Brisl 2A 80
Condon Ho. BS7: L'lze 4E 43
Condover Rd. BS4: Brisl 1B 80
Conduit Pl. BS2: Bris 5C 58
Conduit Rd. BS2: Bris 5C 58
CONE, THE 2E 23
Coneygree BS13: Bis 2B 84
Conference Av. BS20: P'head 1A 50

Conference Cl. BS20: P'head 2B 50
Congleton Rd. BS5: W'hall 5F 59
CONHAM 4B 70
Conham Hill BS15: Han 4C 70
Conham Rd. BS5: St G 4B 70
BS15: Han, St G 4B 70
Conifer Cl. BS16: Fish 5F 45
Conham Fram. C 4C 12
Coniston Av. BS9: W Trym 5A 40
Coniston Cl. BS30: Old C 3F 73
Coniston Rd. BS34: Pat 5A 8
Connaught Mans.
BA2: Bath 2D 7 (3C 104)
Connaught Rd. BS4: Know 4A 78
Connection Rd. BA2: Bath 4C 102
Constable Cl. BS31: Key 1B 90
Constable Rd. BS7: L'lze 5D 43
Constantine Av. BS34: Stok G 3A 26
Constellation Pk. BS11: A'mth 4E 19
Constitution Hill BS8: Clif 3C 66
Contemporis BS8: Clif 2C 66
(off Merchants Rd.)
Convent Cl. BS10: Hen 5F 21
Convocation Av. BA2: C'ton D 4A 106
Conway Grn. BS31: Key 4C 90
Conway Rd. BS4: Brisl 5E 69
Conygre Gro. BS34: Fil 4D 25
Conygre Rd. BS34: Fil 5C 24
Cook Cl. BS30: Old C 5E 73
Cook Ct. BS16: L'lze 3E 43
Cooks Cl. BS32: Brad S 2E 9
Cooks Folly Rd. BS9: Stok B 3F 55
Cooks La. BS36: H'fld 5F 29
Cooksley Rd. BS5: Redf 1E 69
Cook St. BS11: A'mth 3D 37
Cookworthy Cl. BS5: Bar H 3D 69
Coombe Bri. Av. BS9: Stok B 5F 39
Coombe Brook Cl. BS15: K'wd 5D 61
Coombe Brook La. BS5: Eastv 4A 60
Coombe Cl. BS10: Hen 5F 21
Coombe Dale BS9: Sea M 5E 39
COOMBE DINGLE 4F 39
Coombe Dingle Sports Complex . . .4A 40
Coombe Gdns. BS9: Stok B 5A 40
Coombe La. BS8: Fail 5B 52
BS9: Stok B, W Trym 4F 39
BS20: Eas 4C 52
Coombe Rd. BS5: Eastv 4E 59
Coombe Rocke BS9: Stok B 4F 39
Coombe Way BS10: Hen 2B 40
BS30: Old C 5F 73
Cooperage La. BS3: Bris 4D 67
Cooperage Rd. BS5: Redf 2F 69
Co-operation Rd. BS5: E'tn 5E 59
Cooper Rd. BS9: W Trym 4B 40
Coopers Ct. BS37: Yate 4F 15
Coopers Dr. BS37: Yate 1B 16
Coots, The BS14: Stoc 1A 88
Copeland Dr. BS14: Whit 2D 87
Copford La. BS41: L Ash 3D 75
Copley Ct. BS15: Han 4A 72
Copley Gdns. BS7: L'lze 5D 43
Copley Ho. BS7: L'lze 5D 43
Coppice, The BS13: Withy 3A 84
BS32: Brad S 1A 26
Copseland BA2: C'ton D 5F 105
Copse Rd. BS4: Know 1D 79
BS31: Salt 3E 91
Copthorne Rd. BS14: H'gro 2D 87
Corbet Cl. BS11: Law W 1D 39
Corbett Cl. BS37: Yate 1B 16
Corbett Ho. BS5: Bar H 2E 69
Cordwell Wlk. BS10: Hor 4F 41
Corey Cl. BS2: Bris 5B 58
Corfe Cres. BS31: Key 3A 90
Corfe Pl. BS30: Will 3D 83
Corfe Rd. BS4: Know 5F 77
Coriander Dr. BS32: Brad S 2C 26
Coriander Wlk. BS5: Eastv 4E 59
Corinthian Ct. BS1: Bris 5E 5 (4A 68)
Corkers Hill BS5: St G 3B 70
Cork Pl. BA1: Bath 3F 103
(off Cork St.)
Cork St. BA1: Bath 3F 103
Cork Ter. BA1: Bath 3F 103
Cornfield Cl. BS32: Brad S 4E 9

Cornflower Cl. BS11: Law W 3C 38
Cornhill Dr. BS14: H'gro 5C 78
Cornish Gro. BS14: Stoc 1A 88
Cornish Rd. BS14: Stoc 1A 88
Cornish Wlk. BS14: Stoc 1A 88
Cornleaze BS13: Bis 2C 84
Corn St. BA1: Bath 4B 6 (4B 104)
BS1: Bris 3C 4 (3F 67)
Cornwall Cres. BS37: Yate 2B 16
Cornwallis Av. BS8: Clif 3C 66
Cornwallis Cres. BS8: Clif 3B 66
Cornwallis Gro. BS8: Clif 3B 66
Cornwallis Ho. BS8: Clif 3C 66
Cornwall Rd. BS7: B'stn 2F 57
Coromandel Hgts. BA1: Bath 2B 104
(off Camden Row)
Coronation Av. BA2: Bath 2E 109
BS16: Fish 2C 60
BS31: Key 3F 89
Coronation Cl. BS30: C Hth 4C 72
Coronation Cotts. BA1: Bathe 4B 98
Coronation Pl. BS1: Bris . . .3C 4 (3F 67)
Coronation Rd. BA1: Bath 3F 103
BS3: Ash G, Bris 5C 66
BS15: K'wd 2B 72
BS16: Down 1A 62
BS30: C Hth 4C 72
Corridor, The BA1: Bath . . .3C 6 (4C 104)
Corsley Wlk. BS4: Know 4B 78
CORSTON .3D 101
Corston Dr. BA2: New L 4D 101
Corston La. BA2: Cor 3C 100
Corston Vw. BA2: Odd D 3E 109
Corston Wlk. BS11: Shire 4F 37
Corum Office Pk. BS30: Warm 2E 73
Cossham Rd. BS5: St G 1F 69
Cossham St. BS16: Emer G, Mang . .1C 62
Cossham Wlk. BS5: St G 5C 60
Cossington Rd. BS4: Know 3B 78
Cossins Rd. BS6: Redl 3D 57
Costiland Dr. BS13: Bis 1B 84
Cote Bank Ho. BS9: W Trym 4D 41
Cote Dr. BS9: W Trym 2C 56
Cote Ho. La. BS9: W Trym 1B 56
Cote La. BS9: W Trym 1C 56
Cote Lea Pk. BS9: W Trym 4C 40
Cote Paddock BS9: W Trym 2B 56
Cote Pk. BS9: W Trym 5A 40
Cote Rd. BS9: W Trym 2C 56
COTHAM 5E 57
Cotham Brow BS6: Cot 5F 57
Cotham Gdns. BS6: Cot 5D 57
Cotham Gro. BS6: Cot 5F 57
Cotham Hill BS6: Cot 5D 57
Cotham Lawn Apartments
BS6: Cot 1E 67
(off Cotham Lawn Rd.)
Cotham Lawn Rd. BS6: Cot 1E 67
Cotham Pk. BS6: Cot 5E 57
Cotham Pk. Nth. BS6: Cot 5E 57
Cotham Pl. BS6: Cot 5E 57
Cotham Rd. BS6: Cot 1E 67
Cotham Rd. Sth. BS6: Bris 1F 67
Cotham Side BS6: Cot 5F 57
Cotham Va. BS6: Cot 5F 57
Cotman Wlk. BS7: L'lze 5D 43
Cotrith Gro. BS10: Hen 5A 22
Cotswold Cl. BS20: P'head 2A 50
Cotswold Ct. BS16: Fren 2A 44
Cotswold Rd. BA2: Bath 1F 109
BS3: Wind H 1F 77
BS37: Chip S 5D 17
Cotswold Vw. BA2: Bath 5D 103
BS15: K'wd 4F 61
BS34: Fil 5C 24
Cottage Ct. BS37: Yate 4F 15
Cottage Gdns. BS5: St G 2C 70
Cottage Pl. BA1: Bath 5E 97
BS2: Bris 1F 67
Cottages, The BS48: Bar G 5B 74
Cotterell Ct. BA1: Bath 3A 6
(off Monmouth Pl.)
Cottington St. BS15: Han 4A 72
Cottisford Rd. BS5: Eastv 2D 59
Cottle Gdns. BS14: Stoc 1B 88
Cottle Rd. BS14: Stoc 1B 88

Cotton Mead BA2: Cor 3D **101**
Cotton Mill La. BS5: Bar H 3E **69**
Cottonwood Dr. BS30: L Grn 1C **82**
Cottrell Av. BS15: K'wd 4D **61**
Cottrell Rd. BS5: Eastv 3E **59**
Coulson Ho. BA7: B'stn 2B **58**
Coulsons Cl. BS14: Whit 4C **86**
Coulson's Rd. BS14: Whit 4B **86**
Coulson Wlk. BS15: K'wd 4E **61**
Counterpool Rd. BS15: K'wd 2E **71**
Counterslip BS1: Bris 3D **5** (3A **68**)
Counterslip Gdns. BS14: H'gro 1E **87**
Countess of Huntingdon Chapel . . .1C **6**
Countess Wlk. BS16: Stap 5F **43**
County Court
  Bath 3E **7** (4D **105**)
County Ground, The
  Bristol 2A **58**
County St. BS4: Wind H 5C **68**
County Way BS34: Stok G 4C **26**
Court Av. BS34: Stok G 3B **26**
Court Cl. BS7: Hor 4A **42**
  BS20: P'head 2F **49**
Courtenay Cres. BS4: Know 5F **77**
Courtenay Rd. BS31: Key, Salt . . .5C **90**
Ct. Farm Gdns. BS30: Longwell Grn . .2A **82**
Court Farm Rd. BS14: Whit 4B **86**
  BS30: L Grn 3F **81**
Courtfield Gro. BS16: Fish 2C **60**
Court Gdns. BA1: Bathe 3C **98**
Court Hay BS20: Eas 2C **52**
Courthouse Pl. BA1: Bath 3F **103**
  (off Up. Bristol Rd.)
Courtlands BS31: Key 2A **90**
  BS32: Brad S 4E **9**
Courtlands La. BS3: Bwr A 5A **66**
Court La. BA1: Bathf 5D **99**
  BS16: Stap H 2A **62**
Courtney Pl. BS15: K'wd 2A **72**
Courtney Rd. BS15: K'wd 2A **72**
Courtney Vw. BS15: K'wd 2A **72**
Courtney Way BS15: K'wd 2B **72**
Court Rd. BS7: Hor 4B **42**
  BS15: K'wd 2F **71**
  BS30: Old C 1D **83**
  BS36: Fram C 5B **12**
Courtrooms, The BS1: Bris 2B **4**
  (off Rupert St.)
Courtside BS15: K'wd 2B **72**
Courtside M. BS6: Cot 5E **57**
Courtyard, The BS32: Brad S 2F **9**
Cousins Cl. BS10: Hen 5F **21**
Cousins La. BS5: St G 2B **70**
Cousins M. BS4: St Ap 3B **70**
Cousins Way BS16: Emer G 3D **47**
Couzens Cl. BS7: Chip S 3D **17**
Couzens Pl. BS34: Stok G 3B **26**
Coventry Wlk. BS4: St Ap 3B **70**
Cow Barton BS16: L'lze 3E **43**
Cowdray Rd. BS4: Know 5F **77**
Cowhorn Hill BS30: Old C 4E **73**
Cow La. BA1: Bath 3A **104**
Cowler Wlk. BS13: Withy 3B **84**
Cowling Dr. BS14: Stoc 2E **87**
Cowling Rd. BS14: Stoc 2F **87**
Cowmead Wlk. BS2: Bris 5C **58**
Cowper Rd. BS6: Redl 5E **57**
Cowper St. BS5: Redf 2E **69**
Cowslip Cres. BS16: Emer G 3E **47**
Cox Ct. BS30: Bar C 5B **72**
Coxley Dr. BA1: Bath 5D **97**
Crabtree La. BS41: Dun 5A **84**
Crabtree Wlk. BS5: Eastv 4F **59**
Cradock Cl. BS30: C Hth 5C **72**
Craftes Ct. BS5: S'wll 5A **60**
Cranberry Wlk. BS9: C Din 3E **39**
Cranbourne Rd. BS34: Pat 1B **24**
Cranbrook Rd. BS6: Redl 2E **57**
Crandale Rd. BA2: Bath 5F **103**
Crandell Cl. BS10: Hen 4B **22**
Crane Cl. BS15: Warm 1D **73**
Cranford Ct. BS9: Henle 5D **41**
Cranham BS37: Yate 1E **31**
Cranham Cl. BS15: Soun 4B **62**
Cranham Dr. BS34: Pat 4E **9**
Cranham Rd. BS10: W Trym 3E **41**
Cranhill Rd. BA1: W'ton 2F **103**
Cranleigh BA2: S'ske 5B **110**

Cranleigh Ct. Rd. BS37: Yate 3F **15**
Cranleigh Gdns. BS9: Stok B 2A **56**
Cranleigh Rd. BS14: Whit 2D **87**
Cranmore Av. BS31: Key 1F **89**
Cranmore Cres. BS10: S'mead 2F **41**
Cranmore Pl. BA2: Odd D 5F **109**
Cranside Av. BS6: Redl 2E **57**
Cransley Cres. BS9: Henle 4E **41**
Crantock Av. BS13: Bis 4D **77**
Crantock Dr. BS32: Alm 1D **9**
Crantock Rd. BS37: Yate 4F **15**
Cranwell Gro. BS14: Whit 2C **86**
Cranwells Pk. BA1: W'ton 2F **103**
Crates Cl. BS15: K'wd 1A **72**
Craven Cl. BS30: Bar C 4B **72**
Craven Way BS30: Bar C, C Hth . . .4B **72**
Craydon Gro. BS14: Stoc 2F **87**
Craydon Rd. BS14: Stoc 2F **87**
Craydon Wlk. BS14: Stoc 2F **87**
CREATE Environment Cen. 4B **66**
Crediton Cres. BS4: Know 3B **78**
Crescent, The BS1: Bris 4E **67**
  BS9: Henle 5E **41**
  BS9: Sea M 5E **39**
  BS16: Fren 2B **44**
  BS16: Soun 3F **61**
Crescent Cen., The BS1: Bris 3E **5**
Crescent Gdns. BA1: Bath . . .2A **6** (3A **104**)
Crescent La. BA1: Bath 1A **6** (2B **104**)
Crescent Office Pk. BA2: Bath 3E **109**
Crescent Pl. M. BA2: Odd D 4F **109**
Crescent Rd. BS16: Fish 5E **45**
Crescent Vw. BA2: Bath 5A **6** (5B **104**)
Crest, The BS4: Brisl 2E **79**
Crest Heights BS20: P'head 2A **48**
Creswicke Av. BS15: Han 4E **71**
Creswicke Rd. BS4: Know 5F **77**
CREW'S HOLE 2B **70**
Crews Hole Rd. BS5: St G 2A **70**
CRIBBS CAUSEWAY 3C **22**
CRIBBS C'way. BS10: Hen, Pat . . .4B **22**
  BS10: Pat 1D **23**
Cribbs C'way. Cen. BS10: Hen 3C **22**
Cribbs C'way. Regional Shop. Cen.
  BS34: Pat 2F **23**
Cribbs C'way. Retail Pk.
  BS34: Pat 2E **23**
Cricket La. BS10: W Trym 3C **40**
Cricklade Rd. BS7: B'stn 2A **58**
Cripps Rd. BS3: Bedm 1E **77**
Crispin Way BS15: Soun 4B **62**
Crockerne Dr. BS20: Pill 3E **53**
Crockerne Ho. BS20: Pill 2E **53**
  (off Underbanks)
Croft, The BS16: Mang 1B **62**
  BS30: Old C 1E **83**
Croft Av. BS16: Stap 2E **59**
Croft Cl. BS30: Bit 4F **83**
Crofters Wlk. BS32: Brad S 5F **9**
Crofton Av. BS7: Hor 5B **42**
Crofton Flds. BS36: Wint 2A **28**
Crofton M. BS15: K'wd 2A **72**
Croft Rd. BA1: Bath 1D **105**
CROFTS END 5A **60**
Crofts End Ind. Est. BS5: S'wll 5A **60**
Crofts End Rd. BS5: S'wll 5A **60**
Croft Vw. BS9: Henle 5E **41**
Crokeswood Wlk. BS11: Law W . . .2C **38**
Crome Rd. BS7: L'lze 4D **43**
Cromer Rd. BS5: E'tn 4E **59**
Cromwell Cl. BS15: Han 4A **72**
Cromwell Rd. BS5: St G 1C **70**
  BS6: Bris 4F **57**
Cromwells Hide BS16: Stap 1A **60**
Cromwell St. BS3: Bedm 1E **77**
Croomes Hill BS16: Down 5F **45**
Cropthorne Rd. BS7: Hor 2C **42**
Cropthorne Rd. Sth. BS7: Hor 3C **42**
Crosby Row BS8: Clif 3C **66**
Crosscombe Dr. BS13: Hart 4D **85**
Crosscombe Wlk. BS13: Hart 4D **85**
Cross Elms La. BS9: Stok B 1A **56**
Crossfield Rd. BS16: Soun 3A **62**
Cross Lanes BS20: Pill 2D **53**
Crossleaze Rd. BS15: Han 1E **81**
Crossley Cl. BS36: Wint 1B **28**
Crossley Farm Bus. Cen.
  BS36: Wint 1A **28**

Crossman Av. BS36: Wint 3A **28**
Cross St. BS15: K'wd 5E **61**
Cross Tree Gro. BS32: Brad S 5F **9**
Crossways Cl. BS15: Down 5A **46**
Crossways M. BS4: Know 3C **78**
Crossways Rd. BS4: Know 3C **78**
Crow La. BS1: Bris 3C **4** (3F **67**)
  BS10: Hen 1B **40**
Crowley Way BS11: A'mth 1D **37**
Crown & Anchor Ho.
  BS2: Bris 3F **5** (3B **68**)
Crown Court
  Bristol 2B **4** (2F **67**)
Crowndale Rd. BS4: Know 1C **78**
Crown Gdns. BS30: Warm 2D **73**
Crown Hill BA1: W'ton 1E **103**
  BS5: S'wll 1B **70**
Crown Hill Wlk. BS5: S'wll 5B **60**
Crown Ind. Est. BS30: Warm 2E **73**
Crown La. BS16: Soun 3F **61**
Crownleaze BS16: Soun 3F **61**
Crown Rd. BA1: W'ton 1D **103**
  BS15: K'wd 4F **61**
  BS16: Mang 3E **73**
Crown Way BS30: Warm 2E **73**
Crows Gro. BS32: Brad S 2F **9**
Crowther Pk. BS7: L'lze 2C **58**
Crowther Rd. BS7: L'lze 2C **58**
Crowthers Av. BS37: Yate 2A **16**
Crowther St. BS3: Bedm 1D **77**
Croxham Orchard BA1: Bathe 3B **98**
Croydon Ho. BS5: E'tn 1D **69**
Croydon St. BS5: E'tn 1D **69**
Crunnis, The BS32: Brad S 2A **26**
Crusader Ho. BS1: Bris 2B **4**
Crusty La. BS20: Pill 1E **53**
Crystal Way BS32: Brad S 5A **10**
Cube Cinema
  Bristol 1F **67**
Cuckoo La. BS36: Wint D 5B **28**
Cuffington Av. BS4: Brisl 5F **69**
Culverhay Sports Cen. 3D **109**
Culverhill Rd. BS37: Chip S 4C **16**
Culvers Cl. BS31: Key 1A **90**
Culvers Rd. BS31: Key 1A **90**
Culver St. BS1: Bris 3A **4** (3E **67**)
Culvert, The BS32: Brad S 5F **9**
Culvert Av. BS37: Yate 4D **15**
Culverwell Rd. BS13: Withy 3C **84**
Cumberland Basin 4B **66**
Cumberland Basin Rd. BS8: Clif . . .4B **66**
Cumberland Cl. BS1: Bris 4C **66**
Cumberland Ct. BS1: Bris 4D **67**
Cumberland Gro. BS6: Bris 4B **58**
Cumberland Ho. BA1: Bath 3A **6**
Cumberland Pl. BS8: Clif 3B **66**
Cumberland Rd. BS1: Bris 4B **66**
Cumberland Row
  BA1: Bath 3A **6** (4B **104**)
Cumberland St. BS2: Bris 1A **68**
Cunningham Gdns. BS16: Fish 1D **61**
Cunnington Cl. BS30: Will 3C **82**
Curland Gro. BS14: Whit 2D **87**
Curlew Cl. BS16: B'hll 5B **44**
Curlew Pl. BS20: P'bry, P'head 5E **35**
Curtis La. BS34: Stok G 5C **26**
Custom Cl. BS14: H'gro 5C **78**
Custom Ho., The BS1: Bris 5C **4**
Cutler Rd. BS13: Bis 1B **84**
Cutlers Ho. BS1: Bris 1E **5** (2A **68**)
Cutters Row BS3: Bedm 5A **68**
  (off York Rd.)
Cynder Way BS16: Emer G 2C **46**
Cynthia Rd. BA2: Bath 5E **103**
Cynthia Vs. BA2: Bath 5E **103**
Cypress Ct. BS9: Stok B 3F **55**
Cypress Gdns. BS8: L Wds 3A **66**
Cypress Gro. BS9: Henle 5E **41**
Cyrus Ct. BS16: Emer G 4D **47**

D

Dafford's Bldgs. BA1: Bath 5E **97**
Dafford's Pl. BA1: Bath 5E **97**
  (off Dafford St.)
Dafford St. BA1: Bath 5E **97**

Dahlia Gdns. BA2: Bath 1F **7** (3D **105**)
Dahl Wlk. BS7: Hor 3D **43**
Daines Ct. *BS16: Fish* *3A **60***
(off Marina Gdns.)
Daisy Bank BA2: Bath 1D **111**
Daisy Cl. BS31: Key 4F **89**
Daisy Rd. BS5: E'tn 4E **59**
Daisy Wlk. BS16: Emer G 3E **47**
Dakin Cl. BS4: Know 3A **78**
Dakota Dr. BS14: Whit 3C **86**
Dalby Av. BS3: Bedm 5F **67**
Dale St. BS5: St G 1B **70**
Dalkeith Av. BS15: K'wd 5E **61**
Dalrymple Rd. BS2: Bris 5A **58**
Dalston Rd. BS3: Bris 5D **67**
Dalton Sq. BS2: Bris 1A **68**
Dampier Rd. BS3: Ash G 1C **76**
Damson Orchard BA1: Bathe 3C **98**
Danbury Cres. BS10: S'mead 2E **41**
Danbury Wlk. BS10: S'mead 2E **41**
Danby Ho. BS7: L'lze 1C **58**
Danby St. BS16: L'lze 3E **43**
Dancey Mead BS13: Bis 5B **76**
Dandy's Mdw. BS20: P'head 1A **50**
Dangerfield Av. BS13: Bis 1B **84**
Daniel M. BA2: Bath 1E **7** (3D **105**)
Daniel St. BA2: Bath 1E **7** (3D **105**)
Dapp's Hill BS31: Key 2B **90**
Dapp's La. BS31: Key 2B **90**
Dapwell La. BS31: Q Char 5C **88**
Dark La. BA2: Batham 1B **106**
    BS9: W Trym 3C **40**
Darley Cl. BS10: Hen 5F **21**
Darlington M. BA2: Bath ..2E **7** (3D **105**)
Darlington Pl. BA2: Bath ...4F **7** (4D **105**)
Darlington Rd.
    BA2: Bath 1F **7** (3D **105**)
Darlington St.
    BA2: Bath 2E **7** (3D **105**)
Darlington Wharf
    BA2: Bath 1F **7** (2D **105**)
Darnley Av. BS7: Hor 5B **42**
Dartmoor St. BS3: Bedm 5D **67**
Dartmouth Av. BA2: Bath 5E **103**
Dartmouth Wlk. BS31: Key 3F **89**
Darwin Cl. BS30: C Hth 5C **72**
Daubeny Cl. BS16: Fish 1D **61**
Daubeny Ct. BS1: Bris 5B **4**
Davenport Cl. BS30: L Grn 2C **82**
Daventry Rd. BS4: Know 3A **78**
Davey St. BS2: Bris 5B **58**
David Lloyd Leisure
    Bristol 1A **76**
    Bristol Westbury 3D **41**
Davidson Rd. BS10: S'mead 1F **41**
David's Rd. BS14: H'gro 5E **79**
David St. BS2: Bris 2F **5** (2B **68**)
David Thomas Ho. BS6: Bris 4A **58**
David Thomas La. *BS4: Bath* *4A **58***
(off Effingham Rd.)
Davies Dr. BS4: St Ap 4B **70**
Davin Cres. BS20: Pill 3E **53**
Davis Cl. BS30: Bar C 4B **72**
Davis St. BS11: A'mth 3D **37**
Dawes Cl. *BS8: Clif* *3B **66***
(off Cumberland Pl.)
Dawley Cl. BS36: Wint 1A **28**
Dawlish Rd. BS3: Wind H 2F **77**
Dawn Ri. BS15: K'wd 5B **62**
Daws Ct. BS16: Fish 2D **61**
Day Cres. BA2: Bath 4B **102**
Days La. BS2: Bris 2C **68**
Day's Rd. BS2: Bris 3C **68**
    BS5: Bar H 3C **68**
Days Rd. Commercial Cen.
    BS2: Bris 3C **68**
Deacon Cl. BS36: Wint 3A **28**
Deadmill La. BA1: Swa 4E **97**
Dean Cl. BS15: Han 4C **70**
Dean Ct. BS37: Yate 2D **15**
Dean Cres. BS3: Bedm 5E **67**
(not continuous)
Deanery Cl. BS15: Warm 1D **73**
Deanery Rd. BS1: Bris 4A **4** (3E **67**)
    BS15: Warm 1C **72**
DEAN HILL 5B **94**
Deanhill La. BA1: W'ton 5B **94**
Dean La. BS3: Bedm 5E **67**

Deanna Ct. BS16: Down 5A **46**
Dean Rd. BS11: A'mth 3E **19**
    BS37: Yate 2E **15**
Deans, The BS20: P'head 2D **49**
Dean's Ct. BS1: Bris 3A **4** (3E **67**)
Dean Dr. BS5: S'wll 4C **60**
Deans Mead BS11: Law W 3C **38**
Dean St. BS2: Bris 1A **68**
    BS3: Bedm 5E **67**
Debeccas La. BS20: Eas 2D **53**
De Clifford Rd. BS11: Law W 1E **39**
Deco Building, The *BS4: Bris* *5D **69***
(off Paintworks)
Deep Coombe Rd. BS3: Bedm 2C **76**
Deep Pit Rd. BS5: S'wll 5A **60**
Deep St. BS1: Bris 1C **4** (2F **67**)
Deerhurst BS15: K'wd 4A **62**
    BS37: Yate 5E **15**
Deering Cl. BS11: Law W 2D **39**
Deerswood BS15: Soun 4C **62**
Delabere Av. BS16: Fish 1D **61**
De La Warre Ct. BS4: St Ap 3B **70**
Delius Gro. BS4: Know 5F **77**
Dell, The BS9: W Trym 1B **56**
    BS30: Old C 4E **73**
    BS32: Brad S 1A **26**
Delvin Rd. BS10: W Trym 3E **41**
De Montalt Pl. BA2: C Down 4D **111**
Denbigh St. BS2: Bris 5B **58**
Dene Cl. BS31: Key 4B **90**
Dene Rd. BS14: Whit 3E **87**
Denleigh Cl. BS14: Whit 3C **86**
Denmark Av. BS1: Bris ...3A **4** (3E **67**)
Denmark Pl. BS7: B'stn 3A **58**
Denmark Rd. BA2: Bath 4F **103**
Denmark St. BS1: Bris 3A **4** (3E **67**)
Dennor Pk. BS14: H'gro 5D **79**
Denny Cl. BS20: P'head 1C **48**
Denny Vw. BS20: P'head 1B **48**
Dennyview Rd. BS8: Abb L 1B **64**
Denston Dr. BS20: P'head 2A **50**
Denston Wlk. BS13: Bis 5C **76**
Denton Patch BS16: Emer G 4D **47**
Dentwood Gro. BS9: C Din 4D **39**
Derby Rd. BS7: B'stn 3A **58**
Derby St. BS5: St G 1F **69**
Derham Rd. BS13: Bis 2C **84**
Dermot St. BS2: Bris 5B **58**
Derricke Rd. BS14: Stoc 1B **88**
Derrick Rd. BS15: K'wd 1F **71**
Derry Rd. BS3: Bedm 2D **77**
Derwent Cl. BS34: Pat 5D **9**
Derwent Gro. BS31: Key 2C **90**
Derwent Rd. BS5: S'wll 5B **60**
Devaney Cl. BS4: St Ap 4B **70**
Deveron Gro. BS31: Key 3C **90**
De Verose Ct. BS15: Han 5A **72**
Devon Gro. BS5: E'tn 1E **69**
Devon Rd. BS5: E'tn 5E **60**
Devonshire Bldgs. BA2: Bath 1B **110**
(not continuous)
    BS3: Bedm *5A **68***
(off York Rd.)
Devonshire Dr. BS20: P'head 1B **48**
Devonshire M. *BA2: Bath* *2B **110***
(off Devonshire Bldgs.)
Devonshire Pl. BA2: Bath 1B **110**
Devonshire Rd. BA2: Batham 1A **106**
    BS6: Henle 2D **57**
Devonshire Vs. BA2: Bath 2B **110**
Dewfalls Dr. BS32: Brad S 4F **9**
Dial La. BS16: Down 5F **45**
Diamond Rd. BS5: St G 2B **70**
Diamond St. BS3: Bedm 1E **77**
Diamonite Ind. Pk.
    BS16: Fish 3C **60**
Diana Gdns. BS32: Brad S 5A **10**
Dibden Cl. BS16: Down 3C **46**
Dibden Ct. BS16: Emer G 4D **47**
Dibden La. BS16: Emer G 4C **46**
Dibden Rd. BS16: Down 3C **46**
Dickens Cl. BS7: Hor 3C **42**
Dickinsons Flds. BS3: Wind H 2F **77**
Didsbury Cl. BS10: Hen 2B **40**
Dighton Ct. *BS2: Bris* *1F **67***
(off Princess Rd.)
Dighton Ga. BS34: Stok G 3A **26**
Dighton St. BS2: Bris 1F **67**

Dillon Ct. BS5: St G 2F **69**
Dingle, The BS9: C Din 4F **39**
    BS36: Wint D 4A **28**
    BS37: Yate 1B **16**
Dingle Cl. BS9: Sea M 5E **39**
Dingle Ct. BS13: Bis 5B **76**
Dingle Rd. BS9: C Din 4F **39**
Dingle Vw. BS9: Sea M 4E **39**
Dinglewood Cl. BS9: C Din 4F **39**
Dingley La. BS37: Yate 1B **16**
DINGS, THE 4C **68**
Dings Wlk. BS2: Bris 3C **68**
Dirac Cres. BS16: Emer G 3D **47**
Dirac Rd. BS7: B'stn 2B **58**
DISTRICT CENTRE RDBT. 5A **10**
District Probate Registry
    Bristol 3D **5**
(off Redcliff St.)
Dixon Gdns. BA1: Bath 1B **104**
Dixon Rd. BS4: Brisl 2B **80**
Dock Ga. La. BS8: Clif 4C **66**
Dockside *BS8: Clif* *4C **66***
(off Hotwell Rd.)
Doctor White's Cl.
    BS1: Bris 5D **5** (4A **68**)
Dodington La. BS37: Dod 2D **33**
Dodington Rd. BS37: Chip S 1D **33**
Dodisham Wlk. BS16: Fish 5D **45**
Dodmore Crossing
    BS37: W'lgh 4D **31**
Dog La. BS10: H'len 4E **21**
Dolman Cl. BS10: Hen 5A **22**
Dominion Rd. BA2: Bath 4C **102**
    BS16: Fish 3B **60**
Donald Rd. BS13: Bis 5B **76**
Donal Early Way BS7: Hor 3A **42**
Doncaster La. BS10: S'mead 3F **41**
Doncaster Rd. BS10: S'mead 2D **41**
Donegal Rd. BS4: Know 3F **77**
Dongola Av. BS7: B'stn 2A **58**
Dongola Rd. BS7: B'stn 2A **58**
Don John Ho. BS5: St G 1A **70**
Donnington Wlk. BS31: Key 3F **89**
Doone Rd. BS7: Hor 3B **42**
Dorcas Av. BS34: Stok G 3B **26**
Dorchester Rd. BS7: Hor 4C **42**
Dorchester St.
    BA1: Bath 5C **6** (5C **104**)
Dorester Cl. BS10: Bren 4E **23**
Dorian Cl. BS7: Hor 4A **42**
Dorian M. BS7: Hor 4A **42**
Dorian Rd. BS7: Hor 4A **42**
Dorian Way BS7: Hor 3A **42**
Doric Ho. BA2: Bath 4A **104**
Dormer Cl. BS36: Coal H 2F **29**
Dormer Rd. BS5: Eastv 3D **59**
Dorset Cl. BA2: Bath 4F **103**
Dorset Gdns. BS31: Key 4F **89**
Dorset Gro. BS2: Bris 4C **58**
Dorset Ho. BA2: Bath 2F **109**
    BS9: W Trym 5D **41**
Dorset St. BA2: Bath 4F **103**
    BS3: Bedm 1D **77**
Dorset Way BS37: Yate 2C **16**
Doudney Cl. BS3: Bedm 5A **68**
Douglas Rd. BS7: Hor 4B **42**
    BS15: K'wd 2F **71**
Douglas Rd. Ind. Pk.
    BS15: K'wd 2F **71**
Doulton Way BS14: Whit 2D **87**
Dovecote BS37: Yate 5A **16**
Dove La. BS2: Bris 1B **68**
    BS5: Redf 2E **69**
Dovercourt Rd. BS7: Hor 1C **58**
Dover Ho. BA1: Bath 2C **104**
Dover Pl. BA1: Bath 2C **104**
    BS8: Clif 2D **67**
Dover Pl. Cotts. BS8: Clif 2D **67**
Dovers La. BA1: Bathf 5E **99**
Dovers Pk. BA1: Bathf 5E **99**
Dover Ter. *BA1: Bath* *2D **105***
(off London Rd.)
Dove St. BS2: Bris 1F **67**
Dove St. Sth. BS2: Bris 1F **67**
Doveswell Gro. BS13: Withy 3C **84**
Dovey Cl. BS30: Old C 4E **73**
Dowdeswell Cl. BS10: Hen 5B **22**

Dowding Cl. BS37: Chip S 3E **17**
Dowding Rd. BA1: Bath 1D **105**
Dowding Vs. BA1: Bath 1D **105**
Dower Ho. BS16: Stap 4A **44**
　　　　　　　　　　　(not continuous)
Dowland Gro. BS4: Know 1F **85**
Dowling Rd. BS13: Hart 4E **85**
Down Av. BA2: C Down 4C **110**
Down Cl. BS20: P'head 1B **48**
DOWNEND 5A **46**
Downend Pk. BS7: Hor 1B **58**
Downend Pk. Rd. BS16: Down . . .1F **61**
Downend Rd. BS7: Hor 1B **58**
　　BS15: K'wd 5F **61**
　　BS16: Down 1D **61**
　　BS16: Fish 1D **61**
Downend Sports Cen. 4B **46**
Down Farm Ho. BS36: Wint 2F **27**
Downfield BS9: Sea M 4E **39**
　　BS31: Key 2F **89**
Downfield Dr. BS36: Fram C 5D **13**
Downfield Lodge BS8: Clif 5C **56**
Downfield Rd. BS8: Clif 5C **56**
Down La. BA2: Batham 1B **106**
Downleaze BS9: Stok B 3B **56**
　　BS16: Down 3F **45**
　　BS20: P'head 1C **48**
Downleaze Dr. BS37: Chip S 5C **16**
Downman Rd. BS7: L'lze 1C **58**
Down Rd. BS20: P'head 3A **48**
　　BS36: Wint D 4A **28**
Downs, The BS20: P'head 2D **49**
Downs Cl. BS34: Pat 1C **24**
Downs Cote Av. BS9: W Trym 5B **40**
Downs Cote Dr. BS9: W Trym 5B **40**
Downs Cote Gdns.
　　BS9: W Trym 5C **40**
Downs Cote Pk. BS9: W Trym 5C **40**
Downs Cote Vw. BS9: W Trym 5C **40**
Downside BS20: P'head 1E **49**
Downside Cl. BA2: Batham 1B **106**
　　BS30: Bar C 4B **72**
Downside Ct. BS8: Clif 5C **56**
　　　　　　　　　　(off Downside Rd.)
Downside Rd. BS8: Clif 5C **56**
Downs Pk. E. BS6: Henle 1C **56**
Downs Pk. W. BS6: Henle 1C **56**
Downs Rd. BS9: W Trym 5C **40**
　　　　　　　　　　　(not continuous)
Downton Rd. BS4: Know 3F **77**
Down Vw. BS7: B'stn 3B **58**
Dowry M. BS8: Clif 3C **66**
　　　　　　　　　　　(off Hotwell Rd.)
Dowry Pl. BS8: Clif 4B **66**
Dowry Rd. BS8: Clif 3C **66**
Dowry Sq. BS8: Clif 3B **66**
Dragon Ct. BS5: S'wll 5A **60**
Dragonfly Cl. BS15: K'wd 2F **71**
Dragon Rd. BS36: Wint 3F **27**
Dragons Hill Cl. BS31: Key 2B **90**
Dragons Hill Ct. BS31: Key 2B **90**
Dragons Hill Gdns. BS31: Key 2B **90**
Dragons Well Rd. BS10: Hen 1C **40**
Dragon Wlk. BS5: St G 5B **60**
Drake Av. BA2: C Down 3B **110**
Drake Cl. BS31: Salt 5F **91**
Drake Ho. BS1: Bris 2C **4**
　　　　　　　　　　　(off Rupert St.)
Drake Rd. BS3: Ash G 1C **76**
Drakes Way BS20: P'head 1C **48**
Dram La. BS5: St G 3C **70**
Dramway Footpath, The
　　BS36: Coal H 4F **29**
Dransfield Way BA2: Bath 1E **109**
Draycot Pl. BS1: Bris 5B **4** (4F **67**)
Draycott Ct. BA2: Bath 1D **7** (3C **104**)
Draycott Rd. BS7: Hor 1B **58**
Draydon Rd. BS4: Know 4E **77**
Drayton Cl. BS14: H'gro 4D **79**
Drayton Rd. BS9: C Din 3E **39**
Drive, The BS9: Henle 5D **41**
　　BS14: H'gro 1E **87**
　　BS31: Key 1A **90**
Drove, The BS20: P'bry 1F **51**
Drovers Way BS37: Chip S 4C **16**
Druett's Cl. BS10: Hor 4A **42**
Druid Cl. BS9: Stok B 1A **56**
Druid Hill BS9: Stok B 1A **56**

Druid Rd. BS9: Stok B 2F **55**
Druid Stoke Av. BS9: Stok B 1E **55**
Druid Woods BS9: Stok B 1E **55**
Drummond Ct. BS30: L Grn 5B **72**
Drummond Rd. BS2: Bris 5A **58**
　　BS16: Fish 3B **60**
Drungway BA2: Mon C 4F **111**
DRY ARCH 5F **107**
Dryleaze BS31: Key 5A **82**
Dryleaze Rd. BS16: B'hll 5B **44**
Dubber's La. BS5: Eastv 4A **60**
Dublin Cres. BS9: Henle 5D **41**
Duchess Rd. BS8: Clif 5C **56**
Duchess Way BS16: Stap 1F **59**
Ducie Rd. BS5: Bar H 2D **69**
　　BS16: Stap H 1A **62**
Ducie Rd. Bus. Pk. BS5: Bar H 2D **69**
　　　　　　　　　　(off Lawrence Hill)
Duckett Flds. BS10: Hor 4F **41**
Duckmoor Rd. BS3: Ash G, Bedm .5C **66**
Duckmoor Rd. Ind. Est.
　　BS3: Ash G 5B **66**
Ducrow Ct. BS2: Bris 1A **68**
　　　　　　　　　　　(off Backfields)
Dudley Cl. BS31: Key 3A **90**
Dudley Ct. BS30: Bar C 5B **72**
Dudley Gro. BS7: Hor 3C **42**
Dugar Wlk. BS6: Redl 3E **57**
Duicie Ct. BS16: Stap H 2A **62**
Duke St. BA2: Bath 4D **7** (4C **104**)
Dulverton Rd. BS7: B'stn 2F **57**
Dumaine Av. BS34: Stok G 3A **26**
Duncan Gdns. BA1: W'ton 4C **94**
Duncan M. BS8: Clif 2C **66**
Duncombe La. BS15: K'wd 4C **60**
Duncombe Rd. BS15: K'wd 5D **61**
Dundas Cl. BS10: Hen 1A **40**
Dundee Dr. BS16: Fish 1E **61**
Dundonald Rd. BS6: Redl 3D **57**
Dundridge Gdns. BS5: St G 3C **70**
Dundridge La. BS5: St G 3C **70**
DUNDRY 5A **84**
Dundry Cl. BS15: K'wd 3F **71**
Dundry La. BS41: Dun 5A **84**
Dundry Vw. BS4: Know 3C **78**
Dunford Rd. BS3: Wind H 1F **77**
Dunkeld Av. BS34: Fil 1B **42**
Dunkerry Rd. BS3: Wind H 1F **77**
Dunkirk Rd. BS16: Fish 3B **60**
Dunlin Dr. BS20: P'bry, P'head 5E **35**
Dunmail Rd. BS10: S'mead 1E **41**
Dunmore St. BS4: Wind H 5B **68**
Dunsford Pl. BA2: Bath 3F **7** (4D **105**)
Dunstan M. BS13: Bedm 2D **77**
Dunster Gdns. BS30: Will 2D **83**
Dunster Ho. BA2: C Down 3C **110**
Dunster Rd. BS4: Know 4B **78**
　　BS31: Key 3F **89**
Durban Rd. BS34: Pat 5B **8**
Durbin Wlk. BS5: E'tn 1C **68**
Durdham Ct. BS6: Redl 3C **56**
Durdham Hall BS9: Stok B 2B **56**
Durdham Pk. BS6: Redl 3C **56**
Durdham Gro. BS31: Key 3F **89**
Durham Rd. BS2: Bris 4C **58**
Durleigh Cl. BS13: Bis 1C **84**
Durley Hill BS31: Key 4D **81**
Durley La. BS31: Key 5E **81**
Durley Pk. BA2: Bath 1A **110**
　　BS31: Key 5E **81**
Durnford Av. BS3: Ash G 5C **66**
Durnford St. BS3: Ash G 5C **66**
Dursley Cl. BS37: Yate 4A **16**
Dursley Rd. BS11: Shire 1E **53**
Durville Rd. BS13: Bis 1D **85**
Durweston Wlk. BS14: Stoc 4E **79**
Dutton Cl. BS14: Stoc 1F **87**
Dutton Rd. BS14: Stoc 1F **87**
Dutton Wlk. BS14: Stoc 1F **87**
DW Fitness
　　Whitchurch 1E **85**
Dyers Cl. BS14: Stoc 3F **85**
Dyer's La. BS37: Iron A 1C **14**
Dylan Thomas Ct. BS30: Bar C 4C **72**
Dyrham BS16: Fren 2E **45**
　　　　　　　　　　(off Harford Dr.)
Dyrham Cl. BS9: Henle 5F **41**
　　BS15: K'wd 1B **72**

Dyrham Ct. BS8: Clif 1C **66**
Dyrham Pde. BS34: Pat 5E **9**
Dyrham Rd. BS15: K'wd 1B **72**

E

Eagle Cotts. BA1: Bathe 2B **98**
Eagle Dr. BS34: Pat 5A **8**
Eagle Pk. BA1: Bathe 2B **98**
Eagle Rd. BA1: Bathe 2B **98**
　　BS4: Brisl 2F **79**
Eagles Wood Bus. Pk.
　　BS32: Brad S 2E **9**
Earl Cl. BS34: Stok G 4C **26**
Earl Russell Way BS5: E'tn 2D **69**
Earls Mead BS16: Stap 2A **60**
Earlstone Cl. BS30: C Hth 5C **72**
Earlstone Cres. BS30: C Hth 5C **72**
Earl St. BS1: Bris 1C **4** (1F **67**)
Easedale Cl. BS10: S'mead 1F **41**
Eastbourne Av. BA1: Bath 1D **105**
Eastbourne Rd. BS5: E'tn 1D **69**
Eastbourne Vs. BA1: Bath 1D **105**
Eastbury Rd. BS16: Fish 2C **60**
Eastcliff BS20: P'head 4D **35**
East Cl. BA2: Bath 5C **102**
Eastcote Pk. BS14: Whit 2D **87**
East Ct. BS3: Ash V 1B **76**
East Cft. BS9: Henle 4E **41**
EAST DUNDRY 5C **84**
E. Dundry La. BS41: Dun 5B **84**
E. Dundry Rd. BS14: Whit 5B **86**
Easter Ct. BS37: Yate 4C **14**
EASTFIELD 4E **41**
Eastfield BS9: W Trym 4D **41**
Eastfield Av. BA1: W'ton 4D **95**
Eastfield Dr. BS37: Yate 1A **16**
Eastfield Rd. BS6: Cot 4F **57**
　　BS9: W Trym 4C **40**
E. Fields Rd. BS16: Fren 3F **43**
Eastfield Ter. BS9: Henle 5D **41**
Eastgate Cen. BS5: Eastv 3D **59**
Eastgate Office Cen. BS5: Eastv . . .3D **59**
Eastgate Rd. BS5: Eastv 3D **59**
East Gro. BS6: Bris 5B **58**
Eastlake Cl. BS7: L'lze 4D **43**
E. Lea Rd. BA1: Bath 2C **102**
Eastleigh Cl. BS16: Soun 2A **62**
Eastleigh Rd. BS10: S'mead 2F **41**
　　BS16: Soun 3A **62**
Eastlyn Rd. BS13: Bis 4D **77**
Eastmead Cl. BS9: Stok B 2A **56**
Eastmead La. BS9: Stok B 2A **56**
Eastnor Rd. BS14: Whit 4C **86**
Easton Bus. Cen. BS5: E'tn 1D **69**
Easton Ho. BA1: Bath 1E **105**
EASTON-IN-GORDANO 2C **52**
Easton Leisure Cen. 1C **68**
Easton Rd. BS5: E'tn 2C **68**
　　BS20: Pill 2E **53**
Easton Way BS5: E'tn 5C **58**
Eastover Cl. BS9: W Trym 3C **40**
Eastover Gro. BA2: Odd D 4E **109**
East Pde. BS9: Sea M 5E **39**
East Pk. BS5: Eastv 4E **59**
East Pk. Dr. BS5: Eastv 4E **59**
East Pk. Trad. Est.
　　BS5: E'tn, W'hall 5F **59**
E. Priory Cl. BS9: W Trym 4C **40**
East Shrubbery BS6: Redl 4D **57**
East St. BS3: Bedm 1E **77**
　　BS11: A'mth 2C **36**
East St. M. BS3: Bedm 5F **67**
　　　　　　　　　　　(off East St.)
E. Tucker St. BS1: Bris 3D **5** (3A **68**)
EAST TWERTON 4F **103**
East Vw. BS16: Mang 5B **46**
EASTVILLE 3E **59**
Eastville BA1: Bath 1D **105**
East Wlk. BS37: Yate 4A **16**
East Way BA2: Bath 5C **102**
Eastwood Cl. BA2: C'ton D 4A **106**
Eastwood Cres. BS4: Brisl 5B **70**
Eastwood Pl. BS20: P'head 4C **34**
Eastwood Rd. BS4: Brisl 5B **70**
Eastwoods BA1: Bathf 4D **99**

Eaton Cl.—Ewell Rd.

Eaton Cl. BS14: Stoc 2A **88**
BS16: Fish 2D **61**
Eaton Cres. BS8: Clif 1C **66**
Eaton St. BS3: Bedm 1E **77**
Ebenezer La. BS9: Stok B 5F **39**
(not continuous)
Ebenezer St. BS5: St G 2F **69**
Ebenezer Ter. BA2: Bath 5D **7**
Eccleston Ho. BS5: Bar H 3D **69**
Eclipse BS1: Bris 1E **5**
Eclipse Office Pk. BS16: Stap H 2E **61**
Eden Gro. BS7: Hor 2B **42**
Eden Pk. Cl. BA1: Bathe 3C **98**
Eden Pk. Dr. BA1: Bathe 3C **98**
Eden Ter. BA1: Bath 5D **97**
Eden Vs. *BA1: Bath 5E **97***
(off Dafford's Bldgs.)
Edgar Bldgs. BA1: Bath 2B **6**
Edge, The BS15: K'wd 1E **71**
Edgecombe Cl. BS15: K'wd 5B **62**
Edgecumbe Rd. BS6: Redl 4F **57**
Edgefield Cl. BS14: Whit 4B **86**
Edgefield Rd. BS14: Whit 4B **86**
Edgeware Rd. BS3: Bris 5E **67**
BS16: Stap H 2F **61**
Edgewood Cl. BS14: H'gro 4D **79**
BS30: L Grn 1C **82**
Edgeworth BS37: Yate 2E **31**
Edgeworth Rd. BA2: Bath 3E **109**
Edinburgh Rd. BS31: Key 3A **90**
Edington Gro. BS10: Hen 1C **40**
Edmund Cl. BS16: Down 5F **45**
Edmund Rd. BS14: H'gro 5C **78**
Edna Av. BS4: Brisl 1A **80**
Edward Bird Ho. BS7: L'lze 4D **43**
Edward Rd. BS4: Bris 5D **69**
BS15: K'wd 1A **72**
Edwards Ct. *BS5: Redf 2F **69***
(off Victoria Av.)
Edward St. BA1: Bath 3E **103**
BA2: Bath 2E **7** (3D **105**)
BS5: Eastv 4F **59**
BS5: Redf 1E **69**
Edwin Short Cl. BS30: Bit 4F **83**
Effingham Rd. BS6: Bris 4A **58**
Egerton Brow BS7: B'stn 2F **57**
Egerton Ct. *BS7: B'stn 2A **58***
(off Gloucester Rd.)
Egerton La. BS7: B'stn 2F **57**
Egerton Rd. BA2: Bath 1A **110**
BS7: B'stn 2F **57**
Eggshill La. BS37: Yate 4F **15**
Egg Theatre, The 3B **6**
Eglin Cft. BS13: Withy 3D **85**
Eighteen Acre Dr. BS34: Pat 2C **24**
Eighth Av.
BS7: Hor 3D **43**
BS14: H'gro 5C **78**
Eirene Ter. BS20: Pill 2F **53**
Elberton BS15: K'wd 1C **72**
Elberton Rd. BS9: Sea M 4D **39**
Elbridge Ho. BS2: Bris 1F **5**
Elbury Av. BS15: K'wd 4E **61**
Elderberry Wlk. BS10: S'mead 1E **41**
Elderwood Dr. BS30: L Grn 1C **82**
Elderwood Rd. BS14: H'gro 5D **79**
Eldon Pl. BA1: Bath 5D **97**
Eldon Ter. BS3: Wind H 1F **77**
Eldonwall Trad. Est. BS4: Brisl 4E **69**
Eldon Way BS4: Brisl 4E **69**
Eldred Cl. BS9: Stok B 1F **55**
Eleanor Cl. BA2: Bath 5B **102**
Eleventh Av. BS7: Hor 2D **43**
Elfin Rd. BS16: Fish 1C **60**
Elgar Cl. BS4: Know 1F **85**
Elgin Av. BS7: Fil 2B **42**
Elgin Pk. BS6: Redl 4D **57**
Elgin Rd. BS16: Fish 4D **61**
Eliot Cl. BS7: Hor 2C **42**
Elizabeth Ct. BS13: Withy 3B **84**
Elizabeth Cres. BS34: Stok G 4A **26**
Elizabeth's M. BS4: St Ap 3B **70**
Elizabeth Way BS16: Mang 3D **63**
Elkstone Wlk. BS30: Bit 2E **83**
Ella Cl. BS16: Fish 5E **45**
Ellacombe Rd. BS30: L Grn 2A **82**
Ellan Hay Rd. BS32: Brad S 2C **26**
Ellbridge Cl. BS9: Stok B 1F **55**
Ellenborough Ho. *BS8: Clif 3C **66***
(off Argyle Pl.)
Ellen Ho. BA2: Bath 5C **102**
Ellesmere Rd. BS4: Brisl 4F **79**
BS15: K'wd 1F **71**
Ellfield Cl. BS13: Bis 1B **84**
Ellicks Cl. BS32: Brad S 3A **10**
Ellicott Rd. BS7: Hor 5B **42**
Ellinghurst Cl. BS10: Bren 1C **40**
Elliott Av. BS16: Fren 2E **45**
Ellis Av. BS13: Bis 4C **76**
Elliston Dr. BA2: Bath 1D **109**
Elliston La. BS6: Redl 4E **57**
Elliston Rd. BS6: Redl 4E **57**
Elloytt Ct. *BS16: Fish 3A **60***
(off Marina Gdns.)
Ellsbridge Cl. BS31: Key 2D **91**
Ellsworth Rd. BS10: Hen 1B **40**
Elmbrook BA1: W'ton 2F **103**
Elm Cl. BS11: Law W 2B **38**
BS34: Lit S 1F **25**
BS37: Chip S 4C **16**
Elm Ct. BS6: Redl 4D **57**
BS14: Whit 1C **86**
BS31: Key 3E **89**
Elmcroft BA1: Bath 5E **97**
Elmcroft Cres. BS7: L'lze 2C **58**
Elmdale Gdns. BS16: Fish 2C **60**
Elmdale Rd. BS3: Bedm 2D **77**
BS8: Clif 1D **67**
Elmfield BS15: K'wd 3A **72**
Elmfield Cl. BS15: K'wd 3A **72**
Elmfield Rd. BS9: S'mead 3C **40**
Elm Gro. BA1: Swa 5E **97**
BA2: Bath 1E **109**
Elmgrove Av. BS5: E'tn 1D **69**
Elmgrove Dr. BS37: Yate 3B **16**
Elmgrove Pk. BS6: Cot 5F **57**
Elmgrove Rd. BS6: Cot 5F **57**
BS16: Fish 3A **60**
Elm Hayes BS13: Bis 1B **84**
Elmhirst Gdns. BS37: Yate 3C **16**
Elmhurst Av. BS5: Eastv 3F **59**
Elmhurst Est. BA1: Bathe 3C **98**
Elmhurst Gdns. BS41: L Ash 3B **74**
Elming Down Cl. BS32: Brad S 2F **25**
Elm La. BS6: Redl 4D **57**
Elmlea Av. BS9: W Trym 1B **56**
Elmleigh Av. BS16: Mang 1D **63**
Elmleigh Cl. BS16: Mang 1D **63**
Elmleigh Rd. BS16: Mang 1C **62**
Elmore BS15: Soun 4B **62**
BS37: Yate 5F **15**
Elmore Rd. BS7: Hor 5C **42**
BS34: Pat 4B **8**
Elm Pk. BS34: Fil 1C **42**
Elm Pl. BA2: Bath 1B **110**
Elm Rd. BS7: Hor 1A **58**
BS15: K'wd 3A **72**
Elms, The BA1: Bath, Swa 5E **97**
BS16: Fren 2E **45**
BS16: Stap H 3F **61**
Elms Gro. BS34: Pat 4D **9**
Elmtree Av. BS16: Mang 4C **46**
Elmtree Cl. BS15: K'wd 5F **61**
Elmtree Dr. BS13: Withy 3B **84**
Elm Tree Pk. BS20: P'bry 2F **51**
Elmtree Way BS15: K'wd 5F **61**
Elm Wlk. BS20: P'head 2E **49**
Elmwood BS37: Yate 5A **16**
Elsbert Dr. BS13: Bis 1A **84**
Elstree Rd. BS5: W'hall 5A **60**
Elton Ho. BS2: Bris 1F **5**
Elton La. BS7: B'stn 4F **57**
Elton Mans. BS7: B'stn 3F **57**
Elton Rd. BS7: B'stn 3F **57**
BS8: Clif 1A **4** (2D **67**)
BS15: K'wd 5D **61**
Elton St. BS2: Bris 1B **68**
Elvard Cl. BS13: Withy 3C **84**
Elvard Rd. BS13: Withy 2C **84**
Elvaston Rd. BS3: Wind H 1A **78**
Ely Gro. BS9: Sea M 4D **39**
Embassy Ho. BS8: Clif 2D **67**
Embassy La. BS5: W'hall 5A **60**
Embassy Rd. BS5: W'hall 5A **60**
Embassy Wlk. BS5: W'hall 5A **60**
Embleton Rd. BS10: S'mead 1D **41**
Emerald Ct. BS9: Henle 2D **57**
EMERSON'S GREEN 5D **47**
Emersons Grn. La.
BS16: Emer G 5C **46**
(Blackhorse Pl.)
BS16: Emer G 5E **47**
(Johnson Rd.)
Emerson Sq. BS7: Hor 3C **42**
Emerson Way BS16: Emer G 3D **47**
Emery Rd. BS4: Brisl 2B **80**
Emet Gro. BS16: Emer G 5D **47**
Emet La. BS16: Emer G 5D **47**
Emlyn Rd. BS5: E'tn 4E **59**
Emma Chris Way BS34: Fil 1E **43**
Emmanuel Ct. BS8: Clif 1C **66**
Emmett Wood BS14: Whit 4D **87**
Empire, The *BA2: Bath 3C **6***
(off Grand Pde.)
Empire Cres. BS15: Han 5A **72**
Empress Menen Gdns.
BA1: Bath 2C **102**
Emra Cl. BS5: St G 5B **60**
Enfield Rd. BS16: Fish 3C **60**
Engine Comn. La. BS37: Yate 1E **15**
Enginehouse La. BS31: Q Char 3C **88**
England's Cres. BS36: Wint 1A **28**
ENGLISHCOMBE 3B **108**
Englishcombe La. BA2: Bath 2D **109**
ENGLISHCOMBE PARK 1E **109**
Englishcombe Ri. BA2: Bath 2C **108**
Englishcombe Rd. BA2: Eng 3B **108**
BS13: Hart 4E **85**
Englishcombe Way BA2: Bath 2A **110**
Ennerdale Rd. BS10: S'mead 1F **41**
Enterprise Trade Cen.
BS4: Know 5A **78**
Entry Hill BA2: Bath, C Down 2B **110**
Entry Hill Dr. BA2: Bath 2B **110**
Entry Hill Gdns. BA2: Bath 2B **110**
Entry Hill Golf Course 3B **110**
Entry Hill Pk. BA2: C Down 3B **110**
Entry Ri. BA2: C Down 4B **110**
Epney Cl. BS34: Pat 4B **8**
Epsom Cl. BS16: Down 2B **46**
Epworth Rd. BS10: Bren 5C **22**
Equinox BS32: Brad S 2E **9**
Equus Ho. BA1: L'dwn 4A **96**
Erin Wlk. BS4: Know 4F **77**
Ermine Way BS11: Shire 4E **37**
Ermleet Rd. BS6: Redl 4E **57**
Ernest Barker Cl. BS5: Bar H 2D **69**
Ernest Ct. BS7: Hor 1D **43**
Ernestville Rd. BS16: Fish 3B **60**
Esplanade Rd. BS20: P'head 5B **34**
Esporta Health & Fitness
Stoke Gifford 4B **26**
Essery Rd. BS5: E'tn 4E **59**
Esson Rd. BS15: K'wd 5D **61**
Estcourt Gdns. BS16: Stap 1F **59**
Estelle Pk. BS5: Eastv 4E **59**
Estoril BS37: Yate 4B **16**
Estuary Ho. BS20: P'head 4D **35**
Estune Bus. Pk. BS41: L Ash 4A **74**
Estune Wlk. BS41: L Ash 2C **74**
Etloe Rd. BS6: Henle 2C **56**
Eton Rd. BS4: Brisl 1F **79**
Ettricke Dr. BS16: Fish 5D **45**
Eugene Flats *BS2: Bris 1F **67***
(off Eugene St.)
Eugene St. BS2: Bris 1F **67**
BS5: E'tn 1B **68**
Evans Cl. BS4: St Ap 4B **70**
Evans Rd. BS6: Redl 4D **57**
Eva Turner Cl. BS14: H'gro 1E **87**
Eveleigh Av. BA1: Swa 4F **97**
Eveleigh Ho. *BA2: Bath 2C **6***
(off Grove St.)
Evelyn La. BS11: A'mth 2D **37**
Evelyn Rd. BA1: Bath 2D **103**
BS10: W Trym 3E **41**
Evelyn Ter. BA1: Bath 1C **104**
Evenlode Gdns. BS11: Shire 1B **54**
Evenlode Way BS31: Key 4C **90**
Evercreech Rd. BS14: Whit 3C **86**
Everest Av. BS16: Fish 2A **60**
Everest Rd. BS16: Fish 2A **60**
Eve Rd. BS5: E'tn 5D **59**
Ewell Rd. BS14: H'gro 1D **87**

Excelsior St. BA2: Bath 5D **7** (5D **105**)
Excel Tennis in the Park
. . . . .2A **6** (3B **104**)
Exchange Av. BS1: Bris 3C **4** (3F **67**)
Exeter Bldgs. BS6: Redl 4D **57**
Exeter Rd. BS3: Bris 5D **67**
BS20: P'head 2A **50**
Exley Cl. BS30: Old C 4E **73**
Exmoor Rd. BA2: C Down 3B **110**
Exmoor St. BS3: Bedm 5D **67**
Exmouth Rd. BS4: Know 3B **78**
Explore-at-Bristol 4A **4** (3E **67**)
Explore La. BS1: Bris 4A **4** (3E **67**)
Exton Cl. BS14: Whit 2D **87**
Eye, The BS2: Bris 3F **5** (3B **68**)
Eyer's La. BS2: Bris 1F **5** (2B **68**)

F

Faber Gro. BS13: Hart 3E **85**
Fabian Dr. BS34: Stok G 3A **26**
Factory Rd. BS36: Wint 1B **28**
Failand Cres. BS9: Sea M 1E **55**
Failand La. BS8: Fail 4A **52**
BS20: P'bry 4A **52**
Failand Wlk. BS9: Sea M 5E **39**
Fairacre Cl. BS7: L'lze 1D **59**
Fairacres Cl. BS31: Key 2A **90**
Fairfax St. BS1: Bris 2C **4** (2F **67**)
Fairfield Av. BA1: Bath 5C **96**
FAIRFIELD PARK 5C **96**
Fairfield Pk. Rd. BA1: Bath 5B **96**
Fairfield Pl. BS3: Bedm 5D **67**
Fairfield Rd. BA1: Bath 1C **104**
BS3: Bedm 5E **67**
BS6: Bris 4B **58**
Fairfield Ter. BA1: Bath 5C **96**
Fairfield Vw. BA1: Bath 5C **96**
Fairfoot Rd. BS4: Wind H 1C **78**
Fairford Cl. BS15: Soun 4B **62**
Fairford Cres. BS34: Pat 5E **9**
Fairford Rd. BS11: Shire 4F **37**
Fair Furlong BS13: Withy 3C **84**
Fairhaven BS37: Yate 4B **16**
Fairhaven Cotts. BA1: Bathe 1C **98**
Fairhaven Rd. BS6: B'stn 2E **57**
Fairholm BS31: Key 4B **90**
Fair Lawn BS30: Old C 5C **72**
Fairlawn BS16: Stap H 2F **61**
Fairlawn Rd. BS6: Bris 4B **58**
Fairlyn Dr. BS15: Soun 3B **62**
Fairoaks BS30: L Grn 1C **82**
Fairview Ct. BS15: K'wd 3F **71**
Fairview Dr. BS6: Redl 4E **57**
Fairview Rd. BS15: K'wd 1B **72**
Fairview Ter. BS37: Iron A 1F **13**
Fairway BS4: Brisl 3F **79**
Fairway Apartments
. . . . .4F **79**
Fairway Cl. BS30: Old C 5D **73**
Fairway Ind. Cen. BS34: Fil 5B **24**
Fairways BS31: Salt 5A **92**
Falcon Cl.
BS9: W Trym 3B **40**
BS20: P'head 2F **49**
BS34: Pat 5A **8**
Falcon Ct. BS9: W Trym 5C **40**
BS15: K'wd 5A **62**
Falcondale Rd. BS9: W Trym 4B **40**
Falcondale Wlk. BS9: W Trym 3C **40**
Falcon Dr. BS34: Pat 5A **8**
Falconer Rd. BA1: W'ton 4C **94**
Falcons Ga. BS37: Yate 2D **15**
Falcon Wlk. BS34: Pat 4A **8**
Falfield Rd. BS4: Brisl 1E **79**
Falfield Wlk. BS10: S'mead 3E **41**
Falkland Rd. BS6: Bris 4B **58**
Fallodon Ct. BS9: Henle 1D **57**
Fallodon Way BS9: Henle 1D **57**
Fallowfield BS30: Old C 4E **73**
Falmouth Rd. BS7: B'stn 2F **57**
Fane Cl. BS10: Bren 1C **40**
Fanshawe Rd. BS14: H'gro 5C **78**
Faraday Rd. BS8: Clif 4B **66**
Farendell Rd. BS16: Emer G 2D **47**
Far Handstones BS30: C Hth 5C **72**
Farington Rd. BS10: W Trym 4F **41**

Farleigh Ri. BA1: Bathf 1F **107**
BA15: Mon F 1F **107**
(not continuous)
Farleigh Rd. BS31: Key 3F **89**
Farleigh Vw. BA1: Bath 1C **104**
(off Richmond La.)
Farleigh Wlk. BS13: Bis 4C **76**
Farley Cl. BS34: Lit S 5E **9**
Farleys Yd. BS3: Ash G 5C **66**
(off Coronation Rd.)
Farm Cl. BS16: Emer G 5D **47**
Farm Ct. BS16: Down 4A **46**
Farmer Rd. BS13: Withy 3A **84**
Farm Gdns. BS16: Down 4A **46**
Farm Rd. BS16: Down 4A **46**
Farmwell Cl. BS13: Hart 2D **85**
Farnaby Cl. BS4: Know 5E **77**
Farndale Rd. BS5: St G 3C **70**
Farne Cl. BS9: Henle 1D **57**
Farrant Cl. BS4: Know 1F **85**
Farriers Cl. BS16: Mang 4C **46**
Farringford Ho. BS5: Eastv 4F **59**
Farrs La. BA2: C Down 3D **111**
BS1: Bris 4B **4** (3F **67**)
Farr St. BS11: A'mth 3D **37**
Faulkland Rd. BA2: Bath 5F **103**
Favell Ho. BS1: Bris 3C **4**
Fawkes Cl. BS11: Warm 1D **73**
Featherstone Rd. BS16: Fish 2B **60**
Fedden Bldgs. BS7: L'lze 5E **43**
Fedden Village BS20: P'head 1B **48**
Feeder Rd. BS2: Bris 4B **68**
Felix Cl. BS15: K'wd 1F **71**
(off Downend Rd.)
Felix Rd. BS5: E'tn 1D **69**
Felstead Rd. BS10: S'mead 2A **42**
Feltham Ct. BS34: Fil 1B **42**
Felton Gro. BS13: Bis 4B **76**
Fenbrook Cl. BS16: Ham 2D **45**
Fennel Dr. BS32: Brad S 1C **26**
Fennell Gro. BS10: Hen 1C **40**
Fennel Rd. BS20: P'head 5E **35**
Fenns La. BS41: L Ash 3A **74**
Fenshurst Gdns. BS41: L Ash 4B **74**
Fenswood Cl. BS41: L Ash 3A **74**
Fenswood Mead BS41: L Ash 3A **74**
Fenswood Rd. BS41: L Ash 3A **74**
Fenton Cl. BS31: Salt 4F **91**
Fenton Rd. BS7: B'stn 2F **57**
Fermaine Av. BS4: Brisl 1B **80**
Fernbank Rd. BS6: Redl 4E **57**
Ferncliffe BS8: L Wds 2A **66**
Fern Cl. BS10: Bren 5D **23**
Ferndale Av. BS30: L Grn 1B **82**
Ferndale Grange BS9: Henle 5D **41**
Ferndale Rd. BA1: Swa 4E **97**
BS7: Hor 1C **42**
BS20: P'head 5C **34**
Ferndene BS32: Brad S 3E **9**
Ferndown BS37: Yate 4A **16**
Ferndown Cl. BS11: Law W 4C **38**
Fern Gro. BS32: Brad S 5F **9**
Fernhill La. BS11: Law W 2D **39**
Fernhurst Rd. BS5: S'wll 5B **60**
Fernlea Gdns. BS20: Eas 2D **53**
Fernleaze BS36: Coal H 2E **29**
Fernleigh Ct. BS6: Redl 5D **57**
Fern Rd. BS16: Down 1F **61**
Fernsteed Rd. BS13: Bis 1B **84**
Fern St. BS2: Bris 5B **58**
Ferry Ct. BA2: Bath 4E **7** (4D **105**)
Ferry La. BA2: Bath 4D **7** (4C **104**)
BA2: C'ton 5E **107**
Ferryman's Ct. BS2: Bris 3E **5**
Ferry Rd. BS15: Han 3F **81**
Ferry Steps Ind. Est. BS2: Bris . . .5C **68**
Ferry St. BS1: Bris 4D **5** (3A **68**)
Fersfield BA2: Bath 2D **111**
Feynman Way Central
BS16: Emer G 3E **47**
Feynman Way Nth.
BS16: Emer G 2E **47**
Feynman Way Sth.
BS16: Emer G 3E **47**
Fiddes Rd. BS6: Redl 2E **57**
Fiddlers Wood La. BS32: Brad S . . .5A **10**
Fieldfare BS16: Emer G 1C **46**

Fieldfare Av. BS20: P'head 5F **35**
Field Farm Cl. BS34: Stok G 4B **26**
Fieldgrove La. BS30: Bit 4E **83**
Fielding Ho. BA2: Bath 4C **102**
Fielding Rd. BA2: Bath 4E **103**
Field La. BS30: L Grn 1A **82**
Field Marshal Slim Ct.
BS2: Bris 1F **5** (2B **68**)
Field Rd. BS15: K'wd 5E **61**
Field Vw. BS5: E'tn 1C **68**
Field Vw. Dr. BS16: Fish 5E **45**
Fiennes Cl. BS16: Stap H 2A **62**
Fifth Av. BS7: Hor 2C **42**
BS14: H'gro 5D **79**
Fifth Way BS11: A'mth 1A **38**
Filby Dr. BS34: Lit S 5E **9**
FILTON .5C **24**
Filton Abbey Wood Station (Rail)
. . . . .2D **43**
FILTON AIRFIELD 3B **24**
Filton Av. BS7: Hor 5A **42**
BS34: Fil 4C **24**
Filton Gro. BS7: Hor 5B **42**
Filton Hill BS34: Fil 4C **24**
Filton La. BS34: Stok G 1F **43**
Filton Recreation Cen. 1C **42**
Filton Rd. BS7: Hor 4B **42**
BS16: Fren 2D **45**
BS16: Ham 1A **44**
BS34: Stok G 1F **43**
Filwood B'way. BS4: Know 4A **78**
Filwood Cl. BS16: Fish 3D **61**
Filwood Dr. BS15: K'wd 1B **72**
Filwood Grn. Bus. Pk.
. . . . .5A **78**
Filwood Ho. BS16: Fish 3D **61**
FILWOOD PARK 3A **78**
Filwood Pool 4A **78**
Filwood Rd. BS16: Fish 2C **60**
Finches, The BS20: P'head 5E **35**
Finch Rd. BS37: Chip S 5B **16**
Finisterre Pde. BS20: P'head 5E **35**
Fircliff Pk. BS20: P'head 4C **34**
Fireclay Rd. BS5: St G 3F **69**
Fire Engine La. BS36: Coal H 1F **29**
Firework Cl. BS15: Warm 1D **73**
Firfield St. BS4: Wind H 5C **68**
Firgrove Cres. BS37: Yate 3B **16**
Firs, The BA2: C Down 4D **111**
BS16: Down 5A **46**
Firs Ct. BS31: Key 3E **89**
First Av. BA2: Bath 1F **109**
BS4: St Ap 4A **70**
BS14: H'gro 5C **78**
BS20: P'bry 5A **36**
First Way BS11: A'mth 2E **37**
Fir Tree Cl. BS34: Pat 1A **24**
Fir Tree La. BS5: St G 3C **70**
Fisher Av. BS15: K'wd 5C **62**
Fisher Rd. BS15: K'wd 5C **62**
Fishers Mead BS41: L Ash 3A **74**
FISHPONDS 2C **60**
Fishponds Rd. BS5: Eastv 4E **59**
BS16: Fish 4E **59**
Fishponds Trad. Est. BS5: S'wll . . .4A **60**
(not continuous)
Fishpool Hill BS10: Bren 4D **23**
Fitchett Wlk. BS10: Hen 5B **22**
Fitness First
Bath 4A **6**
(off James St. W.)
Bristol 5A **4** (4E **67**)
Cribbs Causeway 2E **23**
Kingswood 3A **72**
Fitzgerald Rd. BS3: Wind H 1B **78**
Fitzharding Rd. BS20: Pill 3A **54**
Fitzjocelyn Ho. BA1: Bath 4B **6**
(off Westgate Bldgs.)
Fitzroy Ct. BS20: P'head 5E **35**
Fitzroy Ho. BA2: Bath 2D **7** (3C **104**)
Fitzroy Rd. BS16: Fish 4D **61**
Fitzroy St. BS4: Wind H 5C **68**
Fitzroy Ter. BS6: Redl 4D **57**
Five Acre Dr. BS16: B'hll 4B **44**
Flaxman Cl. BS7: L'lze 5D **43**
FLAXPITS 3A **28**
Flaxpits La. BS36: Wint 2F **27**

Florence La. BS6: Henle 2D 57
Florence Pk. BS6: Henle 2D 57
  BS32: Alm 1E 9
Florence Rd. BS16: Soun 3A 62
Flowers Hill BS4: Brisl 4A 80
Flowers Hill Cl. BS4: Brisl 3A 80
Flowers Ind. Est. BS4: Brisl 3B 80
Flowerwell Rd. BS13: Hart 2D 85
Folleigh Cl. BS41: L Ash 2D 75
Folleigh Dr. BS41: L Ash 2D 75
Folleigh La. BS41: L Ash 2D 75
Folliot Cl. BS16: B'hll 4C 44
Folly, The BS16: Down 4B 46
  BS31: Salt 5B 92
Folly Bri. Cl. BS37: Yate 3F 15
Folly Brook Rd. BS16: Emer G 1C 46
Folly La. BS2: Bris 2C 68
Folly Rd. BS37: Iron A 1B 12
Fontana Cl. BS30: L Grn 1D 83
Fonthill Rd. BA1: L'dwn 5A 96
  BS10: S'mead 1F 41
Fonthill Way BS30: Bit 2D 83
Fontmell Ct. BS14: Stoc 5F 79
Fontwell Dr. BS16: Down 2B 46
Footes La. BS36: Fram C 1D 29
Footshill Cl. BS15: K'wd 3E 71
Footshill Dr. BS15: K'wd 2E 71
Footshill Gdns. BS15: K'wd 3E 71
Footshill Rd. BS15: K'wd 3E 71
Forde Cl. BS30: Bar C 4B 72
Fordell Pl. BS4: Wind H 1C 78
Ford La. BS16: Emer G 5D 47
Ford St. BS5: Bar H 3E 69
Forefield Pl. BA2: Bath 5C 104
Forefield Ri. BA2: Bath 1C 110
Forefield Ter. BA2: Bath 5D 105
Forest Av. BS16: Fish 3D 61
Forest Dr. BS10: Bren 5E 23
Forest Edge BS15: Han 5E 71
Forester Av. BA2: Bath 1E 7 (2C 104)
Forester Ct. BA2: Bath 2C 104
Forester La. BA2: Bath 1F 7 (2D 105)
Forester Rd. BA2: Bath 1E 7 (2D 105)
  BS20: P'head 2F 49
Forest Rd. BS15: K'wd 2F 71
  BS16: Fish 3D 61
Forest Wlk. BS15: K'wd 2E 71
  BS16: Fish 3D 61
Forge End BS20: P'bry 3A 52
Fortfield Rd. BS14: H'gro, Whit . . .3C 86
Forth Av. BS20: P'head 5E 35
Forum Bldgs. BA1: Bath 5C 6
  (off St James's Pde.)
Fossedale Av. BS14: H'gro 1E 87
Fosse Gdns. BA2: Odd D 5F 109
Fosse La. BA1: Bathe 4C 98
Fosseway, The BS8: Clif 2C 66
Fosseway Ct. BS8: Clif 2C 66
Fosse Way Est. BA2: Odd D 4E 109
Foster St. BS5: E'tn 4D 59
Foundry, The BA1: A'mth 1C 6
Foundry La. BS5: S'wll 4B 60
Fountain Bldgs.
  BA1: Bath 1C 6 (3C 104)
Fountain Ct. BS32: Brad S 2E 9
  BS37: Yate 1F 31
  (off Abbotswood)
Fountaine Ct. BS5: Eastv 4E 59
Fountain Hill BS9: Stok B 1B 66
Fountain Ho. BA1: Bath 1B 6
  (off Fountain Bldgs.)
Fountain Mill BS5: St G 1A 70
Fountains Dr. BS30: Bar C 3B 72
Fouracre Av. BS16: Down 3A 46
Fouracre Cres. BS16: Down 2A 46
Fouracre Rd. BS16: Down 2A 46
Four Acres BS13: Withy 3A 84
Fouracres BS36: Wint 3A 28
Four Acres Cl. BS13: Withy 3B 84
Fourth Av. BS7: Hor 1C 42
  BS14: H'gro 5D 79
Fourth Way BS11: A'mth 2F 37
Fox & Hounds La. BS31: Key 2B 90
Fox Av. BS37: Yate 3F 15
Foxborough Gdns. BS32: Brad S . . .3F 9
Fox Cl. BS4: St Ap 4B 70
Foxcombe Rd. BA1: Bath 3D 103
  BS14: Whit 3D 87

Foxcote BS15: K'wd 2B 72
Foxcote Rd. BS3: Bedm 1C 76
Fox Ct. BS30: L Grn 1B 82
Foxcroft Cl. BS32: Brad S 1B 26
Foxcroft Rd. BS5: St G 1F 69
Fox Den Rd. BS34: Stok G 1F 43
Foxe Rd. BS36: Fram C 5C 12
Foxfield Av. BS32: Brad S 3F 9
Foxglove Cl. BS16: Stap 2A 60
  BS34: Stok G 5A 26
FOX HILL 3D 111
Fox Hill BA2: C Down 4C 110
Foxhill Ho. BA2: C Down 4C 110
Fox Ho. BS4: Brisl 1A 80
Foye Ho. BS8: L Wds 3A 66
Fraley Rd. BS9: W Trym 4C 40
FRAMPTON COTTERELL 5C 12
Frampton Cl. BS30: L Grn 1D 83
Frampton Cres. BS16: Fish 2E 61
FRAMPTON END 5E 13
Frampton End Rd. BS36: Fram C . .5E 13
  BS37: Iron A 3F 13
Frances Greeves Ho. BS10: Hen . . .2C 40
Francis Ho. BS2: Bris 1F 67
Francis Pl. BS30: L Grn 5B 72
Francis Rd. BS3: Bedm 2E 77
  BS10: W Trym 3E 41
Francis Way BS30: B'yte 2F 73
Francombe Gro. BS10: Hor 5A 42
Francombe Ho. BS1: Bris 4F 67
  (off Commercial Rd.)
Frankcom Ho.
  BA2: Bath 1E 7 (3D 105)
Frankland Cl. BA1: Bath 1C 102
Frankley Bldgs. BA1: Bath 1D 105
Frankley Ter. BA1: Bath 1D 105
  (off Snow Hill)
Franklin Ct. BS1: Bris 5E 5 (4A 68)
Franklyn Ct. BS16: Fish 3A 60
  (off Marina Gdns.)
Franklyn La. BS2: Bris 5B 58
Franklyn Rd. BS2: Bris 5B 58
Fraser St. BS3: Wind H 1F 77
Frayne Rd. BS3: Ash G 5C 66
Frederick Pl. BS8: Clif 2D 67
Frederick St. BS4: Wind H 5C 68
Freeland Bldgs. BS5: Eastv 4E 59
Freeland Pl. BS8: Clif 3B 66
Freeling Ho. BS1: Bris 5D 5 (4A 68)
Freemantle Gdns. BS5: Eastv 3E 59
Freemantle Ho. BS5: Eastv 3E 59
Freestone Rd. BS2: Bris 3C 68
Free Tank BS2: Bris 4F 5 (3B 68)
Freeview Rd. BA2: Bath 4C 102
Fremantle Ho. BS2: Bris 1F 67
Fremantle La. BS6: Cot 5F 57
Fremantle Rd. BS6: Bris, Cot 5F 57
Fremantle Sq. BS6: Bris 5F 57
FRENCHAY 4D 45
Frenchay Cl. BS16: Fish 4D 45
Frenchay Comn. BS16: Fren 4D 45
Frenchay Hill BS16: Fren 4E 45
Frenchay Pk. Rd. BS16: B'hll 5A 44
Frenchay Rd. BS16: Fish 4E 45
Frenchay Village Mus. 3C 44
Freshford Ho. BS1: Bris 5D 5 (4A 68)
Freshland Way BS15: K'wd 1D 71
Friars Ho. BS37: Yate 1F 31
Friary BS1: Bris 5F 5 (4B 68)
Friary Grange Pk. BS36: Wint 2A 28
Friary Rd. BS7: B'stn 2F 57
  BS20: P'head 1D 49
Friendly Row BS20: Pill 1E 53
Friendship Rd. BS4: Know 2B 78
Friezewood Rd. BS3: Ash G 5C 66
Fripp Cl. BS5: Bar H 3D 69
Frobisher Av. BS20: P'head 1C 48
Frobisher Cl. BS20: P'head 1C 48
Frobisher Rd. BS3: Ash G 1C 76
FROGLAND CROSS 1E 11
Frog La. BS1: Bris 3A 4 (3E 67)
  BS36: Coal H 5A 14
Frogmore St. BS1: Bris 3A 4 (3E 67)
Frome Bank Gdns. BS36: Wint D . . .5A 28
Frome Glen BS36: Wint D 4A 28
Frome Pl. BS16: Stap 5A 44

Frome Rd. BA2: Odd D 3E 109
  BS37: Chip S 4E 17
Fromeside Pk. BS16: Fish 4D 45
Frome Ter. BS16: Stap 1A 60
Frome Valley Nature Trail 1A 60
Frome Valley Rd. BS16: B'hll 5B 44
Frome Valley Walkway
  BS37: Chip S 4C 16
  (off Brook St.)
Frome Vw. BS36: Fram C 1D 29
Frome Vs. BS16: Fren 4E 45
Frome Way BS36: Wint 3A 28
Froomshaw Rd. BS16: B'hll 4C 44
Frost & Reed Ho. BS5: St G 1B 70
  (off Albert Gro. Sth.)
Fry Ct. BS3: Bris 5E 67
Fry's Cl. BS16: Stap 2F 59
Fry's Hill BS4: Brisl 2F 79
  BS15: Soun 5A 62
  (not continuous)
Frys Leaze BA1: Bath 5D 97
Fry Sports Club 4A 82
Fulford Rd. BS13: Hart 2D 85
Fulford Wlk. BS13: Hart 2C 84
Fuller Rd. BA1: Bath 5D 97
Fullers Way BA2: Odd D 5F 109
Furber Ct. BS5: St G 3D 71
Furber Ridge BS5: St G 3D 71
Furber Rd. BS5: St G 2D 71
Furber Va. BS5: St G 3D 71
Furlong, The BS6: Henle 1E 57
Furnwood BS5: St G 3C 70
Furze Rd. BS16: Fish 3E 61
Furzewood Rd. BS15: K'wd 1B 72
Fussell Ct. BS15: K'wd 1B 72
Fylton Cft. BS14: Whit 4D 87

G

Gable Rd. BS5: E'tn 5C 58
Gabriel Cl. BS30: C Hth 4D 73
Gadshill Dr. BS34: Stok G 3A 26
Gadshill Rd. BS5: Eastv 3E 59
Gages Cl. BS15: K'wd 2B 72
Gages Rd. BS15: K'wd 2A 72
Gainsborough Ct. BA1: W'ton 1D 103
Gainsborough Gdns. BA1: Bath 2E 103
Gainsborough M. BS10: Bren 1D 41
Gainsborough Rd. BS31: Key 2B 90
Gainsborough Sq. BS7: L'lze 4D 43
Gala Bingo
  Bath 3B 6
  Whitchurch 1A 86
Gala Bingo Club
  Bristol 2B 60
Gala Casino
  Bristol 5A 4 (4E 67)
Galingale Way BS20: P'head 1B 50
Gallagher Shop. Pk.
  BS30: L Grn 4A 72
Galleries, The BS1: Bris 1D 5 (2A 68)
Gallivan Cl. BS34: Lit S 5D 9
Galway Rd. BS4: Know 3A 78
Gander Cl. BS13: Hart 2D 85
Gaolferry Steps BS1: Bris . . .5A 4 (4E 67)
Garamond Ct. BS1: Bris 5E 5 (4A 68)
Garden Cl. BS9: Sea M 1E 55
Garden Ct. BS8: Clif 1C 66
Gardeners Wlk. BS41: L Ash 3D 75
Gardens, The BS16: Fren 2A 44
  BS16: Stap H 3A 62
  BS30: C Hth 3E 73
Gardner Av. BS13: Bis 5B 76
Gardner Rd. BS20: P'head 5C 34
Garfield Ct. BS5: St G 1B 70
  (off Orchard Rd.)
Garfield Rd. BS5: St G 1C 70
Garfield Ter. BA1: Bath 5E 97
Garnet St. BS3: Bedm 1D 77
Garnett Pl. BS16: Down 4B 46
Garonor Way BS20: P'bry 1B 52
Garre Ho. BA2: Bath 5B 102
Garrett Dr. BS32: Brad S 1F 25
Garrick Rd. BA2: Bath 5B 102
Garstons BA1: Bathf 5F 99
Garstons, The BS20: P'head 2E 49
Garth Rd. BS13: Bis 4C 76

Gascoigns Way—Gore's Marsh Rd.

Gascoigns Way BS34: Pat 1C 24
Gas Ferry Rd. BS1: Bris 4D 67
Gaskins, The BS7: L'lze 1C 58
Gas La. BS2: Bris 3C 68
Gaston Av. BS31: Key 1B 90
Gastons BS11: Law W 3C 38
Gastons, The BS11: Law W 3C 38
Gasworks La. BS1: Bris 3D 67
Gatcombe Dr. BS34: Stok G 4A 26
Gatcombe Rd. BS13: Hart 2D 85
Gate House, The BS2: Bris 1F 5
Gatehouse Av. BS13: Withy 2C 84
Gatehouse Cen. BS13: Withy 2D 85
Gatehouse Cl. BS13: Withy 2C 84
Gatehouse Ct. BS13: Withy 2C 84
Gatehouse Way BS13: Withy 2C 84
Gatesby Mead BS34: Stok G 3A 26
Gateway Ter. BS20: P'head 5D 35
Gathorne Cres. BS37: Yate 3F 15
Gathorne Rd. BS3: Bris 5D 67
Gatton Rd. BS2: Bris 5C 58
Gaunts Cl. BS20: P'head 2B 48
GAUNT'S EARTHCOTT 1D 11
Gaunt's Earthcott La.
BS32: Gau E 1D 11
Gaunts La. BS1: Bris 3A 4 (3E 67)
Gaunts Rd. BS37: Chip S 5D 17
Gay Ct. BA1: Bathe 4A 98
Gay Elms Rd. BS13: Withy 3C 84
Gayner Rd. BS7: Fil 2C 42
Gay's Hill BA1: Bath 2C 104
Gay's Rd. BS15: Han 5D 71
Gay St. BA1: Bath 2B 6 (3B 104)
Gaywood Ho. BS3: Bedm 1D 77
Gazzard Cl. BS36: Wint 1A 28
Gazzard Rd. BS36: Wint 1A 28
Gee Moors BS15: K'wd 2B 72
Gefle Cl. BS1: Bris 4D 67
Gentian Cl. BS16: Emer G 3E 47
Geoffrey Cl. BS13: Bis 1A 84
George & Dragon La. *BS5: St G 1F 69*
(off Church Rd.)
BS5: St G 2F 69
(off Claremont Ter.)
George Ct. *BS6: Redl 5D 57*
(off Hampton Pk.)
George Jones Rd. BS2: Bris 2C 68
George's Bldgs.
BA1: Bath 1C 6 (2C 104)
Georges Ho. BA2: Bath 3F 7
George's Pl. BA2: Bath 3F 7
George's Rd. BA1: Bath 1C 104
Georges Sq. BS1: Bris 3D 5 (3A 68)
George St. BA1: Bath 2B 6 (3B 104)
BA2: Bath 3F 7 (4D 105)
BS5: Redf 1E 69
BS20: P'head 4E 49
George White St.
BS1: Bris 1E 5 (2A 68)
Georgian Garden 2A 6 (3B 104)
Georgian House 3A 4 (3E 67)
Georgian Ho. BA2: Bath 4D 7
Georgian Vw. BA2: Bath 2E 109
Gerald Rd. BS3: Ash G 1C 76
Gerrard Bldgs.
BA2: Bath 2E 7 (3C 104)
Gerrard Cl. BS4: Know 5F 77
Gerrish Av. BS5: Redf 1E 69
BS16: Mang 1B 62
Gibbsfold Rd. BS13: Hart 4E 85
Gibson Rd. BS6: Cot 5F 57
Giffard Ho. BS34: Lit S 2F 25
Gifford Ct. BS34: Stok G 1F 43
Gifford Cres. BS34: Lit S 2E 25
Gifford Rd. BS10: Hen 4B 22
Giffords Pl. BS13: Bis 5C 76
Gilbert Rd. BS5: Redf 1E 69
BS15: K'wd 5F 61
Gilda Cl. BS14: H'gro 2E 87
Gilda Cres. BS14: H'gro 1D 87
Gilda Pde. BS14: H'gro 2E 87
Gilda Sq. E. BS14: H'gro 2E 87
Gilda Sq. W. BS14: H'gro 2D 87
(not continuous)
Gillard Cl. BS15: K'wd 1D 71
Gillard Rd. BS15: K'wd 1D 71
Gill Av. BS16: Fish 1D 61
Gillebank Cl. BS14: Stoc 2F 87
Gillham Ho. *BS7: B'stn 4F 57*
(off Claremont Rd.)
Gillingham Hill BS5: St G 4D 71
Gillingham Ter. BA1: Bath 1D 105
Gilpin Cl. BS15: K'wd 5B 62
Gilray Cl. BS7: L'lze 5D 43
Gilroy Cl. BS30: L Grn 1D 83
Gilslake Av. BS10: Bren 5D 23
Gilton Ho. BS4: Brisl 2A 80
Gingell's Grn. BS5: St G 1C 70
Gipsy Patch La. BS34: Lit S 2D 25
Glades, The BS5: Eastv 4A 60
Gladstone Dr. BS16: Soun 3F 61
Gladstone La. BS36: Fram C 1E 29
Gladstone Pl. BA2: C Down 4E 111
Gladstone Rd. BA2: C Down 3E 111
BS14: H'gro 1D 87
BS15: K'wd 5F 61
Gladstone St. BS3: Bedm 1D 77
BS5: Redf 2F 69
BS16: Soun 3F 61
Glaisdale Rd. BS16: Fish 1C 60
Glanville Gdns. BS15: K'wd 2A 72
Glasscutter *BS14: H'gro 4D 79*
(off Petherton Rd.)
Glass Ho. BS1: Bris 1E 5
Glass Ho. La. BS2: Bris 4D 69
Glass Wlk. BS1: Bris 1E 5
Glass Wharf BS2: Bris 4F 5 (3B 68)
Glastonbury Cl. BS30: Bar C 4B 72
Glaze BS5: St G 2C 70
Glebe Av. BS20: P'head 2A 50
Glebe Cl. BS41: L Ash 2D 75
Glebe Crest BS5: St G 2C 70
Glebe Fld. BS32: Alm 1C 8
Glebe Ho. *BA2: Bath 5E 7*
(off Widcombe Hill)
Glebelands Rd. BS34: Fil 5C 24
Glebe Rd. BA2: Bath 1D 109
BS5: St G 1A 70
BS20: P'head 2A 50
BS41: L Ash 3E 75
Glebes, The *BS5: St G 1A 70*
(off Glebe Rd.)
Glebe Wlk. BS31: Key 3E 89
Gledemoor Dr. BS36: Coal H 1F 29
Glen, The BS6: Redl 3D 57
BS15: Han 5D 71
BS31: Salt 1B 100
BS37: Yate 3A 16
Glena Av. BS4: Know 2D 79
Glenarm Rd. BS4: Brisl 2A 80
Glenarm Wlk. BS4: Brisl 2A 80
Glen Av. BS8: Abb L 1B 64
Glenavon Ct. BS9: Stok B 2E 55
Glenavon Pk. BS9: Stok B 2E 55
Glenburn Rd. BS15: K'wd 5D 61
Glencairn Ct. BA2: Bath 3E 7 (4D 105)
Glencoyne Sq. BS10: S'mead 1E 41
Glendale BS8: Clif 3B 66
BS16: Down 3A 46
BS16: Fish 3E 61
Glendare St. BS5: Bar H 3E 69
Glendevon Rd. BS14: Whit 4C 86
Glen Dr. BS9: Stok B 2F 55
Gleneagles BS37: Yate 4A 16
Gleneagles Dr. BS10: Hen 5F 21
Gleneagles Rd. BS30: Warm 3D 73
Glenfall BS37: Yate 1F 31
Glenfrome Ho. BS5: Eastv 4D 59
Glenfrome Rd. BS2: Bris 4C 58
BS5: Eastv 3D 59
Glen La. BS4: Brisl 2F 79
Glen Pk. BS5: Eastv 4E 59
BS5: St G 1C 70
Glen Pk. Gdns. BS5: St G 1C 70
Glenroy Av. BS15: K'wd 5D 61
Glenside Cl. BS16: Fish 4E 45
Glenside Hospital Mus. 1A 60
Glenside Pk. BS16: Stap 1A 60
Glentworth Rd. BS6: Redl 4E 57
BS8: Clif 3D 67
Glenview Rd. BS4: Brisl 2F 79
Glenwood BS16: Fish 3E 61
Glenwood Dr. BS30: Old C 5D 73
Glenwood Ri. BS20: P'head 1B 48
Glenwood Rd. BS10: W Trym 4E 41
Glevum Cl. BS16: Emer G 4E 47
Gloster Av. BS5: Eastv 3F 59
Gloster Vs. BA1: Bath 2C 104
Gloucester Cl. BS34: Stok G 3F 25
Gloucester Ho. *BS2: Bris 2B 68*
(off Lawfords Ga.)
Gloucester La. BS2: Bris 1F 5 (2B 68)
Gloucester Mans. BS7: B'stn 4F 57
Gloucester Pl. *BS2: Bris 1B 4*
(off St Michael's Hill)
Gloucester Rd. BA1: Bath, Swa 2E 97
BA1: Up Swa 1D 97
BS7: B'stn, Hor 4F 57
BS11: A'mth 2C 36
BS16: Soun 3A 62
BS32: Alm, Brad S 1D 9
BS34: Pat 1C 24
Gloucester Rd. Nth. BS7: Fil 2B 42
BS34: Fil 5C 24
Gloucester Row BS8: Clif 2B 66
Gloucestershire County Cricket Club
2A 58
Gloucester St. BA1: Bath 1A 6 (3B 104)
BS1: Bris 1E 5 (1A 68)
BS2: Bris 1E 5 (1A 68)
BS5: Eastv 3F 59
BS8: Clif 2B 66
Glyn Va. BS3: Know 3F 77
Goddard Way BS10: W Trym 2C 40
Godfrey Ct. BS30: L Grn 5B 72
Goffenton Dr. BS16: Fish 5D 45
Goldcrest Rd. BS37: Chip S 1B 32
Goldcrest Way BS20: P'head 5F 35
GOLDEN HILL 1E 57
Golden Hill BS6: B'stn 1F 57
Golden Lion Ct. BS1: Bris 4D 5
Golden Valley La. BS30: Bit 4F 83
Goldney Av. BS8: Clif 3C 66
BS30: Warm 2E 73
Goldney Ct. *BS16: Fish 3A 60*
(off Marina Gdns.)
Goldney Hall BS8: Clif 3C 66
Goldney La. BS8: Clif 3C 66
Goldney Rd. BS8: Clif 3C 66
Goldsbury Wlk. BS11: Law W 2C 38
Goldsmiths Ho. BS2: Bris 3F 5 (3B 68)
Golf Club La. BS31: Salt 5A 92
Golf Course La. BS34: Fil 5B 24
Golf Course Rd. BA2: Bath 4E 105
Gooch Ct. BS30: Old C 1E 83
Goodeve Pk. BS9: Stok B 3F 55
(not continuous)
Goodeve Rd. BS9: Stok B 3F 55
Goodhind St. BS5: E'tn 1C 68
Goodneston Rd. BS16: Fish 3C 60
Goodrich Cl. BS37: Yate 4C 14
Goodring Hill BS11: Law W 2C 38
Good Shepherd Cl. BS7: B'stn 2E 57
Goodwin Dr. BS14: Whit 3B 86
Goodwood Gdns. BS16: Down 2B 46
Goold Cl. BA2: Cor 2C 100
Goolden St. BS4: Wind H 1C 78
Goose Acre BS32: Brad S 2B 26
Gooseberry La. BS31: Key 2B 90
GOOSE GREEN
BS30 5E 63
BS37 1A 16
Goose Grn. BS30: Sis 5E 63
BS36: Fram C 5E 13
BS37: Yate 1A 16
Goose Grn. Way BS37: Yate 1E 15
Gooseland Cl. BS14: Whit 4B 86
Gordano Ct. BS20: P'head 1A 50
Gordano Gdns. BS20: Eas 2D 53
Gordano Ga. Bus. Pk.
BS20: P'head 1A 50
Gordano Rd. BS20: P'bry 4A 36
GORDANO SERVICE AREA 2B 52
Gordano Sports Cen. 2E 49
Gordano Vw. BS20: P'head 1E 49
Gordano Way BS20: P'bry 1B 52
Gordon Av. BS5: W'hall 5F 59
Gordon Cl. BS5: W'hall 5A 60
Gordon Rd. BA2: Bath 5D 105
BS2: Bris 5B 58
BS5: W'hall 5F 59
BS8: Clif 2D 67
Gore Rd. BS3: Bedm 1C 76
Gore's Marsh Rd. BS3: Bedm 2C 76

Gorham Cl. BS11: Law W 1E 39
Gorlands Rd. BS37: Chip S 4E 17
Gorlangton Cl. BS14: H'gro 5C 78
Gorse Covert Local Nature Reserve
. . . . .5A 8
Gorse Hill BS16: Fish, Stap H . . .3D 61
Gorse La. BS8: Clif 3D 67
Gosforth Cl. BS10: S'mead 2D 41
Gosforth Rd. BS10: S'mead 1D 41
Goshawk Dr. BS20: P'head 4E 35
Goslet Rd. BS14: Stoc 2A 88
Gotley Rd. BS4: Brisl 2F 79
Gott Dr. BS4: St Ap 4F 69
Gould Cl. BS13: Hart 2F 85
Goulston Rd. BS13: Bis 2C 84
Goulston Wlk. BS13: Bis 1C 84
Goulter St. BS5: Bar H 3D 69
Gourney Cl. BS11: Law W 1D 39
Governors Ho. BA2: Bath 4F 103
Gover Rd. BS15: Han 1E 81
Grace Apartments BS7: B'stn 2B 58
Grace Cl. BS37: Chip S 4E 17
Grace Ct. BS16: Down 5F 45
Grace Dr. BS15: K'wd 5B 62
Grace Pk. Rd. BS4: Brisl 3F 79
Grace Rd. BS16: Down 1E 61
Graeme Cl. BS16: Fish 2C 60
Graham Rd. BS3: Bedm 1E 77
  BS5: E'tn 5D 59
  BS16: Down 5B 46
Grainger Ct. BS11: Shire 4A 38
Grain Loft, The BS1: Bris 4C 4
  (off Queen Sq. Av.)
Grampian Cl. BS30: Old C 5E 73
Granary, The BS1: Bris 4C 4
  (off Queen Charlotte St.)
Granby Ct. BS8: Clif 3B 66
Granby Hill BS8: Clif 3B 66
Grand Pde. BA2: Bath 3C 6 (4C 104)
Grange, The BS9: C Din 4F 39
Grange Av. BS15: Han 4E 71
  BS34: Lit S 2E 25
Grange Cl. BS32: Brad S 3E 9
  BS34: Stok G 4C 26
Grange Cl. Nth. BS9: W Trym 5D 41
Grange Ct. BS9: Henle 5D 41
  BS15: Han 4F 71
  BS20: P'head 2F 49
Grange Ct. Rd. BS9: Henle 5C 40
Grange Dr. BS16: Fish 5E 45
Grange La. BS13: Withy 3B 84
Grange Pk. BS9: W Trym 5D 41
  BS16: Fren 3E 45
Grange Rd. BS8: Clif 2C 66
  BS13: Bis 2C 84
  BS31: Salt 5E 91
Grangeville Cl. BS30: L Grn 1D 83
Grangewood Cl. BS16: Fish 5E 45
Granny's La. BS15: Han 3A 72
Grantham Apartments
  BS15: K'wd 1E 71
  (off Two Mile Hill Rd.)
Grantham Ct. BS15: K'wd 1E 71
  (off Grantham Rd.)
Grantham Ho. BS15: K'wd 5E 61
Grantham La. BS15: K'wd 1E 71
Grantham Rd. BS15: K'wd 1E 71
Grantson Cl. BS4: Brisl 2A 80
Granville Cl. BS15: Han 1D 81
Granville Rd. BA1: L'dwn 4A 96
Granville St. BS5: Bar H 3E 69
Grasmere Cl. BS10: S'mead 3C 40
Grasmere Gdns. BS30: Old C 3F 73
Grassington Dr. BS37: Chip S 5C 16
Grass Meers Dr. BS14: Whit 3C 86
Gratitude Rd. BS5: E'tn 5E 59
Gravel Hill Rd. BS37: Yate 1B 16
  (not continuous)
Gravel Hill Rd. (Nth.)
  BS37: Yate 1C 16
Gravel Wlk. BA1: Bath 1A 6 (3A 104)
Graveney Apartments BS7: B'stn . . .2B 58
Graveney Cl. BS4: Brisl 3F 79
Gray Cl. BS10: Hen 1A 40
Grayle Rd. BS10: Hen 1C 40
Gt. Ann St. BS2: Bris 1F 5 (2B 68)
Gt. Bedford St. BA1: Bath 2B 104
Great Brockeridge BS9: W Trym . . .5B 40

Gt. Copsie Way BS16: L'lze 3E 43
Great Dowles BS30: C Hth 5C 72
Gt. Eastern Ho. BS1: Bris 4D 67
  (off Gas Ferry Rd.)
Gt. George St. BS1: Bris . . .3A 4 (3E 67)
  BS2: Bris 1F 5 (2B 68)
Gt. Hayles Rd. BS14: H'gro 5B 78
Great Leaze BS30: C Hth 5C 72
Great Meadow Rd. BS32: Brad S . .1B 26
Gt. Pk. Rd. BS32: Brad S 2E 9
Gt. Pulteney St.
  BA2: Bath 2D 7 (3C 104)
Gt. Stanhope St.
  BA1: Bath 3A 6 (4A 104)
GREAT STOKE 3B 26
Gt. Stoke Way BS34: Stok G 1F 43
  (Filton Rd.)
  BS34: Stok G 3C 26
  (Winterbourne Rd.)
Gt. Swanmoor Ct. BS34: Stok G . . .5E 25
Gt. Western Bus. Pk. BS37: Yate . .2D 15
  (not continuous)
Gt. Western Ct. BS34: Stok G 4B 26
Gt. Western Ho. BS1: Bris 4D 67
  (off Gas Ferry Rd.)
Gt. Western La. BS5: Bar H 3E 69
Gt. Wood Cl. BS13: Hart 3E 85
Green, The BA2: Odd D 4F 109
  BS11: Shire 5A 38
  BS15: Soun 4A 62
  BS20: Pill 2F 53
  (not continuous)
  BS34: Stok G 4A 26
Green Acre Rd. BS14: Whit 4C 86
Greenacres BA1: W'ton 4D 95
Gt. W Trym 4A 40
Greenacres Pk. BS36: Coal H 3F 29
Greenbank Av. E. BS5: E'tn 5E 59
Greenbank Av. W. BS5: E'tn 5D 59
Greenbank Gdns. BA1: W'ton 1D 103
Greenbank Rd. BS3: Ash 4C 66
  BS5: E'tn 5E 59
  BS15: Han 5F 71
Greenbank Vw. BS5: Eastv 4E 59
  BS15: K'wd 2A 72
Green Cl. BS7: Hor 3C 42
Green Cotts. BA2: C Down 4E 111
Green Cres. BS36: Fram C 2D 29
Green Cft. BS5: S'will 5C 60
Greendale Rd. BS3: Wind H 1A 78
  BS6: Redl 2D 57
Green Dell Cl. BS10: Hen 5F 21
Greendith Av. BS13: Hart 2E 85
Greendown BS5: St G 2C 70
Greendown Pl. BA2: C Down 4C 110
Green Dragon Rd. BS36: Wint 3F 27
Greenfield Av. BS10: S'mead 3F 41
Greenfield Pk. BS20: P'head 3E 49
Greenfield Rd. BS10: S'mead 2F 41
  BS31: Key 4F 89
Greenfinch Lodge BS16: B'hll 5B 44
Greenhayes BS37: Chip S 5E 17
Greenhill Gro. BS3: Bedm 2C 76
Greenhill La. BS11: Law W 2E 39
Greenlands Rd. BS10: Hen 4A 22
Greenlands Way BS10: Hen 5A 22
Green La. BS11: A'mth 3D 37
  BS36: Wint 2E 27
Greenleaze BS4: Know 3D 79
Greenleaze Av. BS16: Down 2F 45
Greenleaze Cl. BS16: Down 4F 45
Greenmore Rd. BS4: Know 2D 79
Grn. Oak Cres. BS5: E'tn 5F 59
Greenore BS15: K'wd 2E 71
Green Pk. BA1: Bath 4A 6
  BS30: Old C 3F 73
Green Pk. Ho. BA1: Bath 4A 6
Green Pk. M. BA1: Bath . .4A 6 (4A 104)
Green Pk. Rd.
  BA1: Bath 4A 6 (4B 104)
Greenpark Rd. BS10: S'mead 2A 42
Green Pk. Sta.
  BA1: Bath 3A 6 (4A 104)
Greenridge Cl. BS13: Withy 3A 84
Greens Hill BS16: Mang 3A 60
Greenside BS16: Mang 5C 46
Greenside Cl. BS10: Hen 5F 21
Greensplott Rd. BS11: Chit 1F 19

Green St. BA1: Bath 3B 6 (4B 104)
  BS3: Wind H 5B 68
Greenview BS30: L Grn 2C 82
Green Wlk. BS4: Know 3C 78
Greenway, The BS16: Fish 3E 61
Greenway Bush La. BS3: Bris 5C 66
Greenway Cl. BA2: Bath 1B 110
Greenway Dr. BS10: S'mead 2F 41
Greenway La. BA2: Bath 2B 110
  BS10: S'mead 2F 41
Greenway Pk. BS10: S'mead 3F 41
Greenway Rd. BS6: Redl 4D 57
Greenways BS15: K'wd 5C 62
Greenways Rd. BS37: Yate 2F 15
Greenwich Apartments
  BS6: Redl 3E 57
  (off Redland Ct. Rd.)
Greenwood Cl. BS7: Hor 4A 42
Greenwood Rd. BS4: Know 2C 78
Gregory Ct. BS30: C Hth 3C 72
Gregorys Gro. BA2: Odd D 5F 109
Gregory St. BS5: Bar H 2D 69
Grenville Chapel BS8: Clif 4B 66
  (off Lit. Caroline Pl.)
Grenville Cl. BS5: St G 1B 70
Grenville Pl. BS1: Bris 4B 66
  (off Brunel Lock Rd.)
Grenville Rd. BS6: Bris 3A 58
Greve Ct. BS30: Bar C 5B 72
Greville M. BS3: Bris 5D 67
Greville Rd. BS3: Bris 5D 67
Greville St. BS3: Bedm 5E 67
Greyfriars BS1: Bris 1B 4 (2F 67)
Greyhound Wlk. BS1: Bris 2D 5
  (off Galleries, The)
Greylands Rd. BS13: Bis 5B 76
Greystoke Av. BS10: S'mead 3C 40
Greystoke Bus. Cen.
  BS20: P'head 2F 49
Greystoke Gdns. BS10: S'mead . . .3D 41
  (not continuous)
Greystones BS16: Down 2A 46
Griffin Ct. BA1: Bath 4A 6
Griggfield Wlk. BS14: H'gro 5B 78
Grimes La. BS1: Bris 3D 5 (3A 68)
Grimsbury Rd. BS15: K'wd 1C 72
Grindell Rd. BS5: St G 2F 69
Grinfield Av. BS13: Hart 3E 85
Grittleton Rd. BS7: Hor 3A 42
Grosvenor Bri. Rd. BA1: Bath 1E 105
Grosvenor Ct. BS6: Redl 5D 57
  BS9: W Trym 4C 40
Grosvenor Pk. BA1: Bath 1E 105
Grosvenor Pl. BA1: Bath 1E 105
Grosvenor Rd. BS2: Bris 5B 58
Grosvenor Ter. BA1: Bath 5E 97
Grosvenor Vs. BA1: Bath 1D 105
Grove, The BA1: W'ton 1E 103
  BS1: Bris 5B 4 (4F 67)
  BS30: C Hth 5C 72
  BS34: Pat 1D 25
Grove Av. BS1: Bris 5C 4 (4F 67)
  BS9: C Din 4E 39
  BS16: Fish 2B 60
Grove Bank BS16: Fren 2E 45
Grove Ct. BS9: W Trym 1A 56
Grove Ho. BA2: Bath 3E 7
  BS8: Clif 3C 66
  (off Cornwallis Gro.)
Grove Ind. Est., The BS34: Pat 5D 9
Grove Leaze BS11: Shire 5E 37
Grove Mews, The BS36: Wint 1A 28
Grove Pk. BS4: Brisl 2F 79
  BS6: Redl 4E 57
Grove Pk. Av. BS4: Brisl 2F 79
Grove Pk. Ct. BS4: Brisl 2F 79
Grove Pk. Rd. BS4: Brisl 2F 79
Grove Pk. Ter. BS16: Fish 2B 60
Grove Rd. BS6: Redl 4C 56
  BS9: C Din 3E 39
  BS16: Fish, Stap 2A 60
Groves, The BS13: Hart 3F 85
Grove St. BA2: Bath 2C 6 (3C 104)
Grove Vw. BS16: Ham 5E 27
  BS16: Stap 5A 44
Guardian Ct. BS8: Clif 3C 66
  (off Clifton Down)
Guernsey Av. BS4: Bristol 5B 70

Guest Av. BS16: Emer G 4D **47**
Guild Ct. BS31: Bris 5D **5** (3A **68**)
Guildford Rd. BS4: St Ap 4A **70**
Guildhall Market 3C **6** (4C **104**)
Guillemot Rd. BS20: P'head 5E **35**
Guinea La. BA1: Bath 1B **6** (3B **104**)
  BS16: Fish 1C **60**
Guinea St. BS1: Bris 5C **4** (4F **67**)
Gullimore Gdns. BS13: Hart 3D **85**
Gullivers Pl. BS37: Chip S 5C **16**
Gullons Cl. BS13: Bis 1C **84**
Gullon Wlk. BS13: Withy 2B **84**
Gully, The BS36: Wint 1B **28**
Gullybrook La. BS5: Bar H 3D **69**
Gunning Cl. BS15: K'wd 3F **71**
Gunter's Hill BS5: St G 3C **70**
Guthrie Rd. BS8: Clif 1B **66**
Gwilliam St. BS3: Wind H 1F **77**
Gwyn St. BS2: Bris 5A **58**
Gypsy La. BS16: Puck 5A **30**
  BS36: H'fld 5A **30**

H

Haberfield Hill BS8: Abb L 4A **54**
Haberfield Ho. *BS8: Clif* 3B **66**
  (off Hotwell Rd.)
Hadley Ct. BS30: C Hth 3D **73**
Hadley Rd. BA2: C Down 3D **111**
Hadrian Cl. BS9: Stok B 2E **55**
Hadrians Wlk. BS16: Emer G 5E **47**
Hadwells Rd. BS34: Pat 1B **24**
Haig Cl. BS9: Sea M 4D **39**
Halbrow Cres. BS16: Fish 1E **61**
Haldon Cl. BS3: Wind H 3F **77**
Hale Cl. BS15: Han 5F **71**
Hales Horn Cl. BS32: Brad S 2F **25**
Half Acre Cl. BS14: Whit 4C **86**
Half Acre La. BS14: Whit 4D **87**
Halifax Rd. BS37: Yate 1F **15**
Hallards Cl. BS11: Law W 3B **38**
HALLEN 4E **21**
Hallen Cl. BS10: Hen 5F **21**
  BS16: Emer G 5E **47**
Hallen Dr. BS9: Sea M 4E **39**
Hallen Ind. Est. BS10: H'len 1C **20**
Hallen Rd. BS10: H'len, Hen 4E **21**
Halletts Way BS20: P'head 1F **49**
Halls Gdn. BS34: Stok G 4C **26**
Halls Rd. BS15: K'wd 1F **71**
Hall St. BS3: Bedm 2D **77**
Halsbury Rd. BS6: Henle, Redl ..2D **57**
Halstock Av. BS16: Fish 3B **60**
Halston Dr. BS2: Bris 1B **68**
Halswell Gdns. BS13: Hart 3D **85**
Halt End BS14: Whit 4E **87**
Halwyn Cl. BS9: Stok B 1F **55**
Halyard Way BS20: P'head 4E **35**
HAMBROOK 1E **45**
Hambrook La. BS16: Ham 5B **26**
  BS34: Stok G 5B **26**
Ham Farm La. BS16: Emer G 5D **47**
Ham Gdns. BA1: Bath 4C **6** (4C **104**)
HAM GREEN 3F **53**
Hamilton Ct. *BS1: Bris* 1F **67**
  (off Montague St.)
Hamilton Ho. BA1: L'dwn 4F **95**
Hamilton Lodge *BS2: Bris* 1F **67**
  (off Dighton St.)
Hamilton Rd. BA1: Bath 5A **96**
  BS3: Bris 5D **67**
  BS5: E'tn 1D **69**
Hamilton Way BS14: Whit 4E **87**
Ham La. BS16: B'hll 5A **44**
  BS41: Dun 4A **84**
Hammersmith Rd. BS5: St G 1F **69**
Hammond Apartments
  BS7: B'stn 2B **58**
Hammond Cl. BS4: Brisl 3F **79**
Hammond Gdns. BS9: W Trym ...4A **40**
Hammond Rd. BS34: Pat 1B **24**
Hampden Cl. BS37: Yate 1F **15**
Hampden Rd. BS4: Know 1D **79**
Hampshire Way BS37: Yate 1B **16**

Hampstead Rd. BS4: Brisl 1E **79**
Hampton Cl. BS30: C Hth 4C **72**
Hampton Cnr. BS11: Shire 5A **38**
Hampton Ct. BS6: Redl 5D **57**
Hampton Ho. BA1: Bath 1E **105**
Hampton La. BS6: Cot 5D **57**
Hampton Pk. BS6: Redl 5D **57**
Hampton Pk. BS6: Cot, Redl 4D **57**
Hampton Row BA2: Bath 2D **105**
Hampton St. BS15: K'wd 5F **61**
Hampton Vw. BA1: Bath 1D **105**
Hanbury Cl. BS15: Han 4F **71**
Hanbury Ct. BS8: Clif 1C **66**
Hanbury Rd. BS8: Clif 1C **66**
Handel Av. BS5: St G 2F **69**
Handel Cossham Ct. BS15: K'wd ..5E **61**
Handel Rd. BS31: Key 2F **89**
Handford Way BS30: L Grn 1D **83**
Hanford Ct. BS14: Stoc 5F **79**
Hangar Way BS14: H'gro 2B **86**
HANHAM 4E **71**
Hanham Bus. Pk. BS15: Han 5D **71**
HANHAM GREEN 1D **81**
Hanham Mills BS15: Han 3F **81**
Hanham Mt. BS15: K'wd 3F **71**
Hanham Rd. BS15: K'wd 4F **71**
Hanna Cl. BA2: Bath 4C **102**
Hannover Quay BS1: Bris 5A **4**
Hanover Ct. BA1: Bath 1D **105**
  BS1: Bris 1E **5** (1A **68**)
  BS34: Fil 5C **24**
Hanover Ho. BS2: Bris 2C **68**
Hanover La. BS8: Clif 2D **67**
Hanover Pl. *BA1: Bath* 2D **67**
  (off London Rd.)
  BS1: Bris 4D **67**
Hanover St. BA1: Bath 1D **105**
  BS1: Bris 3B **4**
  BS5: Redf 2E **69**
Hanover Ter. *BA1: Bath* 1D **105**
  (off Gillingham Ter.)
Hansford Cl. BA2: C Down 4A **110**
Hansford M. BA2: C Down 4B **110**
Hansford Sq. BA2: C Down 4A **110**
Hantone Hill BA2: Batham 2B **106**
Hapgood St. BS5: Bar H 2D **69**
Happerton La. BS20: Eas 4E **53**
Happy La. BS7: B'stn, Bris 3B **58**
Harbour Ct. BS1: Bris 4A **4**
Harbour Cres. BS20: P'head 1A **50**
Harbour Ho. *BS8: Clif* 4C **66**
  (off Hotwell Rd.)
Harbour Rd. BS20: P'head 5C **34**
Harbour Rd. Trad. Est.
  BS20: P'head 5D **35**
Harbour's Edge BS8: Clif 3D **67**
Harbourside Wlk. BS1: Bris 5A **4**
Harbour Wlk. *BS1: Bris* 4E **67**
  (off Cumberland Rd.)
Harbour Wall BS9: Sea M 2E **55**
Harbour Way BS1: Bris 5A **4** (4E **67**)
Harbury Rd. BS9: Henle 4E **41**
Harbutts BA2: Batham 1B **106**
Harcombe Hill BS36: Wint D 4A **28**
Harcombe Rd. BS36: Wint 3F **27**
Harcourt Av. BS5: St G 3C **70**
Harcourt Cl. BS31: Salt 5A **92**
Harcourt Gdns. BA1: W'ton 5D **95**
Harcourt Hill BS6: Redl 3E **57**
Harcourt Rd. BS6: Redl 2D **57**
Hardenhuish Rd. BS4: Brisl 4F **69**
Harden Rd. BS14: Stoc 2A **88**
Harding Pl. BS31: Key 2D **91**
Harding Rd. BS34: Ham 1B **44**
Hardings Ter. *BS5: St G* 1B **70**
  (off Clovelly Rd.)
Hardington Dr. BS31: Key 5C **90**
Hardwick BS37: Yate 1E **31**
Hardwick Cl. BS4: Brisl 1A **80**
  BS30: Old C 4F **73**
Hardwick Rd. BS20: Pill 1E **53**
Hardy Av. BS3: Ash G 5C **66**
Hardy Ct. BS30: Bar C 4B **72**
Hardy Rd. BS3: Bedm 2D **77**
Hareclive Rd. BS13: Hart 2D **85**
Harefield Cl. BS15: Han 2E **81**
Harescombe BS37: Yate 1A **32**
Harewood Rd. BS5: S'wll 5C **60**

Harford Cl. BS9: C Din 4E **39**
Harford Dr. BS16: Fren 2E **45**
Harington Cl. BA2: New L 5D **101**
Harington Pl. BA1: Bath ...3B **6** (4B **104**)
Harlech Cl. BS31: Key 3E **89**
Harlech Way BS30: Will 2D **83**
Harlequin Office Pk.
  BS16: Emer G 1C **46**
Harleston St. BS5: E'tn 1C **68**
Harley Ct. BS8: Clif 2B **66**
Harley M. BS8: Clif 2B **66**
Harley Pl. BS8: Clif 2B **66**
Harley St. BA1: Bath 1A **6** (2B **104**)
Harmer Cl. BS10: Hen 5B **22**
Harmony Dr. BS20: P'head 2B **48**
Harnhill Cl. BS13: Hart 3D **85**
Harolds Way BS15: K'wd 3E **71**
Harper Ho. BS6: Redl 4C **56**
Harptree Ct. BS30: Bar C 5C **72**
Harptree Gro. BS3: Bedm 2D **77**
Harratz Pl. BS1: Bris 4F **5** (3B **68**)
Harriet's Yd. BS31: Key 2A **90**
Harrington Av. BS14: Stoc 1A **88**
Harrington Cl. BS30: Bit 4F **83**
Harrington Gro. BS14: Stoc 1A **88**
Harrington Rd. BS14: Stoc 2F **87**
Harrington Wlk. BS14: Stoc 1A **88**
Harris Barton BS36: Fram C 1D **29**
Harris Ct. *BA1: Bath* 5C **6**
  (off Newark St.)
  BS30: L Grn 5B **72**
Harris Gro. BS13: Hart 4D **85**
Harris Ho. BS5: Bar H 2E **69**
Harris La. BS8: Abb L 1B **64**
Harrison Cl. BS16: Emer G 5D **47**
Harrowdene Rd. BS4: Know 1D **79**
Harrow Rd. BS4: Brisl 1F **79**
HARRY STOKE 1A **44**
Harry Stoke Rd. BS34: Stok G ...1A **44**
HARTCLIFFE 3E **85**
Hartcliffe Rd. BS4: Know 4A **78**
Hartcliffe Wlk. BS4: Know 4B **78**
Hartcliffe Way BS3: Bedm 3E **77**
  BS13: Bis 3E **77**
  BS13: Hart 2F **85**
Hart Cl. BS20: Pill 2A **54**
Hartfield Av. BS6: Cot 5E **57**
Hartgill Cl. BS13: Hart 4D **85**
Hartington Pk. BS6: Redl 4D **57**
Hartley Cl. BS37: Chip S 4E **17**
Harts Cft. BS37: Yate 1B **16**
Harvest Cl. BS32: Brad S 4F **9**
Harvey's La. BS5: St G 1B **70**
Harwood Ho. BS5: Bar H 2D **69**
Harwood Sq. BS7: Hor 1A **58**
Haselbury Gro. BS31: Salt 5A **92**
Haskins Ct. BS30: Bar C 5C **72**
Haslemere Ind. Est.
  BS11: A'mth 1E **37**
Hassell Dr. BS2: Bris 2C **68**
Hastings Cl. BS3: Bedm 3E **77**
Hastings Rd. BS3: Bedm 3E **77**
Hatchet La. BS34: Stok G 4A **26**
Hatchet Rd. BS34: Stok G 3F **25**
Hatfield Bldgs.
  BA2: Bath 5E **7** (5D **105**)
Hatfield Rd. BA2: Bath 2A **110**
Hathaway Ho. *BS2: Bris* 1F **67**
  (off Dove St. Sth.)
Hatherley BS37: Yate 1A **32**
Hatherley Rd. BS7: B'stn 2A **58**
Hatway Wlk. BS5: E'tn 1C **68**
Hatters Cl. BS36: Wint 1A **28**
Hatters La. BS37: Chip S 4D **17**
Hatton Rd. BS16: L'lze 3E **43**
Haven, The BS15: K'wd 5A **62**
Haven Vw. BS20: P'head 1A **50**
Haverstock Rd.
  BS4: Wind H 1C **78**
Haviland Gro. BA1: W'ton 4C **94**
Haviland Ho. BS2: Bris 1F **5**
Haviland Pk. BA1: W'ton 5D **95**
Havory BA1: Bath 1E **105**
Hawarden Ter. BA1: Bath 1D **105**
Hawburn Cl. BS4: Brisl 2F **79**
Haweswater BS10: S'mead 1D **41**
Haweswater Cl. BS30: Old C 3F **73**
Hawkesbury Rd. BS16: Fish 3A **60**

Hawkesley Dr. BS34: Lit S 2F **25**
    (not continuous)
Hawkesworth Rd. BS37: Yate 2E **15**
Hawkfield Bus. Pk. BS14: Hart 2F **85**
Hawkfield Cl. BS14: Hart 2F **85**
Hawkfield Rd. BS13: Hart 2F **85**
Hawkfield Way BS14: Hart 2F **85**
Hawkins Cl. BS30: Old C 5E **73**
Hawkins Cres. BS32: Brad S 5F **9**
Hawkins La. BS1: Bris 3D **5** (3A **68**)
Hawkins St. BS2: Bris 2F **5** (2B **68**)
Hawkley Dr. BS32: Brad S 2F **9**
Hawksmoor Cl. BS14: H'gro 1C **86**
Hawksmoor La. BS16: Stap 3A **44**
Hawksworth Dr. BS15: Han 4D **71**
Hawthorn Av. BS16: Han 4D **71**
Hawthorn Cl. BS20: P'head 1B **48**
    BS34: Pat 5A **8**
Hawthorn Ct. BS31: Key 2A **90**
Hawthorne Gdns. BS16: Stap H . . .2B **62**
Hawthorne Ri. BS10: Bren 5E **23**
Hawthornes, The BS16: Stap H . . .2B **62**
Hawthorne St. BS4: Wind H 1C **78**
Hawthorn Gro. BA2: C Down 4B **110**
Hawthorn Ho. BS5: St G 1A **70**
Hawthorns, The BS8: Clif 1E **67**
Hawthorns La. BS31: Key 2A **90**
Hawthorn Way BS16: Emer G 3E **47**
    BS34: Stok G 3A **26**
Haycombe BS14: H'gro 1B **86**
Haycombe Crematorium
    BA2: Bath 1B **108**
Haycombe Dr. BA2: Bath 5C **102**
Haycombe La. BA2: Eng 2B **108**
Haycroft Rd. BS34: Fil 5B **24**
Hayden Cl. BA2: Bath 5A **6** (5A **104**)
Haydock Cl. BS16: Down 2B **46**
Haydon Gdns. BS7: L'lze 1D **59**
Hayeley Dr. BS32: Brad S 2A **26**
Hayes Cl. BS2: Bris 2C **68**
Hayes St. BS34: Pat 1D **25**
Hayesfield Pk.
    BA2: Bath 5A **6** (5B **104**)
Hayes Pl. BA2: Bath 1B **110**
Hayes Way BS34: Pat 2B **24**
Hay Field La. BS7: Hor 4C **42**
Hayfield La. BS6: Cot 5E **57**
Haygarth Ct. BA1: Bath 2B **104**
Hay Hill BA1: Bath 1B **6** (3B **104**)
Hay Leaze BS37: Yate 1F **15**
Hayleigh BS3: Bedm 1D **77**
Hayleigh Ho. BS13: Hart 3E **85**
Haymans Ct. BS15: K'wd 4E **61**
    (off Cherrytree Cres.)
Haymarket, The BS1: Bris 1C **4** (2F **67**)
Haymarket Wlk. BS1: Bris 1C **4**
    (off Cannon St.)
Haynes La. BS16: Stap H 1F **61**
Haythorne Ct. BS16: Fish 3A **60**
    (off Marina Gdns.)
    BS16: Stap H 1B **62**
Haytor Pk. BS9: Stok B 5F **39**
Hayward Ind. Est. BS16: Soun 3F **61**
Hayward Rd. BS5: Redf 2E **69**
    BS16: Stap H 2F **61**
Hazel Av. BS6: Redl 4D **57**
Hazel Brook Gdns. BS10: Hen 3C **22**
Hazelbury Dr. BS30: Old C 4E **73**
Hazelbury Rd. BS14: H'gro 4E **79**
Hazel Cote Rd. BS14: Whit 3D **87**
Hazeldene Rd. BS34: Pat 1C **24**
Hazel Gro. BA2: Bath 1F **109**
    BS7: Hor 3C **42**
Hazelgrove BS36: Wint 3F **27**
Hazelton Rd. BS7: B'stn 3F **57**
Hazel Way BA2: Odd D 5F **109**
Hazelwood Cl. BS16: Stap H 1B **62**
Hazelwood Ct. BS9: Stok B 3B **55**
Hazelwood Rd. BS9: Stok B 3F **55**
Headford Av. BS5: St G 2D **71**
Headford Rd. BS4: Know 3F **77**
Headington Cl. BS15: Han 5F **71**
Headley Cl. BS13: Bis 1D **85**
Headley La. BS13: Bis 1C **84**
HEADLEY PARK 5D **77**
Headley Pk. Av. BS13: Bis 1D **85**
Headley Pk. Rd. BS13: Bis 5C **76**
Headley Rd. BS13: Bis 1C **84**

Headley Wlk. BS13: Bis 5D **77**
Heart Meers BS14: H'gro 2D **87**
Heath Cl. BS36: Wint 2A **28**
Heathcote Dr. BS36: Coal H 1F **29**
Heathcote La. BS36: Coal H 1F **29**
    (off Boundary Rd.)
Heathcote Rd. BS16: Fish 4D **61**
    BS16: Stap H 1A **62**
Heathcote Wlk. BS16: Fish 4E **61**
Heath Ct. BS16: Down 4F **45**
Heather Av. BS36: Fram C 2D **29**
Heather Cl. BS15: K'wd 1D **71**
Heatherdene BS14: H'gro 5B **78**
Heather Dr. BA2: Odd D 5F **109**
Heathfield Cl. BA1: W'ton 4C **94**
    BS31: Key 2E **89**
Heathfield Cres. BS14: Whit 3C **86**
Heathfields BS16: Down 3F **45**
Heath Gdns. BS16: Down 3F **45**
    BS36: Coal H 2E **29**
Heath Ho. La. BS16: Stap 2D **59**
Heath Ridge BS41: L Ash 2C **74**
Heath Ri. BS30: C Hth 4D **73**
Heath Rd. BS5: Eastv 3D **59**
    BS15: Han 5D **71**
    BS16: Down 4F **45**
Heath St. BS5: Eastv 3E **59**
Heath Wlk. BS16: Down 4F **45**
Heber St. BS5: Redf 2E **69**
Hebron Rd. BS3: Bedm 1E **77**
Hedgemead Cl. BS16: Stap 1F **59**
Hedgemead Ct. BA1: Bath 2C **104**
    (off Margaret's Hill)
Hedgemead Vw. BS16: Stap 1A **60**
Hedgerows, The BS32: Brad S 4F **9**
Hedgers Cl. BS3: Bedm 2C **76**
Hedwick Av. BS5: St G 2A **70**
Hedwick St. BS5: St G 2A **70**
Heggard Cl. BS13: Bis 2C **84**
Hellier Wlk. BS13: Hart 4E **85**
Hemmings Pde. BS5: Bar H 2D **69**
Hemplow Cl. BS14: Stoc 5F **79**
Hempton Fld. Dr. BS34: Pat 1C **24**
Hempton La. BS32: Alm 3C **8**
Henacre Rd. BS11: Law W 3B **38**
HENBURY .1A **40**
Henbury Ct. BS10: Hen 5A **22**
Henbury Gdns. BS10: Hen 1A **40**
Henbury Hill BS9: W Trym 3B **40**
Henbury Leisure Cen. 5A **22**
Henbury Rd. BS9: W Trym 3B **40**
    BS10: Hen 1A **40**
    BS15: Han 4D **71**
Hencliffe Rd. BS14: Stoc 5F **79**
Hencliffe Way BS15: Han 1D **81**
Hencliffe Wood 2D **81**
Henderson Rd. BS15: Han 4D **71**
Hendre Rd. BS3: Bedm 2C **76**
Henfield Cres. BS4: St Ap 5F **29**
Henfield Bus. Pk. BS36: H'fld 1F **47**
Henfield Cres. BS30: Old C 5D **73**
Henfield Rd. BS36: Coal H, H'fld . . .4E **29**
Hengaston St. BS3: Bedm 2D **77**
HENGROVE 1D **87**
Hengrove Av. BS14: H'gro 4D **79**
Hengrove Farm La. BS14: H'gro . . .4C **78**
Hengrove La. BS14: H'gro 4C **78**
Hengrove Leisure Pk.
    BS14: H'gro 1A **86**
Hengrove Pk. Leisure Cen. 2A **86**
Hengrove Promenade
    BS14: H'gro 2A **86**
Hengrove Rd. BS4: Know 2C **78**
Hengrove Way BS13: Bis 1D **85**
    BS14: H'gro 1D **85**
HENLEAZE 5D **41**
Henleaze Av. BS9: Henle 1C **56**
Henleaze Gdns. BS9: Henle 1C **56**
Henleaze Pk. BS9: Henle 1E **57**
Henleaze Pk. Dr. BS9: Henle 5D **41**
Henleaze Rd. BS9: Henle 1C **56**
Henleaze Ter. BS9: Henle 4D **41**
Henley Gro. BS9: Henle 1D **57**
Hennessy Cl. BS14: Whit 4B **86**
Henrietta Ct. BA2: Bath . . .1D **7** (2C **104**)
Henrietta Gdns.
    BA2: Bath 1D **7** (3C **104**)
Henrietta M. BA2: Bath 2D **7** (3C **104**)

Henrietta Pl. BA2: Bath 2C **6** (3C **104**)
Henrietta Rd. BA2: Bath 1D **7** (3C **104**)
Henrietta St. BA2: Bath 2D **7** (3C **104**)
    BS2: Bris 1E **67**
    BS5: E'tn 5D **59**
Henrietta Vs. BA2: Bath 1D **7** (3C **104**)
Henry Ho. BS13: Withy 3B **84**
Henry St. BA1: Bath 4C **6** (4C **104**)
    BS3: Wind H 5B **68**
Henry Williamson Ct.
    BS30: Bar C 4B **72**
Henshaw Cl. BS15: K'wd 4E **61**
Henshaw Rd. BS15: K'wd 4E **61**
Henshaw Wlk. BS15: K'wd 4E **61**
Hensley Gdns. BA2: Bath 1A **110**
Hensley Rd. BA2: Bath 1A **110**
Hensman's Hill BS8: Clif 3C **66**
Hepburn Rd. BS2: Bris 1A **68**
Herald Cl. BS9: Stok B 1F **55**
Herapath St. BS5: Bar H 3E **69**
Herbert Cres. BS5: Eastv 3F **59**
Herbert Rd. BA2: Bath 5F **103**
Herbert St. BS3: Bedm 5E **67**
    (not continuous)
    BS5: W'hall 1E **69**
Hercules Cl. BS34: Lit S 2F **25**
Hereford Rd. BS2: Bris 4C **58**
Hereford St. BS3: Bedm 1F **77**
Herkomer Cl. BS7: L'lze 4D **43**
Hermes Cl. BS31: Salt 5F **91**
Hermitage Cl. BS11: Shire 4A **38**
Hermitage Rd. BA1: Bath 1A **104**
    BS16: Stap H 1F **61**
Hermitage Wood Rd. BS16: L'lze . . .3E **43**
Heron Gdns. BS20: P'head 2A **50**
Heron Rd. BS5: E'tn 5D **59**
Heron Way BS37: Chip S 1B **32**
Herridge Cl. BS13: Hart 3D **85**
Herridge Rd. BS13: Hart 3D **85**
Herschel Mus. of Astronomy, The
    . . . . .3A **6** (4B **104**)
Herschel Pl. BA2: Bath . . .1E **7** (3C **104**)
Herschel Ter. BA2: Bath 4A **104**
    (off Stothert Av.)
Hersey Gdns. BS13: Withy 4A **84**
Hesding Cl. BS15: Han 1E **81**
Hestercombe Rd. BS13: Bis 1D **85**
Hester Wood BS37: Yate 1B **16**
Hetling Ct. BA1: Bath 4B **6** (4B **104**)
Hewlands Cl. BS11: Law W 1E **39**
Hexagon, The BA2: Odd D 4A **110**
Heyford Av. BS5: Eastv 2D **59**
Heyron Wlk. BS13: Hart 3D **85**
Heywood Rd. BS20: Pill 2E **53**
Heywood Ter. BS20: Pill 2E **53**
Hiatt Baker Hall BS9: Stok B 2B **56**
Hicking Ct. BS15: K'wd 5F **61**
Hicks Av. BS16: Emer G 3D **47**
Hick's Barton BS5: St G 1B **70**
HICKS COMMON 2B **28**
Hicks Comn. Rd. BS36: Wint 4A **28**
Hicks Ct. BS5: St G 1B **70**
    BS30: L Grn 5B **72**
HICKS GATE 4D **81**
Hicks Ga. Ho. BS31: Key 4D **81**
Hide Mkt. BS2: Bris 2B **68**
Higham St. BS4: Wind H 5B **68**
High Bannerdown BA1: Bathe 3D **99**
Highbury Pl. BA1: Bath 1C **104**
Highbury Rd. BS3: Bedm 3E **77**
    BS7: Hor 4B **42**
Highbury Ter. BA1: Bath 1C **104**
Highbury Vs. BA1: Bath 1C **104**
    (off Highbury Pl.)
    BS2: Bris 1E **67**
High Corner BS10: Hen 2B **40**
High Cft. BS30: Old C 3E **73**
Highdale Cl. BS14: Whit 3D **87**
High Elm BS15: K'wd 3A **72**
Highett Dr. BS5: E'tn 5C **58**
Highfield Av. BS15: Han 4F **71**
Highfield Cl. BA2: Bath 5D **103**
Highfield Dr. BS20: P'head 3A **48**
Highfield Gdns. BS30: Bit 2E **83**
Highfield Gro. BS7: Hor 1F **57**
Highfield Rd. BS31: Key 3D **90**
    BS37: Chip S 4C **16**
Highfields Cl. BS34: Stok G 5B **26**

Highgate BA2: Bath 4A **104**
High Gro. BS9: Sea M 5D **39**
Highgrove St. BS4: Wind H 5C **68**
High Kingsdown BS2: Bris 1E **67**
Highland Cres. BS8: Clif 4C **56**
Highland Pl. BS8: Clif 4C **56**
Highland Rd. BA2: Bath 5D **103**
Highland Sq. BS8: Clif 4C **56**
Highlands Rd. BS20: P'head 1D **49**
  BS41: L Ash 2C **74**
Highland Ter. BA2: Bath 4F **103**
High La. BS36: Wint 5E **11**
  (not continuous)
High Leaze Rd. BS34: Pat 1B **24**
Highleaze Rd. BS30: Old C 5E **73**
Highmead Gdns. BS13: Withy 3A **84**
Highmore Ct. BS7: L'lze 4D **43**
Highmore Gdns. BS7: L'lze 4E **43**
Highnam Cl. BS34: Pat 4D **9**
High Pk. BS14: H'gro 3D **79**
Highpoint Ho. *BS15: K'wd* *5E 61*
  (off Lodge Rd.)

HIGHRIDGE
  BS13 . . . . .2A **84**
  BS41 . . . . .3A **84**
Highridge Ct. BS13: Bis 5B **76**
Highridge Cres. BS13: Bis 2B **84**
Highridge Grn. BS13: Bis 5A **76**
Highridge Pk. BS13: Bis 1B **84**
Highridge Rd. BS3: Bedm 2D **77**
  BS13: Bis, Withy 3A **84**
Highridge Wlk. BS13: Bis 5A **76**
High St. BA1: Bath 3C **6** (4C **104**)
  BA1: Bathe 4B **98**
  BA1: Bathf 5E **99**
  BA1: W'ly 1B **96**
  BA1: W'ton 5D **95**
  BA2: Bath 4C **102**
  BA2: Batham 1B **106**
  BS1: Bris 2C **4** (2F **67**)
  BS5: E'tn 5D **59**
  BS8: Clif 4C **56**
  BS9: W Trym 4C **40**
  BS11: Shire 4F **37**
  BS15: Han 4E **71**
  BS15: K'wd 1A **72**
  BS15: Warm 1D **73**
  BS16: Stap H 2E **61**
  BS20: P'bry 3F **51**
  BS20: P'head 2F **49**
  BS30: Bit 4F **83**
  BS30: Old C 1E **83**
  BS31: Key 1A **90**
  BS31: Salt 4A **92**
  BS36: Wint 2F **27**
  BS37: Chip S 4D **17**
  BS37: Iron A 1F **13**
High Vw. BS20: P'head 2C **48**
Highview BA2: Bath 5A **104**
Highview Rd. BS15: Soun 4A **62**
Highwall La. BS31: Q Char 5B **88**
Highway BS37: Yate 3B **16**
Highwood La. BS10: Pat 1D **23**
Highwood Pk. BS34: Pat 2A **24**
Highwood Rd. BS34: Pat 2A **24**
Highworth Cres. BS37: Yate 5F **15**
Highworth Rd. BS4: St Ap 4F **69**
Hill, The BS4: Bris 5D **69**
  BS32: Alm 1D **9**
Hill Av. BA2: C Down 4B **110**
  BS3: Wind H 1A **78**
Hill Burn BS9: Henle 5E **41**
Hillburn Rd. BS5: St G 2C **70**
Hill Cl. BS16: Emer G 3D **47**
Hill Crest BS4: Know 3D **79**
Hillcrest Cl. BS13: Bis 1C **84**
Hillcrest Dr. BA2: Bath 1D **109**
Hillcrest Rd. BS20: P'head 2A **48**
Hillcroft Cl. BS15: Han 5A **72**
Hill End Dr. BS10: Hen 5F **21**

HILLFIELDS 3D **61**
Hillfields Av. BS16: Fish 4E **61**
Hill Gay Cl. BS20: P'head 2B **48**
Hill Gro. BS9: Henle 5E **41**
Hillgrove St. BS2: Bris 1A **68**
Hillgrove St. Nth. BS2: Bris 1F **67**
Hillhouse BS9: Sea M 5E **39**
  BS16: Stap H 2B **62**

Hill Ho. BS16: Stap H 5B **46**
Hill La. BS20: W'ton G 5B **48**
Hill Lawn BS4: Brisl 1F **79**
Hill Rd. BS41: Dun 5A **84**
Hills Barton BS13: Bis 3C **76**
Hillsborough Flats BS8: Clif 3C **66**
Hillsborough Rd. BS4: Brisl 5E **69**
Hills Cl. BS31: Key 2C **90**
Hillsdon Rd. BS9: W Trym 3B **40**
Hillside BS6: Cot 1E **67**
  BS8: Clif 3D **67**
  BS16: Mang 1B **62**
  BS20: P'bry 3F **51**
Hillside Av. BS15: K'wd 1E **71**
Hillside Cl. BS36: Fram C 1E **29**
Hillside Ct. BS5: St G 2D **71**
Hillside La. BS36: Fram C 1E **29**
Hillside Rd. BA2: Bath 1F **109**
  BS5: St G 2C **70**
  BS20: P'head 2A **48**
  BS41: L Ash 2D **75**
Hillside St. BS4: Wind H 5C **68**
Hill St. BS1: Bris 2A **4** (2F **67**)
  BS3: Wind H 5B **68**
  BS5: St G 1B **70**
  BS15: K'wd 1B **72**
Hilltop BS20: P'head 2C **48**
Hilltop Gdns. BS5: St G 2C **70**
  BS16: Soun 4F **61**
  (not continuous)
Hilltop Rd. BS16: Soun 4F **61**
Hilltop Vw. BS5: St G 2C **70**
Hill Vw. BS8: Clif 3D **67**
  BS9: Henle 5E **41**
  BS16: Emer G 3C **46**
  BS16: Soun 4F **61**
  BS34: Fil 5C **24**
Hill Vw. Cl. BS30: Old C 5E **73**
  BS13: Bis 4C **76**
Hill Vw. Ho. *BS15: K'wd* *5F 61*
  (off Lodge Rd.)
Hill Vw. Rd. BA1: Bath 5D **97**
  BS13: Bis 4C **76**
Hillyfield Rd. BS13: Bis 1C **84**
Hilton Ct. BS5: E'tn 1D **69**
Hinton Cl. BA2: Bath 4B **102**
  BS31: Salt 4A **92**
Hinton Dr. BS30: Old C 3E **73**
Hinton La. BS8: Clif 3B **66**
Hinton Rd. BS5: E'tn 5E **59**
  BS16: Fish 2C **60**
Hiscocks Ct. BA2: New L 4D **101**
Hiscocks Dr. BA2: Bath 1A **110**
Hitchings Leaze BS34: Pat 1C **24**
Hither Bath Bri. BS4: Brisl 4E **79**
Hither Mead BS36: Fram C 2D **29**
Hi-Ways Cvn. Pk. BS10: H'len 4D **21**
Hi-Ways Pk. BS10: H'len 4D **21**
HMP Bristol BS7: B'stn 2F **57**
Hobbs La. BS1: Bris 3A **4** (3E **67**)
  BS30: Sis 5D **63**
Hobhouse Cl. BS9: Henle 4E **41**
Hobwell La. BS41: L Ash 2E **75**
Hockey's La. BS16: Fish 2C **60**
Hockley Ct. BA1: W'ton 1F **103**
Hogarth Wlk. BS7: L'lze 3D **43**
Hogues Wlk. BS13: Hart 3D **85**
Holbeach Way BS14: Whit 4C **86**
Holbrook Cres. BS13: Hart 3F **85**
Holburne Museum, The 1E **7** (3D **105**)
Holburn Pl. BA2: Bath 1D **7** (3C **104**)
Holcombe BS14: H'gro 2C **86**
Holcombe Cl. BA2: Batham 1B **106**
Holcombe Grn. BA1: W'ton 5D **95**
  (not continuous)
Holcombe Gro. BS31: Key 2F **89**
Holcombe La. BA2: Batham 1B **106**
Holcombe Va. BA2: Batham 1B **106**
Holdenhurst Rd. BS15: K'wd 5E **61**
Holders Wlk. BS41: L Ash 4B **74**
Holford Ct. BS14: Whit 2D **87**
Holland Rd. BA1: Bath 1D **105**
Hollidge Gdns. BS3: Bedm 5F **67**
Hollies, The BS15: K'wd 3A **72**
  BS16: Stap 1A **60**
Hollies La. BA1: Bathe 1B **98**
Hollis Av. BS20: P'head 3E **49**
Hollis Cl. BS41: L Ash 3C **74**
Hollis Cres. BS20: P'head 3E **49**

Hollister's Dr. BS13: Hart 4F **85**
Hollister St. BS1: Bris 1E **5** (2A **68**)
Hollow, The BA2: Bath 1C **108**
Holloway BA2: Bath 5B **6** (5B **104**)
Hollow Mead BS34: Pat 1B **24**
Hollow Rd. BS15: K'wd 1A **72**
  BS32: Alm 1C **8**
Hollows, The BS36: H'fld 1E **47**
Hollway Cl. BS14: Stoc 2A **88**
Hollway Rd. BS14: Stoc 2A **88**
Hollybrook M. BS37: Yate 5F **15**
Hollybrook Pk. BS15: K'wd 4D **61**
Hollybrook Trad. Est. BS15: K'wd . .4D **61**
Hollybush Cl. *BS48: Bar G* *5C 74*
  (off Winstones Rd.)
Hollybush La. BS9: Stok B 1A **56**
  (not continuous)
Holly Cl. BS5: S'wll 4C **60**
Holly Ct. BS2: Bris 1E **67**
Holly Cres. BS15: K'wd 5A **62**
Holly Dr. BA2: Odd D 5F **109**
Holly Gdns. BS34: Pat 1C **24**
Holly Grn. BS15: K'wd 5C **62**
Holly Gro. BS16: Fish 3E **61**
Hollyguest Rd. BS15: Han 3F **71**
Holly Hill BS37: Iron A 2A **14**
Holly Hill Rd. BS15: K'wd 1A **72**
Hollyleigh Av. BS34: Fil 1B **42**
Holly Lodge Cl. BS5: S'wll 4B **60**
Holly Lodge Rd. BS5: S'wll 4B **60**
Hollymead La. BS9: Stok B 2A **56**
Holly M. BS37: Yate 1B **16**
Holly Ridge BS14: H'gro 1E **87**
  BS20: P'head 1C **48**
Holly Wlk. BS31: Key 4F **89**

Hollywood Bowl
  Bristol .4E **69**
  Cribbs Causeway 2E **23**
Hollywood La. BS10: Pat 1C **22**
  BS35: E Comp, Pat 1C **22**
Hollywood Rd. BS4: Brisl 1F **79**
Holmdale Rd. BS34: Fil 5D **25**
Holmes, The BS9: Stok B 2B **56**
Holmesdale Rd. BS3: Wind H 1A **78**
Holmes Gro. BS9: Henle 1D **57**
Holmes Hill Rd. BS5: St G 1B **70**
Holmes St. BS5: Bar H 3D **69**
Holmlea BS20: P'head 1B **50**
Holm-Mead La. BS30: Bit 5E **83**
Holmoak Rd. BS31: Key 3E **89**
Holmwood BS15: Han 4E **71**
Holmwood Cl. BS36: Wint 2F **27**
Holmwood Gdns. BS9: W Trym 3C **40**
Holroyd Ho. BS3: Wind H 1F **77**
Holsom Cl. BS14: Stoc 1A **88**
Holsom Rd. BS14: Stoc 1B **88**
Holst Gdns. BS4: Know 5F **77**
Holton Rd. BS7: Hor 5C **42**
Holyrood Cl. BS34: Stok G 4F **25**
Holywell Cl. BS4: St Ap 3A **70**
Homeavon Ho. BS31: Key 2B **90**
Home Cl. BS10: S'mead 1A **42**
Home Farm Rd. BS8: Abb L 1D **65**
Homefield BS37: Yate 2A **16**
Homefield Cl. BS31: Salt 4A **92**
Homefield Dr. BS16: Fish 1C **60**
Homefield Rd. BS31: Salt 4A **92**
Home Gdns. BS8: Clif 4C **56**
Home Ground BS9: W Trym 4D **41**
  BS11: Shire 4F **37**
Homeground BS16: Emer G 5D **47**
Homelands BA1: Bathe 3B **98**
Homelea Pk. E. BA1: Bath 3C **102**
Homelea Pk. W. BA1: Bath 3C **102**
Home Leas Cl. BS16: L'lze 3E **43**
Homeleaze BA2: New L 4E **101**
Homeleaze Rd. BS10: S'mead 5F **23**
Home Mead BS4: Know 5A **78**
Homemead BA2: Cor 2C **100**
  BS30: C Hth 5C **72**
Homemead Dr. BS4: Brisl 3F **79**
Home Orchard BS37: Yate 3F **15**
  (not continuous)
Homestead BS20: P'head 3A **48**
Homestead, The BS31: Key 5B **90**
Homestead Cl. BS36: Fram C 1F **29**

Homestead Gdns. BS16: Fren 3D 45
Homestead Rd. BS34: Fil 5B 24
Honeyfield Bus. Pk. BS3: Bedm . . .3E 77
Honey Garston Cl. BS13: Hart 3D 85
Honey Garston Rd. BS13: Hart . . .3D 85
Honey Hill Rd. BS15: K'wd 1B 72
Honeylands BS20: P'head 3E 49
Honeymead BS14: H'gro 1E 87
Honeysuckle Cl. BS32: Brad S . . .3A 10
Honeysuckle La. BS16: Stap 2A 60
Honeysuckle Rd. BS16: Puck 4F 47
Honey Way BS15: K'wd 1B 72
Honeywick Cl. BS3: Bedm 2E 77
Honiton Rd. BS16: Fish 3C 60
Hooper Rd. BS14: Stoc 2F 87
Hope Chapel Hill BS8: Clif 3B 66
Hope Chapel Ho. *BS8: Clif 3B 66*
    (off Hope Chapel Hill)
Hope Ct. BS1: Bris 4D 67
Hope Ho. *BS20: Pill 1E 53*
    (off Underbanks)
Hope Rd. BS3: Bedm 1E 77
  BS37: Yate 3C 14
Hope Sq. BS8: Clif 3B 66
Hopetoun Rd. BS2: Bris 3B 58
Hopewell Gdns. BS11: Law W 4B 38
Hopkins Ct. BS6: Redl 5D 57
Hopland Cl. BS30: L Grn 1D 83
Hopp's Rd. BS15: K'wd 2F 71
Hop Store BS1: Bris 2D 5
Horatio Ho. BS20: P'head 5C 34
Horesham Gro. BS13: Hart 2E 85
HORFIELD 4B 42
Horfield Common 4A 42
Horfield Leisure Cen. 4B 42
Horfield Rd. BS2: Bris 1B 4 (2F 67)
Horizon BS1: Bris 1E 5 (2A 68)
Horley Rd. BS2: Bris 4C 58
Hornbeam Cl. BS32: Brad S 5F 9
Hornbeam Ho. BS16: Fish 5E 45
Hornbeams, The BS16: Fren 2D 45
Hornbeam Wlk. BS31: Key 4E 89
Hornhill Cl. BS13: Hart 3D 85
Horsecombe Brow
  BA2: C Down 4C 110
Horsecombe Gro. BA2: C Down . .4C 110
Horsecombe Va. BA2: C Down . . .4C 110
Horsecroft Gdns. BS30: Bar C . . .3C 72
Horsefair, The BS1: Bris . . .1C 4 (2A 68)
Horse Leaze Rd. BS16: L'lze 3E 43
Horsepool Rd. BS13: Withy 3A 84
Horse Shoe Dr. BS9: Stok B 2E 55
Horseshoe La. BS37: Chip S 4D 17
Horseshoe Rd.
  BA2: Bath 5F 7 (5E 105)
Horseshoe Wlk.
  BA2: Bath 5F 7 (5D 105)
Horse St. BS37: Chip S 4D 17
    (not continuous)
Horse World 4F 87
Horsley Ho. *BS1: Bris 4D 67*
    (off Gas Ferry Rd.)
Horstmann Cl. BA1: Bath 3D 103
Horton Ho. BA2: Bath 2C 104
  BS2: Bris 3F 5 (2B 68)
Horton Rd. BS37: Chip S, Hort . . .3E 17
    (not continuous)
Horton St. BS2: Bris 2F 5 (2B 68)
Horwood Ct. BS30: Bar C 5C 72
Hosey Wlk. BS13: Withy 2C 84
Host St. BS1: Bris 3F 5 (2B 68)
Hot Bath St. BA1: Bath . . .4B 6 (4B 104)
Hottom Gdns. BS7: Hor 4C 42
Hot Water La. BS15: Soun 3B 62
Hotwell Rd. BS8: Clif 2A 66
HOTWELLS 4C 66
Hotwells Ho. *BS8: Clif 3C 66*
    (off Hotwell Rd.)
Houlton St. BS2: Bris 1F 5 (1B 68)
Hounds Cl. BS37: Chip S 4D 17
Hounds Rd. BS37: Chip S 4D 17
Hover's La. BS36: Fram C 2E 13
  BS37: Iron A 2E 13
Howard Av. BS14: W'hall 1A 70
Howard Cl. BS31: Salt 4F 91
Howard Rd. BS3: Bris 5D 67
  BS6: Henle 2D 57
  BS16: Stap H 2F 61

Howard St. BS5: W'hall 5A 60
Howard Wlk. BS30: B'yte 2F 73
Howecroft Ct. BS9: Stok B 2A 56
Howecroft Gdns. BS9: Stok B 2A 56
Howells Mead BS16: Emer G 4D 47
Howes Cl. BS30: Bar C 3C 72
Howett Rd. BS5: Redf 2E 69
How Hill Rd. BA2: Bath 4C 102
Hows Moor BS16: Emer G 3E 47
Howsmoor La. BS16: Emer G 3D 47
    (not continuous)
Hoylake BS37: Yate 5A 16
Hoylake Dr. BS30: Warm 3D 73
Huckford La. BS36: Wint 4C 28
Huckford Quarry Local Nature Reserve
   . . . . .4B 28
Huckford Rd. BS36: Wint 3A 28
Huckley Way BS32: Brad S 2B 26
Hudd's Hill Gdns. BS5: St G 5B 60
Hudd's Hill Rd. BS5: St G 1B 70
Hudd's Va. Rd. BS5: St G 1A 70
    (not continuous)
Hudson Cl. BS37: Yate 5B 16
Hughenden Rd. BS7: Hor 1A 58
  BS8: Clif 4C 56
Hughes Gdns. BS7: Hor 3C 42
Hulbert Cl. BS4: Brisl 2C 80
Hulse Rd. BS4: Brisl 3F 79
Humberstan Wlk. BS11: Law W . .3A 38
Humber Way BS11: A'mth 3F 19
Humphry Davy Way BS8: Clif 4B 66
Humphrys Barton BS4: St Ap 4B 70
Hungerford Cl. BS4: Brisl 4A 80
Hungerford Ct. BA2: New L 5D 101
Hungerford Cres. BS4: Brisl 3A 80
Hungerford Gdns. BS4: Brisl 4A 80
Hungerford Rd. BA1: Bath 3E 103
  BS4: Brisl 3A 80
Hungerford Wlk. BS4: Brisl 3A 80
Hung Rd. BS11: Shire 5A 38
Hunters Cl. BS15: Han 4E 71
Hunters Dr. BS15: K'wd 5B 62
Hunter's Rd. BS15: Han 4E 71
Hunters Way BS34: Fil 5D 25
Huntingham Rd. BS13: Withy 3A 84
Hunts Ground Rd. BS34: Stok G . .4B 26
Hunts La. BS7: Hor 5A 42
Hurle Cres. BS8: Clif 5C 56
Hurle Rd. BS8: Clif 5D 57
Hurlingham Rd. BS7: Bris 4B 58
Hurn La. BS31: Key 3B 90
Hurston Rd. BS4: Know 4F 77
Hurst Rd. BS4: Know 4B 78
Hurst Wlk. BS4: Know 4B 78
Hurstwood Rd. BS16: Down 1F 61
Hutton Cl. BS9: W Trym 4F 39
  BS31: Key 5C 90
Huyton Rd. BS5: Eastv 3A 60
Hyde Apartments *BS6: Redl 3E 57*
    (off Redland Ct. Rd.)
Hydes, The BS31: Key 1A 90
Hyland Gro. BS9: W Trym 3B 40

Ida Rd. BS5: W'hall 1E 69
Iddesleigh Rd. BS6: Redl 3D 57
Idstone Rd. BS16: Fish 2D 61
Ilford Cl. BS31: Salt 4A 92
Ilchester Cres. BS13: Bis 3D 77
Ilchester Rd. BS13: Bis 3C 76
Iles Cl. BS15: Han 5F 71
Ilex Cl. BS13: Bis 1B 84
Ilminster Av. BS4: Know 3A 78
Ilsyn Gro. BS14: Stoc 5F 79
IMAX 3D Cinema
  Bristol 4A 4 (3E 67)
Imbercourt Cl. BS14: H'gro 4D 79
Imperial BA2: Bath 4A 104
Imperial Pk. BS13: Bis 1E 85
Imperial Rd. BS6: Redl 5D 57
  BS14: H'gro 4E 79
Imperial Wlk. BS14: H'gro 3D 79
Inchalloch *BA1: Bath 1D 105*
    (off Snow Hill)
Ingleside Rd. BS15: K'wd 5D 61
Ingmire Rd. BS5: Eastv 3D 59

Inkerman Cl. BS7: Hor 4A 42
Inman Ho. BA1: Bath 1C 104
Innox Gdns. BS13: Withy 2C 84
Innox Gro. BA2: Eng 3B 108
Innox La. BA1: Up Swa 2D 97
Innox Rd. BA1: Swa, Up Swa 2D 97
  BA2: Bath 5D 103
INN'S COURT 5F 77
Inns Ct. Av. BS4: Know 5F 77
Inns Ct. Dr. BS4: Know 5F 77
Inn's Ct. Grn. BS4: Know 5F 77
    (not continuous)
Instow Rd. BS4: Know 4A 78
Instow Wlk. BS4: Know 4A 78
International Trad. Est.
  BS11: A'mth 1D 37
Interplex BS32: Brad S 2E 9
Inverness Rd. BA2: Bath 4E 103
Invicta BS1: Bris 5A 4
IO Centre BS11: A'mth 3B 20
Ipswich Dr. BS4: St Ap 3A 70
IQ BS1: Bris 1C 4 (1F 67)
Irby Rd. BS3: Bedm 1C 76
Irena Rd. BS16: Fish 3B 60
Ireton Rd. BS3: Bedm 1D 77
IRON ACTON 1F 13
Iron Acton Way BS37: Yate 2C 14
Ironchurch Rd. BS11: A'mth 4D 19
Ironmould La. BS4: Brisl 2C 80
Irving Cl. BS16: Stap H 2A 62
Irving Ho. BS1: Bris 2A 4
Isabella Cotts. *BA2: C Down 4D 111*
    (off Rock La.)
Isabella M. BA2: C Down 4D 111
Isabella Rd. BS14: H'gro 5C 78
Isambard Wlk. BS1: Bris 4F 5 (3B 68)
Island Gdns. BS16: Stap 2E 59
Island Trade Pk. BS11: A'mth 2E 37
Isleys Ct. BS30: L Grn 1B 82
Islington Rd. BS3: Bris 5D 67
Ison Hill Rd. BS10: Hen 5F 21
Ison Hill Rd. BS10: Hen 5F 21
Ivo Peters Rd. BA2: Bath 4A 104
Ivor Rd. BS5: W'hall 1E 69
IVORY HILL 4C 28
Ivy Av. BA2: Bath 1E 109
Ivy Bank Pk. BA2: C Down 3B 110
Ivy Ct. BS20: P'head 1B 48
Ivy Gro. BA2: Bath 1E 109
Ivy La. BS16: Fish 3C 60
Ivy Pl. BA2: Bath 1E 109
Ivy Ter. BS37: W'lgh 4D 31
Ivy Vs. BA2: Bath 1E 109
Ivywell Rd. BS9: Stok B 3A 56

J

Jack Knight Ho. BS7: Hor 1B 58
Jack Price Cl. BS13: Hart 4E 85
Jacob Bldg., The *BS8: Clif 2D 67*
    (off Berkeley Pl.)
Jacob Ct. BS2: Bris 2F 5 (2B 68)
Jacobs Brewery *BS8: Clif 3D 67*
    (off Jacobs Wells Rd.)
Jacobs Ct. *BS1: Bris 3E 67*
    (off Queen's Pde.)
Jacob's Mdw. BS20: P'head 2B 50
Jacob St. BS2: Bris 2F 5 (2B 68)
    (Hawkins St.)
  BS2: Bris 2E 5 (2A 68)
    (Tower Hill)
Jacob's Wells Rd. BS8: Clif 3D 67
Jaguar Ho. *BA1: Bath 1B 6*
    (off Julian Rd.)
Jamaica St. BS2: Bris 1A 68
James Cl. BS16: Soun 2A 62
James Counsell Way BS34: Ham . .1B 44
James Pl. *BS8: Clif 2B 66*
    (off Portland St.)
James Rd. BS16: Soun 3A 62
James St. BS2: Bris 4C 58
  BS5: E'tn 1B 68
James St. W. BA1: Bath . . .3A 6 (4B 104)
Jane Austen Cen. 2B 6
Jane St. BS5: E'tn 2D 69
Jarratts Rd. BS10: S'mead 1F 41
Jarvis St. BS5: Bar H 3D 69

Jasmin Gro. BS11: Law W 1E 39
Jasper St. BS3: Bedm 1D 77
Jays Cl. BS15: K'wd 3F 71
Jean Rd. BS4: Brisl 2A 80
Jeffery Ct. BS30: C Hth 3D 73
Jeffreys Ct. BS16: Fish 3A 60
(off Marina Gdns.)
JEFFRIES HILL 4D 71
Jeffries Hill Bottom BS15: St G ...4D 71
Jekyll Cl. BS16: Stap 3A 44
Jellicoe Av. BS16: Stap 3A 44
Jena Ct. BS31: Salt 4F 91
Jenner Blvd. BS16: Emer G 2D 47
Jenner Cl. BS37: Chip S 5F 17
Jennings Ct. BS3: Bris 5C 66
(off Lwr. Sidney St.)
Jenny La. BS10: S'mead 1F 41
Jersey Av. BS4: Brisl 5B 70
Jesse Hughes Ct. BA1: Bath 5E 97
Jessop Apartments BS7: B'stn 2B 58
Jessop Cl. BS1: Bris 4D 5 (3A 68)
Jessop Cres. BS10: W Trym 2C 40
Jessop Underpass BS3: Ash G 5B 66
Jew's La. BA2: Bath 4E 103
Jim O'Neil Ho. BS11: Shire 4F 37
Jinty La. BS16: Sis 4D 63
Jobbins Cl. BS37: Chip S 5C 16
Jocelyn Rd. BS7: Hor 4B 42
Jockey La. BS5: St G 2C 70
John Cabot Ct. BS1: Bris 4C 66
John Carr's Ter. BS8: Clif 3D 67
John Chiddy Cl. BS15: Han 1E 81
John Cozens Ho. BS2: Bris 1F 5
John Fosters Almshouses
BS10: Hen 5C 22
John Hall Cl. BS14: H'gro 5D 79
John James Ct. BS7: L'lze 4D 43
Johnny Ball La. BS2: Bris 1B 4 (2F 67)
John Repton Gdns. BS10: Bren ...1D 41
John Sebastian Quay BS1: Bris 4F 67
John Slessor Ct. BA1: Bath 2B 104
Johnson Dr. BS30: Bar C 4B 72
Johnson Rd. BS16: Emer G 5E 47
Johnsons La. BS5: W'hall 5F 59
Johnsons Rd. BS5: W'hall 5E 59
Johnstone St. BA2: Bath 3D 7 (4C 104)
John St. BA1: Bath 2B 6 (3B 104)
BS1: Bris 2C 4 (2F 67)
BS2: Bris 4C 58
BS15: K'wd 1E 71
BS34: Stok G 1F 43
John Wesley Ct. BS5: St G 3D 71
BS15: St G 4D 71
John Wesley's Chapel 1D 5 (2A 68)
(off Westgate Bldgs.)
Jordan Wlk. BS32: Brad S 5F 9
Jorrocks Ind. Est. BS37: W'lgh 4E 31
Joyce Cl. BS7: Hor 3C 42
Joy Hill BS8: Clif 3B 66
Jubilee Cotts. BS13: Bis 4B 76
Jubilee Ct. BS4: Brisl 5F 69
Jubilee Cres. BS16: Mang 4C 46
Jubilee Gdns. BS37: Yate 3C 16
Jubilee Ho. BS34: Lit S 5E 9
Jubilee Pl.
BS1: Bris 5C 4 (4F 67)
BS15: K'wd 2C 72
Jubilee Rd. BS2: Bris 5C 58
BS4: Know 2E 79
BS5: St G 2B 70
BS15: Soun 3A 62
Jubilee Row BS2: Bris 5C 58
(off Ashley St.)
Jubilee St. BS2: Bris 3F 5 (3B 68)
Jubilee Swimming Pool 2D 79
Jubilee Ter. BA1: Bath 1D 105
Jubilee Way BS11: A'mth 1D 37
Julian Cl. BS9: Stok B 3A 56
Julian Ct. BS9: Stok B 3A 56
Julian Rd. BA1: Bath 1A 6 (2B 104)
BS9: Stok B 3A 56
Julier Ho. BA1: Bath 2C 104
(off Pera Rd.)
Julius Cl. BS16: Emer G 5E 47
Julius Rd. BS7: B'stn 3A 58
Junction Av. BA2: Bath 5A 104
Junction Cut BS11: A'mth 2C 36

Junction Rd. BA2: Bath 5A 104
BS4: Brisl 5E 69
Junction Way BS16: Soun 3C 62
Juniper Ct. BS5: Eastv 4E 59
Juniper Way BS32: Brad S 1B 26
Jupiter Rd. BS34: Pat 1F 23
Justice Av. BS31: Salt 4A 92
Justice Rd. BS16: Fish 3B 60
Jutland Rd. BS11: A'mth 2D 37

K

Kathdene Gdns. BS7: Bris 3B 58
Kaynton Mead BA1: Bath 4D 103
Keats Ct. BS7: Hor 3C 42
Keble Av. BS13: Withy 3B 84
Keed's La. BS41: L Ash 2A 74
Keedwell Hill BS41: L Ash 3B 74
Keel Av. BS20: P'head 4E 35
Keel Cl. BS5: St G 3B 70
Keep, The BS30: Old C 4F 73
Keepers La. BS7: Bris 3B 58
Keg Store, The BS1: Bris 3D 5 (3A 68)
Keinton Wlk. BS10: Hen 1C 40
Kelbra Cres. BS36: Fram C 2D 29
Kellaway Av. BS6: B'stn, Hor 1E 57
BS7: Hor 1E 57
Kellaway Ct. BS6: B'stn 1F 57
Kellaway Cres. BS9: Henle 5F 41
Kelso Pl. BA1: Bath 3F 103
Kelston Cl. BS31: Salt 4F 91
BS37: Yate 1F 31
KELSTON 4E 93
Kelston Cl. BS31: Salt 4F 91
Kelston Gdns. BS10: W Trym 3F 41
Kelston Gro. BS15: Han 3A 72
Kelston M. BS10: W Trym 3F 41
Kelston Rd. BA1: Bath 1A 102
BS10: W Trym 3F 41
BS31: Key 2F 89
Kelston Vw. BA2: Bath 5B 102
BS31: Salt 4F 91
Kelston Wlk. BS16: Fish 2E 61
Kemble Cl. BS15: K'wd 3A 72
Kemble Gdns. BS11: Shire 1A 54
Kemperleye Way
BS32: Brad S 1F 25
Kempes Cl. BS41: L Ash 2C 74
Kempthorne La. BA2: Odd D 4A 110
Kempton Cl. BS16: Down 2B 46
Kemys Cl. BS16: Fish 1D 61
Kencot Wlk. BS13: Withy 4D 85
Kendall Cl. BS37: Yate 4D 15
Kendall Gdns. BS16: Stap H 2F 61
Kendall Rd. BS16: Stap H 2F 61
Kendal Rd. BS7: Hor 4C 42
KENDLESHIRE 5C 28
Kendon Dr. BS10: Hor 4F 41
Kendon Way BS10: S'mead 3F 41
Kenilworth BS37: Yate 5B 16
Kenilworth Cl. BS31: Key 3F 89
Kenilworth Ct. BA1: Bath 2D 105
(off Snow Hill)
Kenilworth Dr. BS30: Will 2D 83
Kenilworth Rd. BS6: Cot 5E 57
Kenmare Rd. BS4: Know 3A 78
Kenmore Cres. BS7: Hor 2A 42
Kenmore Dr. BS7: Hor 2A 42
Kenmore Gro. BS7: Hor 2A 42
Kennard Cl. BS15: K'wd 2E 71
Kennard Ri. BS15: K'wd 1E 71
Kennard Rd. BS15: K'wd 1E 71
Kenn Cl. BS4: Know 5A 78
Kennedy Ho. BS37: Yate 4B 16
Kennedy Way
BS37: Chip S, Yate 4A 16
Kennel Lodge Rd. BS3: Bwr A 5A 66
BS41: L Ash 5F 65
Kenneth Rd. BS4: Brisl 2F 79
Kennet Pk. BA2: Batham 1A 106
Kennet Rd. BS31: Key 3C 90
Kennington Av. BS7: B'stn 2A 58
BS15: K'wd 5F 61
Kennington Rd. BA1: Bath 3D 103
Kennion Rd. BS5: St G 2C 70
Kenmmoor Cl. BS30: C Hth 3C 72
Kenn Rd. BS5: St G 2C 70
Kensal Av. BS3: Wind H 1A 78

Kensal Rd. BS3: Wind H 1A 78
Kensington, The BS8: Clif 2C 66
(off Kensington Pl.)
Kensington Apartments
BS6: Redl 3E 57
(off Redland Ct. Rd.)
Kensington Ct. BA1: Bath 1D 105
BS8: Clif 2C 66
Kensington Gdns. BA1: Bath 1D 105
KENSINGTON HILL 2F 79
Kensington Ho. BS5: St G 1C 70
(off Kensington Rd.)
KENSINGTON PARK 1E 79
Kensington Pk. BS5: E'tn 5C 58
Kensington Pk. Rd. BS4: Brisl 2E 79
Kensington Pl. BA1: Bath 2D 105
BS8: Clif 2C 66
Kensington Rd. BS5: St G 1C 70
BS6: Redl 5E 57
BS16: Stap H 2F 61
Kent Av. BS37: Yate 2B 16
Kent Cl. BS34: Stok G 4F 25
Kent La. BA1: Up Swa 1D 97
Kent M. BS16: Stap 4A 44
Kenton M. BS9: Henle 1E 57
Kent Rd. BS7: B'stn 3A 58
Kents Grn. BS15: K'wd 4A 62
Kent St. BS3: Bedm 1E 77
Kenwood Cl. BS15: K'wd 5B 62
Keppel Cl. BS31: Salt 5F 91
Kerry Rd. BS4: Know 3A 78
Kersteman Rd. BS6: Redl 4E 57
Kestrel Cl. BS34: Pat 5A 8
BS37: Chip S 5B 16
Kestrel Ct. BS20: P'head 5D 35
Keswick Wlk. BS10: S'mead 1E 41
Ketch Rd. BS3: Wind H 1B 78
Kewstoke Rd. BA2: C Down 3C 110
BS9: Stok B 2A 56
Kew Wlk. BS4: Brisl 4E 79
KEYNSHAM 1A 90
Keynsham By-Pass BS31: Key 4E 81
Keynsham Leisure Cen. 2B 90
Keynsham Rd. BS30: Will 1B 90
BS31: Key 1B 90
Keynsham Station (Rail) 1B 90
Key Point BS32: Brad S 1F 9
Keys Av. BS7: Hor 4B 42
Kilbirnie Rd. BS14: Whit 4C 86
Kilburn St. BS5: E'tn 1D 69
Kildare BA2: Bath 2F 7 (3D 105)
Kildare Rd. BS4: Know 3F 77
Kilkenny La.
BA2: Eng, Ing, Odd D 5A 108
Kilkenny Pl. BS20: P'head 5B 34
Kilkenny St. BS2: Bris 3F 5 (3B 68)
Kilmersdon Rd. BS13: Hart 3D 85
Kilminster Cl. BS34: Lit S 2F 25
Kilminster Rd. BS11: Shire 4F 37
Kiln, The BS3: Bedm 5D 67
Kiln Cl. BS15: K'wd 4D 61
Kilnhurst Cl. BS30: L Grn 2B 82
Kilvert Cl. BS4: Brisl 4F 69
Kimberley Av. BS16: Fish 1E 61
Kimberley Cl. BS16: Down 4B 46
Kimberley Ct. BS34: Pat 4B 8
Kimberley Cres. BS16: Fish 1E 61
Kimberley Rd. BS15: K'wd 5F 61
BS16: Fish 1E 61
(not continuous)
Kinber Cl. BA1: W'ton 4C 94
Kinema Ho. BS4: Brisl 5E 69
(off Belmont Rd.)
King Dick's La. BS5: St G 1B 70
Kingdom Ho. BS1: Bris 4D 67
(off Gas Ferry Rd.)
Kingdom Vw. BS3: Bedm 2D 77
King Edward Cl. BS14: H'gro 1C 86
(not continuous)
King Edward Rd. BA2: Bath 5F 103
Kingfisher Cl. BS10: Bren 4D 23
BS32: Brad S 3A 10
Kingfisher Dr. BS16: B'hll 5A 44
Kingfisher Rd.
BS20: P'bry, P'head 4E 35
BS37: Chip S 5C 16
King George V Pl.
BS1: Bris 4B 4 (3F 67)

King Georges Rd. BA2: Bath 5E 103
　BS13: Bis 2B 84
King John's Rd. BS15: K'wd 4D 61
King Rd. BS4: Know 3E 79
King Rd. Av. BS11: A'mth 1C 36
Kingrove Cres. BS37: Chip S 5E 17
Kingrove La. BS37: Chip S 1E 33
Kings Av. BS7: B'stn 2E 57
　BS15: Han 5D 71
Kings Bus. Pk. BS2: Bris 3E 69
King's Chase Shop. Cen.
　BS15: K'wd 1F 71
Kingscote BS37: Yate 2F 31
Kingscote Pk. BS5: St G 3D 71
Kings Ct. BA1: Bath 3B 6
　　　　(off Parsonage La.)
　BS1: Bris 4C 4
　BS2: Bris 2B 68
　　　　　　(Braggs La.)
　BS2: Bris 1A 68
　　　　　(Jamaica St.)
　BS3: Bedm 5E 67
　BS13: Withy 3B 84
　BS15: K'wd 2F 71
　BS34: Lit S 2E 25
Kingscourt Cl. BS14: Whit 2C 86
Kings Cft. BS41: L Ash 3A 74
KINGSDOWN 1A 4 (1E 67)
Kingsdown Pde. BS6: Bris 1F 67
Kingsdown Sports Cen. 1E 67
Kingsdown Vw. BA1: Bath 1C 104
Kings Dr. BS7: B'stn 1E 57
　BS15: Han 5D 71
　BS34: Stok G 4C 26
Kingsfield BA2: Bath 2E 109
Kingsfield La. BS15: Han 4A 72
　　　　(not continuous)
　BS30: L Grn 5A 72
Kings Head La. BS13: Bis 5A 76
Kingshill Rd. BS4: Know 3D 79
Kingsholme Rd. BS15: K'wd 5F 61
Kingsholm Rd. BS10: S'mead 3F 41
Kings Ho. BS2: Bris 1E 67
Kingsland Cl. BS2: Bris 3C 68
Kingsland Rd. BS2: Bris 3C 68
Kingsland Rd. Bri. BS2: Bris 3C 68
Kingsland Trad. Est. BS2: Bris 2B 68
Kingsleigh Ct. BS15: K'wd 2B 72
Kingsleigh Gdns. BS15: K'wd 2B 72
Kingsleigh Pk. BS15: K'wd 2B 72
Kingsley BA2: Bath 5A 104
　　　　(off Up. Oldfield Pk.)
Kingsley Ho. BS2: Bris 3F 5 (3B 68)
Kingsley Pl. BS3: Bris 5E 67
　　　　(off Beauley Rd.)
Kingsley Rd. BS5: E'tn 5E 59
　BS6: Cot 4F 57
Kingsmarsh Ho. BS5: E'tn 2D 69
Kingsmead Ct. BA1: Bath 4A 6
　　　　(off Kingsmead Nth.)
Kingsmead E. BA1: Bath 4A 6 (4B 104)
Kingsmead Ho. BA1: Bath 3A 6
Kingsmead Leisure Complex 4A 6
Kingsmead Nth.
　BA1: Bath 4A 6 (4B 104)
Kingsmead Rd. BS5: S'wll 5C 60
Kingsmead Sq.
　BA1: Bath 4B 6 (4B 104)
Kingsmead St.
　BA1: Bath 3B 6 (4B 104)
Kingsmead Ter. BA1: Bath 4B 6
Kingsmead Wlk. BS5: S'wll 5C 60
Kingsmead W.
　BA1: Bath 4A 6 (4B 104)
Kings M. BS6: Bris 1F 67
Kingsmill BS9: Stok B 1F 55
Kings Orchard BS2: Bris 2E 5 (2A 68)
Kings Pde. Av. BS8: Clif 5D 57
Kings Pde. M. BS8: Clif 5C 56
Kings Pk. Av. BS2: Bris 3E 69
King Sq. BS2: Bris 1F 67
　　　　(not continuous)
King Sq. Av. BS2: Bris 1F 67
King Sq. Studios BS1: Bris 1F 67
　　　　(off Dighton St.)
Kings Quarter Apartments
　BS1: Bris 1F 67
　　　　(off Charles St.)

King's Rd. BS4: Brisl 1E 79
　BS8: Clif 2C 66
　BS20: P'head 2B 48
Kings Sq. BS30: Bit 4F 83
Kingston Av. BS31: Salt 5E 91
Kingston Bldgs. BA1: Bath 4C 6
　　　　(off York St.)
Kingston Cl. BS16: Mang 4C 46
Kingston Dr. BS16: Mang 4C 46
Kingston Pde. BA1: Bath 4C 6
　　　　(off York St.)
Kingston Rd. BA1: Bath 4C 6 (4C 104)
　BS3: Bedm 5E 67
Kingstree St. BS4: Wind H 5C 68
King St. BS1: Bris 4B 4 (3F 67)
　BS5: E'tn 1C 68
　BS11: A'mth 2C 36
　BS15: K'wd 1D 71
　BS30: Bit 5A 76
King's Wlk. BS13: Bis 5A 76
Kingsway BA2: Bath 2E 109
　BS5: St G 2D 71
　BS15: K'wd 2D 71
　BS20: P'head 2B 48
　BS34: Lit S 2E 25
Kingsway Av. BS5: St G 1D 71
Kingsway Cvn. Pk. BS20: P'head . .5C 34
Kingsway Ct. BS15: K'wd 1D 71
Kingsway Cres. BS15: K'wd 1E 71
Kingsway Rd. BS30: Warm 3D 73
Kingsway Shop. Pct. BS5: St G . . .3D 71
Kingswear Rd. BS3: Know 3F 77
Kingsweston Av. BS11: Shire 4F 37
Kingsweston Down Nature Reserve
　. . . . . .2E 39
Kings Weston La.
　BS11: A'mth, Law W 4E 19
Kings Weston Rd. BS10: Hen 2E 39
　BS11: Law W 4C 38
KINGSWOOD 1F 71
Kingswood Douglas Est.
　BS15: K'wd 2F 71
Kingswood Fountain Est.
　BS15: K'wd 1E 71
Kingswood Hgts. BS15: K'wd 5F 61
Kingswood Heritage Mus. 3D 73
Kingswood Ind. Est.
　BS30: L Grn 3F 61
Kingswood Leisure Cen. 3F 61
Kingswood Theatre 5A 96
Kingswood Trad. Est.
　BS15: K'wd 5F 61
King William Av.
　BS1: Bris 4C 4 (3F 67)
King William St. BS3: Bedm 5D 67
Kinsale Rd. BS14: H'gro 5E 79
Kinsale Wlk. BS4: Know 3A 78
Kinvara Rd. BS4: Know 4A 78
Kipling Av. BA2: Bath 1B 110
Kipling Rd. BS7: Hor 2D 43
Kirkby Rd. BS11: Law W 2C 38
Kirkstone Gdns. BS10: S'mead 1E 41
Kirtlington Rd. BS5: Eastv 3D 59
Kite Hay Cl. BS16: Stap 1A 60
Kites Cl. BS32: Brad S 3E 9
Kittiwake Dr. BS20: P'head 4E 35
Knapp, The BS37: Yate 1B 16
Knapps La. BS5: S'wll 4A 60
Kneller Cl. BS11: Law W 3C 38
Knightcott Rd. BS8: Abb L 1B 64
Knighton Rd. BS10: S'mead 2A 42
Knightsbridge Pk. BS13: Hart 3A 86
Knights Cl. BS9: Henle 5D 41
Knightstone Gdns. BS4: Know 2D 79
　　　　(off Oakmeade Pk.)
Knightstone Ho. BS2: Bris 1F 67
　　　　(off Portland St.)
Knightstone Lodge BS6: Cot 5F 57
　　　　(off Archfield Rd.)
Knightstone Mt. BS5: St G 3C 70
　　　　(off Nicholas La.)
Knightstone Pl. BA1: W'ton 1D 103
　BS15: Han 1D 81
Knightstone Wlk. BS2: Bris 1E 67
　　　　(off Portland St.)
Knightwood Rd. BS34: Stok G 3B 26
Knole Cl. BS32: Alm 1B 8
Knole La. BS10: Bren 5C 22

Knole Pk. BS32: Alm 2B 8
Knoll, The BS20: P'head 4C 34
Knoll Ct. BS9: Stok B 3F 55
Knoll Hill BS9: Stok B 3F 55
Knovill Cl. BS11: Law W 1D 39
KNOWLE 2D 79
Knowle Golf Course 4F 79
KNOWLE PARK 3D 79
Knowle Rd. BS4: Wind H 1B 78
Knowle W. Health Pk.
　BS4: Know 3F 77
Knowsley Rd. BS16: Fish 3A 60
Komedia Bath 3B 6
　　　　(off Westgate St.)
Kyght Cl. BS15: Warm 1C 72
Kylross Av. BS14: H'gro 2D 87
Kynaston Vw. BS15: Han 5F 71
Kynges Mill Cl. BS16: B'hll 4C 44
Kyngstone Ct. BS16: Fish 3A 60
Kyrle Gdns. BA1: Bathe 4B 98

L

Labbott, The BS31: Key 2A 90
Laburnum Gro. BS16: Fish 2D 61
Laburnum Rd. BS15: Han 4E 71
Laburnum Ter. BA1: Bathe 4B 98
Laburnum Wlk. BS31: Key 4E 89
Lacey Rd. BS14: Stoc 1A 88
Lacock Dr. BS30: Bar C 4B 72
Ladd Cl. BS15: K'wd 2B 72
Laddon Mead BS37: Yate 1F 15
Ladies Mile BS9: Stok B 5B 56
Ladman Gro. BS14: Stoc 1A 88
Ladman Rd. BS14: Stoc 1A 88
Ladymead BS20: P'head 1B 50
Ladymead Ho.
　BA1: Bath 1C 6 (3C 104)
Ladysmith Rd. BS6: Henle 2D 57
Laggan Gdns. BA1: Bath 1A 104
Lakemead Gdns. BS13: Withy 3B 84
Lakemead Gro. BS13: Bis 1B 84
Lake Rd. BS10: W Trym 4E 41
　BS20: P'head 5B 34
Lakeshore BS13: Bis 1E 85
Lake Shore Dr. BS13: Bis 1E 85
Lakeside BS16: Fish 3A 60
Lake Vw. BS16: Fish 3B 60
Lake Vw. Rd. BS5: St G 1F 69
Lakewood Cres. BS10: W Trym 3D 41
Lakewood Rd. BS10: W Trym 3D 41
Lalonde Ho. BS8: Clif 2D 67
　　　　(off Queen's Rd.)
Lambert Pl. BS4: Know 1F 85
Lamb Hill BS5: St G 2B 70
Lambley Rd. BS5: St G 1A 70
Lambourn Cl. BS3: Wind H 1F 77
Lambourne Way BS20: P'head 2B 50
Lambourn Rd. BS31: Key 3C 90
LAMBRIDGE 1E 105
Lambridge Bldgs. BA1: Bath 5D 97
Lambridge Bldgs. M.
　BA1: Bath 1E 105
　　　　(off Salisbury Rd.)
Lambridge Grange BA1: Bath 5E 97
Lambridge M. BA1: Bath 1E 105
Lambridge Pl. BA1: Bath 1E 105
Lambridge St. BA1: Bath 1E 105
Lambrook Rd. BS16: Fish 2C 60
Lamb St. BS2: Bris 1F 5 (2B 68)
Lamington Cl. BS13: Bis 1B 84
Lamont Ho. BA1: Bath 5E 97
Lamord Ga. BS34: Stok G 3A 26
Lamparts Bldgs.
　BA1: Bath 1B 6 (2B 104)
Lampeter Rd. BS9: W Trym 4B 40
Lampton Av. BS13: Hart 4A 86
Lampton Gro. BS13: Hart 4A 86
Lampton Rd. BS41: L Ash 3B 74
Lanaway Rd. BS16: Fish 5D 45
Lancashire Rd. BS7: B'stn 3A 58
Lancaster Cl. BS34: Stok G 4F 25
Lancaster Rd. BS2: Bris 4C 58
　BS37: Yate 2A 16
Lancaster St. BS5: Redf 2E 69
Lancelot Rd. BS16: Stap 3A 44
Land, The BS36: Coal H 1E 29

Landing Lights—Linden Gdns.

Landing Lights BS14: H'gro 2A **86**
Landmark Ct. BS1: Bris 5A **4**
Landrail Wlk. BS16: B'hll 5B **44**
Landseer Av. BS7: L'lze 5D **43**
Landseer Rd. BA2: Bath 4D **103**
Lanercost Rd. BS10: S'mead 1E **41**
Lanesborough Ri. BS14: Stoc 5F **79**
Lanes End BS4: Brisl 3E **79**
Langdale Ct. BS34: Pat 5C **8**
Langdale Rd. BS16: Fish 2B **60**
Langdon Rd. BA2: Bath 1D **109**
Langfield Cl. BS10: Hen 5A **22**
Langford Rd. BS13: Bis 4B **76**
Langford Way BS15: K'wd 2A **72**
Langham Rd. BS4: Know 2E **79**
Langhill Av. BS4: Know 5E **77**
Langley Cres. BS3: Ash V 3A **76**
Langley Mow BS16: Emer G 4D **47**
Langridge La.
BA1: L'rdge, L'dwn 1C **94**
Langthorn Cl. BS36: Fram C 1E **29**
Langton Ct. BA2: New L 5D **101**
BS16: Fish 3A ***60***
(off Marina Gdns.)
Langton Ct. Rd. BS4: St Ap 4F **69**
Langton Ho. BS2: Bris 1F **5**
Langton Pk. BS3: Bedm 5E **67**
Langton Rd. BS4: St Ap 4F **69**
Langton Way BS4: St Ap 3B **70**
LANSDOWN 1D **95**
Lansdown BS37: Yate 5A **16**
Lansdown (Park & Ride) 2E **95**
Lansdown Cl. BA1: Bath 1A **104**
BS15: K'wd 4F **61**
Lansdown Club, The 1B **104**
Lansdown Cres. BA1: Bath 1B **104**
Lansdowne *BS16: Fren 2E* ***45***
(off Avon Ring Rd.)
Lansdowne Ct. BS5: E'tn 1C **68**
Lansdown Golf Course 1C **94**
Lansdown Gro.
BA1: Bath 1B **6** (2B **104**)
Lansdown Gro. Ct. *BA1: Bath 2B* ***104***
(off Lansdown Gro.)
Lansdown Gro. Lodge
BA1: Bath 2B ***104***
(off Lansdown Gro.)
Lansdown Hgts. BA1: Bath 5B **96**
Lansdown Ho. BS15: K'wd 4F **61**
Lansdown La.
BA1: L'dwn, W'ton 5D **95**
Lansdown Lawn Tennis
& Squash Racquets Club *1B 104*
(within The Lansdown Club)
Lansdown Mans. *BA1: Bath 2B* ***104***
(off Lansdown Rd.)
Lansdown M. BA1: Bath 2B **6** (3B **104**)
Lansdown Pk. BA1: L'dwn 4A **96**
Lansdown Pl. BS8: Clif 2C **66**
BS16: Emer G 4D **47**
Lansdown Pl. E. BA1: Bath 2B **104**
Lansdown Pl. W. BA1: Bath 1B **104**
Lansdown Rd. BA1: Bath, L'dwn 1D **95**
BS5: E'tn 5C **58**
BS6: Redl 5E **57**
BS8: Clif 2C **66**
BS15: K'wd 4F **61**
BS31: Salt 4A **92**
Lansdown Ter. *BA1: Bath 2B* ***104***
(off Lansdown Rd.)
BA1: W'ton 1E **103**
BS6: Henle 1F **57**
Lansdown Vw. BA2: Bath 5E **103**
BS15: K'wd 1A **72**
Lansdown Vs. *BA1: Bath 2B* ***104***
(off Camden Row)
Laphams Ct. BS30: L Grn 5B **72**
Lapwing Cl. BS20: P'bry, P'head 5E **35**
BS32: Brad S 3F **9**
Lapwing Gdns. BS16: B'hll 5B **44**
Larch Cl. BS16: Puck 3F **47**
Larch Rd. BS15: Soun 3A **62**
Larch Way BS34: Pat 1A **24**
Larkfield BS36: Coal H 1F **29**
LARKHALL 5D **97**
Larkhall Bldgs. *BA1: Bath 5E* ***97***
(off St Saviours Rd.)
Larkhall Pl. BA1: Bath 5E **97**
Larkhall Sq. BA1: Bath 5E **97**
Larkhall Ter. BA1: Bath 5E **97**
Larkin Pl. BS7: Hor 2C **42**
Lark Pl. *BA1: Bath 3F* ***103***
(off Up. Bristol Rd.)
Lark Ri. BS37: Yate 1A **16**
Larks Fld. BS16: Stap 1A **60**
Larksleaze Rd. BS30: L Grn 2A **82**
La Sainte BS20: P'head 5B **34**
Lasbury Gro. BS13: Hart 2E **85**
Latchmoor Ho. BS13: Bis 4C **76**
Latimer Cl. BS4: Brisl 5A **70**
Latteridge Rd. BS37: Iron A 1F **13**
Latton Rd. BS7: Hor 3B **42**
Launceston Av. BS15: Han 4D **71**
Launceston Rd. BS15: K'wd 5D **61**
Laura Pl. BA2: Bath 2D **7** (3C **104**)
Laureate, The *BS1: Bris 1F* ***67***
(off Charles St.)
Laurel Dr. BS16: Emer G 3E **47**
Laurels, The BS10: Hen 2C **22**
BS16: Mang 5C **46**
Laurel St. BS15: K'wd 1F **71**
Laurie Cres. BS9: Henle 5F **41**
Laurie Lee Ct. BS30: Bar C 4C **72**
Lavender Ct. BS5: S'wll 5B **60**
Lavender Way BS32: Brad S 1B **26**
Lavenham Rd. BS37: Yate 3D **15**
Lavers Cl. BS15: K'wd 3A **72**
Lavington Rd. BS5: St G 3D **71**
Lawford Av. BS34: Lit S 2E **25**
Lawford M. BS2: Bris 2F **5** (2B **68**)
Lawfords Ga. BS2: E'tn 2B **68**
BS5: E'tn 1B **68**
Lawfords Ga. Ho. *BS2: Bris 2F* ***5***
(off Lawford St.)
Lawford St. BS2: Bris 1F **5** (2B **68**)
Lawn Av. BS16: Fish 1D **61**
Lawn Cl. BS16: L'lze 3E **43**
Lawn Rd. BS16: Fish 1D **61**
Lawns, The BS11: Shire 4A **38**
BS37: Yate 3A **16**
Lawns Rd. BS37: Yate 3A **16**
Lawnwood Rd. BS5: E'tn 1D **69**
Lawnwood Rd. Ind. Est.
BS5: E'tn 1D **69**
Lawrence Av. BS5: E'tn 5D **59**
Lawrence Cl. BS15: Soun 4C **62**
Lawrence Dr. BS37: Yate 3D **15**
Lawrence Gro. BS9: Henle 1D **57**
Lawrence Hill BS5: Bris 2C **68**
BS5: E'tn 2D **69**
Lawrence Hill Ind. Pk. BS5: E'tn 1D **69**
LAWRENCE HILL RDBT. 2C **68**
Lawrence Hill Station (Rail) 2D **69**
Lawrence La. BS9: Henle 1D **57**
LAWRENCE WESTON 2C **38**
Lawrence Weston Meadows Nature
Reserve 5D **21**
Lawrence Weston Rd.
BS11: A'mth, Law W 3A **20**
(not continuous)
BS11: Law W 1D **39**
Lawson Cl. BS31: Salt 5E **91**
Laxey Rd. BS7: Hor 4B **42**
Lays Dr. BS31: Key 2E **89**
Lays Farm Bus. Cen. BS31: Key 3E **89**
Lays Farm Trad. Est. BS31: Key 3E **89**
Lea Cft. BS13: Withy 2C **84**
Leader St. BS16: L'lze 4E **43**
Leading Edge BS8: Clif 3D **67**
Leaholme Gdns. BS14: Whit 4C **86**
Leaman Cl. BS37: Chip S 4C **16**
Leap Va. BS16: Down 3C **46**
Leap Valley Cres. BS16: Down 3B **46**
Lear Cl. BS30: C Hth 4D **73**
Leaze, The BS37: Yate 3F **15**
Leda Av. BS14: H'gro 5C **78**
Ledbury Rd. BS16: Fish 2E **61**
Leechpool Way BS37: Yate 1A **16**
Lee Cl. BS34: Pat 5B **8**
Leeming Way BS11: Shire 3E **37**
Lees Hill BS15: Soun 5A **62**
Leeside BS20: P'head 1E **49**
Lees La. BS30: Old C 4F **73**
Leicester Sq. BS16: Soun 3F **61**
Leicester St. BS3: Bedm 5F **67**
Leicester Wlk. BS4: St Ap 4B **70**
Leigh Cl. BA1: Bath 5C **96**
Leigh Ct. Bus. Cen. BS8: Abb L 4C **54**
Leigh Rd. BS8: Clif 1D **67**
Leigh St. BS3: Bris 5C **66**
Leighton Rd. BA1: W'ton 4C **94**
BS3: Bris 5D **67**
BS4: Know 2D **79**
Leigh Vw. Rd. BS20: P'head 4C **34**
LEIGH WOODS 3F **65**
Leigh Woods Forest Walks 5F **55**
Leigh Woods Ho. BS8: L Wds 3F **65**
Leigh Woods National Nature Reserve
1E **65**
Leinster Av. BS4: Know 5F **77**
Leisure Box, The 5C **60**
Leisure Rd. BS15: K'wd 4A **72**
Lemon La. BS2: Bris 1B **68**
Lena Av. BS5: E'tn 5E **59**
Lena St. BS5: E'tn 5D **59**
Lenover Gdns. BS13: Hart 3D **85**
Leonard La. BS1: Bris 2B **4**
Leonard Rd. BS5: Redf 2E **69**
Leonard's Av. BS5: E'tn 5E **59**
Leopold Bldgs. *BA1: Bath 2C* ***104***
(off Up. Hedgemead Rd.)
Leopold Rd. BS6: Bris 4A **58**
Les Brown Ct. BS2: Bris 3B **68**
Lescren Way BS11: A'mth 2F **37**
Lewington Rd. BS16: Fish 2E **61**
Lewins Mead BS1: Bris 2B **4** (2F **67**)
Lewin St. BS5: St G 2F **69**
Lewis Cl. BS16: Emer G 1E **63**
BS30: Old C 4F **73**
Lewis Rd. BS13: Bis 4C **76**
Lewis St. BS2: Bris 4D **69**
Lewton La. BS36: Wint 1A **28**
Leyland Wlk. BS13: Withy 3B **84**
Leyton Vs. BS6: Redl 4D **57**
Liberty Gdns. BS1: Bris 4E **67**
Liberty Ind. Pk. BS3: Ash V 3C **76**
Library Apartments, The
BS7: B'stn 3F ***57***
(off Gloucester Rd.)
Lichfield Rd. BS4: St Ap 3A **70**
Lightbox La. *BS4: Bris 5D* ***69***
(off River Rd.)
Lilac Cl. BS10: S'mead 2E **41**
Lilac Ct. BS31: Key 4E **89**
Lilac Dr. BS16: Emer G 3E **47**
Lillian St. BS5: Redf 1E **69**
LILLIPUT 5C **16**
Lilliput Av. BS37: Chip S 5C **16**
Lilliput Ct. *BA1: Bath 4C* ***6***
(off North Pde. Pas.)
BS37: Chip S 5C **16**
Lilstock Av. BS7: B'stn 2B **58**
Lilton Wlk. BS13: Bis 3C **76**
Lilymead Av. BS4: Wind H 1B **78**
Lime Cl. BS10: Bren 5D **23**
Lime Ct. BS31: Key 3E **89**
Lime Cft. BS37: Yate 1C **16**
Lime Gro. BA2: Bath 4E **7** (4D **105**)
Lime Gro. Gdns.
BA2: Bath 4E **7** (4D **105**)
Lime Kiln Cl. BS34: Stok G 1F **43**
Lime Kiln Gdns. BS32: Brad S 2F **9**
Limekiln La. BA2: C'ton D 5B **106**
Lime Kiln Rd. BS1: Bris 3D **67**
Limekilns Cl. BS31: Key 2B **90**
Limerick Rd. BS6: Redl 4E **57**
Lime Rd. BS3: Bris 5D **67**
BS15: Han 4C **70**
Limes, The *BS16: Fren 2D* ***45***
(off Wellington Pl.)
Limestone La. BS37: Chip S 3C **16**
Lime Tree Gro. BS20: Pill 3F **53**
Lime Trees Rd. BS6: Henle 5F **41**
Lincoln Cl. BS31: Key 3E **89**
Lincoln Gdns. BS5: Bar H 2D **69**
Lincoln St. BS5: Bar H 2D **69**
Lincombe Av. BS16: Down 5F **45**
Lincombe Rd. BS16: Down 1E **61**
Linden Cl. BS14: Stoc 1A **88**
BS16: Fish 4C **60**
BS36: Wint 2A **28**
Linden Ct. BS15: K'wd 5D **61**
Linden Dr. BS32: Brad S 5A **10**
Linden Gdns. BA1: W'ton 2F **103**

142 A-Z Bristol & Bath

Linden Grange BS6: Redl 3E **57**
Linden Ho. BS15: K'wd 1A **72**
   BS16: Stap 1E **59**
Linden Rd. BS6: Henle, Redl 2D **57**
Linder Quarter *BS3: Bedm* 1E **77**
   (off Cromwell St.)
Lindon Ho. BS4: Brisl 1A **80**
Lindrea St. BS3: Bedm 1D **77**
Lindsay Rd. BS7: L'lze 2C **58**
Lindsey Cl. BS20: P'head 2B **48**
Linear Pk. BS2: Bris 3B **68**
Linen Wlk. BA1: Swa 5E **97**
Lines Way BS14: Whit 4E **87**
Lingfield Pk. BS16: Down 2B **46**
Link Rd. BS20: P'head 1E **49**
                  (New Rd.)
   BS34: Fil 5B **24**
              (Springfields)
   BS34: Fil 1C **42**
   BS37: Yate 4B **16**
Link Rd. W. BS10: Pat 2D **23**
Linley Cl. BA2: Bath 5C **102**
Linleys, The BA1: Bath 3E **103**
Linne Ho. BA2: Bath 5C **102**
Linnell Cl. BS7: L'lze 5D **43**
Linnet Cl. BS34: Pat 5A **8**
Linnet Gdns. BS20: P'head 5E **35**
Linnet Way BS14: Stoc 5F **79**
Lintern Cres. BS30: C Hth 3D **73**
Lintham Dr. BS15: K'wd 3B **72**
Lintons Wlk. BS14: H'gro 5C **78**
Lion Cl. BS7: L'lze 4D **43**
Lipgate Pl. BS20: P'head 3F **49**
Lisburn Rd. BS4: Know 3A **78**
Litfield Pl. BS8: Clif 2B **66**
Litfield Rd. BS8: Clif 1B **66**
Lit. Ann St. BS2: Bris 1F **5** (2B **68**)
Lit. Birch Cft. BS14: Whit 4C **86**
Lit. Bishop St. BS2: Bris 1A **68**
Lit. Caroline Pl. BS8: Clif 4B **66**
Littlecross Ho. BS3: Bris 5D **67**
Littledean BS37: Yate 1A **32**
Lit. George St. BS2: Bris . .1F **5** (1B **68**)
Little Green BS30: Brad S 4F **9**
Little Halt BS20: P'head 2A **48**
Little Hayes BS16: Fish 5D **45**
Lit. Headley Cl. BS13: Bis 2D **77**
Little Hill BA2: Bath 4C **102**
Lit. John St. BS1: Bris 2C **4** (2F **67**)
Lit. King St. BS1: Bris 4C **4** (3F **67**)
Lit. Locky Cl. BS16: L'lze 2E **43**
Little Mead BS11: Law W 2D **39**
Lit. Meadow BS32: Brad S 2C **26**
Little Paradise BS3: Bedm 5F **67**
Lit. Parr Cl. BS16: Stap 1E **59**
Lit. Paul St. BS2: Bris 1E **67**
Lit. Stanhope St.
   BA1: Bath 3A **6** (4A **104**)
LITTLE STOKE 2F **25**
Lit. Stoke La. BS34: Lit S 5E **9**
Lit. Stoke Rd. BS9: Stok B 2A **56**
Lit. Stony Leas BS16: Fren 3F **43**
Lit. Thatch Cl. BS14: H'gro 1E **87**
Little Theatre & Cinema 4B **6**
Lit. Thomas La.
   BS1: Bris 3D **5** (3A **68**)
Littleton Ct. BS34: Pat 4A **8**
Littleton Rd. BS3: Wind H 2F **77**
Littleton St. BS5: E'tn 5E **59**
Lit. Withey Mead BS9: W Trym 5A **40**
Littlewood Cl. BS14: Whit 4D **87**
Livingstone Rd. BA2: Bath 5F **103**
Livingstone Ter. BA2: Bath 5F **103**
Livingston M. BS3: Bedm 1E **77**
Llewellyn Ct. BS9: W Trym 3C **40**
Lockemor Rd. BS13: Hart 3B **86**
Lock Gdns. BS13: Bis 5A **76**
Lockingwell Rd. BS31: Key 2E **89**
LOCKLEAZE 4D **43**
Lockleaze Rd. BS7: Hor 5C **42**
Lockleys Way BS16: Fren 3E **43**
Locksbrook Ct. BA1: Bath 4D **103**
Locksbrook Pl. BA1: Bath 3E **103**

Locksbrook Rd. BA1: Bath 4D **103**
Locksbrook Rd. Trad. Est.
   BA1: Bath 4D **103**
Lockside BS20: P'head 4D **35**
Lockside Sq. BS20: P'head 4D **35**
Lock's La. BS37: Iron A 1A **12**
Locks Yd. Cvn. Site BS3: Bedm . . .3D **77**
Lodge C'way. BS16: Fish 3B **60**
Lodge C'way. Trad. Cen.
   BS16: Fish 3B **60**
Lodge Ct. BS9: Stok B 2A **56**
Lodge Dr. BS30: Old C 2E **83**
   BS41: L Ash 2D **75**
Lodge Gdns. BA2: Odd D 4F **109**
Lodge Hill BS15: K'wd 4E **61**
Lodge Pl. BS1: Bris 2A **4** (2F **67**)
Lodge Rd. BS15: K'wd 4E **61**
   BS37: Yate 2D **15**
                (North Rd.)
   BS37: Yate 2C **14**
                (Yate Rd.)
Lodgeside Av. BS15: K'wd 5E **61**
Lodgeside Gdns. BS15: K'wd 5E **61**
Lodge St. BS1: Bris 2A **4** (2E **67**)
Lodge Wlk. BS16: Down 5F **45**
Lodore Rd. BS16: Fish 3B **60**
LODWAY 1E **53**
Lodway BS20: Eas, Pill 2D **53**
Lodway Cl. BS20: Pill 1E **53**
Lodway Gdns. BS20: Pill 2E **53**
Lodway Rd. BS4: Brisl 2E **79**
Logan Rd. BS7: B'stn 3F **57**
Logus Ct. BS30: L Grn 5B **72**
Lombard St. BS3: Bedm 5F **67**
Lomond Rd. BS7: Fil 2B **42**
London Rd. BA1: Bath 2C **104**
   BS2: Bris 5B **58**
   BS30: B'yte, Warm 2E **73**
London Rd. E. BA1: Bathe, Bathf . .4B **98**
London Rd. W. BA1: Bath, Bathe . .1E **105**
London Sq. BS20: P'head 4D **35**
London St. BA1: Bath 1C **6** (2C **104**)
   BS15: K'wd 1F **71**
Long Acre BA1: Bath 2C **104**
Longacre Ho. BA1: Bath 2C **104**
Long Acre Rd. BS14: Whit 4C **86**
Long Acres Cl. BS9: C Din 4F **39**
LONG ASHTON 3B **74**
Long Ashton Bus. Pk.
   BS41: L Ash 3D **75**
Long Ashton By-Pass
   BS41: L Ash 5A **74**
   BS48: Flax B, L Ash 5A **74**
Long Ashton Rd. BS41: L Ash 3C **74**
Long Beach Rd. BS30: L Grn 1C **82**
Longbrook Trad. Est. BS3: Ash V . .1A **76**
Long Cl. BS16: Fish 5E **45**
   BS32: Brad S 2A **26**
Long Cft. BS37: Yate 1F **15**
Long Cross BS11: Law W 3A **38**
Longden Rd. BS16: Down 5B **46**
Long Down Av. BS16: L'lze 3E **43**
   BS34: Stok G 3E **43**
Long Eaton Dr. BS14: H'gro 4D **79**
Longfellow Av. BA2: Bath 1B **110**
Longfield Rd. BS7: B'stn 3A **58**
Longford BS37: Yate 5E **15**
Longford Av. BS10: S'mead 3F **41**
Long Fox Mnr. BS4: Brisl 3C **80**
Long Ground Rd. BS34: Pat 1C **24**
Long Handstones BS30: C Hth 5C **72**
Long Hay Cl. BA2: Bath 5D **103**
Longhills Hostel BS5: S'wll 4C **60**
Longlands Ho. BS5: Bar H 2E **69**
Longleat Cl. BS9: Henle 1E **57**
Long Mead BS37: Yate 1A **16**
Longmead Av. BS7: Hor 1F **57**
Longmead Cft. BS13: Withy 3B **84**
Long Mdw. BS16: Stap 1F **59**
Longmeadow Rd. BS31: Key 3E **89**
Longmead Rd. BS16: Emer G 2D **47**
Longmead Ter. BA2: Bath 4F **103**
Longmoor Ct. BS3: Bedm 2C **76**
Longmoor Rd. BS3: Bedm 2C **76**
Longney Pl. BS34: Pat 4B **8**
Longreach BS31: Salt 3E **91**
Longreach Gro. BS14: Stoc 5F **79**
Long Rd. BS16: Mang 1C **62**

Long Row BS1: Bris 4D **5** (3A **68**)
Longs Dr. BS37: Yate 3E **15**
Longthorne Pl. BA2: C Down 3B **110**
Long Valley Rd. BA2: Bath 5B **102**
Longway Av. BS14: Whit 3B **86**
LONGWELL GREEN 1B **82**
Longwell Grn. Gallagher Trade Pk.
   BS30: L Grn 5A **72**
Longwell Green Leisure Cen. 4A **72**
Longwell Ho. BS30: L Grn 1B **82**
Longwood BS4: Brisl 2C **80**
Longwood La. BS8: Fail 5B **64**
Long Wood Mdws. BS16: L'lze 4E **43**
Long Wood Rd. BS16: L'lze 3E **43**
Lonsdale Bus. Cen. BS15: K'wd . . .4E **61**
Loop Rd. BA1: Bath 2C **6** (3C **104**)
   BS16: Soun 3C **62**
Lorain Wlk. BS10: Hen 1B **40**
Lorne Rd. BA2: Bath 4F **103**
Lorton Cl. BS10: S'mead 2D **41**
Lorton Rd. BS10: S'mead 2D **41**
Loughman Cl. BS15: K'wd 1A **72**
Louisa St. BS2: Bris 3B **68**
Louise Av. BS16: Mang 1C **62**
Love La. BS37: Chip S 5C **16**
   BS37: Yate 1C **16**
Lovelinch Gdns. BS41: L Ash 3B **74**
Lovell Av. BS30: Old C 5F **73**
Lovells, The BS20: Eas 2D **53**
Lovells Hill BS15: Han 4D **71**
Loveridge Ct. BS36: Fram C 1D **29**
Loveringe Cl. BS10: Hen 4B **22**
Lovers' Wlk. BS6: Cot, Redl 4E **57**
             (not continuous)
Lowbourne BS14: H'gro 1B **86**
LOWER ALMONDSBURY 1C **8**
Lower App. Rd. BS1: Bris . . .5F **5** (4B **68**)
Lwr. Ashley Rd. BS2: Bris 5B **58**
   BS5: E'tn 5C **58**
Lwr. Borough Walls
   BA1: Bath 4B **6** (4B **104**)
Lwr. Bristol Rd.
   BA2: Bath 4A **6** (2B **102**)
Lwr. Burlington Rd.
   BS20: P'head 5D **35**
Lwr. Camden Pl. BA1: Bath 2C **104**
Lwr. Castle St. BS1: Bath . . .1E **5** (2A **68**)
Lwr. Chapel La. BS36: Fram C 2E **29**
Lwr. Chapel Rd. BS15: Han 4E **71**
Lwr. Cheltenham Pl. BS6: Bris 5B **58**
Lwr. Church La. BS2: Bris . . .2A **4** (2F **67**)
Lwr. Clifton Hill BS8: Clif 3C **66**
Lwr. Cock Rd. BS15: K'wd 2B **72**
Lwr. College St.
   BS1: Bris 4A **4** (3E **67**)
Lwr. Conham Va. BS15: St G 4B **70**
             (not continuous)
Lwr. Down Rd. BS20: P'head 1E **49**
Lwr. East Hayes BA1: Bath 2D **105**
LOWER EASTON 5D **59**
Lwr. Fallow Cl. BS14: Whit 3B **86**
Lwr. Farm La. BA2: Cor 3D **101**
Lwr. Gay St. BS2: Bris 1F **67**
Lwr. Gro. Rd. BS16: Fish 2A **60**
Lwr. Guinea St. BS1: Bris . . .5C **4** (4F **67**)
Lwr. Hanham Rd. BS15: Han 4E **71**
Lwr. Hedgemead Rd.
   BA1: Bath 2C **104**
Lwr. High St. BS11: Shire 3F **37**
Lwr. Ho. BS34: Fil 5D **25**
Lwr. Ho. Cres. BS34: Fil 4D **25**
Lwr. Knole La. BS10: Bren 5C **22**
LOWER KNOWLE 2A **78**
Lwr. Lamb St. BS1: Bris 4A **4** (3E **67**)
Lwr. Maudlin St.
   BS1: Bris 1C **4** (2F **67**)
Lwr. Moor Rd. BS37: Yate 1A **16**
Lwr. Myrtle Hill BS20: Pill 1E **53**
Lower Northend BA2: Bathe 2B **98**
Lwr. Oldfield Pk.
   BA2: Bath 5A **6** (5F **103**)
Lwr. Park Row BS1: Bris 2B **4** (2F **67**)
Lwr. Redland M. BS6: Redl 4D **57**
Lwr. Redland Rd. BS6: Redl 4D **57**
Lwr. Sidney St. BS3: Bris 5C **66**
LOWER SOUNDWELL 4B **62**
Lwr. Station Rd. BS16: Fish 2C **60**
   BS16: Stap H 2E **61**

Lwr. Stone Cl. BS36: Fram C 5E 13
LOWER SWAINSWICK 5E 97
Lwr. Thirlmere Rd. BS34: Pat 5C 8
LOWER WESTON 3E 103
Lowlis Cl. BS10: Hen 5B 22
Lowry Gro. BS16: L'lze 3E 43
Lowther Rd. BS10: S'mead 1E 41
Loxley Gdns. BA2: Bath 1E 109
Loxton Dr. BA2: Bath 4D 103
Loxton Sq. BS14: H'gro 1C 86
Lucas Cl. BS4: Brisl 3F 79
Luccombe Hill BS6: Redl 4D 57
Luckington Rd. BS7: Hor 2A 42
Lucklands Rd. BA1: W'ton 1E 103
Luckley Av. BS13: Hart 2E 85
Luckwell Rd. BS3: Bedm 1D 77
Lucky La. BS3: Bedm 5F 67
Ludlow Cl. BS2: Bris 5B 58
   BS30: Will 2D 83
   BS31: Key 2F 89
Ludlow Ct. BS30: Will 3D 83
Ludlow Rd. BS7: Hor 4C 42
Ludwell Cl. BS36: Wint 3F 27
Lullington Rd. BS4: Know 2D 79
Lulsgate Rd. BS13: Bis 4C 76
Lulworth Cres. BS16: Down 3B 46
Lulworth Rd. BS31: Key 3A 90
Lundy Ga. BS20: P'head 5E 35
Lupin Cl. BS16: Emer G 3E 47
Lurgan Wlk. BS4: Know 3F 77
Lutyens Cl. BS16: Stap 3F 43
Lux Furlong BS9: Sea M 1D 39
Luxton St. BS5: E'tn 1D 69
Lydbrook Cl. BS37: Yate 5F 15
Lyddington Rd. BS7: Hor 2A 42
LYDE GREEN 3F 47
LYDE GREEN RDBT. 3D 47
Lydford Wlk. BS3: Wind H 2F 77
Lydia Ct. BS7: B'stn 2B 58
Lydiard Cl. BS16: Han 5E 71
Lydney Rd. BS10: S'mead 3F 41
   BS16: Stap H 2A 62
Lydstep Ter. BS3: Bedm 5E 67
Lyme Gdns. BA1: Bath 3D 103
Lyme Rd. BA1: Bath 3D 103
Lymore Av. BA2: Bath 5E 103
Lymore Cl. BA2: Bath 1E 109
Lymore Gdns. BA2: Bath 5E 103
Lymore Ter. BA2: Bath 1E 109
Lympsham Grn.
   BA2: Odd D 4F 109
Lynbrook BS41: L Ash 3B 74
Lynbrook La. BA2: Bath 2B 110
Lynch Ct. BS30: L Grn 5B 72
LYNCOMBE HILL 1C 110
Lyncombe Hill
   BA2: Bath 5D 7 (5C 104)
LYNCOMBE VALE 2C 110
Lyncombe Va. BA2: Bath 1C 110
Lyncombe Va. Rd. BA2: Bath 2C 110
Lyncombe Wlk. BS16: Fish 4D 61
Lyndale Av. BS9: Stok B 1F 55
Lyndale Rd. BS5: St G 1F 69
   BS37: Yate 4F 15
Lynde Cl. BS13: Hart 3D 85
Lyndhurst Pl. BA1: Bath 2C 104
Lyndhurst Rd. BA2: Bath 4E 103
   BS9: W Trym 4B 40
   BS31: Key 4B 90
Lyndhurst Ter. BA1: Bath 2C 104
Lynfield Pk. BA1: W'ton 5E 95
Lynmouth Rd. BS2: Bris 4B 58
Lynn Rd. BS16: Stap 1F 59
Lynton BS15: K'wd 1C 72
Lynton Cl. BS20: P'head 2A 50
Lynton Pl. BS5: Redf 1E 69
Lynton Rd. BS3: Wind H 3E 77
Lynton Way BS16: Fren 2D 45
Lynwood Ct. BS13: Bis 1C 84
Lynwood Rd. BS3: Bedm 2D 77
Lyons Ct. BS14: Stoc 5F 79
Lyppiatt Rd. BS5: Redf 1F 69
Lyppincourt Rd. BS10: Bren 5C 22
Lysander Rd. BS10: Pat 2D 23
   BS34: Pat 2D 23
Lysander Wlk. BS34: Stok G 3A 26
Lytchet Dr. BS16: Down 3B 46
Lytes Cary Rd. BS31: Key 5C 90

Lytham Ho. BS4: Brisl 3F 79
Lytton Gdns. BA2: Bath 1D 109
Lytton Gro. BS7: Hor 3C 42
   BS31: Key 2C 90

M

Mabberley Cl. BS16: Emer G 1E 63
McAdam Way BS1: Bris 4B 66
Macaulay Bldgs. BA2: Bath 1E 111
Macauley Rd. BS7: Hor 3C 42
Macdonald Wlk. BS15: K'wd 1F 71
Macey's Rd. BS13: Hart 4F 85
Machin Cl. BS10: Hen 5B 22
Machin Ct. BS10: Hen 5B 22
Machin Gdns. BS10: Hen 5C 22
Machin Ri. BS10: Hen 5B 22
Machin Rd. BS10: Hen 5B 22
Machins M. BS10: Hen 5B 22
Macies, The BA1: W'ton 4D 95
Mackie Av. BS34: Fil 1D 43
Mackie Gro. BS34: Fil 1D 43
Mackie Rd. BS34: Fil 1D 43
McLaren Rd. BS11: A'mth 2D 37
Macrae Ct. BS15: K'wd 1A 72
Macrae Office Pk. BS20: Pill 2A 54
Macrae Rd. BS20: Pill 2A 54
Madeline Rd. BS16: Fish 4B 60
Madison Cl. BS37: Yate 3F 15
Maesbury BS15: K'wd 3A 72
Maesbury Rd. BS31: Key 5C 90
Maesknoll Rd. BS4: Know 1C 78
Magdalena Ct. BS1: Bris 5D 5 (4A 68)
Magdalene Av. BA2: Bath 5A 6 (5B 104)
Magdalene Pl. BS2: Bris 5B 58
Magdalen Rd.
   BA2: Bath 5A 6 (5B 104)
Maggs Cl. BS10: S'mead 5F 23
Maggs La. BS5: S'wll 4A 60
   BS14: Whit 3D 87
Magistrates' Court
   Bath 3E 7 (4D 105)
   Bristol 1C 4 (1F 67)
Magpie Bottom La. BS5: St G 3D 71
   BS15: K'wd 3E 71
MAIDEN HEAD 5B 84
Maidenhead Rd. BS13: Hart 4F 85
Maiden Way BS11: Shire 4E 37
Maidstone St. BS3: Wind H 1B 78
Main Rd. BS16: Short 1E 63
Main Vw. BS36: Coal H 1F 29
Maisemore BS37: Yate 2F 31
Maisemore Av. BS34: Pat 4D 9
Makin Cl. BS30: Old C 4E 73
Malago Greenway
   BS13: Bis 5C 76
Malago Rd. BS3: Bedm 1E 77
Malago Va. Est. BS3: Bedm 1E 77
Malago Wlk. BS13: Withy 3A 84
Malden Mead BS14: Whit 2C 86
Maldowers La. BS5: St G 5C 60
Malin Pde. BS20: P'head 5E 35
Mall, The BS8: Clif 2B 66
   BS32: Brad S 4A 10
Mallard Cl. BS5: S'wll 5B 60
   BS32: Brad S 3F 9
   BS37: Chip S 5C 16
Malmains Dr. BS16: Fren 2D 45
Malmesbury Cl. BS6: Redl 2E 57
   BS30: Bar C 4B 72
Malpass Dr. BS15: Han 5E 71
Malt Ho. BS1: Bris 3D 5
Malthouse, The BS6: Bris 4B 58
Maltings, The BS6: Bris 4B 58
   (off Fairlawn Rd.)
Maltings Ind. Estate, The
   BA1: Bath 3C 102
Malvern Bldgs. BA1: Bath 5C 96
Malvern Ct. BS5: St G 2A 70
Malvern Dr. BS30: Old C 4E 73
Malvern Rd. BS4: Brisl 1F 79
   BS5: St G 2B 70
Malvern Ter. BA1: Bath 1C 104
Malvern Vs. BA1: Bath 1C 104
   (off Camden Rd.)

Mancroft Av. BS11: Law W 4A 38
MANGOTSFIELD 1C 62
Mangotsfield Rd.
   BS16: Mang, Stap H 2B 62
Manilla Rd. BS8: Clif 2C 66
Manor Cl. BS20: Eas 2C 52
   BS20: P'head 1C 48
   BS36: Coal H 2E 29
Manor Ct. BS5: E'tn 5D 59
   (off St Mark's Gro.)
   BS16: Stap 2A 60
Manor Ct. Dr. BS7: Hor 4A 42
Manor Dr. BA1: Bathf 5E 99
Mnr. Farm Cotts. BS32: Brad S 4E 9
Mnr. Farm Cres. BS32: Brad S 5F 9
MANOR FARM RDBT. 5F 9
Manor Gdns. Ho. BS16: Fish 1B 60
Manor Gro. BS16: Mang 2C 62
   BS34: Pat 3D 9
Manor Hall BS8: Clif 2D 67
Manor Ho. BS2: Bris 1A 4
Manor Ho. Ct. BS14: H'gro 1E 87
Manor Ho. La. BS14: H'gro 2E 87
Manor La. BS8: Abb L 1B 64
   BS36: Wint 1B 28
Manor Pk. BA1: Bath 2D 103
   BS6: Redl 3D 57
Manor Pl. BS16: Fren 2E 45
   BS34: Stok G 4C 26
Manor Rd. BA1: W'ton 1E 103
   BS7: B'stn 2A 58
   BS8: Abb L 3B 64
   BS13: Bis 1B 84
   BS16: Fish 1B 60
   BS16: Mang 2C 62
   BS31: Key, Salt 4B 90
Manor Va. BA1: W'ton 1E 103
Manor Way BS37: Chip S 4E 17
Mansel Cl. BS31: Salt 4E 91
Mansfield St. BS3: Bedm 2D 77
Manston Cl. BS14: Stoc 5B 78
Manvers St. BA1: Bath 4D 7 (4C 104)
Manworthy Rd. BS4: Brisl 1F 79
Manx Rd. BS7: Hor 4B 42
Maple Av. BS16: Fish 3E 61
Maple Cl. BS14: Stoc 2F 87
   BS30: Old C 5D 73
   BS34: Lit S 1E 25
Maple Ct. BS15: K'wd 5F 61
Maple Gdns. BA2: Bath 1A 110
Maple Grange BS9: W Trym 5D 41
Maple Gro. BA2: Bath 1A 110
Maple Ho. BS2: Bris 1F 67
   (off Dove St. Sth.)
Maple Leaf Ct. BS8: Clif 2D 67
Mapleleaze BS4: Brisl 1F 79
Maplemeade BS7: B'stn 2E 57
Maple Pk. BS14: H'gro 5E 79
Maple Rd. BS4: St Ap 4F 69
   BS7: Hor 1F 57
Maplestone Rd. BS14: Whit 4C 86
Maple Wlk. BS31: Key 3F 89
Mapstone Cl. BS16: Ham 5D 27
Map Stone Ri. BS30: L Grn 1A 82
Marbeck Rd. BS10: S'mead 2D 41
Marconi Rd. BS20: P'head 1B 48
Mardale Cl. BS10: S'mead 1E 41
Marden Rd. BS31: Key 3C 90
Mardon Rd. BS4: St Ap 3F 69
Mardyke Ferry Rd. BS1: Bris 4D 67
Margaret Rd. BS13: Withy 3B 84
Margaret's Bldgs.
   BA1: Bath 1A 6 (3B 104)
Margaret's Hill BA1: Bath 2C 104
Margate St. BS3: Wind H 1B 78
Marguerite Rd. BS13: Bis 5B 76
Marigold Wlk. BS3: Bedm 2C 76
Marina Gdns. BS16: Fish 3A 60
Marine Pde. BS20: Pill 1E 53
Mariner's Dr. BS9: Stok B 2F 55
Mariners Path BS9: Stok B 2F 55
   BS20: P'head . . . . .5A 34 &1A 48
Mariners Way BS20: Pill 1E 53
Marion Rd. BS15: Han 1D 81
Marion Wlk. BS5: St G 2C 70
Marissal Cl. BS10: Hen 5A 22
Marissal Rd. BS10: Hen 5F 21

Mariston Way—Merrywood Ct.

Mariston Way BS30: Old C 3E 73
Maritime Heritage Cen. 4D 67
Marjoram Pl. BS32: Brad S 1B 26
Marjoram Way BS20: P'head 1B 50
Marketgate BS1: Bris 1F 5
Marketside BS2: Bris 5C 68
Market Sq. BS16: Fish 3E 61
Market Steps BS1: Bris 3C 4
Marklands BS9: Stok B 3A 56
Mark La. BS1: Bris 3A 4 (3E 67)
Marksbury Rd.
BS3: Bedm, Wind H 2E 77
Marlborough Av. BS16: Fish 3A 60
Marlborough Bldgs.
BA1: Bath 1A 6 (3A 104)
Marlborough Ct. BA2: C'ton D 4A 106
Marlborough Dr. BS16: Fren 2D 45
Marlborough Flats *BS2: Bris 1F 67*
(off Eugene St.)
Marlborough Hill BS2: Bris 1F 67
Marlborough Hill Pl. BS2: Bris 1F 67
Marlborough Ho. *BS2: Bris 1F 67*
(off Marlborough Hill)
Marlborough La. BA1: Bath 3A 104
Marlborough St. BA1: Bath 2A 104
BS1: Bris 1C 4 (1F 67)
BS2: Bris 1C 4 (1F 67)
BS5: Eastv 3A 60
Marlepit Gro. BS13: Bis 1A 84
Marlfield Wlk. BS13: Bis 5A 76
Marling Rd. BS5: St G 1B 70
Marlwood Dr. BS10: Bren 5C 22
Marmaduke St. BS3: Wind H 1B 78
Marmalade La. BS4: Brisl 3E 79
Marmion Cres. BS10: Hen 5A 22
Marne Cl. BS14: Stoc 2F 87
Marsden Rd. BA2: Bath 2D 109
Marshall Ho. BS16: Fish 2B 60
Marshall Wlk. BS4: Know 5F 77
Marsham Way
BS30: Bar C, L Grn 4A 72
Marsh Cl. BS36: Wint 4A 28
Marshfield Pk. BS16: Down 3E 45
Marshfield Rd. BS16: Fish 2D 61
Marshfield Way BA1: Bath 1C 104
Marsh Ho. BS1: Bris 3B 4 (3F 67)
Marsh La. BS3: Bedm 2C 76
BS5: Redf 3E 69
BS20: Eas 4A 36
Marsh La. Ind. Est. BS20: Eas 5A 36
Marsh Rd. BS3: Ash G 1B 76
Marsh St. BS1: Bris 4B 4 (3F 67)
BS11: A'mth 3E 37
Marston Rd. BS4: Know 2D 79
Martcombe Rd. BS20: Eas 3C 52
Martha's Orchard BS13: Bis 5A 76
Martin Cl. BS34: Pat 5A 8
Martin Ct. *BS16: Fish 3A 60*
(off Marina Gdns.)
Martingale Rd. BS4: Brisl 5F 69
Martingale Way BS20: P'head 5D 35
Martins, The BS20: P'head 5F 35
Martins Cl. BS15: Han 4E 71
Martin's Rd. BS15: Han 4E 71
Martin St. BS3: Bedm 1D 77
Martock Cres. BS3: Bedm 3E 77
Martock Rd. BS3: Bedm 3E 77
BS31: Key 4C 90
Marwood Rd. BS4: Know 4A 78
Marybush La. BS2: Bris 2E 5 (2A 68)
Mary Carpenter Pl. BS2: Bris 5B 58
Mary Ct. *BS5: Redf 1F 69*
(off Alfred St.)
Marygold Leaze BS30: C Hth 5C 72
Mary Seacole Ct. *BS2: Bris 4C 58*
(off Mercia Dr.)
Mary St. BS5: Redf 1F 69
Mascot Rd. BS3: Wind H 1F 77
Masefield Way BS7: Hor 5C 42
Maskelyne Av. BS10: Hor 4F 41
Masonpit Pool La. BS36: Wint 5E 11
Masons Vw. BS36: Wint 2B 28
Matchells Cl. BS4: St Ap 3A 70
Materman Rd. BS14: Stoc 2A 88
Matford Cl. BS10: Bren 4F 23
BS36: Wint 3A 28
Matthews Cl. BS14: Stoc 1B 88
Matthews Rd. BS5: Redf 2E 69
Maules Gdns. BS34: Ham 1B 44
Maules La. BS16: Ham 1B 44
Maunsell Rd. BS11: Law W 1D 39
Maurice Rd. BS6: Bris 4A 58
Mautravers Cl. BS32: Brad S 1F 25
Mawdeley Ho. *BS3: Bedm 5E 67*
(off Catherine Mead St.)
Maxse Rd. BS4: Know 1D 79
Maybank Rd. BS37: Yate 4F 15
Maybec Gdns. BS5: St G 3C 70
Maybourne BS4: Brisl 2C 80
Maybrick Rd. BA2: Bath 5F 103
Maycliffe Pk. BS6: Bris 4B 58
Mayfield Av. BS16: Fish 4C 60
Mayfield Ct. BS16: Fish 4C 60
Mayfield M. BA2: Bath 5E 103
MAYFIELD PARK 4C 60
Mayfield Pk. BS16: Fish 4C 60
Mayfield Pk. Nth. BS16: Fish 4C 60
Mayfield Pk. Sth. BS16: Fish 4C 60
Mayfield Rd. BA2: Bath 5F 103
Mayfields BS31: Key 2A 90
Mayflower Cl. BS9: C Din 4E 39
Mayflower Ct. BS16: Stap H 1A 62
May La. BA1: Bath 2D 103
Maynard Cl. BS13: Hart 2E 85
Maynard Rd. BS13: Hart 2E 85
Mayors Bldgs. BS16: Fish 1D 61
Maypole Sq. BS15: Han 4E 71
Mays Cl. BS36: Coal H 1F 29
Maysfield Cl. BS20: P'head 3F 49
MAYSHILL 4A 14
Mays Hill BS36: Fram C 4A 14
May St. BS15: K'wd 5E 61
Maytree Av. BS13: Bis 5D 77
Maytree Cl. BS13: Bis 5D 77
Maytrees BS5: Eastv 4E 59
May Tree Wlk. BS31: Key 4E 89
Mayville Av. BS34: Fil 5C 24
Maywood Av. BS16: Fish 2D 61
Maywood Cres. BS16: Fish 2D 61
Maywood Rd. BS16: Fish 2E 61
Maze St. BS5: Bar H 3D 69
Mead, The BS31: Key 4F 89
BS34: Fil 4D 25
BS41: Dun 5A 84
Mead Cl. BA2: Bath 2A 110
BS11: Shire 5A 38
Mead Ct. BS36: Wint 2A 28
Meade Ho. BA2: Bath 5C 102
Meadgate BS16: Emer G 4D 47
Meadlands BA2: Cor 3D 101
Mead La. BS31: Salt 3B 92
BS32: Brad S 2A 26
Meadow Cl. BS16: Down 4B 46
Meadow Ct. BA1: Bath 3C 102
Meadow Ct. Dr. BS30: Old C 1E 83
Meadowcroft BS16: Down 3C 46
Meadow Dr. BA2: Odd D 5F 109
BS20: W'ton G 5B 48
Meadow Gdns. BA1: Bath 1C 102
Meadow Gro. BS11: Shire 4F 37
Meadowland Rd. BS10: Hen 4A 22
Meadow La. BA2: Batham 1F 105
Meadow Mead BS36: Fram C 5D 13
Meadow Pk. BA1: Bathf 4D 99
Meadow Rd. BS37: Chip S 4C 16
Meadows, The BS15: Han 5F 71
Meadows Cl. BS20: P'head 1B 48
Meadow Side BS37: Iron A 1F 13
Meadowside Dr. BS14: Whit 4C 86
Meadow St. BS11: A'mth 2C 36
Meadowsweet Av. BS34: Fil 5D 25
Meadowsweet Ct. *BS16: Stap 1A 60*
(off Foxglove Cl.)
Meadow Va. BS5: St G 5C 60
Meadow Vw. BS36: Fram C 1E 29
Meadow Vw. Cl. BA1: Bath 2C 102
Meadow Way BS32: Brad S 1A 26
Mead Ri. BS3: Bris 5B 68
Mead Rd. BS20: P'head 4E 49
BS34: Stok G 2A 26
BS37: Chip S 5E 17
Meads, The BS16: Down 4B 46
(not continuous)
Mead St. BS3: Bris 5B 68
Mead Way BS9: Sea M 5E 39
Meardon Rd. BS14: Stoc 1A 88
Meare Rd. BA2: C Down 3B 110
Mecca Bingo
Bristol 2D 69
Mede Cl. BS1: Bris 4A 68
Media Ho. *BS8: Clif 2D 67*
(off Wetherell Pl.)
Medical Av. BS2: Bris 2A 4 (2E 67)
Medlar Cl. BS10: Pat 2D 23
Medway Cl. BS31: Key 4C 90
Medway Dr. BS31: Key 4C 90
BS36: Fram C 1D 29
Meere Bank BS11: Law W 2D 39
Meeting Ho., The BS1: Bris 1E 5
Meg Thatchers Gdns. BS5: St G . . .2D 71
Meg Thatcher's Grn. BS5: St G 2D 71
Melbourne Dr. BS37: Chip S 4D 17
Melbourne Rd. BS7: B'stn 2F 57
Melbury Rd. BS4: Know 2B 78
Melcombe Ct. BA2: Bath 1F 109
Melcombe Rd. BA2: Bath 5F 103
Melita Rd. BS6: Bris 3A 58
Mellent Av. BS13: Hart 4E 85
Mells Cl. BS31: Key 5C 90
Melrose Av. BS8: Clif 1D 67
BS37: Yate 3B 16
Melrose Cl. BS37: Yate 3C 16
Melrose Gro. BA2: Bath 2D 109
Melrose Pl. BS8: Clif 1D 67
Melrose Ter. BA1: Bath 5C 96
Melton Cres. BS7: Hor 3C 42
Melville Rd. BS6: Redl 5D 57
Melville Ter. BS3: Bedm 1E 77
Melvin Sq. BS4: Know 3A 78
Memorial Cl. BS15: Han 5D 71
Memorial Cotts. BA1: W'ton 1E 103
Memorial Rd. BS15: Han 4D 71
Memorial Stadium 5B 42
Mendip Cl. BS31: Key 2F 89
Mendip Ct. BS16: Fren 2A 44
Mendip Cres. BS16: Down 4C 46
Mendip Gdns. BA2: Odd D 5F 109
Mendip Rd. BS3: Wind H 1F 77
BS20: P'head 1C 48
Mendip Vw. Av. BS16: Fish 3C 60
Menhyr Gro. BS10: Bren 5D 23
Mercer Ct. BS14: H'gro 4D 79
Merchants Academy Community
Sports & Facilities Cen. 2C 84
Merchants Almshouses BS1: Bris . . .4B 4
Merchants Ct. BS8: Clif 4C 66
Merchant Sq. BS20: P'head 5D 35
Merchants Quay BS1: Bris . . .5B 4 (4F 67)
Merchants Rest BS2: Bris 2F 5
Merchants Rd. BS8: Clif 4C 66
(Nova Scotia Pl.)
BS8: Clif 2C 66
(Victoria Sq.)
Merchants Row *BS1: Bris 4E 67*
(off Caledonian Rd.)
Merchants Trade Pk. BS2: Bris 3E 69
Merchant St. BS1: Bris 1D 5 (2A 68)
Mercia Dr. BS2: Bris 4C 58
Mercier Cl. BS37: Yate 3B 16
Merebank Rd. BS11: A'mth 4F 19
Meredith Ct. BS1: Bris 4C 66
Merfield Rd. BS4: Know 2D 79
Meriden BA1: W'ton 2F 103
Meridian Pl. BS8: Clif 2D 67
Meridian Rd. BS6: Cot 5E 57
Meridian Ter. BS7: B'stn 3A 58
Meridian Va. BS8: Clif 2D 67
Meriet Av. BS13: Hart 3D 85
Merioneth St. BS3: Wind H 1B 78
Meriton St. BS2: Bris 4D 69
Merlin Cl. BS9: W Trym 3B 40
Merlin Ct. BS10: W Trym 4D 41
Merlin Pk. BS20: P'head 2B 48
Merlin Rd. BS10: Pat 1D 23
Merlin Way BS37: Chip S 5B 16
Merrett Ct. BS7: L'lze 5D 43
Merrick Ct. BS1: Bris 5B 4 (4F 67)
Merrimans Rd. BS11: Shire 3F 37
Merritt Way BS16: Mang, Soun 3C 62
Merryweather Cl. BS32: Brad S 5F 9
Merryweathers BS4: Brisl 2A 80
Merrywood Cl. BS3: Bedm 5E 67
Merrywood Ct. *BS4: Know 2D 79*
(off Maxse Rd.)

A-Z Bristol & Bath 145

Merrywood Mills BS3: Bedm 5E 67
(off Merrywood Rd.)
Merrywood Rd. BS3: Bedm 5E 67
Merstham Rd. BS2: Bris 4C 58
Merton Rd. BS7: Hor 1A 58
Mervyn Rd. BS7: B'stn 2A 58
Meryl Ct. BS6: Redl 5D 57
Metford Gro. BS6: Redl 3D 57
Metford Pl. BS6: Redl 3E 57
Metford Rd. BS6: Redl 3D 57
Metropolitan, The BS1: Bris 5D 5
(off Redcliff Backs)
Mews, The BA1: Bath 2C 102
BS7: Hor 5F 41
Mezellion Pl. BA1: Bath 1D 105
(off Camden Rd.)
Michaels Mead BA1: W'ton 5D 95
Michael Tippett Cen. 5D 101
Middle Av. BS1: Bris 4B 4 (3F 67)
Middle Bri. Bus. Pk.
BS20: P'head 3A 50
Middleford Ho. BS13: Hart 3E 85
Middle La. BA1: Bath 1D 105
Middle Rd. BS15: Soun 3A 62
Middleton Rd. BS11: Law W 3B 38
Middleway La. BS41: Dun 5B 84
Middlewood Cl. BA2: Odd D 3E 109
Midford Rd.
BA2: C Down, Odd D, S'ske, Mid
. . . . .4A 110
Midland Bri. Rd.
BA1: Bath 4A 6 (4A 104)
BA2: Bath 4A 6 (4A 104)
Midland M. BS2: Bris 2F 5 (2B 68)
Midland Rd. BA1: Bath 4F 103
BA2: Bath 4F 103
(not continuous)
BS2: Bris 2F 5 (2B 68)
BS16: Stap H 2F 61
Midland St. BS2: Bris 3B 68
Midland Ter. BS16: Fish 3B 60
Midsummer Bldgs. BA1: Bath 5D 97
Mildred St. BS5: Redf 2E 69
Miles Cl. BS20: Pill 3A 54
Miles Ct. BS8: Clif 5C 56
BS30: Bar C 5B 72
Miles Rd. BS8: Clif 5C 56
Miles's Bldgs.
BA1: Bath 2B 6 (3B 104)
Miles St. BA2: Bath 5D 7 (5C 104)
Mile Wlk. BS14: H'gro 1C 86
Milford St. BS3: Bedm 5E 67
Milk St. BA1: Bath 4B 6 (4B 104)
BS1: Bris 1E 5
Millard Cl. BS10: S'mead 1E 41
Millar Ho. BS8: Clif 3C 66
Mill Av. BS1: Bris 4C 4 (3F 67)
Millbank Cl. BS4: Brisl 1A 80
Millbrook Av. BS4: Brisl 1B 80
Millbrook Cl. BS30: Old C 3E 73
Millbrook Ct. BA2: Bath 5C 104
(off Millbrook Pl.)
Millbrook La. BA2: Bath . . .5D 7 (5C 104)
Millbrook Pl. BA2: Bath . . .5D 7 (5C 104)
Millbrook Rd. BS37: Yate 3D 15
Mill Cl. BS20: P'bry 4F 51
BS36: Fram C 1E 29
Mill Ct. BS5: St G 2F 69
Mill Cres. BS37: W'lgh 4D 31
Millennium Cl. BS36: Coal H 1F 29
Millennium Prom.
BS1: Bris 5A 4 (4E 67)
Millennium Sq. BS1: Bris . .5A 4 (4E 67)
Miller Ct. BS13: Bis 1D 85
Millers Cl. BS20: Pill 2E 53
Millers Dr. BS30: Old C 4E 73
Miller Wlk. BA2: Batham 1A 106
Millfield Dr. BS30: Old C 3E 73
Millground Rd. BS13: Withy 3A 84
Mill Ho. BS5: E'tn 5C 58
Mill Ho., The BS1: Bris 4C 4
Milliman Cl. BS13: Hart 2F 85
Mill La. BA2: Bath 4D 103
BA2: Batham 5B 98
BS3: Bedm 5F 67
BS16: Ham 5E 27
BS20: P'bry 3A 52
BS30: Bit 4F 83

Mill La. BS30: C Hth, Old C 4D 73
BS36: Fram C 4D 13
BS37: Chip S 4C 16
BS37: Old S 2F 33
Millmead Ho. BS13: Hart 3E 85
Millmead Rd. BA2: Bath 5E 103
Mill Paddock BS13: Hart 2D 85
Millpill Cl. BS9: Stok B 1F 55
Millpond St. BS5: E'tn 5C 58
Millpool Ct. BS10: S'mead 2D 41
Mill Rd. BS36: Wint D 4F 27
Mill Steps BS36: Wint D 5A 28
Millward Rd. BS16: Fish 2E 61
Milner Grn. BS30: Bar C 4C 72
Milner Rd. BS7: Hor 1B 58
Milsom Apartments BA1: Bath . . .2C 6
(off Milsom Pl.)
Milsom Pl. BA1: Bath 2B 6 (3B 104)
Milsom St. BA1: Bath 2B 6 (3B 104)
BS5: E'tn 1C 68
Milton Av. BA2: Bath 1B 110
Milton Cl. BS37: Yate 3F 15
Milton Pk. BS5: Redf 2E 69
Milton Rd. BS7: Hor 5A 42
BS37: Yate 3F 15
Miltons Cl. BS13: Hart 3F 85
Milverton Gdns. BS6: Bris 4B 58
Milward Rd. BS31: Key 1A 90
Mina Rd. BS2: Bris 3C 58
Minehead Rd. BS4: Know 3B 78
Miners Cl. BS41: L Ash 2B 74
Minerva Ct. BA2: Bath 1D 7 (3C 104)
Minerva Gdns. BA2: Bath 5E 103
Minor's La. BS10: H'len 1C 20
Minsmere Rd. BS31: Key 4C 90
Minster Ct. BS37: Yate 1F 31
Minster Way BA2: Bath 2E 105
Minton Cl. BS14: Whit 2D 87
Minto Rd. BS2: Bris 4B 58
Minto Rd. Ind. Cen. BS2: Bris 4B 58
Mirage BS20: P'head 5D 35
Mission Rd. BS37: Iron A 1C 14
Mission Theatre, The 4B 6
Mitchell Cl. BS1: Bris 4D 5 (3A 68)
Mitchell La. BS1: Bris 4D 5 (3A 68)
Mitchell Wlk. BS30: B'yte 2F 73
Mivart St. BS5: E'tn 4D 59
Mizzen Ct. BS20: P'head 4D 35
Modecombe Gro. BS10: Hen 5B 22
Mogg St. BS2: Bris 4C 58
Molesworth Cl. BS13: Withy 3C 84
Molesworth Dr. BS13: Withy 3C 84
Monk Rd. BS7: B'stn 2F 57
Monks Av. BS15: K'wd 1D 71
Monksdale Rd. BA2: Bath 1F 109
Monks Ho. BS37: Yate 1F 31
Monk's Pk. Av. BS7: Hor 2A 42
Monks Pk. Way BS10: S'mead 3A 42
MONKTON COMBE 4F 111
Monkton Cl. BS15: Han 5D 71
Monmouth Cl. BS20: P'head 2B 48
Monmouth Ct. BA1: Bath 3A 6
(off Monmouth Pl.)
BS20: Pill 1E 53
Monmouth Hill BS32: Alm 1A 8
Monmouth Pl.
BA1: Bath 2A 6 (3A 104)
Monmouth Rd. BS7: B'stn 2F 57
BS20: Pill 1E 53
BS31: Key 2F 89
Monmouth St.
BA1: Bath 3A 6 (4B 104)
BS3: Wind H 1B 78
Monsdale Cl. BS10: Hen 5C 22
Monsdale Dr. BS10: Hen 5C 22
Mont, The BS6: Bris 5A 58
(off St Andrew's Rd.)
Montague Cl. BS34: Stok G 3A 26
Montague Ct. BS2: Bris 1F 67
(off Montague Hill Sth.)
Montague Flats BS2: Bris 1F 67
(off Eugene St.)
Montague Hill BS2: Bris 1F 67
Montague Hill Sth. BS2: Bris 1F 67
Montague Pl. BS6: Bris 1F 67
Montague Rd. BS31: Salt 5E 91
Montague St. BS2: Bris 1F 67
Montgomery St. BS3: Wind H 5B 68

MONTPELIER 5A 58
Montpelier BA1: Bath 1B 6
Montpelier Central BS6: Bris 5A 58
(off Station Rd.)
Montpelier Ct. BS6: Bris 4A 58
Montpelier Station (Rail) 4A 58
Montreal Av. BS7: Hor 3B 42
Montreux Ho. BS5: St G 2C 70
Montrose Av. BS6: Cot 5E 57
Montrose Cotts. BA1: W'ton 1E 103
Montrose Dr. BS30: Warm 3D 73
Montrose Pk. BS4: Brisl 2F 79
Montroy Cl. BS9: Henle 5E 41
Moon St. BS2: Bris 1A 68
Moor Cft. Dr. BS30: L Grn 5B 72
Moordell Cl. BS37: Yate 4F 15
MOOREND 1A 46
Moorend Farm Av. BS11: A'mth . . .3A 20
Moorend Gdns. BS11: Law W 4B 38
Moorend Rd. BS16: Ham 5F 27
Moorfield Ho. BS5: Redf 2E 69
(off Church Rd.)
MOORFIELDS 1E 69
Moorfields Cl. BA2: Bath 1F 109
BS5: Redf 2E 69
Moorfields Dr. BA2: Bath 1F 109
Moorfields Ho. BA2: Bath 1F 109
Moor Ga. BS20: P'head 2B 50
Moor Gro. BS11: Law W 3B 38
Moorgrove Ho. BS9: C Din 3E 39
Moorhill St. BS5: E'tn 5D 59
Moorhouse Cvn. Pk.
BS10: A'mth 4C 20
Moorhouse La. BS10: H'len 3B 20
BS11: A'mth 3B 20
Moorings, The
BA2: Bath 3F 7 (4D 105)
BS20: Pill 2E 53
Moorland Rd. BA2: Bath 5F 103
BS37: Yate 4F 15
MOORLANDS 1F 109
Moorlands, The BA2: Bath 2F 109
Moorlands Rd. BS16: Fish 3B 60
(not continuous)
Moor La. BS20: Glap G 5A 50
Moorpark Av. BS37: Yate 4E 15
Moravian Bus. Pk. BS15: K'wd 1F 71
Moravian Ct. BS15: K'wd 1F 71
Moravian Pl. BA2: Bath 1E 109
(off Coronation Av.)
Moravian Rd. BS15: K'wd 1F 71
Morden Wlk. BS14: Stoc 5F 79
Moreton Cl. BS14: Whit 3C 86
Morford St. BA1: Bath 1B 6 (2B 104)
Morgan Cl. BS31: Salt 5F 91
Morgan St. BS2: Bris 5B 58
Morley Av. BS16: Mang 2C 62
Morley Cl. BS16: Soun 2F 61
BS34: Lit S 1E 25
Morley Pl. BS16: Soun 3F 61
Morley Rd. BS3: Bedm 5E 67
BS16: Soun 2F 61
Morley Sq. BS7: B'stn 2A 58
Morley St. BS2: Bris 5B 58
BS5: Bar H 2D 69
Morley Ter. BA2: Bath 4F 103
BS15: K'wd 5F 61
Mornington Rd. BS8: Clif 4C 56
Morpeth Rd. BS4: Know 4F 77
Morris Cl. BA1: Bathf 4D 99
Morris La. BA1: Bathf 4D 99
Morris Rd. BS7: L'lze 1C 58
Morse Rd. BS5: Redf 2E 69
Mortimer Cl. BA1: W'ton 5D 95
Mortimer Rd. BS8: Clif 2C 66
BS34: Fil 2D 43
Morton St. BS5: Bar H 2D 69
Motorway Distribution Cen.
BS11: A'mth 1E 37
Mountain Ash BA1: W'ton 1F 103
Mountain M. BS5: St G 2C 70
Mountain Wood BA1: Bathf 5E 99
Mountbatten Cl. BS37: Yate 2F 15
Mount Beacon BA1: Bath 1C 104
Mount Beacon Pl. BA1: Bath 1B 104
Mt. Beacon Row BA1: Bath 1C 104
Mt. Cl. BS36: Fram C 5B 12
Mount Cres. BS36: Wint 3A 28

Mount Gdns. BS15: K'wd 3F 71
Mount Gro. BA2: Bath 2D 109
MOUNT HILL 3A 72
Mount Hill Rd. BS15: Han, K'wd 3E 71
Mt. Pleasant BA2: Mon C 4F 111
BS10: H'len 4E 21
BS20: Pill 2F 53
Mt. Pleasant Cl. BS30: L Grn 1A 82
Mt. Pleasant Ter. BS3: Bedm 5E 67
Mount Rd. BA1: Bath 2B 104
BA2: Bath 1C 108
Mount Vw. BA1: Bath 1C 104
(off Beacon Rd.)
BA2: Bath 2D 109
Mow Barton BS13: Bis 1B 84
BS37: Yate 3F 15
Mowbray Rd. BS14: H'gro 5E 79
Mowcroft Rd. BS13: Hart 3E 85
Moxham Dr. BS13: Hart 3D 85
M Shed 5B 4 (4F 67)
Muirfield BS30: Warm 3C 72
BS37: Yate 5A 16
Mulberry Av. BS20: P'head 1A 50
Mulberry Cl. BS15: K'wd 1A 72
BS20: P'head 1B 50
Mulberry Ct. BS4: Brisl 5F 69
Mulberry Cres. BS37: Yate 4B 16
Mulberry Dr. BS15: K'wd 5B 62
Mulberry Gdns. BS16: Soun 3F 61
Mulberry Gro. BS16: Soun 3F 61
Mulberry Wlk. BS9: C Din 3E 39
Muller Av. BS7: B'stn 2B 58
Muller Ho. BS7: B'stn 2B 58
Muller Rd. BS5: Eastv 5B 42
(not continuous)
BS7: Hor 5B 42
Mulready Cl. BS7: L'lze 5E 43
Murdoch Sq. BS7: Hor 3B 42
Murford Av. BS13: Hart 2D 85
Murford Wlk. BS13: Hart 3D 85
Murray St. BS3: Bedm 5E 67
Museum of Bath at Work
...............................1B 6 (2B 104)
Museum of East Asian Art
...............................1B 6 (3B 104)
Musgrove Cl. BS11: Law W 1E 39
Myrtle Ct. BS3: Bedm 5D 67
(off Exmoor St.)
BS3: Bedm 5D 67
(off Myrtle St.)
Myrtle Dr. BS11: Shire 1A 54
Myrtle Hill BS20: Pill 2E 53
Myrtle Rd. BS2: Bris 1E 67
Myrtle St. BS3: Bedm 5D 67

N

Nags Head Hill BS5: St G 2C 70
Nailsea Cl. BS13: Bis 5C 76
Nailsworth Av. BS37: Yate 4A 16
Naish BS20: Glap G 5B 50
Naish Ho. BA2: Bath 4C 102
Napier Ct. BS1: Bris 4D 67
Napier Miles Rd. BS11: Law W 3C 38
Napier Rd. BA1: W'ton 4C 94
BS5: Eastv 4D 59
BS6: Redl 4D 57
BS11: A'mth 2D 37
Napier Sq. BS11: A'mth 2C 36
Napier St. BS5: Bar H 3D 69
Narroways Rd. BS2: Bris 3C 58
Narrow La. BS16: Soun 3A 62
Narrow Lewins Mead
BS1: Bris 1B 4 (2F 67)
Narrow Plain BS2: Bris 3E 5 (3A 68)
Narrow Quay BS1: Bris 5B 4 (4F 67)
(not continuous)
Narrow Quay Ho.
BS1: Bris 4B 4 (3F 67)
Narrow Weir BS1: Bris 1E 5 (2A 68)
Naseby Wlk. BS5: S'wll 5B 60
Nash Cl. BS31: Key 2C 90
Nash Dr. BS7: L'lze 4E 43
Navigators St. BS20: P'head 5E 35
Neads Dr. BS30: Old C 4E 73
Neale La. BS11: A'mth 2E 37
Neate Ct. BS34: Pat 5E 9

Neath Rd. BS5: W'hall 1F 69
Nelson Bldgs.
BA1: Bath 1C 6 (2C 104)
Nelson Ho. BA1: Bath 4A 104
BS1: Bris 2C 4
(off Rupert St.)
BS16: Stap H 1F 61
Nelson La. BA1: Bath 3A 104
Nelson Pde. BS3: Bedm 5F 67
Nelson Pl. BA1: Bath 2C 104
Nelson Pl. E. BA1: Bath 2C 104
(off London Rd.)
Nelson Pl. W. BA1: Bath 4A 104
Nelson Rd. BS16: Stap H 1F 61
(not continuous)
Nelson St. BS1: Bris 2C 4 (2F 67)
BS3: Bedm 2C 76
Nelson Vs. BA1: Bath 4A 104
Neston Wlk. BS4: Know 4B 78
NETHAM 3F 69
Netham Ct. BS5: Redf 2F 69
(off Netham Rd.)
Netham Gdns. BS5: Redf 2F 69
Netham Ind. Pk. BS5: Redf 3F 69
Netham Vw. Ind. Pk. BS5: Redf 2F 69
Netham Rd. BS5: Redf 2F 69
Nettlestone Cl. BS10: Hen 4A 22
Nevalan Dr. BS5: St G 3C 70
Nevill Ct. BA2: New L 5D 101
Neville Rd. BS15: K'wd 4A 62
Nevil Rd. BS7: B'stn 2A 58
Nevinson Pl. BS7: L'lze 1D 59
Newark St. BA1: Bath 5C 6 (5C 104)
New Bond St. BS2: Bris 1A 68
(off Bond St.)
New Bond St. BA1: Bath 3B 6 (4B 104)
New Bond St. Bldgs. BA1: Bath 3B 6
(off New Bond St.)
New Bond St. Pl. BA1: Bath 3C 6
Newbrick Rd. BS34: Stok G 3C 26
NEWBRIDGE 2C 102
Newbridge (Park & Ride) 2B 102
Newbridge Cl. BS4: St Ap 3F 69
Newbridge Ct. BA1: Bath 3D 103
Newbridge Gdns. BA1: Bath 2C 102
Newbridge Hill BA1: Bath 2C 102
Newbridge Rd. BA1: Bath 2B 102
BA2: Bath 2B 102
BS4: St Ap 3F 69
Newbridge Trad. Est. BS4: St Ap ...4F 69
New Brunswick Av. BS5: St G 2D 71
New Bldgs. BS16: Fish 2B 60
Newbury Rd. BS7: Hor 4C 42
New Charlotte St. BS3: Bedm 5F 67
New Charlton Way BS10: Pat 2C 22
NEW CHELTENHAM 5A 62
New Cheltenham Rd.
BS15: K'wd 5F 61
Newcombe Dr. BS9: Stok B 2E 55
Newcombe Rd. BS9: W Trym 4B 40
Newdown La. BS41: Dun 5D 85
New Engine Rank BS36: H'fld 5F 29
Newent Av. BS15: K'wd 2D 71
New Fosseway Rd. BS14: H'gro 1D 87
Newfoundland Cir.
BS2: Bris 1F 5 (1B 68)
Newfoundland Rd. BS2: Bris 1B 68
Newfoundland St. BS2: Bris 1B 68
Newfoundland Way BS2: Bris 1B 68
BS20: P'head 5D 35
Newgate BS1: Bris 2D 5 (2A 68)
New Grove BS16: Fish 2B 60
Newhaven Pl. BS20: P'head 2A 48
Newhaven Rd. BS20: P'head 3A 48
New John St. BS3: Bedm 1E 77
New Kings Ct. BS7: B'stn 2E 57
New Kingsley Rd.
BS2: Bris 3F 5 (3B 68)
New King St. BA1: Bath 3A 6 (4B 104)
Newland Dr. BS13: Withy 3C 84
Newland Gro. BS31: Key 2A 90
Newland Rd. BS13: Withy 3C 84
Newlands, The BS16: Fren 4D 45
Newlands Av. BS36: Coal H 1E 29
Newlands Cl. BS20: P'head 1E 49
Newlands Hgts. BS7: Bris 4B 58
(off Hurlingham Rd.)
Newlands Hill BS20: P'head 2E 49

Newlands La. BS16: Emer G 3E 47
Newlands Rd. BS31: Key 3F 89
NEWLEAZE 1D 43
New Leaze BS32: Brad S 2E 9
Newleaze Ho. BS34: Fil 1D 43
Newlyn Av. BS9: Stok B 1F 55
Newlyn Wlk. BS4: Know 3D 79
Newlyn Way BS37: Yate 3B 16
Newman Cl. BS37: W'lgh 4D 31
New Marchants Pas.
BA1: Bath 5C 6 (5C 104)
Newmarket Av. BS1: Bris ...2C 4 (2F 67)
Newmarket Row BA2: Bath 3C 6
(off Grand Pde.)
New Mdws. BS14: H'gro 1C 86
Newminster Ho. BS1: Bris 3B 4
Newnham Cl. BS14: Stoc 5F 79
Newnham Pl. BS34: Pat 4B 8
New Orchard St.
BA1: Bath 4C 6 (4C 104)
Newport Cl. BS20: P'head 2B 48
Newport Rd. BS20: Pill 1E 53
Newport St. BS3: Wind H 1A 78
Newquay Rd. BS4: Know 3B 78
New Queen St.
BS3: Bedm 5A 68
BS15: K'wd 5D 61
New Rd. BA1: Bathf 5F 99
BS20: Pill 2E 53
BS34: Fil 5B 24
BS34: Fil, Stok G 1E 43
Newry Wlk. BS4: Know 3A 78
Newsome Av. BS20: Pill 2E 53
New Stadium Rd. BS5: Eastv 4D 59
New Station Rd. BS16: Fish 2C 60
New Station Way BS16: Fish 2C 60
New St. BA1: Bath 4B 6 (4B 104)
BS2: Bris 1F 5 (2B 68)
New Thomas St.
BS2: Bris 2F 5 (3B 68)
Newton Cl. BS15: K'wd 5C 62
Newton Dr. BS30: C Hth 4C 72
Newton Mill Camping & Caravan Pk.
BA2: New L 4A 102
Newton Park 4D 101
Newton Rd. BA2: Bath 5B 102
BS30: C Hth 4C 72
NEWTON ST LOE 4F 101
Newton St. BS5: E'tn 1C 68
NEWTOWN 2C 68
New Tyning Ter. BA1: Bath 1D 105
(off Fairfield Rd.)
New Villas BA2: Bath 1C 104
New Wlk. BS15: Han 4D 71
New Walls BS4: Wind H 5B 68
New Workshops BA1: Bath 1C 6
Niblett Cl. BS15: K'wd 3B 72
Niblett's Hill BS5: St G 3B 70
NIBLEY 4C 14
Nibley Bus. Pk. BS37: Yate 4C 14
Nibley La. BS37: Iron A, Yate 2A 14
BS37: W'lgh, Yate 4C 14
Nibley Rd. BS11: Shire 1F 53
Nicholas La. BS5: St G 3C 70
Nicholas Rd. BS5: E'tn 5D 59
Nicholas St. BS3: Bedm 5A 68
Nicholettes BS30: Old C 4F 73
Nicholls Ct. BS36: Wint 2A 28
Nicholls La. BS36: Wint 1A 28
Nicholl's Pl. BA1: Bath 1B 6
(off Lansdown Rd.)
Nichol's Rd. BS20: P'head 1B 48
Nigel Pk. BS11: Shire 4A 38
Nightingale Cl. BS4: St Ap 3A 70
BS36: Fram C 2C 28
Nightingale Ct. BS4: Brisl 1F 79
Nightingale La. BS36: Wint 5C 12
Nightingale Ri. BS20: P'head 3B 48
Nightingale Valley BS4: St Ap 4A 70
Nile St. BA1: Bath 3A 6 (4A 104)
Ninetree Hill BS1: Bris 5A 58
Ninth Av. BS7: Hor 2D 43
Noble Av. BS30: Old C 5E 73
Nore Gdns. BS20: P'head 5B 34
Nore Pk. Dr. BS20: P'head 1B 48
Nore Rd. BS20: P'head 2A 48
Norewood Gro. BS20: P'head 1B 48

Norfolk Av. BS2: Bris 1A **68**
　BS6: Bris 4A **58**
Norfolk Bldgs.
　BA1: Bath 3A **6** (4A **104**)
　　　　　　　　　　(off Nelson La.)
Norfolk Ct. BA1: Bath 3A **104**
　　　　　　　　　　(off Nelson La.)
Norfolk Cres. BA1: Bath . . .3A **6** (4A **104**)
Norfolk Gro. BS31: Key 3E **89**
Norfolk Hgts. BS2: Bris 1A **68**
　　　　　　　　　　(off Norfolk Av.)
Norfolk Ho. BS1: Bris 3E **5**
Norfolk Pl. BS3: Bedm 1E **77**
Norfolk Rd. BS20: P'head 2A **50**
Norland Rd. BS8: Clif 1B **66**
Norley Rd. BS7: Hor 4B **42**
Normanby Rd. BS5: E'tn 5D **59**
Normandy Dr. BS37: Yate 5B **16**
Norman Gro. BS15: K'wd 4F **61**
Norman Rd. BS2: Bris 4C **58**
　BS30: Warm 5D **63**
　BS31: Salt 4F **91**
Normans, The BA2: Batham 1B **106**
Normans Way BS20: Eas 4A **36**
Normanton Rd. BS8: Clif 4C **56**
Norrisville Rd. BS6: Bris 5A **58**
Northampton Bldgs.
　BA1: Bath 1A **6** (2B **104**)
Northampton St.
　BA1: Bath 1A **6** (2B **104**)
Northanger Ct. BA2: Bath 2C **6**
　　　　　　　　　　(off Grove St.)
NORTH COMMON 3F **73**
North Contemporis BS8: Clif 2C **66**
　　　　　　　　　　(off Merchants Rd.)
NORTH CORNER 4B **12**
North Cnr. BS3: Bedm 1D **77**
　　　　　　　　　　(off North St.)
Northcote Rd. BS5: St G 1A **70**
　BS8: Clif 5B **56**
　BS16: Down, Mang 5B **46**
Northcote St. BS5: E'tn 5D **59**
North Ct. BS32: Brad S 2F **9**
North Cft. BS30: Old C 5F **73**
Nth. Devon Rd. BS16: Fish 1C **60**
NORTH END 2B **98**
Northend Av. BS15: K'wd 4F **61**
Northend Cotts. BA1: Bathe 2B **98**
Northend Gdns. BS15: K'wd 4F **61**
Northend Rd. BS15: K'wd 4A **62**
Northfield BS37: Yate 5F **15**
Northfield Av. BS15: Han 4F **71**
Northfield Ho. BS3: Bedm 5E **67**
Northfield Rd. BS5: St G 2D **71**
　BS20: P'head 3A **48**
Northfields BA1: Bath 1B **104**
Northfields Cl. BA1: Bath 1B **104**
Northgate St. BA1: Bath . . .3C **6** (4C **104**)
Northgate Yd. BA1: Bath 3C **6**
　　　　　　　　　　(off Northgate St.)
North Grn. St. BS8: Clif 3B **66**
North Gro. BS20: Pill 2E **53**
North La. BA2: C'ton D 5F **105**
Northleach Wlk. BS11: Shire 1B **54**
North Leaze BS41: L Ash 2D **75**
Northover Cl. BS9: W Trym 2B **40**
Northover Rd. BS9: W Trym 2B **40**
North Pde. BA1: Bath 4D **7** (4C **104**)
　BA2: Bath 4D **7** (4C **104**)
　BS37: Yate 3A **16**
North Pde. Bldgs. BA1: Bath 4C **6**
　　　　　　　　　　(off Abbey Ga. St.)
North Pde. Pas.
　BA1: Bath 4C **6** (4C **104**)
North Pde. Rd.
　BA2: Bath 4D **7** (4C **104**)
North Pk. BS15: K'wd 5A **62**
North Quay BS1: Bris 3E **5**
North Rd.
　BA2: Bath, C'ton D 1F **7** (3E **105**)
　BA2: C Down 4D **111**
　BS3: Ash G 5C **66**
　BS6: Bris 4F **57**
　BS8: L Wds 2E **65**
　BS34: Stok G 4A **26**
　BS36: Wint 1B **28**
　BS37: Yate 1D **15**
NORTH STOKE 1E **93**

North St. BS1: Bris 1A **68**
　BS3: Ash G, Bedm 5C **66**
　BS16: Down 1F **61**
　BS30: Old C 5E **73**
Northumberland Bldgs. BA1: Bath . . .3B **6**
　　　　　　　　　　(off Barton St.)
Northumberland Pl.
　BA1: Bath 3C **6** (4C **104**)
Northumberland Rd. BS6: Redl 4E **57**
Northumbria Dr. BS9: Henle 1D **57**
North Vw. BS6: Henle 2C **56**
　BS16: Soun 2F **61**
　BS16: Stap H 1A **62**
North Vw. Cl. BA2: Bath 5D **103**
NORTHVILLE 2D **43**
Northville Cl. BS7: Hor 2B **42**
Northville Rd. BS7: Hor 2B **42**
North Wlk. BS37: Yate 3A **16**
North Way BA2: Bath 5C **102**
Northway BS34: Fil 4D **25**
Northwell Ho. BS6: Bris 4F **57**
　　　　　　　　　　(off Cromwell Rd.)
NORTH WESTON 3E **49**
Northwick Rd. BS7: Hor 3B **42**
Northwood Pk. BS36: Wint 1C **26**
Northwoods Wlk. BS10: Bren 5F **23**
Norton Cl. BS15: K'wd 2B **72**
Norton Farm Rd. BS10: Hen 5F **21**
Norton Ho. BS1: Bris 4A **68**
　　　　　　　　　　(off Ship La.)
Norton La. BS14: Whit 5E **87**
Norton Rd. BS4: Know 2C **78**
Norwich Dr. BS4: St Ap 3A **70**
Norwood Av. BA2: C'ton D 5A **106**
Nottingham Rd. BS7: B'stn 3A **58**
Nottingham St. BS3: Wind H 1A **78**
Nova Distribution Cen.
　BS11: A'mth 2D **37**
Nova Scotia Pl. BS1: Bris 4C **66**
Nova Way BS11: A'mth 2D **37**
Nover's Cres. BS4: Know 4E **77**
Nover's Hill BS3: Know, Wind H . . .3E **77**
　BS4: Know 3E **77**
Nover's Hill Trad. Est.
　BS3: Bedm 3E **77**
Nover's La. BS4: Know 4E **77**
Nover's Pk. Cl. BS4: Know 4E **77**
Nover's Pk. Dr. BS4: Know 4E **77**
Nover's Pk. Rd. BS4: Know 4E **77**
Nover's Rd. BS4: Know 4E **77**
Nuffield Health
　Bristol 2D **67**
　　　　　　　　　　(off Queen's Rd.)
Nugent Hill BS6: Cot 5F **57**
No. 1 Royal Crescent 1A **6** (3B **104**)
Nunney Cl. BS31: Key 5C **90**
Nursery, The BS3: Bedm 1D **77**
Nursery Gdns. BS10: Bren 5C **22**
Nutfield Gro. BS34: Fil 1D **43**
Nutfield Ho. BS34: Fil 2D **43**
Nutgrove Av. BS3: Wind H 1A **78**
Nuthatch Dr. BS16: B'hll 5B **44**
Nuthatch Gdns. BS16: B'hll 5B **44**
Nympsfield BS15: K'wd 4A **62**

O

Oak Av. BA2: Bath 2E **109**
Oak Cl. BS34: Lit S 1F **25**
　BS37: Yate 1F **15**
Oak Ct. BS14: Whit 1C **86**
Oakdale Av. BS16: Down 3F **45**
Oakdale Cl. BS16: Down 3A **46**
Oakdale Ct. BS16: Down 3F **45**
Oakdale Rd. BS14: H'gro 4C **78**
　BS16: Down 3A **46**
Oakdale Wlk. BS16: Down 4A **46**
Oakdene Av. BS5: Eastv 3F **59**
Oak Dr. BS20: P'head 2D **49**
Oakenhill Rd. BS4: Brisl 2A **80**
Oakenhill Wlk. BS4: Brisl 2A **80**
Oakfield Bus. Pk.
　BS15: K'wd 2F **71**
Oakfield Cl. BA1: Bath 2F **103**
Oakfield Ct. BS8: Clif 1D **67**
Oakfield Gro. BS8: Clif 1D **67**
Oakfield Pl. BS8: Clif 1D **67**

Oakfield Rd. BS8: Clif 1C **66**
　BS15: K'wd 2F **71**
　BS31: Key 4B **90**
Oakford La. BA1: Bathe 1C **98**
Oak Gro. BS20: Eas 2E **53**
Oakhanger Dr. BS11: Law W 2C **38**
Oakhill Av. BS30: Bit 2E **83**
Oakhill La. BS10: H'len 4E **21**
Oakhill Rd. BA2: C Down 3B **110**
Oak Ho. BS13: Hart 3F **85**
Oakhurst Rd. BS9: W Trym 1B **56**
Oakland Rd. BS5: St G 1A **70**
　BS6: Redl 5D **57**
Oaklands Bus. Pk. BS37: Yate . . .2D **15**
Oaklands Cl. BS16: Mang 1D **63**
Oaklands Dr. BS16: B'hll 4C **44**
　BS30: Old C 2E **83**
　BS32: Alm 1C **8**
Oaklands Rd. BS16: Mang 1C **62**
Oak La. BS5: S'wll 4B **60**
Oak Leaze BS34: Pat 2B **24**
Oakleaze BS36: Coal H 1F **29**
Oakleigh Av. BS5: W'hall 1F **69**
Oakleigh Gdns. BS30: Old C 2E **83**
Oakley BA2: C'ton D 5A **106**
OAKLEY GREEN 5C **30**
Oakley Green Farm La.
　BS37: W'lgh 5B **30**
Oakley Rd. BS7: Hor 4B **42**
Oak Lodge BS16: Fish 5E **45**
　　　　　　　　　　(off Partridge Dr.)
Oakmeade Pk. BS4: Know 2D **79**
Oakridge Cl. BS15: K'wd 2C **72**
Oak Rd. BS7: Hor 1A **58**
Oaks, The BS7: B'stn 2A **58**
Oak St. BA2: Bath 5A **6** (5B **104**)
Oak Tree Cl. BS16: Down 4C **46**
Oaktree Cl. BS15: Han 2E **81**
Oaktree Ct. BS11: Shire 4A **38**
Oaktree Cres. BS32: Brad S 3D **9**
Oaktree Gdns. BS13: Withy 2A **84**
Oak Tree Wlk. BS31: Key 3F **89**
Oakwood Av. BS9: Henle 5D **41**
Oakwood Gdns. BA2: C'ton D 5F **105**
　BS36: Coal H 1A **30**
Oakwood Pk. BS16: Fish 3C **60**
Oakwood Rd. BS9: Henle 5D **41**
Oatlands Av. BS14: Whit 1C **86**
Oatley Ho. BS9: W Trym 1C **56**
Oberon Av. BS5: S'wll 4A **60**
October La. BS7: Hor 1C **58**
ODD DOWN 4F **109**
Odd Down (Park & Ride) 5E **109**
Odeon Cinema
　Bath 4A **6** (4B **104**)
　Bristol 2C **4** (2F **67**)
Odins Rd. BA2: Odd D 4F **109**
Okebourne Cl. BS10: Bren 4D **23**
Okebourne Rd. BS10: Bren 5D **23**
Old Acre Rd. BS14: Whit 4C **86**
Old Ashley Hill BS6: Bris 4B **58**
Old Bakery Ct., The BS6: Bris 5B **58**
　　　　　　　　　　(off Brook Rd.)
Old Barrow Hill BS11: Shire 4F **37**
Old Bond St. BA1: Bath 3B **6** (4B **104**)
Old Bread St. BS2: Bris 3F **5** (3B **68**)
Oldbridge Rd. BS14: Whit 4E **87**
Old Bristol Rd. BS31: Key 5E **81**
Oldbury Chase BS30: Will 2C **82**
Oldbury Ct. Dr. BS16: Fish 5D **45**
Oldbury Ct. Rd. BS16: Fish 1C **60**
Old Chapel BA1: Bath 2C **104**
　　　　　　　　　　(off Pera Rd.)
Old Dairy, The BA2: Bath 1F **109**
Old Drill Hall, The BS2: Bris 2F **5**
Old Exchange, The BS2: E'tn 2C **68**
Old Farm La. BS5: St G 3D **71**
Old Ferry Rd. BA2: Bath 4E **103**
Oldfield La. BA2: Bath 1F **109**
OLDFIELD PARK 5A **104**
Oldfield Park Station (Rail) 4F **103**
Oldfield Pl. BA2: Bath 5A **6** (5A **104**)
　BS8: Clif 4B **66**
Oldfield Rd. BA2: Bath 5A **104**
　BS8: Clif 4C **66**
Old Fosse Rd. BA2: Odd D 3E **109**
Old Frome Rd. BA2: Odd D 5A **110**
Old Gaol BA2: Bath 2C **6** (3C **104**)

Old Gloucester Rd.
  BS16: Fren, Ham 2D **45**
  BS16: Ham 3D **27**
  BS36: Wint 3D **27**
Old King St. BA1: Bath 2B **6** (3B **104**)
Old King St. Ct. BS1: Bris . . .1D **5** (2A **68**)
Old Lamb Cl. BS5: St G 2B **70**
OLDLAND 5E **73**
OLDLAND COMMON 1E **83**
Oldland Common Station
  Avon Valley Railway 5F **73**
Oldland Halt BS30: Old C 5F **73**
Oldlands Av. BS36: Coal H 2E **29**
Old La. BS16: Emer G 5E **47**
Old Malthouse, The *BA1: Bath* *2C **104***
  (off Clarence St.)
  BS5: E'tn 1F **5**
Old Market St. BS1: Bris 2E **5** (2A **68**)
  BS2: Bris 2F **5** (2B **68**)
Oldmead Wlk. BS13: Bis 5A **76**
Old Methodist Church, The
  BA2: Bath 5F **103**
  (off West Av.)
Old Midford Rd. BA2: S'ske 5C **110**
Old Mill Cl. BS37: W'lgh 4D **31**
Old Mill Rd. BS20: P'head 5C **34**
Old Newbridge Hill BA1: Bath 2C **102**
Old Orchard BA1: Bath 1C **6** (3C **104**)
Old Orchard, The BS16: Mang . .1D **63**
Old Orchard St.
  BA1: Bath 4C **6** (4C **104**)
Old Park BS2: Bris 2A **4** (2E **67**)
Old Park Hill BS2: Bris 2A **4** (2E **67**)
Old Pk. Rd. BS11: Shire 4F **37**
Old Pooles Yd. *BS4: Brisl* *2A **80***
  (off Brookside Rd.)
Old Priory Rd. BS20: Eas 2D **53**
Old Quarry BA2: Odd D 3F **109**
Old Quarry Gdns. BS16: Mang . . .2B **62**
Old Quarry Ri. BS11: Shire 4A **38**
Old Quarry Rd. BS11: Shire 4F **37**
Old School, The BA1: Bath 1A **6**
Old School Cl. BS30: Warm 2F **73**
Old School Ho.
  BA1: Bath 1C **6** (3C **104**)
  BS4: Know *2D **79***
  (off Maxse Rd.)
Old School Ho., The BS2: Bris 1B **68**
Old School La. BS8: Clif 3D **67**
  BS13: Bis 3C **76**
Old Smiths Yd. BS15: Han 4F **71**
Old Sneed Av. BS9: Stok B 2F **55**
Old Sneed Cotts. BS9: Stok B 2F **55**
Old Sneed Pk. BS9: Stok B 2F **55**
Old Sneed Rd. BS9: Stok B 2F **55**
Old Temple St. BS1: Bris . . .3D **5** (3A **68**)
Old Vicarage *BS8: Clif* *4B **66***
  (off Lit. Caroline Pl.)
Old Vicarage, The BS6: Bris 4A **58**
Old Vicarage Cl. BS20: Pill 2E **53**
Old Vicarage Ct. BS14: Whit 3E **87**
Old Vicarage Grn. BS31: Key 1A **90**
Old Vicarage Pl. BS8: Clif 4C **56**
Old Walcot School, The
  BA1: Bath *1C **6***
  (off Guinea La.)
Old Wells Rd. BA2: Bath 2B **110**
Olveston Rd. BS7: Hor 1A **58**
Olympus Cl. BS34: Lit S 2F **25**
Olympus Rd. BS34: Pat 5A **8**
One Castlepark BS2: Bris 2E **5**
Onega Cen. *BA1: Bath* *3A **104***
  (off Victoria Bri. Rd.)
Onega Ter. BA1: Bath 3A **104**
Oolite Gro. BA2: Odd D 4F **109**
Oolite Rd. BA2: Odd D 4F **109**
Oram Ct. BS30: Bar C 5B **72**
Orange Gro. BA1: Bath . . .3C **6** (4C **104**)
Orange St. BS2: Bris 1B **68**
Orchard, The
  BA2: C Down 4D **111**
  BA2: Cor 2D **101**
  BS9: W Trym 5C **40**
  BS34: Stok G 3B **26**
  BS36: Fram C 5E **13**
Orchard Av. BS1: Bris 3A **4** (3E **67**)

Orchard Cl. BS9: W Trym 1B **56**
  BS15: K'wd 1A **72**
  BS20: P'head 1F **49**
  BS31: Key 1E **89**
  BS32: Alm 1D **9**
  BS36: Wint 2A **28**
  BS37: Yate 3B **16**
Orchard Cnr. BS15: K'wd 1A **72**
Orchard Ct. BS1: Bris 3A **4**
  BS5: Redf 2F **69**
  BS9: Stok B 3E **55**
  BS34: Fil *1C **42***
  (off Gloucester Rd. Nth.)
Orchard Cres. BS11: Shire 4F **37**
Orchard Dr. BS13: Bis 2C **84**
Orchard Gdns. BS15: K'wd 1B **72**
Orchard Ga. BS32: Brad S 3E **9**
Orchard Ho. BS5: St G 1B **70**
Orchard La. BS1: Bris 3A **4** (3E **67**)
  BS9: Stok B 2F **55**
Orchard Lea BS20: Pill 2F **53**
Orchard Lodge BA2: Batham 2B **106**
  BS30: Old C 3F **73**
Orchard Pk. (Mobile Homes Pk.)
  BS14: Whit 3F **87**
Orchard Rd. BS5: St G 1B **70**
  BS7: B'stn 2A **58**
  BS15: K'wd 1A **72**
  BS36: Coal H 1F **29**
  BS41: L Ash 3B **74**
Orchards, The BS11: Shire 5A **38**
  BS15: K'wd 2B **72**
  BS20: Pill 2E **53**
Orchard Sq. BS5: Redf 2F **69**
Orchard St. BS1: Bris 3A **4** (3E **67**)
Orchard Ter. BA2: Bath 4D **103**
Orchard Va. BS15: K'wd 1B **72**
Orchid Dr. BA2: Odd D 4E **109**
  BS31: Key 4A **90**
Oriel Gdns. BA1: Swa 5E **97**
Oriel Gro. BA2: Bath 1D **109**
Orion Dr. BS34: Lit S 2F **25**
Orland Way BS30: L Grn 1C **82**
Orlebar Gdns. BS11: Law W 1D **39**
Ormerod Rd. BS9: Stok B 2A **56**
Ormonds Cl. BS32: Brad S 3A **10**
Ormsley Cl. BS34: Lit S 5E **9**
Orpen Gdns. BS7: L'lze 1D **59**
Orpen Pk. BS32: Brad S 2D **9**
Orpheus Av. BS32: Brad S 2F **25**
Orwell Dr. BS31: Key 3B **90**
Orwell St. BS3: Wind H 1A **78**
Osborne Av. BS7: Bris 3B **58**
Osborne Cl. BS34: Stok G 4F **25**
Osborne Rd. BA1: Bath 4D **103**
  BS3: Bris 5E **67**
  BS8: Clif 5C **56**
Osborne Ter. BS3: Bedm 2D **77**
Osborne Vs. BS2: Bris 1E **67**
Osprey Ct. BS14: Hart 2F **85**
Osprey Rd. BS5: Redf 2E **69**
Ostlings La. BA1: Bathf 5D **99**
Otago Ter. BA1: Bath 5E **97**
Otterford Cl. BS14: H'gro 2D **87**
Ottery Cl. BS11: Law W 2C **38**
Ottrells Mead BS32: Brad S 2E **9**
OVAL, THE 1E **109**
Oval, The BA2: Bath 1E **109**
OVER 4A **8**
Over Ct. M. BS32: Alm 4A **8**
Over Dr. BS34: Pat 1A **24**
OVERHILL 3F **53**
Overhill BS20: Pill 3E **53**
Overndale Rd. BS16: Down 1E **61**
Overnhill Cl. BS16: Down 1F **61**
Overnhill Rd. BS16: Down 1F **61**
Overnhurst Ct. BS16: Down 1F **61**
Overton Rd. BS6: Bris 4A **58**
Owen Gro. BS9: Henle 1D **57**
Owen Henry Ho. *BS2: Bris* *5C **58***
  (off Conduit Pl.)
Owen St. BS5: E'tn 1E **69**
Owls Head Rd. BS15: K'wd 3A **72**
Oxbarton BS34: Stok G 3B **26**
Oxenham Ct. BS5: St G 1F **69**
Oxen Leaze BS32: Brad S 3A **10**

Oxford Pl. BA2: C Down 3E **111**
  BS5: E'tn 5D **59**
  BS8: Clif 3B **66**
Oxford Row BA1: Bath 1B **6** (3B **104**)
Oxford St. BS2: Bris 3B **68**
  (Anvil St.)
  BS2: Bris 1E **67**
  (Cotham Rd.)
  BS3: Wind H 5B **68**
  BS5: Redf 2E **69**
Oxford Ter. BA2: C Down 3E **111**
Oxhouse Gdns. BS10: Hen 5A **22**
Oxleaze BS13: Hart 3F **85**
Oxleaze La. BS41: Dun 4A **84**
Oxleigh Way BS34: Nums 5B **26**
Ozleworth BS15: K'wd 1C **72**

Packgate Rd. BS11: A'mth 4B **20**
PACKGATE RDBT. 4B **20**
Pack Horse La. BA2: S'ske 5B **110**
Pacquet Ho's. *BS20: Pill* *1F **53***
  (off Underbanks)
Paddock, The BA2: Cor 3D **101**
  BS20: P'head 2F **49**
Paddock Cl. BS16: Emer G 5D **47**
  BS32: Brad S 3F **9**
Paddock Gdn. BS14: Whit 3B **86**
Paddocks, The BA2: C Down 4D **111**
  BS36: Down 2C **46**
Paddock Woods BA2: C Down 3F **111**
Padfield Cl. BA2: Bath 5D **103**
PADLEIGH 3C **108**
Padleigh Hill BA2: Bath 3C **108**
Padmore Cl. BS5: St G 2F **69**
Padstow Rd. BS4: Know 4B **78**
Page Cl. BS16: Stap H 2B **62**
Page Ct. BS16: Stap H 2B **62**
Page Rd. BS16: Stap H 2F **61**
Pages Ct. *BS3: Bedm* *1D **77***
  (off Ireton Rd.)
Pages Mead BS11: A'mth 3E **37**
Painswick Av. BS34: Pat 5D **9**
Painswick Dr. BS37: Yate 4A **16**
Paintworks BS4: Bris 5D **69**
Palace Yd. M.
  BA1: Bath 3A **6** (4B **104**)
Palladian BA2: Bath 4A **104**
Palmdale Cl. BS30: L Grn 1C **82**
Palmers Cl. BS30: Bar C 3B **72**
Palmers Leaze BS32: Brad S 1C **26**
Palmerston Rd. BS6: Redl 2D **57**
Palmerston St. BS3: Bedm 1E **77**
Palmyra Rd. BS3: Bedm 1D **77**
Panorama Wlk. BS15: Han 5C **70**
Panoramic, The
  BS1: Bris 2A **4** (2E **67**)
Parade, The BA2: Bath 4D **103**
  BA2: C'ton D 4A **106**
  BS11: Shire 5A **38**
  BS13: Bis 1C **84**
  BS14: H'gro 4C **78**
  BS34: Pat 4B **8**
  BS37: Chip S 4C **16**
Parade Ct. BS5: S'will 5B **60**
Paragon, The
  BA1: Bath 2C **6** (3C **104**)
  BS8: Clif 3B **66**
Parbrook Ct. BS14: H'gro 2D **87**
Parfitts Hill BS5: St G 3B **70**
Parish, The *BS3: Bris* *5D **67***
  (off Park Rd.)
Parish Wharf Leisure Cen. 5D **35**
Park, The BS15: K'wd 1F **71**
  BS16: Fren 2D **45**
  BS20: P'head 1B **50**
  BS30: Will 3D **83**
  BS31: Key 1A **90**
  BS32: Brad S 2E **9**
Park & Ride
  Ashton Vale 2F **75**
  Bath Road 4B **80**
  Lansdown 2E **95**
  Newbridge 2B **102**
  Odd Down 5E **109**
  Portway 4E **37**

Park Av. BA2: Bath 5A **6** (5B **104**)
  BS3: Wind H 1A **78**
  BS5: Eastv 3F **59**
  BS5: St G 1A **70**
  BS32: Alm 3B **8**
  BS36: Fram C 2D **29**
  BS36: Wint 2A **28**
Park Cl. BS15: K'wd 2A **72**
  BS30: C Hth 4D **73**
  BS31: Key 2F **89**
Park Cres. BS5: W'hall 1F **69**
  BS16: Fren 2E **45**
  BS30: C Hth 4D **73**
Park Edge BS5: St G 1A **70**
Parkers Barton BS5: Bar H 3D **69**
Parkers Cl. BS10: Bren 4F **23**
Parker St. BS3: Bedm 1D **77**
Park Farm Ct. BS30: L Grn 5B **72**
Parkfield Av. BS5: St G 2F **69**
Park Gdns. BA1: Bath 2F **103**
Park Gro. BS6: Henle 1D **57**
  BS9: Henle 1D **57**
Park Hill BS11: Shire 5A **38**
Park Ho. BA2: Bath 1A **110**
  BS1: Bris 3A **4**
Parkhouse La. BS31: Key 5E **89**
   (not continuous)
Parkhurst Av. BS16: Fish 2D **61**
Parklands BS8: Cot 1E **67**
  BS15: K'wd 1A **72**
Parklands Rd. BS3: Bwr A 5A **66**
Park La. BA1: Bath 2F **103**
  BS2: Bris 1A **4** (2E **67**)
  BS36: Fram C, Wint 4C **28**
Park Leaze BS34: Pat 4A **8**
Park Mans. BA1: Bath 2A **104**
Park Pl. BA1: Bath 2A **104**
  BA2: C Down 4D **111**
  BS2: Bris 1A **4** (2E **67**)
  BS5: Eastv 3A **60**
  BS8: Clif 2D **67**
Park Rd. BA1: Bath 3D **103**
  BS3: Bris 4D **67**
  BS7: Hor 2C **42**
  BS11: Shire 5A **38**
  BS15: K'wd 5F **61**
  BS16: Stap 1F **59**
  BS16: Stap H 1A **62**
  BS30: C Hth 4D **73**
  BS31: Key 2A **90**
Park Row BS1: Bris 2A **4** (2E **67**)
  BS36: Fram C 5C **12**
Parkside Av. BS36: Wint 2F **27**
Parkside Cl. BS4: Brisl 1E **79**
Parkside Gdns. BS5: Eastv 2D **59**
Parkstone Av. BS7: Hor 5B **42**
Park St. BA1: Bath 2A **104**
  BS1: Bris 2A **4** (2E **67**)
  BS4: Wind H 5C **68**
  BS5: St G 1B **70**
  BS37: Iron A 1F **13**
Park St. Av. BS1: Bris 2A **4** (2E **67**)
Park St. M. BA1: Bath 2A **104**
Park Vw. BA1: Bath 3F **103**
   (off Up. Bristol Rd.)
  BA2: Bath 4F **103**
  BS15: K'wd 2A **72**
Park Vw. Ter. BS5: St G 1A **70**
Park Wlk. BS20: Pill 2F **53**
Parkwall Cres. BS30: Bar C ...5B **72**
Parkwall Rd. BS30: C Hth 5B **72**
PARKWAY 5A **26**
Park Way BS30: C Hth 4D **73**
Parkway BS2: Bris 5C **58**
  BS5: Eastv 3E **59**
  BS16: Fren, Ham 2C **44**
Parkway Trad. Est. BS2: Bris ...4B **58**
Parkwood Cl. BS14: Whit 3B **86**
Parliament St. BS4: Wind H 5C **68**
Parnall Cres. BS37: Yate 2E **15**
Parnall Rd. BS16: Fish 3C **60**
Parnall Rd. Ind. Est. BS16: Fish ..3C **60**
Parnell Rd. BS16: Stap 4A **44**
Parry Cl. BA2: Bath 1D **109**
Parry's Cl. BS9: Stok B 1A **56**
Parrys Gro. BS9: Stok B 1A **56**
Parrys La. BS9: Stok B, W Trym ..1A **56**
Parslows Barton BS5: St G 2C **70**

Parsonage Ct. BS20: P'head 2F **49**
Parsonage La.
  BA1: Bath 3B **6** (4B **104**)
Parsonage Rd. BS41: L Ash 2F **75**
Parsons Av. BS34: Stok G 3B **26**
Parsons Paddock BS14: H'gro ...5C **78**
Parson St. BS3: Bedm 2D **77**
Parson Street Station (Rail) 2D **77**
Parsons Wlk. BS30: B'yte 2F **73**
Partis College BA1: Bath 2C **102**
Partis Way BA1: Bath 2C **102**
Partition St. BS1: Bris 3E **67**
Partridge Cl. BS37: Yate 1B **16**
Partridge Dr. BS16: Fish 5E **45**
Passage Leaze BS11: Shire 5F **37**
Passage Rd. BS9: W Trym 2C **40**
  BS10: Hen 3C **22**
  BS10: Hen, W Trym 5B **22**
Passage St. BS2: Bris 3E **5** (3A **68**)
Pasture, The BS32: Brad S 4F **9**
Patch Cl. BS16: Emer G 3C **46**
PATCHWAY 2E **25**
Patchway Sports Cen. 4C **8**
Patchway Station (Rail) 2E **25**
Patchway Trad. Est. BS34: Pat ...5A **8**
   (Britannia Rd.)
BS34: Pat 1F **23**
   (Olympus Rd.)
Patterson Ho. BS1: Bris 5D **5**
Paul Alan Ho. BS5: Redf 2E **69**
   (off Witchell Rd.)
Paulman Gdns. BS41: L Ash 4B **74**
Paul St. BS2: Bris 1E **67**
Paulton Dr. BS7: B'stn 2E **57**
Paultow Av. BS3: Wind H 1A **78**
Paultow Rd. BS3: Wind H 1A **78**
Pavey Cl. BS13: Hart 3E **85**
Pavey Rd. BS13: Hart 3E **85**
Pavilions, The BS4: Brisl 3E **79**
  BS13: Bis 4A **76**
Pawlett Rd. BS13: Hart 4D **85**
Pawlett Wlk. BS13: Hart 4E **85**
Paxton BS16: Stap 3A **44**
Paxton Dr. BS3: Ash G 5B **66**
Paybridge Rd. BS13: Withy 3B **84**
Payne Dr. BS5: E'tn 2D **69**
Paynes Orchard Cvn. Pk.
  BS10: Bren 4F **23**
Peache Ct. BS16: Down 5A **46**
Peache Rd. BS16: Down 5A **46**
Peacock Lodge BS16: Fish 1C **60**
Peacocks La. BS15: K'wd 1E **71**
Pearces Hill BS16: Fren 4D **45**
Pearl St. BS3: Bedm 1D **77**
Pearsall Rd. BS30: L Grn 2A **82**
Peart Cl. BS13: Withy 2A **84**
Peart Dr. BS13: Withy 3A **84**
Pear Tree Av. BS41: L Ash 4A **74**
Peartree Cl. BS13: Hart 3D **85**
Pear Tree Fld. BS20: P'head 1B **50**
Pear Tree Hey BS37: Yate 1A **16**
Pear Tree La. BS5: St G 3D **71**
Peartree La. BS15: Soun 4B **62**
Pear Tree Rd. BS32: Brad S 3E **9**
Pear Tree Way BS16: Puck 3F **47**
Peel St. BS5: E'tn 1B **68**
Pegasus Ct. BS20: P'head 1F **49**
Pegasus Pk. BS34: Lit S 2D **25**
Pegasus Rd. BS34: Pat 1F **23**
Peg Hill BS37: Yate 1B **16**
Pegwell Cl. BS34: Pat 2A **24**
Pemberton Ct. BS16: Fish 1D **61**
Pembery Rd. BS3: Bedm 1D **77**
Pembroke Av. BS11: Shire 5A **38**
Pembroke Ct. BS2: Bris 1F **5**
   (off Pembroke St.)
Pembroke Ga. BS8: Clif 5C **56**
Pembroke Gro. BS8: Clif 2C **66**
Pembroke Lodge BS8: Clif 2C **66**
   (off Pembroke Rd.)
Pembroke Mans. BS8: Clif 1C **66**
Pembroke Pl. BS8: Clif 4C **66**
Pembroke Rd. BS3: Bris 5E **67**
  BS8: Clif 5C **56**
  BS11: Shire 5A **38**
  BS15: K'wd 3A **62**
  BS20: P'head 3A **48**
Pembroke St. BS2: Bris 1A **68**

Pembroke Va. BS8: Clif 1C **66**
Penard Way BS15: K'wd 2B **72**
Pendennis Av. BS16: Stap H 1F **61**
Pendennis Ho. BS16: Stap H 1F **61**
  BS16: Stap H 2F **61**
Pendennis Pk. BS4: Brisl 2F **79**
  BS16: Stap H 2F **61**
Pendennis Rd. BS16: Stap H 1F **61**
Pendock Cl. BS30: Bit 3E **83**
Pendock Ct. BS16: Emer G 4D **47**
Pendock Rd. BS16: Fish 5D **45**
  BS36: Wint 3A **28**
Penfield Cl. BS2: Bris 4C **58**
Penfield Rd. BS2: Bris 4C **58**
Penlea Cl. BS11: Shire 4F **37**
Pennant Pl. BS20: P'head 4E **35**
Pennard Ct. BS14: Whit 2D **87**
Pennard Grn. BA2: Bath 4C **102**
Penn Dr. BS16: Fren 2E **45**
Penn Gdns. BA1: Bath 2C **102**
Penngrove BS30: L Grn 1C **82**
Penn Hill Rd. BA1: Bath, W'ton ..2C **102**
Pennine Rd. BS30: Old C 5E **73**
Pennlea BS13: Bis 5E **77**
Penn Lea Ct. BA1: Bath 2D **103**
   (not continuous)
Penn Lea Rd. BA1: Bath 1C **102**
Pennon Ri. BS1: Bris 4E **67**
   (off Caledonian Rd.)
Penn St. BS1: Bris 1E **5** (2A **68**)
Pennycress Cl. BS16: Emer G ...3F **47**
Penny La. BS15: Soun 3B **62**
Pennyquick BA2: New L 3E **101**
Pennyquick Vw. BA2: Bath 4B **102**
Pennyroyal Gro. BS16: Stap 1A **60**
Pennywell Ct. BS5: E'tn 1C **68**
   (off Pennywell Rd.)
Pennywell Grn. BS5: E'tn 1C **68**
   (off Pennywell Rd.)
Pennywell Rd. BS5: E'tn 1B **68**
Pen Pk. Rd. BS10: S'mead 5E **23**
Pen Pk. Sports Pavilion 1F **41**
Penpole Av. BS11: Shire 5A **38**
Penpole Cl. BS11: Shire 4F **37**
Penpole La. BS11: Shire 4F **37**
Penpole Pk. BS11: Shire 4A **38**
Penpole Pl. BS11: Shire 5A **38**
Penrith Gdns. BS10: S'mead 2F **41**
   (not continuous)
Penrose BS14: H'gro 5B **78**
Penrose Dr. BS32: Brad S 1F **25**
Pensfield Pk. BS10: Bren 4F **23**
Pensford Cl. BS14: Stoc 2F **87**
Pentagon, The BS9: Sea M 5D **39**
Penthouse Hill BA1: Bathe 4B **98**
Pentire Av. BS13: Bis 1C **84**
Pepys Cl. BS31: Salt 5F **91**
Percival Ct. BS8: Clif 1B **66**
Percival Rd. BS8: Clif 1B **66**
Percy Pl. BA1: Bath 1D **105**
Percy St. BS3: Bedm 5F **67**
Percy Walker Ct. BS16: Down ...5E **45**
Perfect Vw. BA1: Bath 1C **104**
Pero's Bridge 5B **4** (3F **67**)
Perrett Ho. BS2: Bris 1F **5**
   (off Redcross St.)
Perretts Ct. BS1: Bris 5A **4** (4E **67**)
Perrett Way BS20: Pill 2A **54**
Perrinpit Rd. BS36: Fram C, Wint ..1F **11**
Perrott Rd. BS15: K'wd 5C **62**
Perry Cl. BS36: Wint 3F **27**
Perrycroft Av. BS13: Bis 1C **84**
Perrycroft Rd. BS13: Bis 1C **84**
Perrymans Cl. BS16: Fish 5C **44**
PERRYMEAD 2D **111**
Perrymead BA1: Bath 1D **111**
Perrymead Pl. BA2: Bath 1D **111**
Perry Rd. BS1: Bris 2A **4** (2E **67**)
  BS41: L Ash 3B **74**
Perrys Lea BS32: Brad S 3F **9**
Perry St. BS5: E'tn 1C **68**
Pesley Cl. BS13: Withy 3C **84**
Petercole Dr. BS13: Bis 1C **84**
Peterson Av. BS13: Hart 4E **85**
Peterson Sq. BS13: Hart 4E **85**
   (not continuous)
Peter's Ter. BS5: Bar H 2D **69**

Petersway Gdns. BS5: St G 3C 70
Petherbridge Way BS7: Hor 1C 58
Petherton Cl. BS15: K'wd 2A 72
Petherton Gdns. BS14: H'gro 5D 79
Petherton Rd. BS14: H'gro 4D 79
Petticoat La. BS1: Bris 3E 5 (3A 68)
Pettigrove Gdns. BS15: K'wd 2A 72
Pettigrove Rd. BS15: K'wd 3A 72
Pevensey Wlk. BS4: Know 5F 77
Peverell Cl. BS10: Hen 5B 22
Peverell Dr. BS10: Hen 5B 22
Phase One
  Bath 3A 104
Philadelphia St.
  BS1: Bris 1D 5 (2A 68)
Philippa Cl. BS14: H'gro 5C 78
Philippa Ho. BA2: Bath 5F 103
  (off South Av.)
Philips Ho. BS2: Bris 1A 68
  (off Dove St. Sth.)
Philip St. BA1: Bath 4C 6
  BS2: Bris 4D 69
  BS3: Bedm 5F 67
Phippen St. BS1: Bris 5D 5 (4A 68)
Phipps Barton BS15: K'wd 1D 71
Phipps St. BS3: Bris 5D 67
Phoenix Bus. Pk. BS3: Bedm 2C 76
Phoenix Ct. BS2: Bris 1F 5
Phoenix Gro. BS6: Henle 1E 57
  BS16: Soun 3F 61
Phoenix Ho. BA1: Bath 1A 6
  BS1: Bris 5C 4 (4F 67)
  BS5: Bar H 3D 69
Phoenix St. BS5: Bar H 3D 69
Phoenix Way BS20: P'bry, P'head . .4E 35
Piccadilly Pl. BA1: Bath 1D 105
Pickwick Rd. BA1: Bath 5C 96
Picton La. BS6: Bris 5A 58
Picton M. BS6: Bris 5A 58
Picton St. BS6: Bris 5A 58
Pier Cl. BS20: P'head 4D 35
Pierrepont Pl.
  BA1: Bath 4C 6 (4C 104)
Pierrepont St.
  BA1: Bath 4C 6 (4C 104)
Pier Rd. BS20: P'head 4C 34
Pigeon Ho. Dr. BS13: Hart 3F 85
Pigott Av. BS13: Withy 3C 84
PILE MARSH 2F 69
Pilemarsh BS5: St G 2F 69
Pilgrims Way BS11: Shire 4E 37
  BS16: Down 3F 45
Pilgrims Wharf BS4: St Ap 2A 70
Pilkington Cl. BS34: Fil 1E 43
PILL 2E 53
Pillengers Pl. BS8: Clif 3C 66
  (off Hotwell Rd.)
Pillingers Gdns. BS6: Redl 4D 57
Pillingers Rd. BS15: K'wd 2E 71
Pill Rd. BS8: Abb L 3F 53
  BS20: Pill 3F 53
Pill St. BS20: Pill 2E 53
Pimpernel Mead BS32: Brad S 1A 26
PINCKNEY GREEN 5F 107
Pine Ct. BS31: Key 3E 89
Pinecroft BS14: H'gro 5B 78
  BS20: P'head 1B 48
Pine Gro. BS7: Fil 2C 42
Pine Gro. Pl. BS7: B'stn 3F 57
Pine Ridge Cl. BS9: Stok B 2E 55
Pine Rd. BS10: Bren 5D 23
Pines, The BS9: Stok B 3F 55
  BS16: Soun 4C 62
Pinesgate BA2: Bath 4A 104
Pines Rd. BS30: Bit 3E 83
Pines Way BA2: Bath 4A 104
Pines Way Ind. Est. BA2: Bath 4A 6
Pinewood BS15: K'wd 5B 62
Pinewood Cl. BS9: W Trym 4D 41
Pinhay Rd. BS13: Bis 1D 85
Pinkers Mead BS16: Emer G 5E 47
Pinkhams Twist BS14: Whit 2C 86
Pinnell Gro. BS16: Emer G 4E 47
Pioneer Av. BA2: C Down 4B 110
Pioneer Pk. BS4: Brisl 4E 69
Pipe La. BS1: Bris 3A 4 (3D 67)
Piper Rd. BS37: Yate 2A 16
Pippin Ct. BS30: Bar C 5B 72

Pippins, The BS20: P'head 1B 50
Pitch & Pay La. BS9: Stok B 3A 56
Pitch & Pay Pk. BS9: Stok B 3A 56
Pitchcombe BS37: Yate 1E 31
Pitchcombe Gdns. BS9: C Din 4F 39
Pitch La. BS6: Cot 5F 57
Pithay, The BS1: Bris 2C 4 (2F 67)
Pithay Ct. BS1: Bris 2C 4 (2F 67)
Pitlochry Cl. BS7: Hor 2B 42
Pitman Cl. BA1: Bath 5E 97
Pitman Ho. BA2: Bath 2F 109
Pitt Rd. BS7: Hor 1A 58
Pitville Pl. BS6: Cot 1D 67
Pixash Bus. Cen. BS31: Key 2D 91
Pixash La. BS31: Key 2D 91
Planetarium, The 5A 4 (3E 67)
Platform, The BS6: Bris 4A 58
Platts Wood BS16: Fren 3F 43
Players Cl. BS16: Ham 4D 27
Playford Gdns. BS11: Law W 3A 38
Plaza, The BS2: Bris 3B 68
  (off Anvil St.)
Pleasant Ho. BS16: Stap H 1F 61
Pleasant Pl. BA1: Bathf 5F 99
Pleasant Rd. BS16: Stap H 1F 61
Plimsoll Ho. BS1: Bris 4A 68
  (off Redcliff Hill)
Plough Ho. BS13: Bedm 2D 77
Plover Cl. BS37: Yate 3E 15
Plowright Ho. BS15: Han 4D 71
Plummer's Hill BS5: S'will, St G . . .1A 70
Plumpton Ct. BS16: Down 2B 46
Podgers Dr. BA1: W'ton 3E 95
Podium, The BA1: Bath 2C 6 (4C 104)
Poet's Cl. BS5: W'hall 1F 69
Point 4 Distribution Cen.
  BS11: A'mth 2F 37
Polden Cl. BA2: C'ton D 4F 105
Polden Ho. BS3: Wind H 1F 77
Polden Rd. BS20: P'head 1D 49
  (not continuous)
Polly Barnes Cl. BS15: Han 4D 71
Polly Barnes Hill BS15: Han 4D 71
  BS15: St G 4D 71
Polygon, The BS8: Clif 3B 66
  (off Polygon Rd.)
  BS11: A'mth 2F 37
Polygon La. BS8: Clif 3B 66
Polygon La. Sth. BS8: Clif 3B 66
  (off Polygon Rd.)
Polygon Rd. BS8: Clif 3B 66
Pomfrett Gdns. BS14: Stoc 2A 88
POMPHREY 1D 63
Pomphrey Hill BS16: Emer G 1D 63
Pond Cl. BS34: Pat 4D 9
Pond Head Ct. BS20: Pill 2F 53
  (off Eirene Ter.)
Ponsford Rd. BS4: Know 4D 79
Ponting Cl. BS5: S'will 5C 60
Pool Barton BS31: Key 1A 90
Poole Cl. BS13: Hart 2E 85
Poole Ct. BS37: Yate 3A 16
Poole Ct. Dr. BS37: Yate 3A 16
Poole Ho. BA2: Bath 5B 102
Poolemead Rd. BA2: Bath 5B 102
Poole St. BS11: A'mth 3D 37
Pooles Wharf BS8: Clif 4C 66
Pooles Wharf Ct. BS8: Clif 4C 66
Pool Ho. BS34: Pat 5C 8
Pool Rd. BS15: Soun 3A 62
Pope Cl. BA2: New L 5D 101
Popes Wlk. BA2: Bath, C Down . . .1D 111
Poplar Av. BS9: Stok B 5F 39
Poplar Cl. BA2: Bath 1F 109
  BS30: Old C 3E 73
Poplar Flds. BS30: Old C 3F 73
Poplar Pl. BS16: Fish 3C 60
Poplar Rd. BA2: Odd D 5F 109
  BS5: S'will 5B 60
  BS13: Bis 5B 76
  BS15: St G 4C 70
  BS30: Old C 4E 73
POPLAR RDBT. 3A 20
Poplars, The BS20: Eas 2D 53
Poplar Ter. BS15: K'wd 1B 72
Poplar Way E. BS11: A'mth 3A 20
Poplar Way W. BS11: A'mth 2F 19
Pople Wlk. BS7: B'stn 3B 58

Poppy Mead BS32: Brad S 1A 26
Porlock Rd. BA2: C Down 4C 110
  BS3: Wind H 1F 77
PORTBURY 3F 51
Portbury Comn. BS20: P'head 2A 50
Portbury Gro. BS11: Shire 5F 37
Portbury Hundred, The
  BS20: P'bry 2B 50
Portbury La. BS20: P'bry 4A 52
Portbury Wlk. BS11: Shire 5F 37
Portbury Way BS20: P'bry 1F 51
PORTBURY WHARF 5F 35
PORTISHEAD 1F 49
Portishead Bus. Pk.
  BS20: P'head 1F 49
Portishead Lodge BS20: P'head 5C 34
Portishead Swimming Pool 3B 34
Portishead Way
  BS3: Ash V, Bwr A 1A 76
  BS16: Soun 3F 61
Portland Cl. BS1: Bris 4C 66
Portland Dr. BS20: P'head 2A 50
Portland Hgts. BS2: Bris 1A 68
  (off Dean St.)
Portland Lofts BS2: Bris 1A 68
  (off Wilson St.)
Portland Mans. BS2: Bris 1A 68
  (off Portland Sq.)
Portland Pl. BA1: Bath 2B 104
  BS16: Stap H 3F 61
Portland Rd. BA1: Bath 2B 104
  (off St James's Pk.)
Portland Sq. BS2: Bris 1A 68
Portland St. BS2: Bris 1E 67
  BS8: Clif 2B 66
  BS16: Soun, Stap H 3F 61
Portland Ter. BA1: Bath 1A 6
  (off Harley St.)
Portmeirion Cl. BS14: Whit 2D 87
Port Side Cl. BS5: St G 3B 70
Port Vw. BS20: Pill 1E 53
Portview Ho. BS11: A'mth 2D 37
  (off Portview Rd.)
Portview Rd. BS11: A'mth 2D 37
Portwall La. BS1: Bris 5D 5 (4A 68)
Portwall La. E. BS1: Bris . . .5E 5 (4A 68)
Portwall Pl. BS1: Bris 5D 5 (4A 68)
Portway BS9: Sea M, Stok B 5B 38
  BS11: Shire 3E 37
Portway (Park & Ride) 4E 37
Portway La. BS37: Chip S 3E 17
PORTWAY RDBT. 3E 37
Post Office La. BS5: St G 1A 70
POTTERSWOOD 2D 71
Potterswood Cl. BS15: K'wd 2F 71
Pottery Farm Cl. BS13: Hart 3E 85
Potts Cl. BA1: Bathe 3B 98
Pound, The BS32: Alm 1C 8
Pound Dr. BS16: Fish 1B 60
Pound La. BS16: Fish 2B 60
Pound Rd. BS15: K'wd, Soun 4B 62
Pountney Dr. BS5: E'tn 1D 69
Powlett Cl. BA2: Bath 1E 7 (3D 105)
Powlett Rd. BA2: Bath 1E 7 (2D 105)
Pow's Rd. BS15: K'wd 2F 71
Poyntz Ct. BS30: L Grn 1B 82
Poyntz Rd. BS4: Know 4B 78
Praedium, The BS6: Redl 4D 57
Prattens La. BS16: Stap H 2F 61
Preacher Cl. BS5: St G 3D 71
Precinct, The BS20: P'head 1F 49
Preddy's La. BS5: St G 3C 70
Prescott BS37: Yate 5F 15
Press Moor Dr. BS30: Bar C 5B 72
Prestbury BS37: Yate 5F 15
Preston Wlk. BS4: Know 3C 78
Prestwick Cl. BS4: Brisl 3F 79
Pretoria Rd. BS34: Stok G 5B 8
Prewett St. BS1: Bris 5D 5 (4A 68)
Priddy Cl. BA2: Bath 5D 103
  (not continuous)
Priddy Dr. BS14: Whit 2D 87
Priddy Rd. BS14: Whit 2D 87
Priest Path BS31: Q Char 4C 88
Priestwood Cl. BS10: Hen 5C 22
Primrose Cl. BS15: K'wd 1E 71
  BS32: Brad S 3F 9
PRIMROSE HILL 1F 103

Primrose Hill BA1: W'ton 1F 103
Primrose La. BS15: K'wd 5E 61
Primrose Ter. BS15: K'wd 5E 61
Primrose Wlk. BS31: Key 4F 89
Prince Rupert Ho. BS8: Clif 1D 67
Princes Bldgs. BA1: Bath 2B 6
(off George St.)
BS8: Clif 3B 66
Princes Ct. BS30: L Grn 5B 72
Prince's La. BS8: Clif 3B 66
Prince's Pl. BS7: B'stn 3A 58
Princess Cl. BS31: Key 3A 90
Princess Gdns. BS16: Stap 5F 43
Princess Row BS2: Bris 1F 67
Princess Royal Gdns. BS5: Redf . . .1E 69
Princess St. BS2: Bris 3C 68
BS3: Bedm 5A 68
Princess St. BA1: Bath 3B 6 (4B 104)
BS2: Bris 1B 68
Princess Victoria St. BS8: Clif 3B 66
Prince St. BS1: Bris 5B 4 (4F 67)
Prince's Wharf 5A 4 (4E 67)
Prinknash Ct. BS37: Yate 1F 31
Prior Pk. Bldgs. BA2: Bath 5D 105
Prior Pk. Cotts. BA2: Bath 5C 104
Prior Pk. Gdns.
BA2: Bath 5E 7 (5D 105)
Prior Pk. Landscape Garden 2E 111
Prior Pk. Rd. BA2: Bath 5E 7 (5D 105)
Prior's Hill Flats BS6: Bris 5F 57
Priors Lea BS37: Yate 4F 15
Priory Av. BS9: W Trym 4C 40
Priory Cl. BA2: C Down 2D 111
Priory Ct. BS15: Han 1E 81
Priory Ct. Rd. BS9: W Trym 4C 40
Priory Dene BS9: W Trym 4C 40
Priory Farm Trad. Est.
BS20: P'bry 3F 51
Priory Gdns. BS7: Hor 3B 42
BS11: Shire 4F 37
BS20: Eas 2D 53
Priory Rd. BS4: Know 3F 79
BS8: Clif 1D 67
BS11: Shire 5F 37
BS20: Eas 2D 53
BS20: P'bry 3F 51
BS31: Key 5A 82
Priory Wlk. BS20: P'bry 3F 51
Pritchard St. BS2: Bris 1E 5 (1A 68)
Privet Dr. BS13: Hart 2E 85
Probyn Cl. BS16: B'hll 4C 44
Pro-Cathedral La. BS8: Clif 2D 67
Proctor Cl. BS4: Brisl 3F 79
Proctor Ho. BS1: Bris 5E 5 (4A 68)
Promenade, The BS7: B'stn 4F 57
BS8: Clif 1B 66
Prospect Av. BS2: Bris 1F 67
Prospect Bldgs. BA1: Bathe 2B 98
Prospect Cl. BS36: Fram C 5B 12
BS36: Wint D 4A 28
Prospect Cres. BS15: Soun 4B 62
Prospect Gdns. BA1: Bathe 2B 98
Prospect La. BS36: Fram C 5B 12
Prospect Pl. BA1: Bath 1C 104
BA1: Bathf 5F 99
BA1: W'ton 5E 95
BA2: Bath 5B 104
BA2: C Down 4D 111
BS5: W'hall 1E 69
BS6: Cot 4F 57
Prospect Rd. BA2: Bath 1E 111
Prospect Ter. BS3: Bedm 1E 77
Protheroes Ho. BS1: Bris 3A 4
(off Hobbs La.)
PROVIDENCE 2B 74
Providence La. BS41: L Ash 1B 74
Providence Pl. BS2: Bris . . .3F 5 (3B 68)
BS3: Bedm 1F 77
BS5: Redf 2E 69
Providence Ri. BS41: L Ash 2B 74
Providence Vw. BS41: L Ash 3C 74
Prudential Bldg. BS1: Bris 2C 4
Prudham St. BS5: E'tn 5E 59
Pullin Ct. BS30: Old C 5F 73
Pulteney Av. BA2: Bath 4E 7 (4D 105)
Pulteney Bridge 3C 6 (3C 104)
Pulteney Bri. BA2: Bath . . .3C 6 (4C 104)

Pulteney Ct. BA2: Bath . . .5E 7 (5D 105)
Pulteney Gdns.
BA2: Bath 4E 7 (4D 105)
Pulteney Gro. BA2: Bath . .5E 7 (5D 105)
Pulteney M. BA2: Bath . . .3D 7 (3C 104)
Pulteney Rd. BA2: Bath . . .5E 7 (5D 105)
Pulteney Ter. BA2: Bath 4E 7
(off Pulteney Rd.)
Pump House, The BS4: St Ap 4B 70
Pump Ho. La. BS4: St Ap 4B 70
Pump La. BA1: Bathf 1D 107
BS1: Bris 5D 5 (4A 68)
Pump Room 3B 6 (4C 104)
Pump Sq. BS20: Pill 1F 53
Purcell Wlk. BS4: Know 5F 77
Purdown Rd. BS7: Hor 1B 58
Purdy Ct. BS16: Fish 2C 60
Purifier Ho. BS1: Bris 4D 67
(off Lime Kiln Rd.)
Purlewent Dr. BA1: W'ton 5E 95
Pursey Dr. BS32: Brad S 2B 26
Purton Cl. BS15: K'wd 3A 72
Purton Rd. BS7: B'stn 4F 57
Puxley Cl. BS14: Stoc 1A 88
Pye Cft. BS32: Brad S 2A 10
Pyecroft Av. BS9: Henle 4D 41
Pylle Hill Cres. BS3: Wind H 5B 68
Pynne Cl. BS14: Stoc 1B 88
Pynne Rd. BS14: Stoc 2A 88
Pyracantha Wlk. BS14: H'gro 1C 86

Q

QEH Theatre 2D 67
Quadrangle, The BS37: W'lgh 4E 31
Quadrant BS32: Brad S 2D 9
Quadrant, The BS2: Bris 3B 68
(off Barleyfields)
BS6: Redl 3D 57
BS32: Alm 2C 8
Quadrant E. BS16: Fish 3E 61
Quadrant W. BS16: Fish 3E 61
Quakers Cl. BS16: Down 3F 45
Quakers' Friars BS1: Bris . . .1D 5 (2A 68)
Quakers Ho. BS1: Bris 1E 5
Quakers' La. BS1: Bris 1D 5 (2A 68)
Quakers Rd. BS16: Down 2F 45
Quantock Cl. BS30: Old C 4E 73
Quantock Ct. BS16: Fren 2A 44
Quantock Rd. BS3: Wind H 1F 77
BS20: P'head 1D 49
Quantocks BA2: C Down 4C 110
Quarrington Rd. BS7: Hor 1A 58
Quarry Bank BS37: Chip S 3C 16
Quarry Barton BS16: Ham 4E 27
Quarry Cl. BA2: C Down 4B 110
Quarry La. BS11: Law W 2E 39
BS36: Wint D 4A 28
Quarrymans Ct. BA2: C Down 4D 111
Quarry Ri. BS10: Bren 5E 23
Quarry Rd. BA2: C'ton D 5F 105
BS8: Clif 4C 56
BS15: K'wd 3F 71
BS16: Fren 4D 45
BS20: P'head 2E 49
BS37: Chip S 4C 16
Quarry Rock Gdns.
BA2: C'ton D 5A 106
Quarry Steps BS8: Clif 4C 56
Quarry Va. BA2: C Down 4D 111
Quarry Way BS16: Emer G 2C 46
BS16: Stap 1A 60
Quarter Mile All. BS15: K'wd 5F 61
Quasar BA1: Bath 5B 6 (5B 104)
Quay Point BS1: Bris 3E 67
Quays, The BS1: Bris 5A 4 (4E 67)
Quays Av. BS20: P'head 1A 50
Quay Side BS1: Bris 3E 5 (3A 68)
Quayside BS8: Clif 3D 67
Quayside La. BS5: St G 3B 70
Quayside Wlk. BS1: Bris 4C 4
(off Redcliff Backs)
Quays Office Pk. BS20: P'head 1A 50
Quay St. BS1: Bris 2B 4 (2F 67)
Quebec BA2: Bath 4C 102
Quedgeley BS37: Yate 5E 15

Queen Ann Rd. BS5: Bar H 3D 69
Queen Charlotte St.
BS1: Bris 3C 4 (3F 67)
QUEEN CHARLTON 4C 88
Queen Charlton La. BS14: Whit 4F 87
BS31: Q Char 4C 88
Queen Quay BS1: Bris 4C 4 (3F 67)
Queens Apartments BS8: Clif 2E 67
(off Queens Rd.)
Queens Av. BS8: Clif 2D 67
BS20: P'head 1E 49
Queenscote BS20: P'head 1B 50
Queen's Ct. BS8: Clif 2D 67
Queensdale Cres. BS4: Know 3C 78
Queensdown Ct. BS4: Brisl 1E 79
Queensdown Gdns. BS4: Brisl 1E 79
Queens Dr. BA2: C Down 4C 110
BS7: B'stn 2E 57
BS16: Ham 5D 71
Queens Gate BS9: Stok B 1F 55
Queenshill Rd. BS4: Know 3C 78
Queensholm Av. BS16: Down 2A 46
Queensholm Cl. BS16: Down 2A 46
Queensholm Cres. BS16: Down 2F 45
Queensholm Dr. BS16: Down 2A 46
Queens Mans. BS8: Clif 1D 67
Queens Pde. BA1: Bath 2A 6 (3B 104)
BS1: Bris 3D 67
Queens Pde. Pl.
BA1: Bath 2B 6 (3B 104)
Queens Pl. BA2: Bath 5E 7 (5D 105)
Queen Sq. BA1: Bath 2B 6 (3B 104)
BS1: Bris 4B 4 (3F 67)
BS31: Salt 4B 92
Queen Sq. Apartments BS1: Bris 5C 4
Queen Sq. Av. BS1: Bris 4C 4 (3F 67)
Queen Sq. Ho. BS1: Bris 4C 4
Queen Sq. Pl. BA1: Bath . . .2A 6 (3B 104)
Queens Rd. BS4: Know 3E 79
BS5: St G 1B 70
BS7: B'stn 2B 58
BS8: Clif 2C 66
BS13: Bis, Withy 4B 84
BS20: P'head 2A 48
BS30: C Hth 5C 72
BS31: Key 3F 89
Queen St. BA1: Bath 3B 6 (4B 104)
BS2: Bris 2E 5 (2A 68)
BS5: Eastv 3F 59
BS11: A'mth 2C 36
BS15: K'wd 2D 71
Queens Way BS20: P'head 2A 48
Queensway BS34: Lit S 2E 25
Queen Victoria Rd. BS6: Henle 2C 56
Queen Victoria St. BS2: Bris 3C 68
Queenwood Av. BA1: Bath 1C 104
Quickthorn Cl. BS14: Whit 1C 86
Quiet St. BA1: Bath 3B 6 (4B 104)
Quilter Gro. BS4: Know 5F 77
Quinton Cl. BS34: Stok G 1F 43
Quorum, The BS2: Bris 2F 5

R

Raby M. BA2: Bath 2E 7 (3D 105)
Raby Pl. BA2: Bath 2E 7 (3D 105)
Raby Vs. BA2: Bath 2F 7 (3D 105)
Rackfield Pl. BA2: Bath 4D 103
Rackham Cl. BS7: L'lze 5D 43
Rackhay BS1: Bris 3C 4 (3F 67)
Radley Rd. BS16: Fish 2D 61
Radnor Rd. BS7: Hor 1F 57
BS9: Henle 1D 57
Raeburn Rd. BS5: St G 2D 71
Raglan Cl. BA1: Bath 5C 96
(off Ragland La.)
Ragland La. BA1: Bath 5C 96
Ragland St. BA1: Bath 5C 96
Raglan M. BS5: St G 2C 70
Raglan Pl. BS7: B'stn 3F 57
Raglan Rd. BS7: B'stn 3F 57
Raglan Ter. BA1: Bath 5C 96
Raglan Vs. BA1: Bath 1C 104
Raglan Wlk. BS31: Key 3F 89
Rankin Jones Cl. BS34: Stok G 5A 26
Railway Pl. BA1: Bath 5D 7 (5C 104)
Railway St. BA1: Bath 5C 6 (5C 104)

Railway Ter. BS16: Fish 2E 61
Railway Vw. BS16: Ham 5F 27
(off Moorend Rd.)
Rainbow St. BS37: Yate 2D 15
Raja Rammohun Roy Wlk.
BS16: Stap 2E 59
Raleigh Cl. BS31: Salt 5E 91
Raleigh Ri. BS20: P'head 5A 34
Raleigh Rd. BS3: Ash G, Bris 1C 76
Ralph Allen Dr.
BA2: Bath, C Down 1D 111
Ralph M. BS8: Clif 1E 67
(off St Michael's Hill)
Ralph Rd. BS7: B'stn 2B 58
RAM HILL 3F 29
Ram Hill BS36: Coal H 3E 29
Ram Hill Bus. Pk. BS36: Coal H . . .3F 29
Ram Hill Rd. BS36: H'fld 4F 29
Ramscombe La. BA1: Bathe 1A 98
Ramsey Rd. BS7: Hor 4B 42
Rams Leaze BS34: Pat 1C 24
Ranchway BS20: P'head 2B 48
Randall Cl. BS15: Soun 4B 62
Randall Rd. BS8: Clif 3C 66
Randolph Av. BS13: Hart 2D 85
BS37: Yate 1F 15
Randolph Cl. BS13: Hart 2D 85
Rangers Wlk. BS15: Han 5E 71
Rannoch Rd. BS7: Fil 1B 42
Raphael Ct. BS1: Bris 5E 5 (4A 68)
Ratcliffe Ct. BS2: Bris 3F 5
Ratcliffe Dr. BS34: Stok G 3A 26
Rathbone Cl. BS36: Coal H 3E 29
Ravendale Dr. BS30: L Grn 1D 83
Ravenglass Cres. BS10: S'mead . . .1E 41
Ravenhead Dr. BS14: H'gro 4D 79
Ravenhill Av. BS3: Know 2B 78
Ravenhill Rd. BS3: Wind H 1B 78
Ravenscourt Rd. BS34: Pat 1D 25
Ravenswood BS30: L Grn 1C 82
Ravenswood Rd. BS6: Cot 5E 57
Rawnsley Ho. BS5: E'tn 5C 58
Rayens Cl. BS41: L Ash 3B 74
Rayens Cross Rd. BS41: L Ash 3B 74
Rayleigh Rd. BS9: W Trym 4F 39
Raymend Bd. BS3: Wind H 1A 78
Raymend Wlk. BS3: Wind H 2A 78
Raymill BS4: Brisl 2C 80
Raymore Ri. BS41: L Ash 4B 74
Raynes Rd. BS3: Ash G 1C 76
Reade Cl. BS15: Han 5F 71
Reading Ct. BS15: K'wd 1D 71
Recreation Ground 3D 7 (4C 104)
Rectory Cl. BS37: Yate 2B 16
Rectory Gdns. BS10: Hen 1A 40
Rectory La. BS34: Fil 5C 24
Rectory Rd. BS20: Eas 3D 53
BS36: Fram C 5C 12
Redcar Ct. BS16: Down 2B 46
Redcatch Rd. BS3: Know 1B 78
BS4: Know 1B 78
Redcliff Backs BS1: Bris 4D 5 (3A 68)
Redcliff Cres. BS3: Bris 5A 68
(off York Rd.)
REDCLIFFE BAY 2A 48
Redcliffe Pde. BS20: P'head 3A 48
Redcliffe Pde. E.
BS1: Bris 5C 4 (4F 67)
Redcliffe Pde. W.
BS1: Bris 5C 4 (4F 67)
Redcliffe Point BS1: Bris 5D 5
Redcliffe Way BS1: Bris 5C 4 (4F 67)
Redcliffe Wharf 5C 4 (4F 67)
Redcliff Hill BS1: Bris 5D 5 (4A 68)
Redcliff Mead La. BS1: Bris 5E 5
Redcliff Quay BS1: Bris 4D 5 (3F 67)
Redcliff St. BS1: Bris 3D 5 (3A 68)
Redcross Ct. BS2: Bris 2F 5
(off Redcross St.)
Redcross La. BS2: Bris 1F 5
Redcross M. BS2: Bris 2F 5 (2B 68)
Redcross St. BS2: Bris 2F 5 (2B 68)
Redding Rd. BS5: Eastv 4D 59
Reddings, The BS15: Soun 4B 62
REDFIELD 1F 69
Redfield Hill BS30: Bit, Old C 5F 73
Redfield Ho. BS34: Fair 1D 25
Redfield Leisure Cen. 2E 69

Redfield Rd. BS34: Pat 1D 25
Redford Cres. BS13: Withy 4A 84
Redford Trad. Est. BS3: Bedm 3E 77
Redford Wlk. BS13: Withy 4B 84
Redgrave Theatre 1B 66
Redhill Cl. BS16: Fish 3A 60
Redhill Dr. BS16: Fish 3A 60
Red Ho. La. BS9: W Trym 5A 40
BS32: Alm 1D 9
REDLAND 4D 57
Redland Av. BS20: Eas 5B 36
Redland Ct. Rd. BS6: Redl 3E 57
Redland Green 3D 57
Redland Grn. Rd. BS6: Redl 4D 57
Redland Gro. BS6: Cot, Redl 4E 57
Redland Hill BS6: Redl 4C 56
Redland Pk. BA2: Bath 4B 102
(not continuous)
Redland Rd. BS6: Cot, Redl 3C 56
Redland Station (Rail) 4E 57
Redland Ter. BS6: Redl 4D 57
Red Lion Works BS4: Know 3D 79
Redlynch La. BS31: Key 5D 89
Redpoint Climbing Cen. 2D 77
Redpoll Dr. BS20: P'head 5F 35
Redshank Wlk. BS11: Law W 2C 38
Redshelf Wlk. BS10: Bren 5E 23
Redwick Cl. BS11: Law W 1E 39
Redwing Gdns. BS16: B'hll 5A 44
Redwood Cl. BS30: L Grn 1C 82
Redwood Ho. BS13: Hart 4F 85
Redwoods, The BS31: Key 1F 89
Reed Cl. BS10: Hor 5F 41
Reed Ct. BS30: L Grn 1B 82
Reedley Rd.
BS9: Stok B, W Trym 1A 56
Reedling Cl. BS16: B'hll 5A 44
Refinery, The BS2: Bris 2F 5
Regency Dr. BS4: Brisl 2C 80
Regent Rd. BS3: Bedm 5F 67
Regents Apartments BS6: Redl 3E 57
(off Redland Ct. Rd.)
Regents Fld. BA2: Batham 2F 105
Regent St. BS8: Clif 3C 66
BS15: K'wd 1F 71
Regina, The BA1: Bath 1B 6
Regus Ho. BS1: Bris 4F 5
Remenham Dr. BS9: Henle 1D 57
Remenham Pk. BS9: Henle 1D 57
Rene Rd. BS5: E'tn 5D 59
Rennie Cl. BA2: Bath 4E 7 (4D 105)
Repton Hall BS10: Bren 1D 41
Repton Rd. BS4: Brisl 1E 79
Retail Ter. BS32: Brad S 4F 9
Retford Ho. BA2: C'ton D 5A 106
Reubins, The BS5: S'wll 4C 60
Reynold's Cl. BS31: Key 2C 90
Reynolds Ct. BS7: Hor 3C 42
Reynolds Wlk. BS7: Hor 4C 42
Rhode Cl. BS31: Key 4C 90
Rhododendron Wlk. BS10: Hen 2A 40
Rhymes Pl. BA1: Swa 4E 97
Richardson Pl. BA2: C Down 4E 111
Richeson Cl. BS10: Hen 1B 40
Richeson Wlk. BS10: Hen 1B 40
Richmond Apartments BS6: Redl . . .3E 57
(off Redland Ct. Rd.)
Richmond Av. BS6: Redl 4B 58
BS34: Stok G 3A 26
Richmond Cl. BA1: Bath 1B 104
BS20: P'head 1A 50
BS31: Key 3F 89
Richmond Ct. BS3: Wind H 5B 68
BS8: Clif 4C 56
(off Richmond Dale)
BS34: Pat 4B 8
Richmond Dale BS8: Clif 4C 56
Richmond Hgts. BA1: Bath 5B 96
BS8: Clif 2D 67
(off Richmond Hill)
Richmond Hill BA1: Bath 1B 104
BS8: Clif 2D 67
Richmond Hill Av. BS8: Clif 2D 67
Richmond La. BA1: Bath 1B 104
BS8: Clif 2C 66

Richmond M. BS8: Clif 2C 66
Richmond Pk. Rd. BS8: Clif 2C 66
Richmond Pl. BA1: Bath 1B 104
Richmond Rd. BA1: Bath 5B 96
BS5: St G 1A 70
BS6: Bris 5A 58
BS16: Mang 1C 62
Richmond St. BS3: Wind H 5B 68
Richmond Ter. BA1: Bath 1C 104
(off Claremont Bldgs.)
BS8: Clif 2C 66
(not continuous)
BS11: A'mth 2C 36
Richmond Vs. BS11: A'mth 2C 36
Ride, The BS15: K'wd 4C 62
RIDGE, THE 3B 16
Ridge, The BS11: Shire 4A 38
BS14: H'gro 2E 87
BS36: Coal H 1E 29
Ridge Cl. BS20: P'head 2C 48
Ridge Grn. Cl. BA2: Odd D 5F 109
Ridgehill BS9: Henle 5E 41
Ridgemeade BS14: Whit 3D 87
Ridgemount Gdns. BS14: Whit 2D 87
Ridge Vw. BS41: L Ash 2D 75
RIDGEWAY 4B 60
Ridgeway BS36: Coal H 1F 29
BS37: Yate 3B 16
Ridgeway, The BS10: W Trym 2C 40
Ridgeway Ct. BS10: W Trym 2C 40
BS14: Whit 2E 87
Ridgeway Gdns. BS14: Whit 2E 87
Ridgeway Ind. Cen. BS5: S'wll 4A 60
Ridgeway La. BS14: Whit 3D 87
Ridgeway Pde. BS5: Eastv 3A 60
Ridgeway Rd. BS16: Fish 3A 60
BS41: L Ash 3C 74
Ridgewood BS9: Stok B 4F 55
BS37: Yate 4B 16
Riding Cotts., The BS37: Chip S . . .3D 17
Ridingleaze BS11: Law W 2C 38
Ridings, The BS13: Withy 3A 84
BS36: Coal H 2E 29
Ridings Cl. BS37: Chip S 4E 17
Ridings Rd. BS36: Coal H 2E 29
Ridley Av. BS16: Soun 3C 62
Ringsfield La. BS34: Pat 1B 24
Ringswell Gdns. BA1: Bath 1D 105
Ringwood Cres. BS10: S'mead 2E 41
Ringwood Rd. BA2: Bath 4E 103
Ripley Rd. BS5: St G 5C 60
Ripon Ct. BS16: Down 1B 46
Ripon Rd. BS4: St Ap 3A 70
Rippleside BS20: P'head 1E 49
Risdale Rd. BS3: Ash V 3A 76
Riva Bingo
Knowle 2D 79
Rivergate BS1: Bris 4F 5 (3B 68)
Riverland Dr. BS13: Withy 3B 84
Riverleaze BS9: Sea M 1D 55
River Mead BS37: Yate 2E 15
River Pl. BA2: Bath 4D 103
BS37: Chip S 4C 16
River Rd. BS20: P'bry 2A 36
BS37: Chip S 4C 16
Riverside Bus. Pk.
BA2: Bath 4A 6 (4B 104)
BS4: St Ap 3F 69
Riverside Cl. BS11: Shire 1B 54
Riverside Ct. BA2: Bath 5A 6 (4B 104)
BS4: St Ap 3B 70
Riverside Dr. BS16: Fish 4E 45
Riverside Gdns. BA1: Bath 4A 6
Riverside Ho. BS1: Bris 3C 4
Riverside Leisure Cen.
Bristol 1B 68
Riverside Leisure Club 1E 25
Riverside M. BS4: St Ap 3B 70
Riverside Rd. BA2: Bath 4A 6 (4A 104)
Riverside Steps BS4: St Ap 2A 70
Riverside Wlk. BS5: St G 3B 70
Riverside Way BS15: Han 1E 81
Rivers Rd. BA1: Bath 2B 104
(not continuous)
Rivers St. BA1: Bath 1A 6 (3B 104)
Rivers St. M. BA1: Bath 1A 6 (3B 104)
Rivers St. Pl. BA1: Bath 1B 6
River St. BS2: Bris 1F 5 (2B 68)

River Ter. BS31: Key 2B 90
River Vw. BS16: B'hll 1A 60
Riverwood Rd. BS16: Fren 2E 45
Riviera Cres. BS16: Soun 2A 62
Riviera Way BS34: Stok G 4C 26
Roath Rd. BS20: P'head 1F 49
Robbins Cl. BS32: Brad S 2B 26
Robbins Ct. BS16: Emer G 5D 47
Robel Av. BS36: Fram C 5B 12
Robert Ct. BS8: L Wds 3A 66
　　BS16: Emer G 4D 47
Robertson Dr. BS4: St Ap 3B 70
Robertson Rd. BS5: E'tn 4D 59
Robert St. BS5: Bar H 2D 69
　　BS5: Eastv 4D 59
Robin Cl. BS10: Bren 1D 41
　　BS14: Stoc 1F 87
Robin Ct. BS5: E'tn 1C 68
Robin Cousins Sports Cen. 3E 37
Robin Hood La. BS2: Bris . .1A 4 (2E 67)
Robinia Wlk. BS14: H'gro 5B 78
Robin Pl. BS20: P'head 5F 35
Robinson Bldg., The BS3: Bedm . . .1E 77
　　(off Norfolk Pl.)
Robinson Dr. BS5: E'tn 1C 68
Robin Way BS37: Chip S 1B 32
Rochester Rd. BS4: St Ap 4A 70
Rochfort Ct. BA2: Bath 2D 105
Rochfort Pl. BA2: Bath 1D 7 (2C 104)
Rock, The BS4: Brisl 1A 80
Rock Cl. BS4: Brisl 2A 80
Rock Cotts. BA2: C Down 4D 111
Rockdale Ct. BS4: Brisl 1E 79
Rock Hall Cotts. BA2: C Down 4D 111
Rock Hall Ho. BA2: C Down 4D 111
Rock Hall La. BA2: C Down 4D 111
Rockhill Est. BS31: Key 3B 90
Rock Ho. BS10: Bren 5E 23
Rockingham Gdns.
　　S11: Law W 3C 38
ROCKINGHAM RDBT. 2E 19
Rockland Cl. BS16: Down 4E 45
Rockland Gro. BS16: Stap 5F 43
Rockland Rd. BS16: Down 4E 45
Rock La. BA2: C Down 4D 111
　　BS34: Stok G 3B 26
Rockleaze BS9: Stok B 4A 56
Rockleaze Av. BS9: Stok B 3A 56
Rockleaze Ct. BS9: Stok B 3A 56
Rockleaze Rd. BS9: Stok B 3A 56
Rockliffe Av. BA2: Bath 2D 105
Rockliffe Rd. BA2: Bath 2D 105
Rock Rd. BS31: Key 2A 90
ROCKS, THE 1B 16
Rockside Av. BS16: Down 3B 46
Rockside Dr. BS9: Henle 5D 41
Rockside Gdns. BS16: Down 3B 46
　　BS36: Fram C 5E 13
Rockstowes Way BS10: Bren 5F 23
Rockwell Av. BS11: Law W 2D 39
Rockwell Wood Ct.
　　BS36: Fram C 2C 28
Rockwood Ho. BS37: Yate 1C 16
Rodborough BS37: Yate 1E 31
Rodborough Way BS15: K'wd 2C 72
Rodbourne Rd. BS10: Hor 4F 41
RODFORD 1F 31
Rodfords Mead BS14: H'gro 5C 78
Rodford Way BS37: Yate 1E 31
Rodmead Wlk. BS13: Withy 3C 84
Rodmoor Rd. BS20: P'head 5C 34
Rodney Av. BS15: K'wd 1C 70
Rodney Cres. BS34: Fil 4C 24
Rodney Ho. BA2: Bath 4C 102
　　BS8: Clif .2C 66
　　(off Clifton Down Rd.)
Rodney Pl. BS8: Clif 2C 66
Rodney Rd. BS15: K'wd 5C 60
　　BS31: Salt 5A 92
Rodney Wlk. BS15: K'wd 5C 60
Rodway Ct. BS16: Mang 5C 46
RODWAY HILL 2C 62
Rodway Hill BS16: Mang 2C 62
Rodway Hill Rd. BS16: Mang 1C 62
Rodway Rd. BS16: Mang 1C 62
　　BS34: Pat 1B 24
Rodway Vw. BS15: Soun 3B 62
Roegate Dr. BS4: St Ap 3A 70

Roegate Ho. BS5: S'wll 5B 60
Rogers Cl. BS30: C Hth 4D 73
Rogers Ct. BS15: Han 5E 71
　　BS37: Chip S 4E 17
Rogers Wlk. BS30: B'yte 2F 73
Rokeby Av. BS6: Cot 5E 57
Roman Baths 4C 6 (4C 104)
Roman Farm Ct. BS11: Law W 1E 39
Roman Farm Rd. BS4: Know 5A 78
Roman Ho. BA1: Bath 1D 7 (2C 104)
　　BS5: E'tn 5D 59
Roman Wlk. BS4: Brisl 1E 79
　　BS34: Stok G 3A 26
Roman Way BS9: Stok B 2E 55
　　BS15: Han 5E 71
Romney Av. BS7: L'lze 1C 58
Romney Gdns. BS7: L'lze 1C 58
　　(off Romney Av.)
Romo Ct. BS16: Stap H 2E 61
Ronald Rd. BS16: B'hll 5B 44
Ronaldson BS30: Bit 2E 83
Ronayne Wlk. BS16: Fish 5E 45
Rondo Theatre, The 1E 105
Rookery Rd. BS4: Know 2B 78
Rookery Way BS14: Whit 3B 86
Rooksbridge Wlk. BA2: Bath 4E 103
Rope Wlk. BS1: Bris 3F 5 (3B 68)
Rope Wlk. Ho. BS2: Bris 1F 5
Rosa Parks La. BS6: Bris 5B 58
Rosary, The BS34: Ham 1A 44
Rosary Rdbt., The BS16: Emer G . . .4F 47
Rose Acre BS10: Bren 5C 22
Rosebay Mead BS16: Stap 2A 60
Roseberry Pk. BS5: St G 1F 69
Roseberry Pl. BA2: Bath 4F 103
Roseberry Rd. BA2: Bath 4E 103
　　BS5: Redf 2E 69
Rosebery Av. BS2: Bris 5C 58
Rosebery Ct. BS2: Bris 5C 58
Rosebery Ter. BS8: Clif 3D 67
Rose Cl. BS36: Wint D 4A 28
Rose Cotts. BA2: Odd D 5E 109
Rose Ct. BS15: K'wd 3F 71
Rosedale Rd. BS16: Fish 3D 61
Rosedown Dr. BS34: Ham 1B 44
ROSE GREEN 5A 60
Rose Grn. BS5: Eastv 4F 59
Rose Green Cen. 5F 59
Rose Grn. Cl. BS5: S'wll 4A 60
Rose Grn. Rd. BS5: S'wll 4F 59
Rose Hill BA1: Bath, Swa 5D 97
　　(not continuous)
　　BS20: P'head 5B 34
Roseland Cl. BA1: Swa 4E 97
Roseland Gdns. BS15: Warm 1D 73
Rose La. BS36: Coal H 2F 29
Roselarge Gdns. BS10: Bren 1C 40
Rosemary Cl. BS32: Brad S 2B 26
Rosemary Cres. BS20: P'head 1B 50
Rosemary La. BS5: Eastv 4E 59
Rose Mead BS7: Hor 4C 42
Rose Mdw. Vw. BS3: Ash V 3A 76
Rosemeare Gdns. BS13: Bis 5A 76
Rosemont Ter. BS8: Clif 3C 66
Rosemount Ct. BS15: K'wd 1D 71
Rosemount La. BA2: Bath 1D 111
Rose Oak Dr. BS36: Coal H 1F 29
Rose Oak La. BS36: Coal H 1F 29
Rose Rd. BS5: St G 2A 70
Rosery, The BS16: Fish 3E 61
Rosery Cl. BS9: W Trym 3C 40
Rose Ter. BA2: C Down 3E 111
　　BS8: Clif .2D 67
Rosevear BS2: Bris 2C 68
Roseville Av. BS30: L Grn 2C 82
Rose Wlk. BS16: Fish 3E 61
Rosewell Ct. BA1: Bath 3A 6 (4B 104)
Roshni Ghar E. BS5: E'tn 5D 59
　　(off Woodborough St.)
Roshni Ghar Nth. BS5: E'tn 5D 59
　　(off Woodborough St.)
Rosling Rd. BS7: Hor 5A 42
Roslyn Rd. BS6: Redl 5E 57
Rossall Av. BS34: Lit S 2E 25
Rossall Rd. BS4: Brisl 1F 79
Ross Cl. BS37: Chip S 4D 17

Rossetti Way BS7: L'lze 5E 43
Rossini Cotts. BA1: Bath 2C 104
　　(off Up. Hedgemead Rd.)
Rossiter Grange BS13: Withy 3B 84
Rossiter Rd. BA2: Bath 5D 7 (5C 104)
Rossiter's La. BS5: St G 3C 70
Rossiter Wood Ct. BS11: Law W 1D 39
Rosslyn Cl. BA1: Bath 3D 103
Rosslyn Rd. BA1: Bath 3D 103
Rounceval St. BS37: Chip S 4C 16
Roundhill Gro. BA2: Bath 2D 109
Roundhill Pk. BA2: Bath 1C 108
Roundmoor Cl. BS31: Salt 4F 91
Roundmoor Gdns. BS14: Stoc 1F 87
Roundways BS36: Coal H 2E 29
Rousham Rd. BS5: Eastv 3C 58
Rowacres BA2: Bath 2D 109
　　BS14: H'gro 1B 86
Rowan Cl. BS16: Fish 4C 60
Rowan Ct. BS5: Bar H 2D 69
　　BS37: Yate 2E 15
Rowan Ho. BS13: Hart 3F 85
Rowans, The BS16: Fren 2D 45
　　BS20: P'head 2D 49
Rowan Wlk. BS31: Key 3E 89
Rowan Way BS15: Han 1D 81
Rowberrow BS14: H'gro 5B 78
Rowland Av. BS16: Stap 2F 59
Rowlands Cl. BA1: Bathf 5E 99
Rowlandson Gdns. BS7: L'lze 5D 43
Rowley St. BS3: Bedm 1E 77
Rownham Cl. BS3: Bwr A 5A 66
Rownham Ct. BS8: Clif 4C 66
Rownham Hill BS8: L Wds 3F 65
Rownham Mead BS8: Clif 4C 66
Royal Albert Rd. BS6: Henle 2C 56
Royal Av. BA1: Bath 1A 6 (3A 104)
Royal Cl. BS10: Hen 5F 21
Royal Crescent 1A 6 (3A 104)
Royal Cres. BA1: Bath 1A 6 (3A 104)
Royal Edward Dock BS11: A'mth 1B 36
Royal Fort Rd. BS2: Bris 1A 4 (2E 67)
Royal Oak Av. BS1: Bris 4B 4 (3F 67)
Royal Oak Ho. BS1: Bris 5B 4
Royal Pde. BS8: Clif 2D 67
Royal Pk. BS8: Clif 2C 66
Royal Pk. M. BS8: Clif 2C 66
Royal Portbury Dock 3A 36
Royal Portbury Dock Rd.
　　BS20: P'bry 5A 36
Royal Rd. BS16: Mang 5C 46
Royal Victoria Pk. BS10: Bren 1D 41
Royal York Cres. BS8: Clif 3B 66
Royal York Ho. BS8: Clif 3C 66
　　(off Royal York Vs.)
Royal York M. BS8: Clif 3C 66
Royal York Vs. BS8: Clif 3C 66
Royate Hill BS5: Eastv 4F 59
Roycroft Rd. BS34: Fil 1D 43
Roy King Gdns. BS30: C Hth 3E 73
Royston Wlk. BS10: S'mead 1F 41
Rozel Rd. BS7: Hor 1A 58
RPS, The .1A 110
Rubens Cl. BS31: Key 2C 90
Ruby St. BS3: Bedm 1D 77
Rudford Cl. BS34: Pat 4D 9
Rudge Cl. BS15: Soun 4B 62
Rudgeway Cl. BS13: Hart 3F 85
Rudgleigh Av. BS20: Pill 2E 53
Rudgleigh Rd. BS20: Pill 2E 53
Rudhall Gro. BS10: Hor 4A 42
Rudmore Pk. BA1: Bath 3C 102
Rudthorpe Rd. BS7: Hor 1A 58
Ruffet Rd. BS36: Coal H 5C 28
Rugby Rd. BS4: Brisl 1F 79
Runnymead Av. BS4: Brisl 3F 79
Runnymede BS15: K'wd 5A 62
Runswick Rd. BS4: Brisl 1E 79
Rupert Ho. BS2: Bris 1A 4
Rupert St. BS1: Bris 2B 4 (2F 67)
　　BS5: Redf 3E 69
Rush Cl. BS32: Brad S 3F 9
RUSH HILL 3E 109
Rush Hill BA2: Bath 3D 109
Rushton Dr. BS36: Coal H 1F 29
Rushy BS30: C Hth 5C 72
Rushy Leaze BS34: Pat 1C 24
Rushy Way BS16: Emer G 2C 46

Ruskin Gro. BS7: Hor 3C **42**
Russell Av. BS15: K'wd 2A **72**
Russell Gro. BS6: Henle 1E **57**
Russell M. BS37: Chip S 4D **17**
Russell Rd. BS6: Henle 2D **57**
  BS16: Fish 4D **61**
Russell St. BA1: Bath 1B **6** (3B **104**)
RUSSELL TOWN 2D **69**
Russell Town Av. BS5: E'tn 1D **69**
Russell Town Av. Ind. Cen.
  BS5: Redf 2E **69**
           (off Russell Town Av.)
Russets, The BS20: P'head 2B **50**
Russ St. BS2: Bris 3F **5** (3B **68**)
Rutherford Cl. BS30: L Grn 1C **82**
Ruthven Rd. BS4: Know 4A **78**
Rutland Av. BS30: Will 2C **82**
Rutland Ho. BS8: Clif 3B **66**
             (off Granby Hill)
Rutland Rd. BS7: B'stn 3A **58**
Ryde Rd. BS4: Know 2D **79**
Rye Cl. BS13: Bis 1A **84**
Ryecroft Ri. BS41: L Ash 3D **75**
Ryecroft Rd. BS36: Fram C 5E **13**
Ryedown La. BS30: Bit 3E **83**
Ryeleaze BS11: Shire 1A **54**
Ryland Pl. BS2: Bris 4C **58**
Rylestone Cl. BS36: Fram C 5B **12**
Rylestone Gro. BS9: W Trym 1B **56**
Rysdale Rd. BS9: W Trym 5B **40**

S

Sabin Cl. BA2: Bath 2D **109**
Sabrina Way BS9: Stok B 2E **55**
Saco Ho. BA1: Bath 4B **6**
        (off St James's Pde.)
  BS1: Bris 4E **5** (3A **68**)
Sadlers Ct. BS15: K'wd 5F **61**
Sadlier Cl. BS11: Law W 3B **38**
Saffron Ct. BA1: Bath 2C **104**
Saffron Gdns. BS5: W'hall 1E **69**
Sage Cl. BS20: P'head 2A **48**
Sages Mead BS32: Brad S 5F **9**
St Agnes Av. BS4: Know 2B **78**
St Agnes Gdns. BS4: Know 2B **78**
St Agnes Wlk. BS4: Know 2B **78**
St Aidans Cl. BS5: St G 3D **71**
St Aidans Rd. BS5: St G 3C **70**
St Albans Rd. BS6: Henle 2D **57**
St Aldwyn's Cl. BS7: Hor 3B **42**
ST ANDREWS 3A **58**
St Andrews Ho. BS30: Warm 3D **73**
  BS37: Yate 5A **16**
ST ANDREWS GATE RDBT. 1D **37**
St Andrews Ho. BS11: A'mth 2C **36**
St Andrew's Rd. BS6: Bris 5A **58**
  BS11: A'mth 1D **37**
St Andrews Ter.
  BA1: Bath 2B **6** (3B **104**)
St Andrews Trad. Est.
  BS11: A'mth 1E **37**
St Andrew's Wlk. BS8: Clif 3C **66**
ST ANNE'S .4F **69**
St Annes Av. BS31: Key 1F **89**
St Annes Cl. BS5: St G 3B **70**
  BS30: C Hth 5D **73**
St Anne's Dr. BS30: Old C 2E **83**
  BS31: Key 1F **89**
St Annes Dr. BS30: Old C 2E **83**
ST ANNE'S PARK 4A **70**
St Annes Pk. Rd. BS4: St Ap 4A **70**
St Anne's Rd. BS4: St Ap 3F **69**
  BS5: St G 3D **71**
St Anne's Ter. BS4: St Ap 4A **70**
St Ann's Pl. BA1: Bath 3A **6**
St Ann's Way BA2: Bath 3F **7** (4E **105**)
St Aubin's Av. BS4: Brisl 1B **80**
St Augustines BS9: W Trym 1C **56**
St Augustine's Cl.
  BS20: P'head 2A **48**
St Augustine's Pde.
  BS1: Bris 3B **4** (3F **67**)
St Augustine's Pl.
  BS1: Bris 3B **4** (3F **67**)
St Augustines Yd. BS1: Bris 3A **4**

St Barnabas Cl. BS4: Know 3B **78**
  BS30: Warm 2E **73**
St Bartholomew's Rd. BS7: Bris . .3B **58**
St Bede's Rd. BS15: K'wd 4E **61**
St Bernards Rd. BS11: Shire 5A **38**
St Brandons Ho. BS1: Bris 3E **67**
          (off Gt. George St.)
St Brelades Gro. BS4: St Ap 4A **70**
ST BRENDANS RDBT. 2D **37**
St Brendans Trad. Est.
  BS11: A'mth 1D **37**
St Brendans Way BS11: A'mth 2D **37**
St Briavels Dr. BS37: Yate 5F **15**
St Cadoc Ho. BS31: Key 2B **90**
St Catherine's Cl.
  BA2: Bath 3F **7** (4E **105**)
St Catherines Ct. BS3: Bedm 1F **77**
  BS8: Clif 2D **67**
           (off Berkeley Pl.)
St Catherines Hospital BA1: Bath . . .4C **6**
St Catherine's Ind. Est.
  BS3: Bedm 5F **67**
        (off Whitehouse La.)
St Catherine's Mead BS20: Pill . . .3F **53**
St Catherine's Pl. BS3: Bedm 5F **67**
St Catherine's Ter. BS3: Bedm 1F **77**
          (off Church La.)
St Christopher's Cl. BA2: Bath . . .3E **105**
St Clements Cl. BA1: W'ton 1E **103**
  BS2: Bris 1B **68**
           (off Wilson St.)
  BS16: Soun 3F **61**
  BS31: Key 3A **90**
St Clement's Rd. BS31: Key 2A **90**
          (not continuous)
St David M. BS1: Bris 4A **4**
St David's Av. BS30: C Hth 4C **72**
St David's Cres. BS4: St Ap 3B **70**
St Dunstans Cl. BS31: Key 1A **90**
St Dunstan's Rd. BS3: Bedm 2E **77**
St Edward's Rd. BS8: Clif 3D **67**
St Edyth's Rd. BS9: Sea M 5D **39**
St Fagans Cl. BS30: Will 2D **83**
St Francis Dr. BS36: Wint 2B **28**
St Francis Rd. BS3: Ash G 5C **66**
  BS31: Key 1E **89**
St Gabriel's Bus. Pk. BS5: E'tn . . .1D **69**
St Gabriel's Rd. BS5: E'tn 1D **69**
ST GEORGE 1C **70**
St Georges Av. BS5: St G 3B **70**
St George's Bristol 3E **67**
St Georges Bldgs. BA1: Bath 3A **104**
         (off Up. Bristol Rd.)
St Georges Ct. BS20: Eas 3C **52**
St Georges Gate BS5: St G 1F **69**
          (off Church Rd.)
St Georges Hgts. BS5: Redf 2F **69**
St Georges Hill BA2: Batham 2F **105**
  BS20: Eas 3C **52**
St Georges Ho. BS5: St G 1A **70**
St Georges Ind. Est.
  BS11: A'mth 5D **19**
St Georges La. BS20: Eas 2D **53**
St Georges Pl. BA1: Bath 3A **104**
         (off Up. Bristol Rd.)
St Georges Rd. BS1: Bris 4A **4** (3D **67**)
  BS20: P'bry 4A **36**
  BS31: Key 1F **89**
St Giles Ct. BS1: Bris 2B **4**
St Gregory's Rd. BS7: Hor 3B **42**
St Helena Rd. BS6: Henle 2D **57**
St Helens Dr. BS30: Old C 2E **83**
St Helen's Wlk. BS5: St G 5C **60**
St Helier Av. BS4: Brisl 5B **70**
St Hilary Cl. BS9: Stok B 1F **55**
St Ivel Way BS30: Warm 3E **73**
St James' Barton
  BS1: Bris 1D **5** (1A **68**)
St James Ct. BS1: Bris 1C **4**
  BS32: Brad S 2E **9**
St James' Pde. BS1: Bris . . .1C **4** (2F **67**)
St James Pl. BS16: Mang 1C **62**
St James's Pde.
  BA1: Bath 4B **6** (4B **104**)
St James's Pk. BA1: Bath 2B **104**
St James's Pl.
  BA1: Bath 1A **6** (2B **104**)
St James's Sq. BA1: Bath 2A **104**

St James's St.
  BA1: Bath 1A **6** (2B **104**)
St James St. BS16: Mang 1C **62**
St John's BA1: Bath 2D **103**
St Johns Cl. BA2: Bath . . .1C **6** (3C **104**)
  BS3: Wind H 2F **77**
  BS16: Fish 3C **60**
  BS31: Key 1A **90**
St John's Cres. BS3: Wind H 2A **78**
St Johns Hospital BA1: Bath 4B **6**
         (off Westgate Bldgs.)
St John's La.
  BS3: Bedm, Wind H 1E **77**
St John's Pl. BA1: Bath . . .3B **6** (4B **104**)
St John's Rd. BA1: Bath 3E **103**
  BA2: Bath 2C **6** (3C **104**)
  BS3: Bedm 5F **67**
           (Lombard St.)
  BS3: Bedm 1E **77**
           (St John's St.)
  BS8: Clif 5C **56**
St John's Steep BS1: Bris 2C **4**
         (off All Saints St.)
St John's St. BS3: Bedm 1E **77**
St John's Way BS37: Chip S 3D **17**
St Joseph's Rd. BS10: Bren 5D **23**
St Judes BS2: Bris 1F **5** (2B **68**)
St Keyna Ct. BS31: Key 2B **90**
St Keyna Rd. BS31: Key 2A **90**
St Kilda's Rd. BA2: Bath 5F **103**
St Ladoc Rd. BS31: Key 2F **89**
St Laud Cl. BS9: Stok B 1F **55**
St Lawrence Ct. BS11: Law W 3A **38**
St Lawrence St.
  BA1: Bath 4C **6** (4C **104**)
St Leonard's Rd. BS5: E'tn 4E **59**
  BS7: Hor 5A **42**
St Loe Cl. BS14: Whit 4B **86**
St Lucia Cl. BS7: Hor 4A **42**
St Lucia Cres. BS7: Hor 4A **42**
St Lukes Cl. BS16: Emer G 4E **47**
St Luke's Ct. BS3: Bedm 5A **68**
St Luke's Cres. BS3: Wind H 5B **68**
St Luke's Gdns. BS4: Brisl 2A **80**
St Lukes Ho. BS16: Emer G 4E **47**
St Luke's M. BS4: Brisl 2A **80**
St Luke's Rd. BA2: Bath 2B **110**
  BS3: Bris, Wind H 5A **68**
St Luke's Steps BS3: Wind H 5A **68**
St Margaret's Cl. BS31: Key 1F **89**
St Margaret's Dr. BS9: Henle 1E **57**
St Mark's Av. BS5: E'tn 4E **59**
St Marks Cl. BS31: Key 1A **90**
St Marks Gdns.
  BA2: Bath 5C **6** (5C **104**)
St Mark's Gro. BS5: E'tn 5D **59**
St Mark's Pl. BA1: Bath 1D **105**
St Mark's Rd. BA2: Bath . . .5C **6** (5C **104**)
  BS5: E'tn 5D **59**
St Mark's Ter. BS5: E'tn 5D **59**
St Martins BS41: L Ash 3C **74**
St Martins Cl. BA2: Odd D 4A **110**
  BS2: Bris 3D **69**
  BS16: Soun 3F **61**
St Martin's Gdns. BS4: Know 3D **79**
St Martins Ind. Pk. BS11: A'mth . . .3B **20**
St Martin's Rd. BS4: Know 2D **79**
St Martin's Wlk. BS4: Know 3D **79**
St Mary Redcliffe Church 5D **5**
St Mary's Bldgs.
  BA2: Bath 5B **6** (5B **104**)
St Marys Cl. BA2: Bath 3F **7** (4D **105**)
  BS30: C Hth 3D **73**
St Mary's Pk. Rd.
  BS20: P'head 2E **49**
St Mary's Rd. BS8: L Wds 3F **65**
  BS11: Shire 4E **37**
  BS20: P'head 2E **49**
St Mary's Wlk. BS11: Shire 5F **37**
St Mary's Way BS37: Yate 3B **16**
St Matthews Av. BS6: Bris 1C **58**
St Matthews Pl. BA2: Bath 5E **7**
St Matthew's Rd. BS6: Bris 1F **67**
St Matthias Ho. BS2: Bris 1F **5**
St Matthias Pk. BS2: Bris . . .1F **5** (2B **68**)
St Michaels Cl. BS7: B'stn 2A **58**
  BS36: Wint 1A **28**

St Michaels Ct. BA2: Mon C 5F 111
  BS15: K'wd 1D 71
St Michael's Hill
  BS2: Bris 1A 4 (1E 67)
St Michael's Pk.
  BS2: Bris 1A 4 (1E 67)
St Michael's Pl.
  BA1: Bath 4B 6 (4B 104)
St Michael's Rd. BA1: Bath 3F 103
  BA2: Bath 5C 102
St Monica Ct. BS9: W Trym 1C 56
St Nicholas Almshouses BS1: Bris . .3C 4
St Nicholas Ct. BA2: Batham 1B 106
St Nicholas Ho. BS1: Bris 3C 4
St Nicholas Mkt.
  BS1: Bris 3C 4 (3F 67)
St Nicholas Pk. BS5: E'tn 5D 59
St Nicholas Rd. BS2: Bris 5B 58
  BS14: Whit 3E 87
St Nicholas Steps BS1: Bris 3C 4
St Nicholas St. BS1: Bris 3C 4 (3F 67)
St Oswald's Ct. BS6: Redl 3D 57
St Oswald's Rd. BS6: Redl 3D 57
St Patrick's Ct.
  BA2: Bath 3F 7 (4D 105)
  BS31: Key 2A 90
St Patricks Vw. BS5: St G 2F 69
ST PAUL'S 1C 68
St Pauls Ho. BS3: Bedm 5F 67
  (off New Charlotte St.)
St Pauls Pl. BA1: Bath 3A 6
St Paul's Rd. BS3: Bedm 5F 67
  BS8: Clif 2D 67
St Paul St. BS2: Bris 1A 68
St Peters Ct. BA2: Bath 4F 103
  (off Dorset Cl.)
  BS3: Bedm 5F 67
  (off Bedminster Pde.)
St Peter's Cres. BS36: Fram C 5D 13
St Peter's Ho. BS8: Clif 3D 67
  (off Jacob's Wells Rd.)
St Peters Lodge BS20: P'head 2F 49
St Peter's Pl. BA2: Bath 4F 103
St Peter's Ri. BS13: Bis 5C 76
St Peter's Rd. BS20: P'head 2F 49
St Peter's Ter. BA2: Bath 4F 103
St Peter's Wlk. BS9: Henle 5D 41
St Philips C'way. BS2: Bris 2C 68
  BS4: Bris 2C 68
  BS5: Bar H 2C 68
St Philips Central Ind. Est.
  BS4: Bris 4C 68
ST PHILIP'S MARSH 4D 69
St Philips Rd. BS2: Bris 2B 68
St Philips Trade Pk. BS2: Bris 5D 69
St Pierre Dr. BS30: Warm 3D 73
St Ronan's Av. BS6: Cot 5E 57
St Saviours Ho. BS4: Know 2B 78
St Saviours Ri. BS36: Fram C 2D 29
St Saviours Rd.
  BA1: Bath, Swa 1D 105
St Saviour's Ter. BA1: Bath 1D 105
St Saviours Way BA1: Bath 1E 105
Saints Ct. BS5: E'tn 1B 68
  (off Pennywell Rd.)
St Silas Ct. BS14: Stoc 2E 87
St Stephen's Av.
  BS1: Bris 3B 4 (3F 67)
St Stephens Bus. Cen.
  BS30: Old C 4E 73
  (off Poplar Rd.)
St Stephen's Cl. BA1: Bath 1B 104
  BS10: S'mead 1E 41
  BS16: Soun 3A 62
St Stephen's Ct. BA1: Bath 2B 104
St Stephen's Ho. BS1: Bris 3B 4
  (off Colston Av.)
St Stephen's Pl. BA1: Bath 2B 104
St Stephen's Rd. BA1: Bath 2B 104
  BS16: Soun 4F 61
St Stephen's St.
  BS1: Bris 2B 4 (2F 67)
St Swithin's Pl. BA1: Bath 2C 104
St Swithin's Yd. BA1: Bath 1C 6
St Tecla Cl. BS31: Shire 4F 37
St Thomas Ct. BS1: Bris 4D 5
St Thomas Pl. BS1: Bris 4D 5 (3A 68)
St Thomas St. BS1: Bris 3D 5 (3A 68)

St Thomas St. E.
  BS1: Bris 4D 5 (3A 68)
St Vincent's Hill BS6: Redl 4C 56
St Vincents Rd. BS8: Clif 3C 66
St Vincents Trad. Est. BS2: Bris . . .3E 69
Saint Way BS34: Stok G 4C 26
St Werburghs City Farm 3B 58
St Werburgh's Pk. BS2: Bris 4C 58
St Werburgh's Rd. BS2: Bris 4B 58
St Whytes Rd. BS4: Know 4F 77
St Winifred's Dr. BA2: C Down 3F 111
St Wulfstan Av. BS10: W Trym 3C 40
Salcombe Rd. BS4: Know 3B 78
Salem Rd. BS36: Wint 1B 28
Salisbury Av. BS15: K'wd 1D 71
Salisbury Dr. BS16: Down 5A 46
Salisbury Gdns. BS16: Down 1A 62
Salisbury Ho. BS6: Redl 3E 57
Salisbury Pk. BS16: Down 5A 46
Salisbury Rd. BA1: Bath 5D 97
  BS4: St Ap 4F 69
  BS6: Redl 4F 57
  BS16: Down 5A 46
Salisbury St. BS5: Bar H 3D 69
  BS5: St G 2A 70
Sally Barn Cl. BS30: L Grn 2A 82
Sally Hill BS20: P'head 4D 35
Sally Lunn's House 4C 6 (4C 104)
Sallysmead Cl. BS13: Hart 3D 85
Sallys Way BS36: Wint 1B 28
Salmons Way BS16: Emer G 3C 46
Saltford Cl. BS31: Salt 4A 92
Salthrop Rd. BS7: B'stn 2A 58
Saltmarsh Dr. BS11: Law W 2C 38
Saltwell Av. BS14: Whit 2E 87
Sambourne La. BS20: Pill 1E 53
Samian Way BS34: Stok G 3A 26
Sampson Ho. Bus. Pk.
  BS10: H'len 1F 21
Sampsons Rd. BS13: Hart 3F 85
Samuel Barnett Cl. BS4: Know 4A 78
Samuel St. BS5: Redf 1F 69
Samuel White Rd. BS15: Han 1D 81
Samuel Wright Cl. BS30: Old C 4F 73
SAN ANDREAS 2F 23
Sanctuary, The BS20: Pill 2A 54
Sanctuary Gdns. BS9: Stok B 3F 55
Sandbach Rd. BS4: Brisl 5F 69
Sandbed Rd. BS2: Bris 4C 58
Sandburrows Rd. BS13: Bis 1A 84
Sandburrows Wlk. BS13: Bis 1B 84
Sandcroft BS14: H'gro 1B 86
Sanderling Pl. BS20: P'head 5E 35
Sanders Cl. BS3: Ash V 2B 76
Sandford Rd. BS8: Clif 4C 66
Sandgate Rd. BS4: Brisl 1F 79
Sand Hill BS4: Brisl 5E 69
Sandholme Cl. BS16: Down 3A 46
Sandholme Rd. BS4: Brisl 5E 69
Sandhurst BS37: Yate 5F 15
Sandhurst Cl. BS34: Pat 4D 9
Sandhurst Rd. BS4: Brisl 5F 69
Sandling Av. BS7: Hor 4C 42
Sandown Cl. BS16: Down 2B 46
Sandown Rd. BS4: Brisl 5C 68
  BS34: Fil 5E 25
Sandringham Av. BS16: Down 3A 46
Sandringham Pk. BS16: Down 3A 46
Sandringham Rd. BS4: Brisl 1F 79
  BS30: L Grn 2B 82
  BS34: Stok G 3F 25
Sands La. BS36: Fram C 4B 12
Sandstone Ri. BS36: Wint 4A 28
Sandwich Rd. BS4: Brisl 5F 69
Sandy Cl. BS32: Brad S 2A 26
Sandy La. BS5: Eastv 3E 59
  BS8: Abb L, Fail . . . .5C 52 & 2A 64
Sandyleaze BS9: W Trym 4A 40
Sandy Lodge BS37: Yate 5A 16
Sandy Pk. Rd. BS4: Brisl 5E 69
Saracens, The BS7: Hor 1A 58
Saracen St. BA1: Bath 2C 6 (3C 104)
Sarah St. BS5: Bar H 2D 69
Sargent St. BS3: Bedm 5A 68
Sark Cl. BS4: Brisl 5A 70
Sarum Cl. BS16: Emer G 5E 47

Sarum Cres. BS10: S'mead 2E 41
Sassoon Ct. BS30: Bar C 4B 72
Satchfield Cl. BS10: Hen 1B 40
Satchfield Cl. BS10: Hen 1B 40
Satchfield Cres. BS10: Hen 1B 40
Satellite Bus. Pk. BS5: St G 2F 69
Sates Way BS9: Henle 5E 41
Saunders Rd. BS16: Stap H 2A 62
Saunton Wlk. BS4: Know 4A 78
Savages Wood Rd. BS32: Brad S . . .5F 9
Saville Ct. Bus. Cen. BS8: Clif 2C 66
Saville Ga. Cl. BS9: Stok B 2B 56
Saville M. BS6: Bris 1F 67
Saville Pl. BS8: Clif 3C 66
Saville Rd. BS9: Stok B 3B 56
Saville Row BA1: Bath 1B 6 (3B 104)
Savoy, The BS11: Shire 5A 38
Savoy Ct. BS4: Brisl 5E 69
Savoy Rd. BS4: Brisl 5F 69
Sawclose BA1: Bath 3B 6 (4B 104)
Saxon Rd. BS2: Bris 4C 58
Saxon Way BS32: Brad S 4E 9
Sayer Pl. BS10: Hor 4A 42
Say Wlk. BS30: B'yte 2F 73
Sayers Rd. BS34: Pat 4D 71
SBI Cen. BS15: Han 4D 71
Scandrett Cl. BS10: Hen 1A 40
Scantleberry Cl. BS16: Down 2F 45
School Cl. BS5: Eastv 3F 59
  BS14: Whit 3B 86
  BS34: Pat 5E 9
School La. BS34: Stok G 4C 26
School La. BA1: Bathe 3B 98
  BS16: Stap 1A 60
School Rd. BS4: Brisl 2A 80
  BS4: Wind H 1C 78
  BS15: K'wd 1E 71
  BS30: C Hth 5C 72
  BS30: Old C 1D 83
  BS36: Fram C 5B 12
School Wlk. BS5: W'hall 5F 59
  BS37: Yate 3A 16
Scop, The BS32: Alm 1C 8
Scotland La. BS4: Brisl 4B 80
  BS14: Brisl 1B 88
Scott Cl. BS30: Bar C 4B 72
Scott Lawrence Cl. BS16: B'hll 4C 44
Scott (Orpheus) Cinema
  Bristol 2D 57
Scott Wlk. BS30: B'yte 2F 73
Scott Way BS37: Yate 5B 16
Sea Bank Rd. BS20: P'bry 2A 36
Seacole St. BS7: Hor 4A 42
Seagry Cl. BS10: S'mead 2A 42
SEA MILLS 5E 39
Sea Mills La. BS9: Sea M 2E 55
Sea Mills Station (Rail) 2D 55
Searle Ct. Av. BS4: Brisl 5A 70
Seaton Rd. BS5: E'tn 5E 59
Seaview Rd. BS20: P'head 2B 48
Seawalls BS9: Stok B 4F 55
Sea Walls Rd. BS9: Stok B 4F 55
Second Av. BA2: Bath 1F 109
  BS14: H'gro 5D 79
Second Way BS11: A'mth 2F 37
Seddon Rd. BS2: Bris 4C 58
Sedgefield Gdns. BS16: Down 2B 46
Sedgemoor Rd. BA2: C Down 4B 110
Sedgemoor Ter. BA2: C Down 3C 110
Sedgewick Ho. BS11: Shire 4A 38
Sefton Pk. Rd. BS7: B'stn 3A 58
Selborne Rd. BS7: Hor 1B 58
Selbourne Cl. BA1: Bath 2C 102
Selbrooke Cres. BS16: Fish 5D 45
Selby Rd. BS5: S'wll 5B 60
Selden Rd. BS14: Stoc 2A 88
Selkirk Rd. BS15: K'wd 5E 61
Selley Wlk. BS13: Bis 2C 84
Selway Ct. BA2: C Down 3D 111
Selworthy BS15: K'wd 2A 72
Selworthy Cl. BS31: Key 2F 89
Selworthy Ho. BA2: C Down 3B 110
Selworthy Rd. BS4: Know 2D 79
Selworthy Ter. BA2: C Down 3B 110
Seneca Pl. BS5: St G 2F 69
Seneca St. BS5: St G 2F 69
Septimus Bldgs. BS14: Hart 2F 85
  (off Hawkfield Cl.)
Serbert Cl. BS20: P'head 1A 50

Serbert Rd.—Somerset Cres.

Serbert Rd. BS20: P'head 1A 50
Serbert Way BS20: P'head 1A 50
Serridge La. BS36: Coal H 4E 29
Sevastopol Rd. BS7: Hor 4A 42
Seven Acres La. BA1: Bathe 2B 98
Seven Dials BA1: Bath 3B 6 (4B 104)
Seventh Av. BS7: Hor 2D 43
BS14: H'gro 5C 78
Seven Ways BS2: Bris 1F 5
Severn Grange BS10: Hen 5F 21
Severn Ho. BS10: Hen 5F 21
Severn Leigh Gdns. BS9: Stok B . . .3B 56
Severnmead BS20: P'head 1B 48
Severn Point *BS10: Hen 4C 22*
(off Wyck Beck Rd.)
Severn Rd. BS10: H'len 2D 21
BS11: Chit 1B 20
BS11: Shire 5F 37
BS20: P'head 1E 49
BS20: Pill 1E 53
Severnside Trad. Est.
BS11: A'mth 3E 19
Severn Vw. BS11: Law W 2E 39
Severn Way BS31: Key 3B 90
BS34: Pat 4B 8
Sevier St. BS2: Bris 4B 58
Seville Ct. BS20: P'head 4D 35
Seville Rd. BS20: P'head 4D 35
Seymour Av. BS7: B'stn 2A 58
Seymour Pl. BS36: Fram C 2D 29
Seymour Rd. BA1: Bath 2C 104
BS5: E'tn 5C 58
BS7: B'stn 2A 58
BS15: K'wd 5F 61
BS16: Stap H 2F 61
Seyton Wlk. BS34: Stok G 3A 26
Shackel Hendy M. BS16: Emer G . . .1E 63
Shackleton Av. BS37: Yate 5B 16
Shadwell Rd. BS7: B'stn 3F 57
Shaftesbury Av. BA1: Bath 3E 103
BS6: Bris 5A 58
Shaftesbury Crusade *BS2: Bris 3C 68*
(off Union Rd.)
Shaftesbury M. BA2: Bath 5F 103
Shaftesbury Rd. BA2: Bath 5F 103
Shaftesbury Ter. BS5: St G 2F 69
BS6: Bris 5A 58
(off Ashley Rd.)
Shaft Rd. BA2: C Down, Mon C . . .3F 111
Shakespeare Av. BA2: Bath 1B 110
BS7: Hor 3C 42
Shaldon Rd. BS7: L'lze 2C 58
Shallows, The BS31: Salt 4B 92
Sham Castle La.
BA2: Bath 2F 7 (3D 105)
Shamrock Rd. BS5: Eastv 3F 59
Shanklin Dr. BS34: Fil 5D 25
Shannaways Cl. BS16: Fish 2B 60
Shannon Ct. BS1: Bris 3C 4
Shannon Wlk. BS20: P'head 5E 35
Shapcott Cl. BS4: Know 3D 79
Shaplands BS9: Stok B 2B 56
Sharland Cl. BS9: Stok B 3A 56
Sharland Gro. BS13: Hart 3E 85
Sharples Cl. BS16: L'lze 3E 43
Shaw Cl. BS5: E'tn 1D 69
BS16: Mang 3D 63
Shaw Gdns. BS14: H'gro 4C 78
Shaws Way BA2: Bath 4B 102
Shearmore Cl. BS7: Hor 4C 42
Shearwater Ct. *BS16: B'hll 5B 44*
(off Begbrook La.)
Sheaves Pk. BS10: S'mead 1F 41
Sheene Ct. BS3: Bedm 1E 77
Sheene Rd. BS3: Bedm 1E 77
Sheene Way BS3: Bedm 1E 77
Sheephouse Cvn. Pk. BS20: Eas . . .4A 36
Sheepscroft BS13: Withy 3C 84
SHEEPWAY 1E 51
Sheepway BS20: P'bry, P'head 2B 50
Sheepway La. BS20: P'bry 1E 51
Sheepwood Cl. BS10: Hen 1C 40
Sheepwood Rd. BS10: Hen 1C 40
Sheldare Barton BS5: St G 2D 71
Sheldrake Dr. BS16: B'hll 5A 44
Shellard Rd. BS34: Fil 1C 42
Shellards Rd. BS30: L Grn 1B 82
Shelley Cl. BS5: St G 1B 70
Shelley Rd. BA2: Bath 5B 104
Shelley Way BS7: Hor 3C 42
Shellmor Av. BS34: Pat 4D 9
Shellmor Cl. BS34: Pat 4E 9
Shepherds Cl. BS16: Stap H 1A 62
Shepherds Wlk. BA2: C Down 4B 110
BS32: Brad S 4F 9
Sheppard Rd. BS16: Fish 5E 45
Sheppards Gdns. BA1: W'ton 5D 95
Shepton Wlk. BS3: Bedm 2E 77
Sherbourne Av. BS32: Brad S 2A 26
Sherbourne Cl. BS15: Soun 4B 62
Sherbourne St. BS5: St G 1A 70
Sheridan Rd. BA2: Bath 5B 102
BS7: Hor 2C 42
Sheridan Way BS30: L Grn 2C 82
Sherrings, The BS34: Pat 5D 9
Sherrin Way BS13: Withy 3A 84
Sherston Cl. BS16: Fish 1D 61
Sherston Rd. BS7: Hor 3A 42
Sherwell Rd. BS4: Brisl 1A 80
Sherwood Cl. BS31: Key 2A 90
Sherwood Rd. BS15: K'wd 5D 61
BS31: Key 2A 90
Shetland Rd. BS10: S'mead 2F 41
Shickle Gro. BA2: Odd D 4E 109
Shield Retail Cen. BS34: Fil 5C 24
Shields Av. BS7: Hor 1C 42
Shiels Dr. BS32: Brad S 1F 25
Shilton Cl. BS15: K'wd 2B 72
Shimsey Cl. BS16: Fish 5E 45
Shipham Cl. BS14: Whit 2D 87
Ship Hill BS15: Han 4D 71
Ship La. BS1: Bris 5D 5 (4A 68)
Shipley Mow BS16: Emer G 5D 47
Shipley Rd. BS9: W Trym 3C 40
Shire Gdns. BS11: Shire 3F 37
SHIREHAMPTON 5A 38
Shirehampton Rd.
BS9: Sea M, Stok B 4D 39
BS11: Shire 5B 38
Shirehampton Sailing Club 1F 53
Shirehampton Station (Rail) 1F 53
Shires Yd. BA1: Bath 2B 6 (3B 104)
Shire Way BS37: Yate 1E 31
SHOCKERWICK 1F 99
Shockerwick La.
BA1: Bathf, Sho 3D 99
Shophouse Rd. BA2: Bath 4D 103
Shorland Ho. BS8: Clif 5C 56
Shorthill Rd. BS37: W'lgh 4E 31
Shortlands Rd. BS11: Law W 2C 38
Short La. BS41: L Ash 2C 74
Short St. BS2: Bris 4C 68
SHORTWOOD 1F 63
Shortwood Hill BS16: Short 1F 63
Shortwood Rd. BS13: Hart 4A 86
Shortwood Vw. BS15: K'wd 1B 72
Shortwood Wlk. BS13: Hart 4A 86
Showcase Cinema
Bristol 4E 69
Showering Cl. BS14: Stoc 2F 87
Showering Rd. BS14: Stoc 2F 87
Shrubbery, The BA1: Bath 2B 104
Shrubbery Cotts. BS6: Redl 4D 57
Shrubbery Ct. BS16: Stap H 1F 61
Shrubbery Rd. BS16: Stap H 1F 61
Shums Ct. *BA1: Bath 3C 6*
(off Cheap St.)
Shuter Rd. BS13: Withy 2B 84
Sidcot BS4: Brisl 2C 80
Sideland Cl. BS14: Stoc 1A 88
Sidelands Rd. BS16: Fish 5E 45
Sidings, The BS16: Sis 4D 63
BS34: Fil 1E 43
Sidmouth Gdns. BS3: Wind H 2F 77
Sidmouth Rd. BS3: Wind H 2F 77
Signal Rd. BS16: Stap H 2A 62
Silbury Ri. BS31: Key 5C 90
Silbury Rd. BS3: Ash V 2A 76
Silcox Rd. BS13: Hart 3E 85
Silklands Gro. BS9: Sea M 5E 39
Silver Birch Cl. BS34: Lit S 1F 25
Silverhill Rd. BS10: Hen 5A 22
Silver St. BS1: Bris 1C 4 (2F 67)
BS20: W'ton G 5A 48
Silverthorne La. BS2: Bris 4C 68
Silverthorne Wharf BS2: Bris 3C 68
Silverton Ct. BS4: Know 3B 78
Simmonds Bldgs. BS16: Ham 5E 27
Simmonds Vw. BS34: Stok G 3B 26
Sinclair Ho. BS8: Clif 3D 67
Sion Ct. BS8: Clif 2B 66
SION HILL 1A 104
Sion Hill BA1: Bath 1A 104
BS8: Clif 2B 66
Sion Hill Pl. BA1: Bath 1A 104
Sion Ho. *BS8: Clif 2B 66*
(off Sion Pl.)
Sion La. BS8: Clif 2B 66
Sion Pl. BA2: Bath 3F 7 (4D 105)
BS8: Clif 2B 66
Sion Rd. BA1: Bath 1A 104
BS3: Bedm 1E 77
Sir John's La. BS5: Eastv 2D 59
(not continuous)
BS16: L'lze 2D 59
Siskin Cl. BS20: P'head 5E 35
Siston Cen. BS15: Soun 4C 62
Siston Cl. BS15: Soun 4C 62
SISTON COMMON 4C 62
Siston Comn. BS15: Sis 4C 62
(not continuous)
BS30: Sis 4C 62
Siston Hill BS30: Sis 5C 62
(not continuous)
Siston La. BS30: W Hth 1F 73
Siston Pk. BS15: Soun 4C 62
Sixth Av. BS7: Hor 2D 43
BS14: H'gro 5C 78
Skinners Cft. BS34: Pat 1C 24
Skippon Ct. BS15: Han 4A 72
Skypark Rd. BS3: Bedm 1E 77
SLADEBROOK 2E 109
Sladebrook Av. BA2: Bath 2E 109
Sladebrook Ct. BA2: Bath 2D 109
Sladebrook Rd. BA2: Bath 1D 109
Slade Rd. BS20: P'head 1F 49
Sleep La. BS14: Whit 4F 87
Slimbridge Cl. BS37: Yate 1B 32
Sloan St. BS5: St G 1F 69
Sloe Way BS34: Ham 5B 26
Slymbridge Av. BS10: Bren 5C 22
Small La. BS16: Stap 1A 60
Small St. BS1: Bris 2B 4 (2F 67)
BS2: Bris 4C 68
Smarts Grn. BS37: Chip S 5E 17
Smeaton Rd. BS1: Bris 4B 66
Smithcourt Dr. BS34: Lit S 2E 25
Smithmead BS13: Hart 2D 85
Smiths Complex BS34: Pat 5C 8
Smoke La. BS11: A'mth, Chit 2E 19
Smoke La. Ind. Est. BS11: A'mth . . .2E 19
Smythe Cft. BS14: Whit 4C 86
Smythe Ter. *BS3: Bris 5E 67*
(off Beauley Rd.)
Smyth Rd. BS3: Bedm 1C 76
Smyths Cl. BS11: A'mth 2D 37
SNEYD PARK 3F 55
Sneyd Pk. Ho. BS9: Stok B 3F 55
Snowberry Cl. BS32: Brad S 5A 10
Snowberry Wlk. BS5: W'hall 5A 60
Snowdon Cl. BS16: Fish 2B 60
Snowdon Rd. BS16: Fish 1B 60
Snow Hill BA1: Bath 2C 104
Snow Hill Ho. BA1: Bath 2C 104
Soaphouse Ind. Est. BS5: St G 1A 70
Sodbury La. BS37: W'lgh 3A 32
Sodbury Va. BS37: Chip S 3D 17
Solsbury Ct. BA1: Bathe 3B 98
BA2: C'ton D 4B 106
Solsbury La. BA1: Bathe 3A 98
Solsbury Vw. BA2: Batham 1B 106
Solsbury Way BA1: Bath 5B 96
(not continuous)
Somerby Cl. BS32: Brad S 1F 25
SOMERDALE 5A 82
Somerdale Av. BA2: Odd D 3E 109
BS4: Know 4B 78
Somerdale Vw. BA2: Bath 3E 109
Somerford Ct. *BS9: W Trym 2B 40*
(off Northover Cl.)
Somer La. BS3: Bedm 3E 77
Somermead BS3: Bedm 3E 77
Somerset Av. BS37: Yate 2B 16
Somerset Cres. BS34: Stok G 3B 26

A-Z Bristol & Bath 157

Somerset Ho. BA2: Bath 2F **109**
  BS2: Bris *2B 68*
    (off Lawfords Ga.)
Somerset La. BA1: Bath 1A **104**
Somerset M. BS20: P'head 2F **49**
Somerset Pl. BA1: Bath 1A **104**
Somerset Rd. BS4: Know 1C **78**
  BS20: P'head 1B **48**
Somerset Sq. BS1: Bris 5D **5** (4A **68**)
Somerset St. BA1: Bath . . .5B **6** (5C **104**)
  BS1: Bris 5E **5** (4A **68**)
  BS2: Bris 1F **67**
Somerset Ter. BS3: Wind H 1F **77**
Somerton Cl. BS15: K'wd 2A **72**
Somerton Rd. BS7: Hor 5A **42**
Somerville Cl. BS31: Salt 5A **92**
Sommerville BS10: W Trym 3C **40**
Sommerville Rd. BS6: Bris 3B **58**
  BS7: B'stn, Bris 3A **58**
Sommerville Rd. Sth. BS6: Bris . .4B **58**
  BS7: Bris 4B **58**
Soper Gdns. BS4: Know 5F **77**
Sorrel Gdns. BS20: P'head 1B **50**
Sorrel Pl. BS34: Ham 5B **26**
SOUNDWELL 3B **62**
Soundwell Rd. BS15: K'wd 5E **61**
  BS16: Soun 5E **61**
Sour Mead BS16: Fren 3F **43**
Southampton Gdns. BS7: B'stn . . .1B **58**
Southampton M. BS7: B'stn 1B **58**
South Av. BA2: Bath 5F **103**
  BS20: P'head 5C **34**
  BS37: Yate 4D **15**
Southblow Ho. BS3: Ash G 1C **76**
Southbourne Gdns. BA1: Bath . . .1D **105**
Southbourne Mans.
  BA2: Bath 4D **7** (4C **104**)
Sth. Bristol Bus. Pk. BS4: Know . . .5A **78**
Sth. Bristol Crematorium & Cemetery
  BS13: Bis 4B **76**
Sth. Bristol Retail Pk.
  BS3: Ash G 1B **76**
South Bristol Skills Academy 2A **86**
Sth. Bristol Trade Pk.
  BS3: Ash V 1B **76**
Southcot Pl. BA2: Bath 5D **7** (5C **104**)
South Ct. BS32: Brad S 2F **9**
South Cft. BS9: Henle 4E **41**
South Dene BS9: Stok B 5A **40**
SOUTH DOWN 2D **109**
Southdown Av. BA2: Bath 2D **109**
Southdown Rd. BA2: Bath 1D **109**
  BS9: W Trym 3B **40**
Southdowns BS8: Clif 5C **56**
Southernhay *BS8: Clif* *3D 67*
    (off Cliftonwood Cres.)
  BS16: Stap H 2E **61**
Southernhay Av. BS8: Clif 3D **67**
Southernhay Cres. BS8: Clif 3D **67**
Southey Av. BS15: K'wd 5A **62**
Southey Ct. BS15: K'wd 5F **61**
Southey St. BS2: Bris 4B **58**
Southfield Av. BS15: K'wd 5A **62**
Southfield Ct. BS9: W Trym 4C **40**
Southfield Rd. BS6: Cot 5F **57**
  BS9: W Trym 4C **40**
Southfield Way BS37: Yate 1C **16**
Southgate Pl. BA1: Bath 4C **6**
Southgate Shop. Cen.
  BA1: Bath 5C **6** (5C **104**)
Southgate St. BA1: Bath . . .4C **6** (4C **104**)
South Grn. St. BS8: Clif 3B **66**
South Gro. BS6: Henle 1E **57**
  BS20: Pill 2E **53**
South Hayes BS5: Eastv 2D **59**
Southlands BA1: W'ton 5C **94**
    (not continuous)
  BS4: Know 3D **79**
Sth. Lea Rd. BA1: Bath 2C **102**
Southleigh Rd. BS8: Clif 1D **67**
Sth. Liberty La.
  BS3: Ash V, Bedm 3A **76**
South Lodge BS9: Stok B 5F **39**
SOUTH LYNCOMBE 2B **110**
SOUTHMEAD 2E **41**
Southmead Rd. BS9: W Trym 4E **41**
  BS10: S'mead, W Trym 4E **41**
  BS34: Fil 4E **41**

Southmead Way BS10: S'mead 3F **41**
Southover Cl. BS9: W Trym 3C **40**
South Pde. BA2: Bath 4D **7** (4C **104**)
  BS8: Clif 1D **67**
  BS37: Yate 4A **16**
South Pde. Cotts. *BA2: C Down* . . .*4E 111*
    (off Tyning Rd.)
Sth. Plaza BS1: Bris 1C **4** (1F **67**)
South Quay BS1: Bris 3E **5** (3A **68**)
South Rd. BS3: Bedm 1E **77**
  BS6: Redl 4E **57**
  BS15: K'wd 1F **71**
  BS20: P'head 4C **34**
Southsea Rd. BS34: Pat 1C **24**
Southside Cl. BS9: C Din 3D **39**
SOUTH STOKE 5B **110**
Southstoke La. BA2: S'ske 5B **110**
Southstoke Rd. BA2: C Down 4B **110**
South St. BS3: Bedm 1D **77**
South St. M. BS3: Bedm 1D **77**
South Ter. BS6: Redl 4D **57**
SOUTH TWERTON 5F **103**
South Vw. *BA1: Bath* *1C 104*
    (off Camden Rd.)
  BA2: Mon C 4F **111**
  BS2: Bris *1F 67*
    (off Marlborough Hill Pl.)
  BS16: Stap H 1A **62**
  BS20: P'head 4C **34**
  BS36: Fram C 1D **29**
South Vw. Cres. BS36: Coal H 2F **29**
South Vw. Pl. BA2: Odd D 5E **109**
South Vw. Ri. BS36: Coal H 2E **29**
South Vw. Rd. BA2: Bath 4F **103**
SOUTHVILLE 5E **67**
Southville Pl. BS3: Bedm 5F **67**
Southville Rd. BS3: Bedm 5E **67**
Southville Ter. BS3: Bedm 1D **111**
South Wlk. BS37: Yate 4A **16**
Southway Dr. BS30: Old C 4F **73**
Southwell St. BS2: Bris 1A **4** (1E **67**)
Southwood Av. BS9: C Din 3E **39**
Southwood Dr. BS9: C Din 4D **39**
Southwood Dr. E. BS9: C Din 3E **39**
Spa, The
  Bath 2F **7** (3E **105**)
Space BS3: Bedm 3D **77**
Space Health & Fitness 5B **104**
Spa La. BA1: Swa 5E **97**
Spalding Cl. BS7: Eastv 3C **58**
Spar Rd. BS37: Yate 3F **15**
Sparrowbill Way BS34: Pat 1C **24**
Sparrow La. BS20: P'head 5F **35**
Spartley Dr. BS13: Bis 1B **84**
Spartley Wlk. BS13: Bis 1B **84**
Spectrum Ho. BS2: Bris . . .1E **5** (1A **68**)
SPEEDWELL 5C **60**
Speedwell Av. BS5: St G 2F **69**
Speedwell Rd. BS5: S'wll 5B **60**
  BS15: K'wd 5B **60**
Spencer Ho. *BS1: Bris* *4A 68*
    (off Ship La.)
Spencers Belle Vue BA1: Bath 2B **104**
Spinney, The BS20: P'head 3E **49**
  BS32: Brad S 1A **26**
  BS36: Fram C 1D **29**
Spinney Cft. BS13: Withy 2B **84**
Spires Vw. BS16: Stap 1A **60**
Spot, The BS36: Coal H 1E **29**
Sprigg Dr. BS20: W'ton G 5B **48**
Spring Ct. BS15: K'wd 5A **62**
Spring Cres. BA2: Bath 4D **7** (4C **104**)
Springfield Av. BS7: Hor 1B **58**
  BS11: Shire 5F **37**
  BS16: Mang 5C **46**
Springfield Cl. BA2: Bath 5D **103**
  BS16: Mang 4C **46**
Springfield Gro. BS6: Henle 1D **57**
Springfield Ho. BS6: Cot 1E **67**
  BS20: P'head 2E **49**
Springfield Lawns BS11: Shire 5F **37**
Springfield Pl. BA1: Bath 1B **104**
Springfield Rd. BS6: Bris 5F **57**
  BS16: Mang 4C **46**
  BS20: P'head 1D **49**
  BS20: Pill 2E **53**
Springfields BS34: Fil 1C **42**
Spring Gdns. BS4: Know 3C **78**

Spring Gdns. Rd.
  BA2: Bath 3D **7** (4C **104**)
    (Argyle St.)
  BA2: Bath 4D **7** (5C **104**)
    (Ferry La.)
Spring Hill BS2: Bris 1F **67**
    (not continuous)
  BS15: K'wd 4A **62**
Spring La. BA1: Bath 5D **97**
Springleaze BS4: Know 3C **78**
  BS16: Mang 4C **46**
Springly Ct. BS15: K'wd 1C **72**
Spring Ri. BS20: P'head 3E **49**
Spring St. BS3: Bedm 5A **68**
Spring St. Pl. BS3: Bedm 5A **68**
Spring Vale BA1: Bath 5D **97**
Springville Cl. BS30: L Grn 1C **82**
Springwater Pk. Trad. Est.
  BS5: St G 2A **70**
Springwood Dr. BS10: Hen 5F **21**
Spruce Way BA2: Odd D 5A **110**
  BS34: Pat 1A **24**
Square, The BA2: Bath 5A **6** (5B **104**)
  BS1: Bris 4F **5** (3B **68**)
  BS4: Brisl 2F **79**
  BS4: Know 3C **78**
  BS16: L'lze 3E **43**
  BS16: Stap H 2A **62**
Squires Ct. BS3: Bedm 5A **68**
  BS30: L Grn 5B **72**
Stable Yd. BA2: Bath 4F **103**
Stackpool Rd. BS3: Bris 5D **67**
Stadium Rd. BS6: Henle 1E **57**
Stafford Rd. BS2: Bris 4C **58**
  BS20: P'head 2A **50**
Staffords Ct. BS30: C Hth 3C **72**
Stafford St. BS3: Bedm 5F **67**
Stainer Cl. BS4: Know 1F **85**
Stall St. BA1: Bath 4C **6** (4C **104**)
STAMBRIDGE 4B **98**
Stambrook Pk. BA1: Bathe 2B **98**
Stanbridge Cl. BS16: Down 5B **46**
Stanbridge Cl. BS16: Down 5B **46**
Stanbridge Rd. BS16: Down 5B **46**
Stanbury Av. BS16: Fish 1E **61**
Stanbury Rd. BS3: Wind H 1A **78**
Standfast Rd. BS10: Hen 5B **22**
Standish Av. BS34: Pat 4D **9**
Standish Cl. BS10: Hen 2B **40**
Standon Way BS10: S'mead 1E **41**
St Andrew's Road Station (Rail)
  . . . . .4D **19**
Stane Way BS11: A'mth 4E **37**
Stanfield Cl. BS7: L'lze 5D **43**
Stanford Cl. BS36: Fram C 5B **12**
Stanford Pl. BS4: Know 5F **77**
Stanhope Pl. BA1: Bath . . .3A **6** (4A **104**)
Stanhope Rd. BS30: L Grn 2B **82**
Stanhope St. BS2: Bris 4C **68**
Stanier Rd. BA1: Bath 4A **104**
  BA2: Bath 4A **104**
  BS16: Mang 3D **63**
Stanley Av. BS7: B'stn 3A **58**
  BS34: Fil 1D **43**
Stanley Chase BS5: S'wll 4F **59**
Stanley Cres. BS34: Fil 1D **43**
Stanley Gdns. BS30: Old C 5D **73**
Stanley Hill BS4: Wind H 5C **68**
Stanley Mead BS32: Brad S 3A **10**
Stanley Pk. BS5: E'tn 5E **59**
Stanley Pk. Rd. BS16: Soun 3A **62**
Stanley Rd. BS6: Redl 4E **57**
  BS15: Warm 1D **73**
Stanley Rd. W. BA2: Bath 5F **103**
Stanley St. BS3: Bedm 1E **77**
Stanley St. Nth. BS3: Bedm 1E **77**
Stanley St. Sth. BS3: Bedm 1E **77**
Stanley Ter. BS3: Bedm 2E **77**
Stanley Vs. *BA1: Bath* *1C 104*
    (off Camden Rd.)
Stanshaw Cl. BS16: B'hll 4C **44**
STANSHAWE 5A **16**
Stanshawe Cres. BS37: Yate 4A **16**
Stanshawes Cl. BS37: Yate 5A **16**
Stanshawes Ct. Dr. BS37: Yate 5A **16**
Stanshawes Dr. BS37: Yate 4F **15**
Stanshaw Rd. BS16: B'hll 4C **44**
Stanshaws Cl. BS32: Brad S 3D **9**

Stanton Cl. BS15: K'wd 5B **62**
Stanton Rd. BS10: S'mead 2F **41**
Stanway BS30: Bit 3E **83**
Stanway Cl. BA2: Odd D 4F **109**
Staple Gro. BS31: Key 2F **89**
Staplegrove Cres. BS5: St G 2C **70**
STAPLE HILL 2F **61**
Staple Hill Rd. BS16: Fish 2D **61**
Staples Rd. BS37: Yate 3F **15**
STAPLETON 1E **59**
Stapleton Cl. BS16: Stap 1F **59**
Stapleton Rd. BS5: Eastv 4D **59**
BS5: E'tn, Eastv 1C **68**
Stapleton Road Station (Rail) 5D **59**
Star Apartments BS16: Fish 3B **60**
Star Av. BS34: Stok G 4C **26**
Star Barn Rd. BS36: Wint 1A **28**
Star La. BS16: Fish 3B **60**
BS20: Pill 2E **53**
Starveall Cl. BS5: S'wll 5C **60**
Station Av. BS16: Fish 2C **60**
Station Av. Sth. BS16: Fish 2C **60**
Station Cl. BS15: Warm 1E **73**
BS37: Chip S 5F **17**
Station Ct. BA1: Bath 3E **103**
BS5: St G 1A **70**
BS15: K'wd 1B **72**
Station La. BS7: Hor 2C **58**
Station Rd. BA1: Bath 3E **103**
BA2: Batham 5B **98**
BS4: Brisl 2F **79**
BS4: St Ap 4A **70**
BS6: Bris 4F **57**
BS7: B'stn 2B **58**
BS10: Hen 1A **40**
BS11: Shire 1F **53**
BS15: Soun 2A **62**
BS16: Fish 2C **60**
BS20: P'bry 3F **51**
BS20: P'head 5C **34**
BS20: Pill 2E **53**
BS30: Warm 2E **73**
BS31: Key 1A **90**
BS34: Fil 1C **24**
BS34: Lit S, Pat 5D **9**
BS36: Coal H 3E **29**
BS36: Wint D 4A **28**
BS37: Iron A 2F **13**
BS37: Yate 3E **15**
Station Rd. Bus. Cen.
BS15: Soun 3C **62**
Station Rd. Workshops
BS15: Soun 3C **62**
Station Yd. BS36: Wint 4A **28**
Staunton Flds. BS14: Whit 4E **87**
Staunton La. BS14: Whit 3E **87**
Staunton Way BS14: Whit 4F **87**
Staveley Cres. BS10: S'mead 1E **41**
Staverton Cl. BS34: Pat 4D **9**
Staverton Way BS15: K'wd 2C **72**
Stavordale Gro. BS14: H'gro 1D **87**
Staynes Cres. BS15: K'wd 1A **72**
Steamship Ho. BS1: Bris 4D **67**
Stean Bri. Rd. BS32: Brad S 2F **25**
Steel Ct. BS30: L Grn 1B **82**
Steel Mills BS31: Key 3B **90**
Stella Gro. BS3: Bedm 2C **76**
Stephen's Dr. BS30: Bar C 4B **72**
Stephen St. BS5: Redf 1E **69**
Stepney Rd. BS5: W'hall 5E **59**
Stepney Wlk. BS5: W'hall 5E **59**
Stepping Stones, The
BS4: St Ap 3A **70**
Steps, The BS41: Dun 5A **44**
Sterncourt Rd. BS16: B'hll 4C **44**
Steven's Cres. BS3: Wind H 1B **78**
Stevens Wlk. BS32: Brad S 5F **9**
Stewart Ct. BS16: Fish 2B **60**
(off Wharf Rd.)
Steway La. BA1: Bathe 2C **98**
Stibbs Ct. BS30: L Grn 5B **72**
Stibbs Hill BS5: St G 2C **70**
STIDHAM 2E **91**
Stidham La. BS31: Key 1D **91**
Stile Acres BS11: Law W 2C **38**
Stillhouse Ct. BS3: Bedm 5F **67**
(off Stillhouse La.)
Stillhouse La. BS3: Bedm 5F **67**

Stillingfleet Rd. BS13: Hart 2E **85**
Stillman Cl. BS13: Withy 3A **84**
Stinchcombe BS37: Yate 4A **16**
Stirling Cl. BS37: Yate 1F **15**
Stirling Rd. BS4: Brisl 5E **69**
Stirling Way BS31: Key 3A **90**
Stirtingale Av. BA2: Bath 2E **109**
Stirtingale Rd. BA2: Bath 2E **109**
Stockton Cl. BS14: Whit 3B **86**
BS30: L Grn 1D **83**
Stockwell Av. BS16: Mang 5C **46**
Stockwell Cl. BS16: Mang 4B **46**
Stockwell Dr. BS16: Mang 5C **46**
Stockwell Glen BS16: Mang 4B **46**
STOCKWOOD 2A **88**
Stockwood Cres. BS4: Know 2B **78**
Stockwood Hill BS31: Key 5E **81**
Stockwood La. BS14: Key, Stoc . .3A **88**
BS14: Whit 3F **87**
BS31: Key 1B **88**
Stockwood M. BS4: St Ap 4B **70**
Stockwood Open Space Nature Reserve
. . . . .5A **80**
Stockwood Rd. BS4: Brisl 3B **80**
BS4: Stoc 2F **87**
STOCKWOOD VALE 1E **89**
Stockwood Va. BS31: Key 2D **89**
Stockwood Vale Golf Course 5C **80**
STOKE BISHOP 2A **56**
Stoke Bri. Av. BS34: Lit S 2F **25**
Stoke Cotts. BS9: Stok B 2A **56**
STOKE GIFFORD 4B **26**
Stoke Gro. BS9: W Trym 5A **40**
Stoke Hamlet BS9: W Trym 4B **40**
Stoke Hill BS9: Stok B 2A **56**
Stoke La. BS9: W Trym 1A **56**
BS16: B'hll, Stap 4A **44**
BS34: Pat 5D **9**
Stokeleigh Wlk. BS9: Sea M 1E **55**
Stokemead BS34: Pat 5E **9**
Stoke Mdws. BS32: Brad S 4F **9**
Stoke Paddock Rd. BS9: Stok B . .5F **39**
Stoke Pk. Rd. BS9: Stok B 2A **56**
Stoke Pk. Rd. Sth. BS9: Stok B . .3A **56**
Stoke Rd. BS9: Stok B 3B **56**
BS20: P'head 1F **49**
Stokes Ct. BS30: Bar C 5C **72**
Stokes Cft. BS1: Bris 1A **68**
Stoke Vw. BS34: Fil 5C **24**
Stoke Vw. Bus. Pk. BS16: Fish . . .3B **60**
Stoke Vw. Rd. BS16: Fish 3B **60**
Stoneberry Rd. BS14: Whit 4D **87**
Stonebridge Ho. BS1: Bris 2B **4**
Stonebridge Pk. BS5: Eastv 4F **59**
Stonechat Gdns. BS16: B'hll 5A **44**
Stonechat Grn. BS20: P'head 5F **35**
Stone Cl. BS36: Wint D 4A **28**
STONE HILL 5A **72**
Stonehill BS15: Han 5F **71**
BS30: L Grn 5F **71**
Stone Hill Vw. BS15: Han 1E **81**
Stone Hodges BS7: B'stn 2A **58**
Stonehouse Cl. BA2: C Down 3D **111**
Stonehouse La. BA2: C Down 3D **111**
Stone La. BS36: Wint D 5B **28**
Stoneleigh Ct. BA1: L'dwn 4A **96**
Stoneleigh Cres. BS4: Know 2C **78**
Stoneleigh Dr. BS30: Bar C 4B **72**
Stoneleigh Ho. BS8: Clif 2D **67**
(off Jacob's Wells Rd.)
Stoneleigh Rd. BS4: Know 2C **78**
Stoneleigh Wlk. BS4: Know 2C **78**
STONE MONOLITH 2A **24**
Stones Cotts. BS10: H'len 4E **21**
Stones Ct. BS6: Redl 4D **57**
Stoneyfield Cl. BS20: Eas 2D **53**
Stoneyfields BS20: Eas 2D **53**
Stoney Hill BS1: Bris 2A **4** (2E **67**)
Stoney La. BS7: B'stn 3B **58**
Stoney Steep BS20: P'head 3E **35**
Stony La. BA2: New L 4A **102**
Stork Ho. BS8: Clif 4F **66**
(off Hotwell Rd.)
Stothard Rd. BS7: L'lze 4D **43**
Stothert Av. BA2: Bath 4F **103**
Stottbury Rd. BS7: Eastv 3C **58**
Stoulton Gro. BS10: Bren 5C **22**
Stourden Cl. BS16: B'hll 4C **44**

Stourton Dr. BS30: Bar C 5B **72**
STOVER 3D **15**
Stover Rd. BS37: Yate 3D **15**
Stover Trad. Est. BS37: Yate 3D **15**
Stow Ho. BS11: Shire 1A **54**
Stowick Gdns. BS11: Law W 2E **39**
Stradbrook Av. BS5: St G 2D **71**
Stradling Rd. BS11: Law W 1E **39**
Stradlings Yd. BS2: Bris 1E **67**
(off Lit. Paul St.)
Straight St. BS2: Bris 3F **5** (3B **68**)
Straits Pde. BS16: Fish 1D **61**
Stratford Cl. BS14: Whit 4B **86**
Stratford Ct. BS9: W Trym 3B **40**
Stratford Ho. BS7: Hor 3C **42**
Stratford Mill 2A **40**
Strathearn Dr. BS10: Bren 1D **41**
Strathmore Rd. BS7: Hor 5A **42**
Stratton Cl. BS34: Lit S 1E **25**
Stratton La. BS1: Bris 1E **5** (1A **68**)
Stratton Pl. BS30: L Grn 2B **82**
Stratton Rd. BS31: Salt 4F **91**
Strawberry Cres. BS5: St G 2A **70**
Strawberry La. BS5: St G 2A **70**
BS13: Withy 4A **84**
BS41: Dun 4A **84**
Strawbridge Rd. BS5: Bar H 2D **69**
Stream, The BS16: Ham 1D **45**
Stream Cl. BS10: Bren 5F **23**
Streamside BS16: Mang 5B **46**
Streamside Rd. BS37: Chip S 4C **16**
Streamside Wlk. BS4: Brisl 1A **80**
Stretford Av. BS5: W'hall 1F **69**
Stretford Rd. BS5: W'hall 1F **69**
Stroud Rd. BS11: Shire 1A **54**
BS34: Pat 5A **8**
Stuart McCallum Cl. BS34: Fil 5D **25**
Stuart Pl. BA2: Bath 4F **103**
Stuart St. BS5: Redf 2E **69**
Stubbs Way BS16: L'lze 3E **43**
Studio, The (Ladies Health Club) . .3B **6**
Studios 58 BS1: Bris 1F **67**
(off Dighton St.)
Studland Ct. BS9: Henle 5D **41**
Sturden La. BS16: Ham 5E **27**
Sturdon Rd. BS3: Bedm 1C **76**
Sturmer Cl. BS37: Yate 1A **16**
Sturmey Way BS20: Pill 3A **54**
Sturminster Cl. BS14: Stoc 1F **87**
Sturminster Lodge BS14: Stoc . . .1F **87**
Sturminster Rd. BS14: Stoc 4E **79**
Sturmy Cl. BS10: Bren 5E **23**
Suffolk Cl. BS10: Bren 4E **23**
Sugar Store, The BS2: Bris 2F **5**
(off Cabot M.)
Sulis Mnr. Rd. BA2: Odd D 5E **109**
Sullivan Cl. BS4: Know 1F **85**
Summer Ct. BS8: Clif 2D **67**
(off Triangle Sth.)
Summerfield Cotts. BA1: Bath . . .1D **105**
(off Tyning La.)
Summerfield Rd. BA1: Bath 1C **104**
Summerfield Ter. BA1: Bath 1C **104**
Summer Ground Dr. BS13: Bis . . .2C **84**
Summerhayes BS30: Old C 4F **73**
Summer Hill BS4: Wind H 5C **68**
Summer Hill Cl. BS5: St G 1B **70**
Summerhill Rd. BA1: Bath 1F **103**
BS5: St G 1A **70**
Summerhill Ter. BS5: St G 2B **70**
Summer Ho. Way BS30: Warm . . .2D **73**
Summer La.
BA2: C Down, Mon C 4D **111**
Summerlays Ct.
BA2: Bath 4E **7** (4D **105**)
Summerlays Pl. BA2: Bath 4E **7**
Summerleaze BS16: Fish 3E **61**
BS31: Key 5A **82**
Summers Mead BS37: Yate 1A **16**
Summers Rd. BS2: Bris 5C **58**
Summers Ter. BS2: Bris 5C **58**
Summer St. BS3: Bedm 5E **67**
Summit Cl. BS15: K'wd 1A **72**
Sundays Hill BS32: Alm 1C **8**
Sunderland Pl. BS8: Clif 2D **67**
Sunderland St.
BA2: Bath 2D **7** (3C **104**)
Sundridge Pk. BS37: Yate 1A **32**

Sunningdale BS8: Clif 1D 67
  BS37: Yate 5A 16
Sunningdale Dr. BS30: Warm 3D 73
Sunny Bank BS15: K'wd 5D 61
Sunnybank BA2: Bath 1D 111
  BS16: Down 5A 46
  BS37: W'lgh 5C 30
Sunnydene BS4: Brisl 5F 69
Sunny Hill BS9: Sea M 4D 39
Sunnyhill Dr. BS11: Shire 5A 38
Sunnyhill Ho. E. BS11: Shire 5A 38
         (off Sunnyhill Dr.)
Sunnyhill Ho. W. BS11: Shire 5A 38
         (off Sunnyhill Dr.)
Sunnymead BS31: Key 4B 90
Sunnyside BS9: Stok B 1A 56
  BS36: Fram C 1D 29
Sunnyside La. BS16: Ham 1E 45
  BS37: Yate 4E 15
Sunnyvale Dr. BS30: L Grn 1D 83
Sunny Wlk. BS15: K'wd 5D 61
Sunridge BS16: Down 5F 45
Sunrise Gro. BS4: Brisl 5F 69
Surrey Rd. BS7: B'stn 3A 58
Surrey St. BS2: Bris 1A 68
Suspension Bri. Rd. BS8: Clif 2B 66
Sussex Pl. BA2: Bath 5D 7 (5C 104)
  BS2: Bris 5B 58
Sussex St. BS2: Bris 3C 68
Sutcliffe Ho. BA1: Bath 2D 105
Sutherland Av. BS16: Down 4A 46
  BS37: Yate 1F 15
Sutherland Pl. BS8: Clif 4C 56
Sutton Av. BS4: Brisl 5F 69
         (not continuous)
Sutton St. BA2: Bath 1E 7 (3D 105)
SWAINSWICK 2E 97
Swainswick BS14: H'gro 1B 86
Swainswick Gdns. BA1: Swa 5E 97
Swainswick La. BA1: Swa 2E 97
Swaish Dr. BS30: Bar C 5B 72
Swallow Cl. BS14: Key 1C 88
Swallow Dr. BS34: Pat 5A 8
Swallows Ct. BS34: Stok G 4A 26
Swallow St. BA1: Bath 4C 6 (4C 104)
Swan Cl. BS5: St G 2C 70
Swancombe BS20: Glap G 5A 50
Swane Rd. BS14: Stoc 1B 88
Swan Fld. BS37: Yate 3B 16
Swan La. BS36: Wint 4D 11
Swanmoor Cres. BS10: Bren 4C 22
Sweetman Pl. BS2: Bris 3F 5 (3B 68)
Sweets Cl. BS15: K'wd 4A 62
Sweets Rd. BS15: K'wd 4A 62
SWINEFORD 1C 92
Swiss Cl. BS3: Ash V 2B 76
Swiss Dr. BS3: Ash V 2B 76
Swiss Rd. BS3: Ash V 2B 76
Sycamore Cl. BS5: W'hall 5A 60
  BS15: Han 1D 81
Sycamore Ct. BS7: B'stn 3A 58
Sycamore Dr. BS34: Pat 1A 24
Sycamore Ho. BS16: Fish 5E 45
         (off Partridge Dr.)
Sydenham Bldgs. BA2: Bath 5A 104
Sydenham Hill BS6: Cot 5F 57
Sydenham La. BS6: Bris 5F 57
Sydenham Pl. BA2: C Down 4E 111
         (off Tyning Rd.)
Sydenham Rd.
  BA2: Bath 4A 6 (4A 104)
  BS4: Know 1C 78
  BS6: Bris, Cot 5F 57
Sydenham Ter. BA2: C Down 4E 111
Sydenham Way BS15: Han 1E 81
Sydney Bldgs.
  BA2: Bath 3F 7 (4D 105)
Sydney Ct. BA2: New L 5D 101
Sydney Ho. BA2: Bath 1F 7
Sydney Lawn BA2: Bath 2F 7
Sydney M. BA2: Bath 2E 7 (3D 105)
Sydney Pl. BA2: Bath 1E 7 (3D 105)
Sydney Rd. BA2: Bath 2F 7 (3D 105)
Sydney Row BS1: Bris 4D 67
Sydney Wharf BA2: Bath . . .3F 7 (4D 105)
Sylvan Way BS9: Sea M 5D 39
Sylvia Av. BS3: Wind H 1B 78
Symes Pk. BA1: W'ton 5C 94

Symington Rd. BS16: Fish 1D 61
Syms Av. BS36: Fram C 2D 29
Syston Vw. BS15: K'wd 1C 72
Syston Way BS15: K'wd 5F 61

T

Tabernacle Rd. BS15: Han 3E 71
Tackley Rd. BS5: Eastv 3D 59
Tadwick La. BA1: Up Swa 1B 96
Tailor's Ct. BS1: Bris 2C 4 (2F 67)
Talavera Cl. BS2: Bris 2C 68
Talbot Av. BS15: K'wd 5D 61
Talbot Pl. BS4: Know 2D 79
Talbot Rd. BS4: Brisl, Know 2D 79
Talgarth Rd. BS7: B'stn 2B 58
Tall Elms Rd. BS34: Pat 1C 24
Tallis Gro. BS4: Know 1F 85
Tamar Dr. BS31: Key 3C 90
Tamarisk Vs. BS5: W'hall 5A 60
         (off Snowberry Wlk.)
Tamar Rd. BS2: Bris 3E 69
Tamsin Ct. BS31: Key 2A 90
Tamworth Rd. BS31: Key 3A 90
Tan Ct. BS4: Brisl 5F 69
Tankard's Cl. BS2: Bris 1A 4
  BS8: Clif 1A 4 (2E 67)
Tanner Cl. BS30: Bar C 4B 72
Tanner Ct. BS30: Bar C 4B 72
Tanners Ct. BS16: Fren 2D 45
Tanners Wlk. BA2: Bath 5B 102
Tanorth Cl. BS14: Whit 4C 86
Tanorth Rd. BS14: Whit 4B 86
Tansy La. BS20: P'head 1B 50
Tanyard, The BS30: Will 2D 83
Tapsters BS30: C Hth 5C 72
Tara Cl. BS36: Fram C 4B 12
Tarn Ho. BS34: Pat 5C 8
Tarnock Av. BS14: H'gro 5B 78
Tarragon Pl. BS20: P'head 1B 50
  BS32: Brad S 1B 26
Taunton Wlk. BS7: Hor 4C 42
Taurus Ho. BS2: Bris 3C 68
         (off Union Rd.)
Taverner Cl. BS4: Know 5F 77
Tavistock Rd. BS4: Know 3B 78
Tavistock Wlk. BS4: Know 3B 78
Taylor Cl. BS15: K'wd 1B 72
Taylor Gdns. BS13: Withy 3B 84
Tayman Cl. BS10: Hor 5A 42
Tayman Ridge BS30: Bit 4F 83
Taynton Cl. BS30: Bit 2E 83
Teal Cl. BS11: Law W 2C 38
  BS32: Brad S 3F 9
Teal Way BS20: P'head 5E 35
Teasel Mead BS32: Brad S 1A 26
Teddington Cl. BA2: Bath 1E 109
Teewell Av. BS16: Stap H 2A 62
Teewell Cl. BS16: Stap H 2A 62
Teewell Ct. BS16: Stap H 2A 62
Teewell Hill BS16: Stap H 2A 62
Teignmouth Rd. BS4: Know 3B 78
Telephone Av. BS1: Bris . . .3B 4 (3F 67)
Telephone Av. Apartments
  BS1: Bris 3B 4
Telford Ho. BA2: Bath 2F 109
Telford Wlk. BS5: St G 5C 60
Tempera BS5: E'tn 2D 69
Templar Rd. BS37: Yate 2A 16
Temple Bk. BS1: Bris 3E 5 (3A 68)
Temple Bk. E.
  BS1: Bris 4F 5 (3B 68)
Templebridge Apartments
  BS1: Bris 3E 5
         (off Temple Back)
Temple Church 4E 5 (3A 68)
Temple Cir. BS1: Bris 4E 5 (3A 68)
Temple Cir. Ho. BS1: Bris 4E 5
         (off Temple Way)
Temple Ct. BA2: New L 5D 101
  BS2: Bris 3C 68
         (off Barton Rd.)
  BS31: Key 2A 90
TEMPLE CROSS 3D 5
Temple Gate BS1: Bris 5E 5 (4A 68)
Temple Gate Ho.
  BS1: Bris 5E 5 (4A 68)

Temple Gate Pk. (Ind. Est.)
  BS3: Bris 5B 68
Templeland Rd. BS13: Withy 2B 84
Temple Quay Ho.
  BS1: Bris 4F 5 (3B 68)
Temple Rose St.
  BS1: Bris 4E 5 (3A 68)
Temple St. BS1: Bris 3D 5 (3A 68)
         (not continuous)
  BS3: Bedm 2D 77
  BS31: Key 2A 90
Temple Studios BS1: Bris . .5F 5 (4B 68)
Temple Trad. Est. BS2: Bris 4E 69
Temple Way BS1: Bris 4E 5 (3A 68)
  BS2: Bris 4E 5 (3A 68)
Templeway Ho. BS2: Bris . . .3E 5 (3A 68)
Temple Way Underpass
  BS1: Bris 2F 5 (2B 68)
  BS2: Bris 2F 5 (2B 68)
Tenby Rd. BS31: Key 3F 89
Tenby St. BS5: Bar H 2D 69
Tennessee Gro. BS6: Henle 1E 57
Tenniscourt Rd. BS15: K'wd 5C 62
Tennis Rd. BS4: Know 2C 78
Tennyson Cl. BS31: Key 1B 90
Tennyson M. BS10: Bren 1D 41
Tennyson Pl. BA2: Bath 1B 110
Tennyson Rd. BA1: Bath 3F 103
  BS7: Hor 1A 58
Tenon Bldg., The BS3: Bedm 1D 77
         (off Up. Sydney St.)
Tenth Av. BS7: Hor 2D 43
Tereslake Grn. BS10: Bren 4F 23
Terrace Wlk. BA1: Bath 4C 6 (4C 104)
Terrell Gdns. BS5: St G 2F 69
Terrell St. BS2: Bris 1B 4 (1F 67)
Terrill Ct. BS8: Clif 5C 56
Tetbury Cl. BS34: Lit S 5E 9
Tetbury Rd. BS15: K'wd 1D 71
Teviot Rd. BS31: Key 3C 90
Tewkesbury Rd. BS2: Bris 4C 58
Tewther Rd. BS13: Hart 4E 85
Teyfant Rd. BS13: Hart 3A 86
Teyfant Wlk. BS13: Hart 3A 86
Thackeray BS7: Hor 3C 42
Thanet Rd. BS3: Bedm 2D 77
Thatcher Cl. BS20: P'head 2F 49
Thatchers Cl. BS5: St G 2D 71
The. . . . . . .
  Names prefixed with 'The' for
  example 'The Academy' are
  indexed under the main name
  such as 'Academy, The'
Theatre Royal
  Bristol 3B 4 (3F 67)
Theatre Royal (Ustinov Studio)
  Bath 3B 6
There & Back Again La.
  BS8: Clif 2E 67
Theresa Av. BS7: B'stn 2A 58
Thermae Bath Spa 4B 6
Theynes Cft. BS41: L Ash 3C 74
Thicket Av. BS16: Fish 4D 61
Thicket Rd. BS16: Fish 2E 61
Thiery Rd. BS4: Brisl 2E 79
Thingwall Pk. BS16: Fish 3A 60
Third Av. BA2: Bath 5F 103
  BS7: Hor 2C 42
  BS14: H'gro 5D 79
Third Way BS11: A'mth 1D 37
Thirlmere Ct. BS30: Old C 3F 73
Thirlmere Rd. BS34: Pat 5C 8
Thistle St. BS3: Bedm 1D 77
Thomas Av. BS16: Emer G 3D 47
Thomas Blount M. BS3: Bedm 5E 67
Thomas Ct. BS1: Bris 4D 5
Thomas La. BS1: Bris 4D 5 (3A 68)
Thomas La. Apartments
  BS1: Bris 4D 5
Thomas Pring Wlk. BS5: St G 5C 60
Thomas St. BA1: Bath 2C 104
  BS1: Bris 1A 68
  BS2: Bris 5B 58
  BS5: Bar H 2D 69
Thomas St. Nth. BS2: Bris 5F 57

Thomas Way BS16: Stap 4A 44
Thompson Rd. BS14: Stoc 1A 88
Thomson Rd. BS5: E'tn 1D 69
Thornbank Gdns.
    BA2: Bath 5A 6 (5B 104)
Thornbank Pl.
    BA2: Bath 5A 6 (5A 104)
Thorn Cl. BS37: Yate 4F 15
Thorndale BS8: Clif 1C 66
Thorndale Ct. BS8: Clif 5C 56
Thorndale M. BS8: Clif 1C 66
Thorneycroft Cl. BS7: L'lze 4D 43
Thornhayes Cl.
    BS36: Fram C 5C 12
Thornhills, The BS16: Fish 5D 45
Thornleigh Rd. BS7: Hor 1A 58
Thornmead Gro. BS10: Bren 5C 22
Thorns Farm BS37: Yate 4A 16
Thorpe Lodge BS6: Bris 5F 57
    (off St Matthew's Rd.)
Three Brooks La. BS32: Brad S . . .5A 10
Three Brooks Local Nature Reserve
    . . . . .5B 10
Three Kings Cl., The
    BS1: Bris 2B 4 (2F 67)
Three Oaks Cl. BS16: Fish 2E 61
Three Queens' La.
    BS1: Bris 4D 5 (3A 68)
Three Wells Rd. BS13: Withy 3B 84
Thrissell St. BS5: E'tn 1C 68
Throgmorton Rd. BS4: Know 4B 78
Thunderbolt Sq. BS1: Bris 4B 4
Thunderbolt Steps BS4: Wind H . . .5C 68
Thurlestone BS14: H'gro 1B 86
Thurlow Rd. BS5: E'tn 4E 59
Thurston's Barton BS5: W'hall 5A 60
Thyme Cl. BS20: P'bry, P'head 1B 50
Tibberton BS15: K'wd 1C 72
Tibbott Rd. BS14: Stoc 2F 87
Tibbott Wlk. BS14: Stoc 2E 87
Tichborne Rd. BS5: Redf 2E 69
Tide Gro. BS11: Law W 3C 38
Tidenham Way BS34: Pat 4B 8
Tiffany Ct. BS16: Fren 5E 5 (4A 68)
Tileyard, The BS5: S'wll 5A 60
Tilley Cl. BS31: Key 5C 90
Tilling Rd. BS10: Hor 4A 42
Tilling Wlk. BS10: Hor 4A 42
Timber Dene BS16: Stap 2F 59
Timberscombe Wlk.
    BS14: Whit 2D 87
Timsbury Rd. BS3: Know 2A 78
Timsbury Wlk. BS3: Know 2A 78
Tindell Ct. BS30: L Grn 5B 72
Tinding Dr. BS16: Fren 3F 43
Tintagel Cl. BS31: Key 2F 89
Tintern Av. BS5: St G 1F 69
Tintern Cl. BS30: Bar C 3B 72
Tippetts Rd. BS15: K'wd 3F 71
Titan Barrow BA1: Bathf 5E 99
Tiverton Wlk. BS16: Fish 4C 60
Tobacco Factory, The 5C 66
Tobias Gdns. BS37: Yate 4F 15
Toddington Cl. BS37: Yate 5F 15
Toll Bri. Rd. BA1: Bathe 4A 98
Toll Ho. Ct. BS3: Ash G 5C 66
Top Yard Cotts. BA2: Bath 1F 7
Tormarton Cres. BS10: Hen 4B 22
Toronto Rd. BS7: Hor 3B 42
Torpoint Rd. BS3: Wind H 3F 77
Torrance Cl. BS30: Old C 3F 73
Torridge Rd. BS31: Key 3C 90
Torrington Av. BS4: Know 4B 78
Tortworth Rd. BS7: Hor 1A 58
Totshill Dr. BS13: Hart 4A 86
Totshill Gro. BS13: Hart 3A 86
Tottenham Pl. BS8: Clif 2D 67
TOTTERDOWN 5B 68
Totterdown Bri. Trad. Est.
    BS2: Bris 5C 68
Touchstone Av. BS34: Stok G 3B 26
Tourist Info. Cen.
    Bath 4C 6 (4C 104)
    Bristol 4B 4 (3F 67)
    Chipping Sodbury 4D 17
Tower, The BS1: Bris 3A 68
    (off Georges Sq.)
Tower Hill BS2: Bris 2E 5 (2A 68)

Tower La. BS1: Bris 2C 4 (2F 67)
    (not continuous)
    BS30: Warm 3C 72
Tower La. Bus. Pk. BS30: Warm . .3D 73
Towerleaze BS9: Stok B 3F 55
Tower Rd. BS15: K'wd 5E 61
    BS20: P'head 2C 48
Tower Rd. Nth. BS30: Warm 2D 73
Tower Rd. Sth. BS30: C Hth 3D 73
Tower St. BS1: Bris 4E 5 (3A 68)
Townsend BS32: Alm 1B 8
Townsend Cl. BS14: Stoc 2B 88
Townsend La. BS32: Alm 1B 8
Townsend Rd. BS14: Stoc 2B 88
Town Sq. BS32: Brad S 5F 9
Toynbee Rd. BS4: Know 4A 78
Tozer's Hill BS4: Know 2E 79
Tracy Cl. BS14: H'gro 5B 78
    (not continuous)
Trafalgar Rd. BA1: W'ton 1D 103
Trafalgar Ter. BS1: Bedm 2D 77
Trafalgar Wlk. BS1: Bris 1C 4 (2F 67)
Tralee Wlk. BS4: Know 3F 77
Tramshed, The
    BA1: Bath 2C 6 (3C 104)
Tramway Rd. BS4: Brisl 1E 79
Tranmere Av. BS10: Bren 4C 22
Tranmere Gro. BS10: Bren 5C 22
Transom Ho. BS1: Bris 4E 5
Tratman Wlk. BS10: Hen 5B 22
Travers Cl. BS4: Know 1F 85
Travers Wlk. BS34: Stok G 3B 26
Tredegar Rd. BS16: Fish 3D 61
Treefield Pl. BS2: Fren 4C 58
Treeleaze BS37: Yate 3B 16
Tregarth Rd. BS3: Ash V 3B 76
Trelawney Av. BS5: St G 1F 69
Trelawney Pk. BS4: Brisl 1F 79
Trelawney Rd. BS6: Cot 5E 57
Trellick Wlk. BS16: Stap 3A 44
Trenchard Rd. BS31: Salt 4F 91
Trenchard St. BS1: Bris 2B 4 (2E 67)
Trench La. BS32: Alm 3A 10
    BS36: Wint 3A 10
Trendlewood Pk. BS16: Stap 2A 60
Trent Gro. BS31: Key 3C 90
Trentham Cl. BS2: Bris 4C 58
Trescothick Cl. BS31: Key 1F 89
Trescothick Dr. BS30: Old C 5F 73
Tresham Cl. BS32: Brad S 3F 9
Trevelyan Wlk. BS10: Hen 5B 22
    BS34: Stok G 3C 26
Trevenna Rd. BS3: Ash V 3B 76
Treverdowe Wlk. BS10: Hen 5F 21
Trevethin Cl. BS15: K'wd 2E 71
Trevisa Gro. BS10: Bren 4E 23
Trewint Gdns. BS4: Know 4B 78
Triangle, The BS20: P'head 1D 49
Triangle Ct. BA2: Bath 5F 103
    (off Triangle Nth.)
Triangle E. BA2: Bath 5F 103
Triangle Nth. BA2: Bath 4F 103
Triangle Sth. BS8: Clif 2D 67
Triangle Vs. BA2: Bath 5F 103
Triangle Wlk. BS8: Clif 2D 67
    (off Triangle Sth.)
Triangle W. BA2: Bath 5F 103
    BS8: Clif 2D 67
Trident Cl. BS16: Down 2C 46
Trim Bri. BA1: Bath 3B 6 (4B 104)
Trim St. BA1: Bath 3B 6 (4B 104)
Trinder Rd. BS20: Eas 2D 53
Trinity Cl. BA1: Bath 4A 6 (4B 104)
Trinity Ct. BS15: K'wd 1A 72
    BS37: Chip S 3E 17
Trinity M. BS2: Bris 2F 5
Trinity Office Pk. BS7: Hor 4B 42
Trinity Pl. BA1: Bath 3A 6 (4B 104)
    BS8: Clif 3C 66
    (off Charles Pl.)
Trinity Quay BS2: Bris 3F 5 (3B 68)
Trinity Rd. BA2: C Down 3D 111
    BS2: Bris 2C 68
Trinity St. BA1: Bath 4B 6 (4B 104)
    BS1: Bris 4A 4 (3E 67)
    BS2: Bris 2C 68
Trinity Theological College 2A 56
Trinity Wlk. BS2: Bris 2B 68

Trin Mills BS1: Bris 5C 4 (4F 67)
Tripps Row BS41: L Ash 3C 74
Troon BS37: Yate 5A 16
Troon Dr. BS30: Warm 3D 73
Trooper's Hill Rd. BS5: St G 3B 70
Trossachs Dr. BA2: Bath 2F 105
Trowbridge Rd. BS10: S'mead 2E 41
Trowbridge Wlk. BS10: S'mead . . .2E 41
Trubshaw Cl. BS7: Hor 5B 42
Trumpet La. BS5: St G 2D 71
Truro Rd. BS3: Ash G 1D 77
Trym Cross Rd. BS9: Sea M 1E 55
Trym Leaze BS9: Sea M 1E 55
Trym Rd. BS9: W Trym 3C 40
Trym Side BS9: Sea M 1E 55
Trymwood Cl. BS10: Hen 1B 40
Trymwood Pde. BS9: Sea M 5F 39
TT Trad. Est. BS37: Chip S 4D 17
Tucker St. BS2: Bris 1F 5 (2B 68)
Tuckett Ho. BS16: Fren 4E 45
Tuckett La. BS16: Fren 4E 45
Tudor Cl. BS30: Old C 1E 83
Tudor Rd. BS2: Bris 5B 58
    BS5: E'tn 5E 59
    BS15: Han 4E 71
    BS20: P'head 2A 50
Tuffley Rd. BS10: W Trym 3E 41
Tufton Av. BS11: Law W 3C 38
Tugela Rd. BS13: Bis 5B 76
Tumps Nature Area, The 4B 8
Tunbridge Way BS16: Emer G 3C 46
Tunstall Cl. BS9: Stok B 2A 56
Turley Rd. BS5: E'tn 5F 59
Turnberry BS30: Warm 3D 73
    BS37: Yate 5A 16
Turnberry Wlk. BS4: Brisl 3F 79
Turnbridge Cl. BS10: Bren 5E 23
Turnbridge Rd. BS10: Bren 5E 23
Turner Cl. BS31: Key 2C 90
Turner Dr. BS37: Yate 4D 15
Turner Gdns. BS7: L'lze 5D 43
Turners Ct. BS30: L Grn 5B 72
Turner Wlk. BS30: B'yte 2F 73
Turnpike Cl. BS37: Yate 3A 16
Turnstone Av. BS20: P'head 5E 35
Turtlegate Av. BS13: Withy 3A 84
Turtlegate Wlk. BS13: Withy 3A 84
Turville Dr. BS7: Hor 5C 42
Tuscany Ho. BS6: Redl 3C 56
Tweeny La. BS30: Old C 3F 73
Twenty Acres Rd. BS10: S'mead . . .1D 41
TWERTON 5E 103
Twerton Farm Cl. BA2: Bath 4D 103
TWERTON HILL 2C 108
Twerton Pk. 5D 103
Twickenham Rd. BS6: Henle 1E 57
Twinnell Ho. BS5: E'tn 1C 68
Two Acres Rd. BS14: H'gro 4C 78
Two Mile Ct. BS15: K'wd 1D 71
TWO MILE HILL 1D 71
Two Mile Hill Rd. BS15: K'wd 1C 70
Two Stones La. BS37: Chip S 5E 17
Twynings, The BS15: K'wd 4A 62
Tybalt Way BS34: Stok G 3A 26
Tydeman Rd. BS20: P'head 1B 50
Tydings Cl. BS41: L Ash 3C 74
Tyler Cl. BS15: Han 4A 72
Tylers Farm BS37: Yate 1B 16
Tylers La. BS16: Stap H 1F 61
Tyler St. BS2: Bris 3C 68
Tylers Way BS37: Yate 1B 16
Tyndale Av. BS16: Fish 2D 61
    BS37: Yate 2F 15
Tyndale Cl. BS6: Redl 5D 57
    (off Chertsey Rd.)
Tyndale Rd. BS15: Soun 4A 62
Tyndall Av. BS8: Clif 1A 4 (2E 67)
Tyndall Ho. BS2: Bris 1F 5
Tyndall Rd. BS5: E'tn 1D 69
TYNDALL'S PARK 2D 67
Tyndalls Pk. M. BS2: Bris 1E 67
Tyndall's Pk. Rd. BS8: Clif 1D 67
Tyndalls Way BS10: S'mead 3A 42
Tyne Gro. BS20: P'head 5E 35
Tyne Path BS7: B'stn 4F 57
Tyne Rd. BS7: B'stn 3F 57
Tyne St. BS2: Bris 4C 58
Tyning, The BA2: Bath 5F 7 (5D 105)

Tyning Cl. BS14: H'gro 5C 78
  BS37: Yate 3A 16
Tyning End BA2: Bath . . .5F 7 (5D 105)
Tyning La. BA1: Bath 1D 105
Tyning Pl. BA2: C Down 3E 111
Tyning Rd. BA2: Batham 5B 98
  BA2: C Down 3E 111
  BS3: Wind H 1B 78
  BS31: Salt 5A 92
Tynings, The BS20: W'ton G 5B 48
Tyning's La. BS36: Wint 3E 11
Tyning Ter. BA1: Bath 1D 105
                (off Fairfield Rd.)
Tynte Av. BS13: Hart 4F 85
Tyntesfield Rd. BS13: Bis 5C 76
Tyrone Wlk. BS4: Know 4A 78
Tyrrel Way BS34: Stok G 3A 26

U

Ullswater Cl. BS30: Old C 3F 73
  BS37: Yate 2A 16
Ullswater Dr. BA1: Bath 5C 96
Ullswater Rd. BS10: S'mead 2D 41
Underbanks BS20: Pill 2F 53
Underdown Ho. BS1: Bris . .5C 4 (4F 67)
Underwood Rd. BS20: P'head 3E 49
Unicorn Bus. Pk. BS4: Brisl 4F 69
Unicorn Pk. Av. BS4: Brisl 4F 69
Union Pas. BA1: Bath 3C 6 (4C 104)
Union Rd. BS2: Bris 3C 68
                (not continuous)
Union St. BA1: Bath 3C 6 (4C 104)
  BS1: Bris 1C 4 (2F 67)
Union Ter. BA2: Bath 5B 6
Unite Ho. BS1: Bris 3A 4
Unity Ct. BS31: Key 2C 90
Unity Rd. BS31: Key 2C 90
                (not continuous)
Unity St. BS1: Bris 3A 4 (3E 67)
  BS2: Bris 2F 5 (2B 68)
  BS15: K'wd 1E 71
University Cl. BS9: Stok B 2B 56
University Hall BS9: Stok B 2B 56
University of Bath 5A 106
University of Bath Sports Training
  Village 5B 106
University of Bristol
  Botanic Garden 2B 56
  Cantock's Cl. 1A 4 (2E 67)
  Canynge Hall 5D 57
              (off Whatley Rd.)
  Cobham House 1E 67
  Dorothy Hodgkin Building 1C 4
  Graduate School of Education
    . . . . .2E 67
  Hampton House 1E 67
  ILRT .2D 67
  Library 1A 4
  Priory Rd. Complex 1D 67
  Queen's Rd. 2A 4 (2E 67)
  School of Medical Sciences
    . . . . .1E 67
  The Victoria Rooms 2D 67
University of the West of England
  Bower Ashton Campus 5F 65
  Frenchay Campus 3A 44
  Glenside Campus 1A 60
University Rd. BS8: Clif 1A 4 (2E 67)
University Wlk. BS8: Clif . . .1A 4 (2E 67)
Uphill Dr. BA1: Bath 5D 97
Uphill Rd. BS7: Hor 1B 58
Upjohn Cres. BS13: Hart 4F 85
Uplands Dr. BS31: Salt 5B 92
Uplands Rd. BS16: Fish 3E 61
  BS31: Salt 5A 92
Up. Belgrave Rd. BS8: Clif 4C 56
Up. Belmont Rd. BS7: B'stn 3A 58
Up. Berkeley Pl. BS8: Clif 2D 67
Up. Bloomfield Rd. BA2: Odd D 5E 109
Up. Borough Walls
  BA1: Bath 3B 6 (4B 104)
Up. Bristol Rd.
  BA1: Bath 2A 6 (3E 103)
Upper Bldgs. BA2: S'ske 5B 110
Up. Byron Pl. BS8: Clif 2D 67
Up. Camden Pl. BA1: Bath 2C 104

Up. Chapel La. BS36: Fram C 1E 29
Up. Cheltenham Pl. BS6: Bris 5A 58
Up. Church La. BS2: Bris . . .2A 4 (2E 67)
Up. Church St.
  BA1: Bath 1A 6 (3B 104)
Up. Conham Va. BS15: St G 4C 70
Up. Cranbrook Rd.
  BS6: Henle, Redl 2D 57
Up. East Hayes BA1: Bath 1D 105
UPPER EASTON 1D 69
UPPER EASTVILLE 3A 60
Up. Hedgemead Rd.
  BA1: Bath 2B 104
UPPER KNOWLE 1D 79
Up. Lambridge St. BA1: Bath 5E 97
Up. Lansdown M. BA1: Bath 1B 104
Up. Maudlin St. BS2: Bris . . .1B 4 (2F 67)
Up. Myrtle Hill BS20: Pill 2E 53
                (off Myrtle Hill)
Up. Oldfield Pk.
  BA2: Bath 5A 6 (5A 104)
Up. Perry Hill BS3: Bris 5E 67
Up. Sandhurst Rd. BS4: Brisl 5F 69
UPPER SOUNDWELL 3F 61
Up. Station Rd. BS16: Stap H 2E 61
Up. Stone Cl. BS36: Fram C 1E 29
Upper St. BS4: Wind H 5C 68
UPPER SWAINSWICK 2D 97
Up. Sydney St. BS3: Bedm 1D 77
Up. Wells St. BS1: Bris 2A 4 (2E 67)
UPPER WESTON 4D 95
Up. York St. BS2: Bris 1A 68
Upton La. BS41: Dun 5B 84
Upton Rd. BS3: Bris 5D 67
Urfords Dr. BS16: Fish 5E 45

V

Vale Ct. BS8: Clif 1C 66
Vale Foundry La. BS3: Ash V 2B 76
Vale La. BS3: Bedm 4E 77
Valentine Cl. BS14: H'gro 2D 87
Valerian Cl. BS11: Shire 5B 38
Vale St. BS4: Wind H 1C 78
Vale Vw. Pl. BA1: Bath 1D 105
Vale Vw. Ter. BA1: Bathe 4B 98
Valley Cl. BS20: P'head 3A 48
Valley Gdns. BS16: Down 3B 46
Valley Hgts. BS13: Bis 5C 76
Valley Rd. BS8: L Wds 2E 65
  BS13: Bis 4C 76
  BS16: Mang 1C 62
  BS20: P'head, W'ton G 3A 48
  BS30: Old C 3F 73
Valley Vw. Cl. BA1: Bath 5D 97
Valley Vw. Rd. BA1: Charl, Swa . . .4D 97
Valls, The BS32: Brad S 2B 26
Valma Rocks BS5: St G 3C 70
Vanbrugh Gdns. BS11: Law W 3B 38
Vanbrugh La. BS16: Stap 4A 44
Van Diemen's La. BA1: L'dwn 5A 96
Vandyck Av. BS31: Key 1B 90
Vane St. BA2: Bath 2E 7 (3D 105)
Vantage Ct. Office Pk.
  BS16: Brad S 2C 26
Vantage Office Pk.
  BS16: Brad S 2C 26
Vassall Ct. BS16: Fish 1D 61
Vassall Rd. BS16: Fish 1D 61
Vaughan Cl. BS10: Hen 5B 22
Vauxhall Av. BS3: Bris 5C 66
Vauxhall Ter. BS3: Bris 5C 66
Vauxhall Vs. BS3: Bris 5C 66
                (off Walter St.)
Vayre Cl. BS37: Chip S 4E 17
Vellore La. BA2: Bath 2F 7 (3D 105)
Ventnor Av. BS5: St G 1B 70
Ventnor Rd. BS5: S'wll, St G 5B 60
  BS34: Fil 5D 25
Venton Ct. BS15: Han 4D 71
              (off Henbury Rd.)
Venue, The BS10: Pat 2E 23
Vera Rd. BS16: Fish 4B 60
Verde Cl. BS16: Soun 4F 61
Verdigris BS2: Bris 2F 5
Vernham Gro. BA2: Odd D 4E 109
Vernhamwood Cl. BA2: Odd D 4E 109

Vernon Cl. BS31: Salt 4F 91
Vernon Pk. BA2: Bath 4E 103
Vernon St. BS4: Wind H 5B 68
Verona Ho. BS16: Fish 2D 61
Vernslade BA1: W'ton 5C 94
Verona Ho. BS16: Fish 2D 61
Verrier Rd. BS5: Redf 2E 69
Verwood Dr. BS30: Bit 3E 83
Vestry Hall BS5: E'tn 1B 68
                (off Vestry La.)
Vestry La. BS5: E'tn 1B 68
Vibe BS2: Bris 2C 68
             (off Waterloo Rd.)
Vicarage Ct. BS5: Redf 2E 69
              (off Victoria Av.)
  BS15: Han 4D 71
Vicarage Rd. BS3: Bris 5D 67
  BS5: E'tn 1E 69
  BS8: L Wds 3F 65
  BS13: Bis 1B 84
  BS15: Han 4D 71
  BS36: Coal H 3E 29
Vicars Cl. BS16: Fish 2D 61
Victor Ho. BS34: Lit S 1E 25
Victoria Art Gallery 3C 6 (4C 104)
Victoria Av. BS5: Redf 2E 69
Victoria Bri. Ct. BA1: Bath 3A 104
             (off Victoria Bri. Rd.)
Victoria Bri. Rd. BA1: Bath 4A 104
  BA2: Bath 4A 104
Victoria Bldgs. BA2: Bath 4F 103
Victoria Bldgs. M. BA2: Bath 4F 103
             (off Stothert Av.)
Victoria Cl. BA2: Bath 5E 103
  BS20: P'head 1F 49
Victoria Ct. BS6: Redl 4C 58
  BS20: P'head 1F 49
Victoria Gdns. BA1: Bathe 4B 98
  BS6: Cot 5F 57
Victoria Gro. BS3: Bedm 5A 68
Victoria Ho. BA1: W'ton 2F 103
  BS31: Key 3B 90
Victoria Pde. BS5: Redf 1E 69
VICTORIA PARK 1D 67
Victoria Pk. BS15: K'wd 1F 71
  BS16: Fish 1C 60
Victoria Pk. Bus. Cen.
  BA1: Bath 3F 103
Victoria Pk. Ct. BS3: Wind H 1B 78
             (off St Johns La.)
Victoria Pl. BA1: Bath 1E 105
             (off St Saviours Rd.)
  BA2: C Down 4E 111
  BS3: Bedm 5E 67
  BS5: St G 2F 69
               (off Pilemarsh)
Victoria Rd. BA2: Bath 4F 103
  BS2: Bris 4C 68
              (not continuous)
  BS11: A'mth 3D 37
  BS15: Han 4E 71
  BS30: Old C 4E 73
  BS31: Salt 4F 91
Victoria Sq. BS8: Clif 2C 66
  BS20: P'head 1F 49
Victoria St. BS1: Bris 3D 5 (3A 68)
  BS16: Stap H 2F 61
Victoria Ter. BA2: Bath 4F 103
  BS2: Bris 4D 69
  BS8: Clif 3B 66
Victoria Wlk. BS6: Bris, Cot 5F 57
Victor Rd. BS3: Bedm 1E 77
Victor St. BS2: Bris 5C 68
  BS5: Bar H 3D 69
Vigor Rd. BS13: Hart 2D 85
Vineyards BA1: Bath 1C 6 (3C 104)
Vining Wlk. BS5: E'tn 1D 69
Vinny Av. BS16: Down 4C 46
VINNY GREEN 4C 46
Vintery Leys BS10: W Trym 4D 41

Virginia Cl. BS37: Chip S 4C **16**
Vision BS6: Henle 2C **56**
Vivian St. BS3: Wind H 1F **77**
Vowell Cl. BS13: Withy 3D **85**
Voyager Cl. BS34: Stok G 4C **26**
Vue Cinema
   Cribbs Causeway 2E **23**
   Kingswood 4A **72**
Vulcan Ho. BA2: Bath 1D **7** (3C **104**)
Vyvyan Rd. BS8: Clif 2C **66**
Vyvyan Ter. BS8: Clif 2C **66**

W

Wade Ct. BS2: Bris 1F **5** (1B **68**)
Wadehurst Ind. Pk. BS2: Bris 2C **68**
Wade Rd. BS37: Iron A 2C **14**
Wades Rd. BS34: Fil 5D **25**
Wade St. BS2: Bris 1F **5** (1B **68**)
Wadham Dr. BS16: Fren 2D **45**
Wadham Gro. BS16: Emer G 1D **63**
Wagtail Cres. BS20: P'head 5F **35**
Wainblade Ct. BS37: Yate 1B **16**
Wainbrook Dr. BS5: Eastv 4F **59**
Wakeford Rd. BS16: Down 4C **46**
Wakeford Way BS30: B'yte 2F **73**
Walcot Bldgs. BA1: Bath 2C **104**
Walcot Ct. BA1: Bath 2C **104**
Walcot Ga. BA1: Bath 1C **6** (2C **104**)
Walcot Ho. BA1: Bath 2C **104**
Walcot Pde. *BA1: Bath* 2C ***104***
               (off London Rd.)
Walcot St. BA1: Bath 2C **6** (3C **104**)
Walcot Ter. BA1: Bath 2C **104**
Waldegrave Rd. BA1: Bath 1A **104**
Walden Rd. BS31: Key 3C **90**
Walker Cl. BS5: E'tn 1D **69**
   BS16: Down 4C **46**
   BS37: Yate 4D **15**
Walker St. BS2: Bris 1E **67**
Wallace Pl. *BS8: Clif* *3B **66***
              (off Granby Hill)
Wallace Rd. BA1: Bath 1D **105**
Wallcroft Ho. BS6: Redl 3C **56**
Wallingford Rd. BS4: Know 5F **77**
Walliscote Av. BS9: Henle 5E **41**
Walliscote Rd. BS9: Henle 5E **41**
Wallis Est. BS2: Bris 3B **58**
Wallscourt Pk. Residences
   BS16: Fren 3F **43**
Wallscourt Rd. BS34: Fil 1D **43**
Wallscourt Rd. Sth. BS34: Fil 2D **43**
Wallshut Wood BS16: L'lze 3E **43**
Wall Tyning Gdns. BS30: Bit 2D **83**
Walmesley Ter. *BA1: Bath* *1D **105***
              (off Snow Hill)
Walnut Av. BS37: Yate 3C **16**
Walnut Cl. BS15: K'wd 5B **62**
             (not continuous)
   BS20: Eas 3C **52**
   BS31: Key 3E **89**
   BS36: Coal H 2E **29**
Walnut Cres. BS15: K'wd 1B **72**
Walnut Dr. BA2: Bath 1A **110**
Walnut La. BS15: K'wd 1C **72**
Walnut Wlk. BS13: Bis 1C **84**
   BS31: Key 3E **89**
Walsh Av. BS14: H'gro 5C **78**
Walshe Av. BS37: Chip S 4E **17**
Walsingham Rd. BS6: Bris 4A **58**
Walter Rd. BS36: Fram C 2D **29**
Walter St. BS3: Bris 5C **66**
Waltning La. BA2: New L 4F **101**
Walton Av. BS4: St Ap 4F **69**
Walton Cl. BS30: Bit 3E **83**
   BS31: Key 3F **89**
Walton Heath BS37: Yate 4B **16**
Walton Ri. BS9: W Trym 3C **40**
Walton Rd. BS11: Shire 5F **37**
Walton St. BS5: E'tn 5D **59**
Walwyn Cl. BA2: Bath 4C **102**
Walwyn Gdns. BS13: Hart 4F **85**
Wansbeck Rd. BS31: Key 3C **90**
Wanscow Wlk. BS9: Henle 5D **41**
Wansdyke Bus. Cen. BA2: Bath . . .1F **109**
Wansdyke Ct. BS14: Whit 2D **87**
Wansdyke Rd. BA2: Odd D 4E **109**

Wansdyke Workshops BS31: Key . . .1C **90**
WAPLEY .4A **32**
Wapley Bushes Local Nature Reserve
               . . . . .2A **32**
Wapley Hill BS37: W'lgh 3A **32**
Wapley Rank BS37: W'lgh 3F **31**
Wapley Rd. BS37: Cod, W'lgh 5B **32**
Wapping Rd. BS1: Bris 5B **4** (4F **67**)
Wapping Wharf BS1: Bris . . .5B **4** (4F **67**)
Warden Rd. BS3: Bedm 5E **67**
Wardour Rd. BS4: Know 4F **77**
Ware Ct. BS36: Wint 3F **27**
Warehouse, The BS1: Bris 4C **4**
Waring Ho. BS1: Bris 4F **67**
WARLEIGH 5E **107**
Warleigh Dr. BA1: Bathe 4C **98**
Warleigh La. BA1: Warl 2D **107**
Warman Cl. BS14: Stoc 1B **88**
Warman Rd. BS14: Stoc 1B **88**
Warmington Rd. BS14: H'gro 4E **79**
Warminster Rd.
   BA2: Bath, Batham, C'ton
               . . . . .1F **7** (2E **105**)
   BS2: Bris 4C **58**
WARMLEY 1D **73**
WARMLEY HILL 1B **72**
Warner Cl. BS15: K'wd 3B **72**
Warns, The BS30: C Hth 5C **72**
Warren Cl. BS32: Brad S 2F **9**
Warren Gdns. BS14: Stoc 2B **88**
Warren La. BS41: L Ash 3A **74**
Warren La. BS41: L Ash 3A **74**
Warren Rd. BS34: Fil 5D **25**
Warren Way BS37: Yate 2A **16**
Warrington Rd. BS4: Brisl 2F **79**
Warwick Av. BS5: E'tn 5D **59**
Warwick Cl. BS30: Will 2D **83**
Warwick Rd. BA1: Bath 3D **103**
   BS5: E'tn 5D **59**
   BS6: Redl 5D **57**
   BS31: Key 3F **89**
Warwick Vs. BA2: Bath 5E **103**
Washingpool La. BS11: Chit 1A **20**
Washing Pound La. BS14: Whit 3D **87**
Washington Av. BS5: E'tn 5E **59**
Watch Elm Cl. BS32: Brad S 2A **26**
Watch Ho. Pl. BS20: P'head 4D **35**
Watch Ho. Rd. BS20: Pill 2F **53**
Watchill Av. BS13: Bis 1B **84**
Watchill Cl. BS13: Bis 1B **84**
Waterbridge Rd. BS13: Withy 2B **84**
Watercress Rd. BS2: Bris 3B **58**
Waterdale Cl. BS9: Henle 4E **41**
Waterdale Gdns. BS9: Henle 4E **41**
Waterford Rd. BS9: Henle 5D **41**
Waterfront Ho.
   BA2: Bath 5B **6** (5B **104**)
Waterhouse La. BA2: Lim S 5F **111**
Water La. BS1: Bris 3E **5** (3A **68**)
   BS3: Wind H 1B **78**
   BS4: Brisl 3F **79**
             (not continuous)
   BS15: Han 2D **81**
   BS20: Pill 2E **53**
Waterloo Bldgs. BA2: Bath 4D **103**
Waterloo Ho. *BS20: Pill* *1E **53***
             (off Underbanks)
Waterloo Pl. BS2: Bris 2C **68**
Waterloo Rd. BS2: Bris 2B **68**
Waterloo St. BS2: Bris 2B **68**
   BS8: Clif 2B **66**
Watermead Cl. *BA1: Bath* *4A **6***
          (off Kingsmead W.)
Watermore Cl. BS36: Fram C 1E **29**
Watermore Gdns. BS36: Fram C 5F **13**
Waterside Cres. BS20: P'head 4D **35**
Watershed Media Cen. 4B **4** (3F **67**)
Waterside Dr. BS32: Alm 4C **8**
Waterside Rd. BS5: Pat 4C **8**
Waterside Rd. BS20: P'head 2A **48**
Water's La. BS9: W Trym 4C **40**
Waters Rd. BS15: K'wd 1E **71**
Waters Rd. Bus. Pk. BS15: K'wd . . .1E **71**
Watery La. BA2: Bath 4C **102**
   BS37: Yate 1E **15**
Wathen Rd. BS6: Bris 3B **58**

Wathen St. BS16: Stap H 1F **61**
Watkins Yd. BS9: W Trym 3C **40**
WATLEY'S END 1B **28**
Watley's End Rd. BS36: Wint 1A **28**
Watling Way BS11: Shire 4E **37**
Watson Av. BS4: Brisl 5F **69**
             (not continuous)
Watson's Rd. BS30: L Grn 1B **82**
Watters Cl. BS36: Coal H 2F **29**
Watts La. BS15: K'wd 5A **62**
Wavell Cl. BS37: Yate 2F **15**
Waveney Rd. BS31: Key 4C **90**
Waverley Ct. BS20: P'head 5E **35**
Waverley Gdns. BS13: Bis 2C **84**
Waverley Ho. BS1: Bris 5A **4**
             (Canon's Way)
   BS1: Bris .3C **4**
              (Crow La.)
Waverley Rd. BS6: Cot 5E **57**
   BS11: Shire 5A **38**
   BS37: Yate 3D **15**
Waverley St. BS5: E'tn 5C **58**
Wayfield Gdns. BA1: Bathe 3B **98**
Wayford Cl. BS31: Key 4C **90**
Wayland Ct. *BS16: Fish* *2C **60***
             (off Guinea La.)
Wayleaze BS36: Coal H 1F **29**
Wayside Cl. BS36: Fram C 1D **29**
WCA Ho. BS1: Bris 4D **5**
Weal, The BA1: W'ton 5D **95**
Weare Cl. BS1: Bris 4C **66**
Weatherley Dr. BS20: P'head 3B **48**
Weatherly Av. BA2: Odd D 3F **109**
Weavers Mill Cl. BS5: St G 2F **69**
Weavers Way BS37: Chip S 3D **17**
Webb Ct. BS11: Shire 5A **38**
WEBBS HEATH 1F **73**
Webbs Heath BS30: W Hth 5F **63**
Webb St. BS5: E'tn 1C **68**
Webbs Wood Rd. BS32: Brad S 2F **45**
Wedgewood Rd. BS16: Down 2F **45**
Wedgwood Cl. BS14: Whit 2D **87**
Wedgwood Rd. BA2: Bath 5B **102**
Wedlock Way BS3: Ash G 1B **76**
Wedmore Cl. BA2: Bath 2C **108**
   BS15: K'wd 2B **72**
Wedmore Pk. BA2: Bath 2C **108**
Wedmore Pl. BS3: Know 2A **78**
Wedmore Rd. BS31: Salt 3F **91**
Wedmore Va.
   BS3: Know, Wind H 2A **78**
Weedon Cl. BS2: Bris 4C **58**
Weight Rd. BS5: Redf 2E **69**
Weir La. BS8: Fail 3A **64**
Weirside Ct. BA2: Bath 4D **103**
Welland Rd. BS31: Key 3B **90**
Well Cl. BS41: L Ash 3D **75**
Wellesley M. BS10: W Trym 3E **41**
Wellgarth Cl. BS4: Know 2C **78**
Wellgarth Rd. BS4: Know 2C **78**
Wellgarth Wlk. BS4: Know 2C **78**
Well Ho. Cl. BS9: Stok B 4A **56**
Wellington Av. BS6: Bris 5A **58**
Wellington Bldgs. BA1: W'ton 5D **95**
   BS2: Bris .1F **5**
Wellington Cres. BS7: Hor 5A **42**
Wellington Dr. BS9: Henle 5F **41**
   BS37: Yate 3D **15**
Wellington Hill BS7: Hor 5A **42**
Wellington Hill W. BS9: Henle 4E **41**
Wellington La. BS6: Bris 5A **58**
Wellington M. BS11: Shire 1F **53**
Wellington Pk. BS8: Clif 5C **56**
Wellington Pl. BS16: Fren 2D **45**
Wellington Rd. BS2: Bris 1B **68**
   BS15: K'wd 4F **61**
   BS37: Yate 1A **16**
Wellington Ter. BS8: Clif 3B **66**
Wellington Wlk.
   BS10: W Trym 4E **41**
Wells Cl. BS14: Whit 2E **87**
Wells Rd. BA2: Bath 5A **6** (5A **104**)
   BA2: Cor, New L 4A **100**
   BS4: Know, Wind H 5B **68**
   BS14: H'gro, Whit 4D **79**
   BS41: Dun 5B **84**
Wells St. BS3: Ash G 5C **66**
Wellstead Av. BS37: Yate 4F **15**

Wellsway BA2: Bath, Odd D 5F **109**
  BS31: Key 2B **90**
Wellsway Cl. BA2: Odd D 4F **109**
Wellsway Pk. BA2: Odd D 5F **109**
Welsford Av. BS16: Stap 2F **59**
Welsford Rd. BS16: Stap 2E **59**
Welsh Bk. BS1: Bris 4C **4** (3F **67**)
Welsh Back Squash and Health Club
  . . . . .4C **4** (3F **67**)
Welton Wlk. BS15: K'wd 4E **61**
Wenmore Cl. BS16: Down 2F **45**
Wentforth Dr. BS15: K'wd 4E **61**
Wentworth BS30: Warm 3C **72**
  BS37: Yate 4A **16**
Wentworth Rd. BS7: B'stn 3F **57**
Wescott Gro. BS11: Law W 1E **39**
Wesley Av. BS15: Han 4F **71**
Wesley Cl. BS5: W'hall 5F **59**
  BS16: Soun 3F **61**
Wesley Hill BS15: K'wd 5F **61**
Wesley La. BS30: C Hth 4D **73**
Wesley Pl. BS8: Clif 4C **56**
Wesley Rd. BS7: B'stn 2A **58**
Wesley St. BS3: Bedm 1E **77**
Wessex Av. BS7: Hor 4B **42**
Wessex Ct. BS7: Hor 4B **42**
Wessex Ho. BS2: Bris 2B **68**
           (off Lawfords Ga.)
  BS2: Bris 3E **5** (3A **68**)
            (Passage St.)
Westacre Cl. BS10: Hen 1C **40**
West Av. BA2: Bath 5E **103**
West Bath Riverside Park 4D **103**
Westbourne Av. BS31: Key 2A **90**
Westbourne Gro. BS3: Bedm 1E **77**
Westbourne Ho.
  BA2: Bath 4D **7** (4C **104**)
Westbourne Pl. BS8: Clif 2D **67**
Westbourne Rd. BS5: E'tn 1D **69**
  BS16: Down 3B **46**
Westbourne Ter. BS16: Fren 4D **45**
West Broadway BS9: Henle 5F **41**
Westbrooke Ct. BS1: Bris 4C **66**
Westbrook Pk. BA1: W'ton 5C **94**
Westbrook Rd. BS4: Brisl 4F **79**
Westbury College Gatehouse 4C **40**
Westbury Ct. BS9: W Trym 4C **40**
Westbury Ct. Rd. BS9: W Trym . . .4B **40**
Westbury Hill BS9: W Trym 4C **40**
Westbury La. BS9: Sea M 4D **39**
Westbury M. BS9: W Trym 4D **40**
WESTBURY ON TRYM 4C **40**
WESTBURY PARK 2C **56**
Westbury Pk. BS6: Henle 2C **56**
Westbury Rd. BS6: Henle, Redl . . .2C **56**
  BS9: W Trym 2C **56**
West Cl. BA2: Bath 5C **102**
West Coombe BS9: Stok B 5F **39**
West Cotts. BA2: C Down 4E **111**
West Country Water Pk. 3B **10**
West Ct. BS20: P'head 2F **49**
Westcourt Dr. BS30: Old C 5D **73**
West Cft. BS9: Henle 4E **41**
West Dene BS9: Stok B 5A **40**
W. Dundry La. BS41: Dun 5A **84**
West End BS2: Bris 1F **67**
  BS3: Bris 4E **67**
Westering Cl. BS16: Mang 1C **62**
WESTERLEIGH 4D **31**
Westerleigh Bus. Pk.
  BS37: Yate 5D **15**
Westerleigh Cl. BS16: Mang 4B **46**
Westerleigh Hill BS37: W'lgh 5E **31**
Westerleigh La. BS16: Emer G 3D **47**
Westerleigh Rd. BA2: C Down 4D **111**
  BS16: Down, Emer G 5A **46**
  BS36: H'fld 2D **47**
  BS37: W'lgh 2D **31**
  BS37: Yate 1E **31**
Western Av. BS36: Fram C 4C **12**
Western Ct. BS34: Stok G 4C **26**
Western Dr. BS14: H'gro 5A **78**
Western Grange BS34: Fil 5C **24**
Western Rd. BS7: Hor 5A **42**
Westfield Cl. BA2: Bath 2A **110**
  BS15: Han 4F **71**
  BS31: Key 2E **89**
Westfield La. BS34: Stok G 5A **26**

Westfield Pk. BA1: Bath 3C **102**
  BS6: Redl 5D **57**
Westfield Pk. Sth. BA1: Bath 3C **102**
Westfield Pl. BS8: Clif 2B **66**
Westfield Rd. BS9: W Trym 3C **40**
Westfield Way BS32: Brad S 3F **9**
Westgate BS1: Bris 4D **67**
Westgate Bldgs.
  BA1: Bath 3B **6** (4B **104**)
Westgate St. BA1: Bath 3B **6** (4B **104**)
West Gro. BS6: Bris 5B **58**
Westhall Rd. BA1: Bath 3F **103**
WEST HILL 1D **49**
West Hill BS20: P'head 1D **49**
West Hill Ct. BS20: P'head 5B **34**
West Hill Gdns. BS20: P'head 1E **49**
Westland Av. BS30: Old C 5E **73**
W. Lea Rd. BA1: Bath 2C **102**
W. Leaze Pl. BS32: Brad S 2A **26**
Westleigh Cl. BS10: S'mead 2F **41**
  BS37: Yate 4E **15**
Westleigh Ct. BS37: Yate 4E **15**
Westleigh Pk. BS14: H'gro 4C **78**
Westleigh Rd. BS10: S'mead 2E **41**
West Mall BS8: Clif 2B **66**
Westmead Cotts. BA1: W'ton 5C **94**
Westmead Gdns. BA1: W'ton 5C **94**
Westmead Rd. BS5: St G 2D **71**
Westminstere Ct. BS9: W Trym 4C **40**
Westminster Rd. BS5: W'hall 1F **69**
Westmoreland Dr. BA2: Bath 4A **104**
Westmoreland Rd.
  BA2: Bath 5A **6** (5A **104**)
  BS6: Redl 3D **57**
Westmoreland Sta. Rd.
  BA2: Bath 5A **6** (5A **104**)
Westmoreland St. BA2: Bath 5A **104**
Westmorland Ho. BS6: Redl 3C **56**
WESTON 1D **103**
Weston Av. BS5: St G 2F **69**
Weston Big Wood Nature Reserve
  . . . . .4C **48**
Weston Cl. BS9: Sea M 4E **39**
Weston Cres. BS7: Hor 5A **42**
Weston Drove BS20: W'ton G 5B **48**
Weston Farm La. BA1: W'ton 5D **95**
Weston Ho. BS1: Bris 3A **4**
Westonian Ct. BS9: Stok B 2E **55**
WESTON IN GORDANO 5B **48**
Weston La. BA1: W'ton 1E **103**
Weston Lock Retail BA2: Bath 4D **103**
WESTON PARK 1E **103**
Weston Pk. BA1: W'ton 1E **103**
Weston Pk. Ct. BA1: W'ton 1F **103**
Weston Pk. E. BA1: W'ton 2E **103**
Weston Pk. W. BA1: W'ton 1E **103**
Weston Rd. BA1: Bath, W'ton 2F **103**
  BS41: L Ash 4A **74**
  BS48: Flax B 4A **74**
Westons Brake BS16: Emer G 2C **46**
Westons Hill Dr. BS16: Emer G 3C **46**
Westons Way BS15: K'wd 3B **72**
Weston Wood Rd. BS20: P'head . . .3E **49**
Westover Cl. BS9: W Trym 2B **40**
Westover Dr. BS9: W Trym 3C **40**
Westover Gdns. BS9: W Trym 3B **40**
Westover Ri. BS9: W Trym 2C **40**
Westover Rd. BS9: W Trym 2B **40**
West Pde. BS9: Sea M 4E **39**
West Pk. BS8: Clif 1D **67**
West Pk. Rd. BS16: Stap H 1A **62**
W. Point Row BS32: Brad S 2E **9**
Westpoint Trad. Est. BS15: K'wd . . .2F **71**
W. Priory Cl. BS9: W Trym 4C **40**
West Ridge BS36: Fram C 1E **29**
W. Rocke Av. BS9: Stok B 4F **39**
West Shrubbery BS6: Redl 4D **57**
West St. BS2: Bris 2F **5** (2B **68**)
  BS3: Bedm 2D **77**
  BS15: K'wd 1F **71**
  BS30: Old C 5E **73**
W. Town Av. BS4: Brisl 3F **79**
W. Town Ct. BS4: Brisl 2A **80**
W. Town Dr. BS4: Brisl 3F **79**
W. Town Gro. BS4: Brisl 4F **79**
W. Town La. BS4: Brisl 4E **79**
  BS14: H'gro 4E **79**

W. Town Pk. BS4: Brisl 3F **79**
W. Town Rd. BS11: A'mth, Shire . . .4E **37**
           (not continuous)
West Vw. BS16: Mang 5C **46**
West Vw. Rd. BA1: Bathe 4C **98**
  BS3: Bedm 1D **77**
  BS31: Key 2A **90**
West Wlk. BS37: Yate 4A **16**
Westward Dr. BS20: Pill 2E **53**
Westward Gdns. BS41: L Ash 2D **75**
Westward Rd. BS13: Bis 5B **76**
West Way BS10: Bren 4F **23**
  BS34: Bren 4F **23**
Westwood BA2: C'ton D 4A **106**
Westwood Cres. BS4: St Ap 4F **69**
Westwood Rd. BS4: Brisl 4F **79**
Westwoods BA1: Bathf 4D **99**
Westwood Vw. BA2: Odd D 4E **109**
Wetherby Ct. BS16: Down 2B **46**
Wetherby Gro. BS16: Down 2B **46**
Wetherell Pl. BS8: Clif 2D **67**
Wetlands La. BS20: P'head 3E **49**
Wexford Rd. BS4: Know 4F **77**
Weymouth Ct. BA1: Bath 2D **105**
Weymouth Rd. BS3: Wind H 2F **77**
Weymouth St. BA1: Bath 2D **105**
Wharf La. BS20: P'bry . . . .5F **35** & 1D **51**
Wharf Rd. BS16: Fish 2B **60**
Wharnecliffe Cl. BS14: H'gro 2D **87**
Wharnecliffe Gdns. BS14: H'gro . . .2D **87**
Whartons BS4: Brisl 3F **79**
Whatley Ct. BS8: Clif 5D **57**
Whatley Rd. BS8: Clif 5D **57**
Wheatfield Dr. BS32: Brad S 4F **9**
Wheathill Cl. BS31: Key 2E **89**
Wheelers Patch BS16: Emer G 1D **63**
Whimbrel Av. BS20: P'head 5E **35**
Whimster Ct. BA2: Bath 4D **103**
Whinchat Gdns. BS16: B'hll 5B **44**
Whippington Ct.
  BS1: Bris 1D **5** (2A **68**)
Whistle Rd. BS16: Sis 4D **63**
Whitby Rd. BS4: Brisl, St Ap 5E **69**
           (not continuous)
WHITCHURCH 3E **87**
Whitchurch District Cen.
  BS14: Whit 2C **86**
Whitchurch La. BS13: Bis 1C **84**
           (not continuous)
  BS13: Hart 2E **85**
  BS14: Hart, Whit 2F **85**
Whitchurch Rd. BS13: Bis 1C **84**
Whitchurch Sports Cen. 2B **86**
Whitebeam Cl. BS5: St G 1A **70**
Whitebeam Ho. BS16: Fish 5E **45**
Whitecroft Way BS15: K'wd 2C **72**
Whitecross Av. BS14: H'gro 1E **87**
Whitefield Av. BS5: S'wll 5C **60**
  BS15: Han 4F **71**
Whitefield Cl. BA1: Bathe 3D **99**
Whitefield Rd. BS5: S'wll 5B **60**
Whitefields BS37: Chip S 4E **17**
Whitefriars BS1: Bris 1B **4** (2F **67**)
WHITEHALL 5F **59**
Whitehall Av. BS5: W'hall 5A **60**
Whitehall Gdns. BS5: W'hall 5F **59**
Whitehall Rd. BS5: E'tn, W'hall 1D **69**
Whitehall Trad. Est. BS5: Redf 1E **69**
White Hart Steps BS8: Clif 3D **67**
Whitehaven BA1: Bathf 5E **99**
Whitehouse La. BS3: Bedm 1F **77**
Whitehouse Pl. BS3: Bedm 5A **68**
Whitehouse St. BS3: Bedm 5A **68**
Whiteladies Ga. BS8: Clif 5D **57**
Whiteladies Rd. BS8: Clif 5D **57**
Whiteleaze BS10: W Trym 3E **41**
White Lodge Pk. BS20: P'head 5C **34**
White Lodge Rd. BS16: Stap H 2B **62**
Whitemead Ho. BS3: Ash G 1C **76**
Whitemore Ct. BA1: Bathe 3C **98**
WHITE'S HILL 3C **70**
WHITESHILL 5F **27**
White's Hill BS5: St G 3C **70**
Whiteshill BS16: Ham 5F **27**
Whiteshill Ho. BS16: Ham 5E **27**
White St. BS5: E'tn 1B **68**
Whitethorn Va. BS10: Bren 5E **23**
White Tree Rd. BS9: Henle 2D **57**

WHITEWAY
  BA2 . . . . .5B 102
  BS5 . . . . .1C 70
Whiteway Cl. BS4: St Ap 3A 70
  BS5: St G 1C 70
Whiteway Ct. BS5: St G 1C 70
Whiteway M. BS5: St G 1C 70
Whiteway Rd. BA2: Bath 5B 102
  BS5: S'wll, St G 1B 70
WHITE WELLS 5D 97
Whitewells Rd. BA1: Bath 5C 96
Whitewood Rd. BS5: S'wll 5B 60
Whitfield Cl. BS16: Soun 3F 61
Whiting Rd. BS13: Withy 3C 84
Whitland Av. BS13: Hart 2D 85
Whitland Rd. BS13: Hart 2D 85
Whitley Cl. BS37: Yate 2E 15
Whitley Mead BS34: Stok G 5A 26
Whitmead Gdns. BS13: Hart 3E 85
Whitmore Av. BS4: Brisl 1C 80
Whitson Ho. BS2: Bris 1F 5
Whitson St. BS1: Bris 1C 4 (1F 67)
Whittington Rd. BS16: Fish 5E 45
Whittock Rd. BS14: Stoc 2F 87
Whittock Sq. BS14: Stoc 5F 79
Whittucks Cl. BS15: Han 5F 71
Whittucks Rd. BS15: Han 1E 81
Whitwell Rd. BS14: H'gro 4D 79
Wholesale Fruit Cen. BS2: Bris . . .5C 68
Whytes Cl. BS9: W Trym 3C 40
Wick Cres. BS4: Know 1F 79
Wicket, The BS5: St G 1F 69
Wickets, The BS15: K'wd 4F 61
Wicketts, The BS7: Fil 2B 42
Wickham Cl. BS37: Chip S 5F 17
Wickham Ct. BS16: Stap 1F 59
Wickham Glen BS16: Stap 1F 59
Wickham Hill BS16: Stap 1F 59
Wickham Theatre 2A 4 (2E 67)
Wickham Vw. BS16: Stap 2F 59
Wick Ho. Cl. BS31: Salt 4F 91
Wicklow Rd. BS4: Know 4A 78
Wick Rd. BS4: Brisl, St Ap 2F 79
Wickwar Rd. BS37: Chip S, Yate . . .1C 16
Wick Wick Cl. BS36: Emer G 1C 46
WIDCOMBE 5E 7 (5D 105)
Widcombe BS14: H'gro 1C 86
Widcombe Cl. BS5: St G 2C 70
Widcombe Cres. BA2: Bath 5D 105
Widcombe Hill
  BA2: Bath, C'ton D . . .5E 7 (5D 105)
Widcombe Pde. BA2: Bath 5D 7
Widcombe Ri. BA2: Bath 5D 105
Widcombe Ter. BA2: Bath 1D 111
Wider Mead BS16: L'lze 3E 43
Widmore Gro. BS13: Hart 2D 85
Wight Row BS20: P'head 5E 35
Wigton Cres. BS10: S'mead 2E 41
Wilbye Gro. BS4: Know 5F 77
Wilcox Cl. BS15: K'wd 3E 71
Wild Country La. BS41: L Ash 4A 74
  BS48: Bar G 4A 74
Wildcroft Ho. BS9: Henle 1D 57
Wildcroft Rd. BS9: Henle 1D 57
Wilder Ct. BS2: Bris 1A 68
Wilder St. BS2: Bris 1A 68
Wild Place (Bristol Zoo) 1C 22
Willada Cl. BS3: Bedm 2D 77
Willcock Ho. BS30: Old C 4F 73
William Ct. BS16: Down 1E 61
William Jessop Way
  BS13: Hart 3F 85
  BS14: Hart 2A 86
William Mason Cl. BS5: Bar H 2D 69
Williams Cl. BS3: L Grn 1B 82
Williamson Rd. BS7: Bris 3B 58
Williamstowe BA2: C Down 4E 111
William St. BA2: Bath 2D 7 (3C 104)
  BS2: Bris 5B 58
              (Grosvenor Rd.)
  BS2: Bris 3C 68
             (Princess St.)
  BS3: Bedm 5A 68
  BS3: Wind H 5B 68
  BS5: Redf 1E 69
  BS16: Fish 3D 61
Willinton Rd. BS4: Know 5B 78
Willis Rd. BS15: Soun 4B 62

Willment Way BS11: A'mth 2F 37
Willmott Cl. BS14: Whit 4B 86
Willoughby Cl. BS13: Bis 5C 76
Willoughby Rd. BS7: Hor 1A 58
Willowbank BS10: W Trym 4E 41
Willow Bed Cl. BS16: Fish 5D 45
Willow Brook Cen. BS32: Brad S . . .4F 9
Willow Cl. BA2: Odd D 5F 109
  BS20: P'head 2E 49
  BS30: Old C 3F 73
  BS34: Pat 1A 24
  BS41: L Ash 3B 74
Willow Ct. BS7: Hor 4C 42
Willowdean Ct. BS16: Fish 4D 61
Willow Grn. BA2: Bath 1A 110
Willowherb Rd. BS16: Emer G 3E 47
Willow Ho. BS13: Hart 3F 85
Willow Pool BS9: W Trym 1C 56
Willow Rd. BS15: Han 1E 81
Willows, The BS16: Fren 2D 45
  BS31: Key 1A 90
  BS32: Brad S 5F 9
  BS37: Yate 3F 15
Willow Shop. Cen., The
  BS16: Down 5F 45
Willow Wlk. BS10: Bren 5D 23
  BS31: Key 3F 89
Willow Way BS36: Coal H 2E 29
WILLSBRIDGE 2C 82
Willsbridge Hill BS30: Will 2C 82
Willsbridge Ho. BS30: Will 2C 82
Willsbridge Mill Countryside Cen.
  . . . . .2C 82
Willsbridge Valley Nature Reserve
  . . . . .2D 83
Wills Dr. BS5: E'tn 1C 68
Wills Hall BS9: Stok B 2B 56
Wills La. BS9: Stok B 2B 56
Wills Way BS13: Bis 1F 85
Willway St. BS3: Bedm 5F 67
Wilmot Ct. BS30: C Hth 3C 72
Wilmots Way BS20: Pill 2F 53
Wilshire Av. BS15: Han 4F 71
Wilson Av. BS2: Bris 1B 68
Wilson Pl. BS2: Bris 1B 68
Wilson St. BS2: Bris 1B 68
Wilton Cl. BS10: S'mead 3E 41
Wiltshire Av. BS37: Yate 2C 16
Wiltshire Pl. BS15: Soun 3A 62
Wiltshire Way BA1: Bath 5C 96
Wilverley Ind. Est. BS4: Brisl 3B 80
Wimbledon Rd. BS6: Henle 1E 57
Wimborne Rd. BS3: Bedm 3E 77
Winash Cl. BS14: Stoc 5F 79
Wincanton Cl. BS16: Down 2B 46
Winchcombe Gro. BS11: Shire 1B 54
Winchcombe Rd. BS36: Fram C 5D 13
Winchcombe Trad. Est.
  BS2: Bris 5C 68
Winchester Av. BS4: Brisl 1F 79
Winchester Rd. BA2: Bath 5F 103
  BS4: Brisl 1F 79
Wincroft BS30: Old C 5E 73
            (not continuous)
Windcliff Cres. BS11: Law W 3A 38
Windermere BS10: S'mead 1F 41
Windermere Rd. BS34: Pat 5C 8
Windermere Way BS30: Old C 3F 73
Windmill Cl. BS3: Wind H 5A 68
Windmill Farm Bus. Cen.
  BS3: Bedm 5F 67
Windmill Golf Academy 1F 47
WINDMILL HILL 1A 78
Windmill Hill BS3: Wind H 1F 77
Windmill Hill City Farm 5F 67
Windmill La. BS10: Hen 5F 21
Windrush Cl. BA2: Bath 1B 108
Windrush Grn. BS31: Key 3C 90
Windrush Rd. BS31: Key 3C 90
Windscreens Av. BS2: Bris 2B 68
Windsor Av. BS5: St G 3D 71
  BS31: Key 3A 90
Windsor Bri. Rd. BA1: Bath 4F 103
  BA2: Bath 4F 103
Windsor Castle BA1: Bath 3F 103
          (off Up. Bristol Rd.)

Windsor Cl. BS34: Stok G 3A 26
Windsor Ct. BA1: Bath 3F 103
  BS8: Clif 3B 66
  BS16: Down 4A 46
Windsor Cres. BS10: H'len 4E 21
Windsor Dr. BS37: Yate 3F 15
Windsor Gro. BS5: E'tn 1D 69
Windsor Pl. BA1: Bath 3E 103
  BS8: Clif 3B 66
  BS16: Mang 1C 62
Windsor Rd. BS6: Bris 4A 58
  BS30: L Grn 2B 82
Windsor Ter. BS3: Wind H 5B 68
  BS8: Clif 3B 66
Windsor Vs. BS8: Clif 3B 103
Windward Wlk. BS7: Hor 4A 42
Wineberry Cl. BS5: W'hall 5F 59
Wine St. BA1: Bath 4C 6 (4C 104)
  BS1: Bris 2C 4 (2F 67)
Winfield Rd. BS30: Warm 2E 73
Winford Cl. BS20: P'head 2A 50
Winford Gro. BS13: Bis 4C 76
Wingfield Rd. BS3: Know 2A 78
Winifred's La. BA1: Bath 1A 104
Winkworth Ho. BS1: Bris 4A 4
Winkworth Pl. BS2: Bris 5B 58
Winsbury Way BS32: Brad S 5E 9
Winscombe Cl. BS31: Key 1F 89
Winsford St. BS5: E'tn 1C 68
Winsham Cl. BS14: Whit 2D 87
Winsley Rd. BS6: Cot 5F 57
Winstone Ct. BS2: Bris 1A 4
       (off St Michael's Hill)
Winstones Rd. BS48: Bar G 5B 74
WINTERBOURNE 2F 27
WINTERBOURNE DOWN 4A 28
Winterbourne Hill BS36: Wint 3F 27
Winterbourne Rd. BS34: Brad S 3C 26
  BS34: Stok G 2A 26
Winterstoke Cl. BS3: Bedm 2D 77
Winterstoke Ho. BS3: Ash G 1C 76
Winterstoke Rd.
  BS3: Ash V, Bedm 1B 76
Winterstoke Underpass
  BS3: Bwr A 5B 66
Winter Wlk. BS14: H'gro 1E 87
Winton La. BS4: Wind H 1B 78
Winton St. BS4: Wind H 5B 68
Wiseman Apartments BS8: Clif 1B 66
Wisemans Ho. BS8: Clif 1C 66
Wisteria Av. BS37: Chip S 4C 16
Witchell Rd. BS5: Redf 2E 69
Witch Hazel Rd. BS13: Hart 4A 86
Witcombe BS37: Yate 1E 31
Witcombe Cl. BS15: K'wd 5A 62
Witham Rd. BS31: Key 4C 90
Withey Cl. E. BS9: W Trym 5B 40
Withey Cl. W. BS9: W Trym 1A 56
Witheys, The BS14: Whit 3E 87
Withington Cl. BS30: Bit 2E 83
Withleigh Rd. BS4: Know 2D 79
Withy La. BS34: Pat 1C 24
Withypool Gdns. BS14: Whit 2D 87
Withys, The BS20: Pill 2F 53
WITHYWOOD 3B 84
Withywood Gdns. BS13: Withy 2B 84
Withywood Rd. BS13: Withy 3B 84
Witney Cl. BS31: Salt 4F 91
Witney Mead BS36: Fram C 5D 13
Woburn Cl. BS30: Bar C 4B 72
Woburn Rd. BS5: Eastv 3D 59
Wolferton Rd. BS7: Bris 4B 58
Wolfridge Gdns. BS10: Bren 4C 22
Wolseley Rd. BS7: B'stn 3F 57
Woodacre BS20: P'head 4D 35
Woodbine Rd. BS5: W'hall 1F 69
Woodborough St. BS5: E'tn 5D 59
Woodbridge Rd. BS4: Know 2C 78
Woodbury La. BS8: Clif 4C 56
Woodchester BS15: Soun 3A 62
  BS37: Yate 1A 32
Woodchester Rd. BS10: W Trym 4E 41
Woodcote BS15: Han 3F 71
Woodcote Rd. BS16: Fish 3D 61
Woodcote Wlk. BS16: Fish 4D 61
Woodcroft Av. BS5: W'hall 5F 59
Woodcroft Cl. BS4: Brisl 5A 70
Woodcroft Rd. BS4: Brisl 5A 70

Woodend BS15: K'wd 3F 71
Woodend Rd.
   BS36: Coal H, Fram C 1D 29
Wood End Wlk. BS9: Sea M 5E 39
Woodfield Rd. BS6: Redl 5D 57
Woodgrove Rd. BS10: Hen 1F 39
Woodhall Cl. BS16: Mang 5B 46
WOODHILL 4C 34
Woodhill Av. BS20: P'head 4C 34
Woodhill Ct. BS20: P'head 5C 34
Wood Hill Pk. BS20: P'head 4C 34
Woodhill Pl. BA2: C'ton D 5F 105
Woodhill Rd. BS20: P'head 5C 34
Woodhouse Gro. BS7: Hor 5A 42
Woodhouse Rd. BA2: Bath 4C 102
Woodington Ct. BS30: Bar C 5B 72
Woodland Av. BS15: K'wd 4F 61
Woodland Cl. BS15: K'wd 4E 61
Woodland Ct. BA2: C'ton D . .4B 106
   BS8: Clif 1D 67
   BS9: Stok B 3E 55
   BS16: Fish 5E 45
      (off Partridge Dr.)
Woodland Gro. BA2: C'ton D 5A 106
   BS9: Stok B 5F 39
Woodland Pl. BA2: C'ton D 5F 105
Woodland Ri. BS8: Clif 2A 4
      (off Cantock's Cl.)
WOODLANDS 2E 9
Woodlands BS16: Down 5A 46
   BS32: Brad S 2F 9
Woodlands Ct. BS32: Brad S 2D 9
      (Ash Ridge Rd.)
   BS32: Brad S 3E 9
      (Woodlands La.)
Woodlands La. BS32: Alm 1A 10
   BS32: Brad S 3D 9
      (not continuous)
Woodlands Pk. BA1: Bath 5E 97
   BS32: Brad S 2E 9
Woodlands Ri. BS16: Down 5F 45
Woodlands Rd. BS20: P'head 4C 34
Woodland Ter. BS6: Redl 4D 57
   BS15: K'wd 1A 72
Woodland Way BS15: K'wd 4F 61
Wood La. BS20: Glap G 5A 50
Wood Leaze BS37: Yate 4B 16
Woodleaze BS9: Sea M 5D 39
Woodleigh Gdns. BS14: H'gro 1E 87
Woodmancote BS37: Yate 5F 15
Woodmancote Rd. BS6: Bris 5A 58
Woodmans Cl. BS37: Chip S 5D 17
Woodmans Rd. BS37: Chip S 5D 17
Woodmans Va. BS37: Chip S 5E 17
Woodmarsh Cl. BS14: Whit 3C 86
Wood Mead BS16: Fren 3F 43
Woodmead Gdns. BS13: Hart 3E 85
Woodnock, The BS10: S'mead 1E 41
Wood Rd. BS15: K'wd 1F 71
Woodrush Heath BS37: Yate 4F 15
Woodside BS9: Stok B 3F 55
Woodside Cotts. BA2: Eng 5E 109
Woodside Gdns. BS20: P'head 1A 48
Woodside Gro. BS10: Hen 5F 21
Woodside Rd. BS4: St Ap 3A 70
   BS15: K'wd 2E 71
   BS16: Down 4E 45
   BS36: Coal H 1F 29
WOODSTOCK 2A 72
Woodstock Av. BS6: Cot 5E 57
Woodstock Cl. BS15: K'wd 1B 72
Woodstock Rd. BS6: Redl 4D 57
   BS15: K'wd 1B 72

Wood St. BA1: Bath 3B 6 (4B 104)
   BA2: Bath 5A 6 (5B 104)
   BS5: E'tn 4D 59
   BS34: Pat 1B 24
Woodview Cl. BS11: Shire 4A 38
Woodview Ter. BA2: Bath 4B 102
Woodward Av. BS37: Yate 4D 15
Woodward Dr. BS30: Bar C 5B 72
Woodwell Rd. BS11: Shire 5A 38
      (not continuous)
Woodyleaze BS15: Han 3E 71
Woodyleaze Dr. BS15: Han 3E 71
Woolcot St. BS6: Redl 4D 57
Woollard La. BS14: Whit 4F 87
WOOLLEY .1B 96
Woolley La. BA1: Charl, W'ly 2B 96
Woolley Rd. BS14: Stoc 2A 88
Wootton Cres. BS4: St Ap 3A 70
Wootton Pk. BS14: H'gro 3D 79
Wootton Rd. BS4: St Ap 3A 70
Worcester Bldgs. BA1: Bath 5D 97
Worcester Cl. BS16: Fish 4D 61
Worcester Ct. BA1: Bath 5D 97
      (off Worcester Pk.)
Worcester Cres. BS8: Clif 1C 66
Worcester Pk. BA1: Bath 5D 97
Worcester Pl. BA1: Bath 5D 97
Worcester Rd. BS8: Clif 1C 66
   BS15: K'wd 5F 61
Worcester Ter.
   BA1: Bath 1D 105
   BS8: Clif 1C 66
Worcester Vs. BA1: Bath 5D 97
Wordsworth Rd. BS7: Hor 5C 42
Worlds End La. BS8: Clif 3D 67
      (off Southernhay Av.)
   BS31: Key 2E 91
Worrall M. BS8: Clif 4C 56
Worrall Rd. BS8: Clif 4C 56
Worrell's La. BS16: Ham 5F 27
Worsley St. BS5: Redf 2F 69
Worthing Rd. BS34: Pat 5B 8
Worthsworth Ho. BS34: Pat 5C 8
Worthy Cl. BS15: K'wd 3B 72
Worthy Rd. BS11: Chit 1F 19
Worthys, The BS32: Brad S 2C 26
Wotton Rd. BS37: Iron A 1A 14
Wraxall Gro. BS13: Bis 4C 76
Wraxall Rd. BS30: C Hth, Warm . . .3C 72
      (not continuous)
Wrenbert Rd. BS16: Stap H 1F 61
Wren Cl. BS16: Stap 3A 44
      (not continuous)
Wren Dr. BS16: B'hll 5B 44
Wren Gdns. BS20: P'head 5F 35
Wright Way BS16: Stap 3A 44
Wrington Cl. BS34: Lit S 1E 25
Wrington Cres. BS13: Bis 5C 76
Wroughton Dr. BS13: Hart 3F 85
Wroughton Gdns. BS13: Hart 3F 85
Wroxham Dr. BS34: Lit S 5E 9
Wyatt Av. BS13: Bis 2B 84
Wyatt Cl. BS13: Bis 2B 84
Wyatts Vw. BS4: St Ap 3A 70
Wychwood BS15: K'wd 3A 72
Wyck Beck Rd. BS10: Hen 4B 22
Wycliffe Row BS3: Wind H 5B 68
Wycombe Gro. BS4: Brisl 2F 79
Wyecliffe Rd. BS9: Henle 4D 41
Wye Cft. Cl. BS10: Bren 5F 23
Wyedale Av. BS9: C Din 4D 39
Wykis Cl. BS15: Han 4A 72
Wylington Rd. BS36: Fram C 2D 29
Wymbush Cres. BS13: Hart 2E 85

Wymbush Gdns. BS13: Hart 2E 85
Wyndham Ct. BS2: Bris 1E 5
Wyndham Cres. BS4: Brisl 5B 70
   BS20: Eas 2D 53
Wyndham Way BS20: P'head 5C 34
Wyndham Way Retail Pk.
   BS20: P'head 1A 50
Wynstones, The BS15: K'wd 2E 71
Wytherlies Dr. BS16: B'hll 5B 44
Wyvern Cl. BS36: Wint 1B 28
Wyvern Villas BS9: W Trym 3C 40

Y

Yalland Cl. BS16: Fish 2C 60
Yanleigh Est. BS41: L Ash 4D 75
YANLEY 4D 75
Yanley La. BS41: L Ash 2D 75
YATE 4A 16
Yard, The BS2: Bris 3C 58
Yate Heritage Cen. 3A 16
Yate Leisure Cen. 3A 16
Yate Outdoor Sports Complex 1E 15
Yate Rd. BS37: Iron A, Yate 2A 14
Yate Station (Rail) 3E 15
Yatton Cl. BS13: Bis 4B 76
Yeaman's Ho. BS1: Bris 4A 68
Yelverton Rd. BS4: Brisl 3A 80
Yeo La. BS41: L Ash 3B 74
Yeomans Cl. BS9: Stok B 1F 55
Yeomanside Cl.
   BS14: H'gro 2E 87
Yeomeads BS41: L Ash 3B 74
Yewcroft Cl. BS14: Whit 3C 86
Yew Tree Cl. BS14: H'gro 2D 87
Yew Tree Dr. BS15: Soun 3A 62
Yew Tree Gdns. BS20: Eas 2E 53
YMCA Health & Fitness Suite 2C 6
Yomede Pk. BA1: Bath 3C 102
York Av. BS7: B'stn 2B 58
York Bldgs. BA1: Bath . . .2B 6 (3B 104)
   BS3: Bris 5A 68
York Cl. BS16: Down 2B 46
   BS34: Stok G 4F 25
   BS37: Yate 1A 16
York Ct. BS2: Bris 1A 68
York Gdns. BS8: Clif 3B 66
   BS36: Wint 5B 12
York Pl. BA1: Bath 2D 105
   BS1: Bris 3E 67
   BS8: Clif 4C 56
York Rd. BS3: Bris 5F 5 (5A 68)
   BS5: E'tn 5E 59
   BS6: Bris 5A 58
   BS16: Stap H 2A 62
York St. BA1: Bath 4C 6 (4C 104)
   BS1: Bris 1D 5 (1A 68)
   BS2: Bris 1D 5 (1A 68)
      (Bond St.)
   BS2: Bris 3E 67
      (Sevier St.)
   BS5: Redf 2E 69
   BS8: Clif 4C 56
Youngs Ct. BS16: Emer G 3D 47

Z

Zed All. BS1: Bris 2B 4
      (off Colston Av.)
Zetland Rd. BS6: Redl 4F 57
Zig Zag BS2: Bris 3B 68
Zone, The BS5: St G 1C 70